语言学前沿丛书

面向言语治疗的汉语词汇语义表征分析研究

SPEECH THERAPY-ORIENTED CHINESE LEXICAL SEMANTIC REPRESENTATION ANALYSIS

林枫 著

北京大学出版社
PEKING UNIVERSITY PRESS

图书在版编目(CIP)数据

面向言语治疗的汉语词汇语义表征分析研究 / 林枫著. — 北京 : 北京大学出版社, 2021.9
（语言学前沿丛书）
ISBN 978-7-301-32338-0

Ⅰ. ① 面…　Ⅱ. ① 林…　Ⅲ. ① 汉语 – 词汇 – 语义 – 研究　Ⅳ. ① H136

中国版本图书馆CIP数据核字(2021)第147653号

书　　名	面向言语治疗的汉语词汇语义表征分析研究 MIANXIANG YANYU ZHILIAO DE HANYU CIHUI YUYI BIAOZHENG FENXI YANJIU
著作责任者	林　枫　著
责任编辑	宋思佳
标准书号	ISBN 978-7-301-32338-0
出版发行	北京大学出版社
地　　址	北京市海淀区成府路 205 号　100871
网　　址	http://www.pup.cn　　新浪微博：@ 北京大学出版社
电子信箱	zpup@pup.cn
电　　话	邮购部 010-62752015　发行部 010-62750672 编辑部 010-62752028
印 刷 者	三河市北燕印装有限公司
经 销 者	新华书店 720 毫米 ×1020 毫米　16 开本　26.25 印张　彩插 10　389 千字 2021 年 9 月第 1 版　2021 年 9 月第 1 次印刷
定　　价	106.00 元

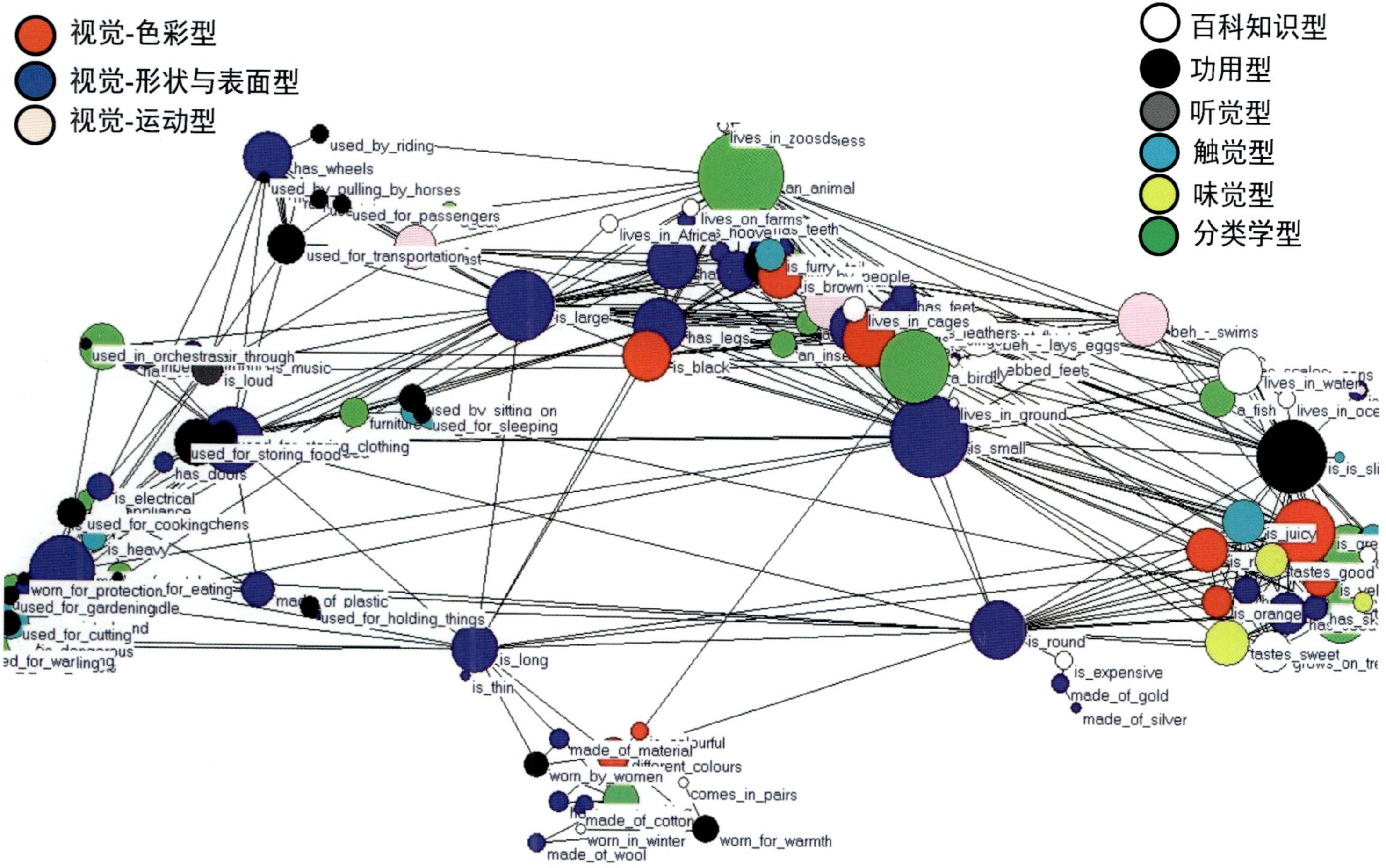

图7　英语生物和非生物概念义征网截选

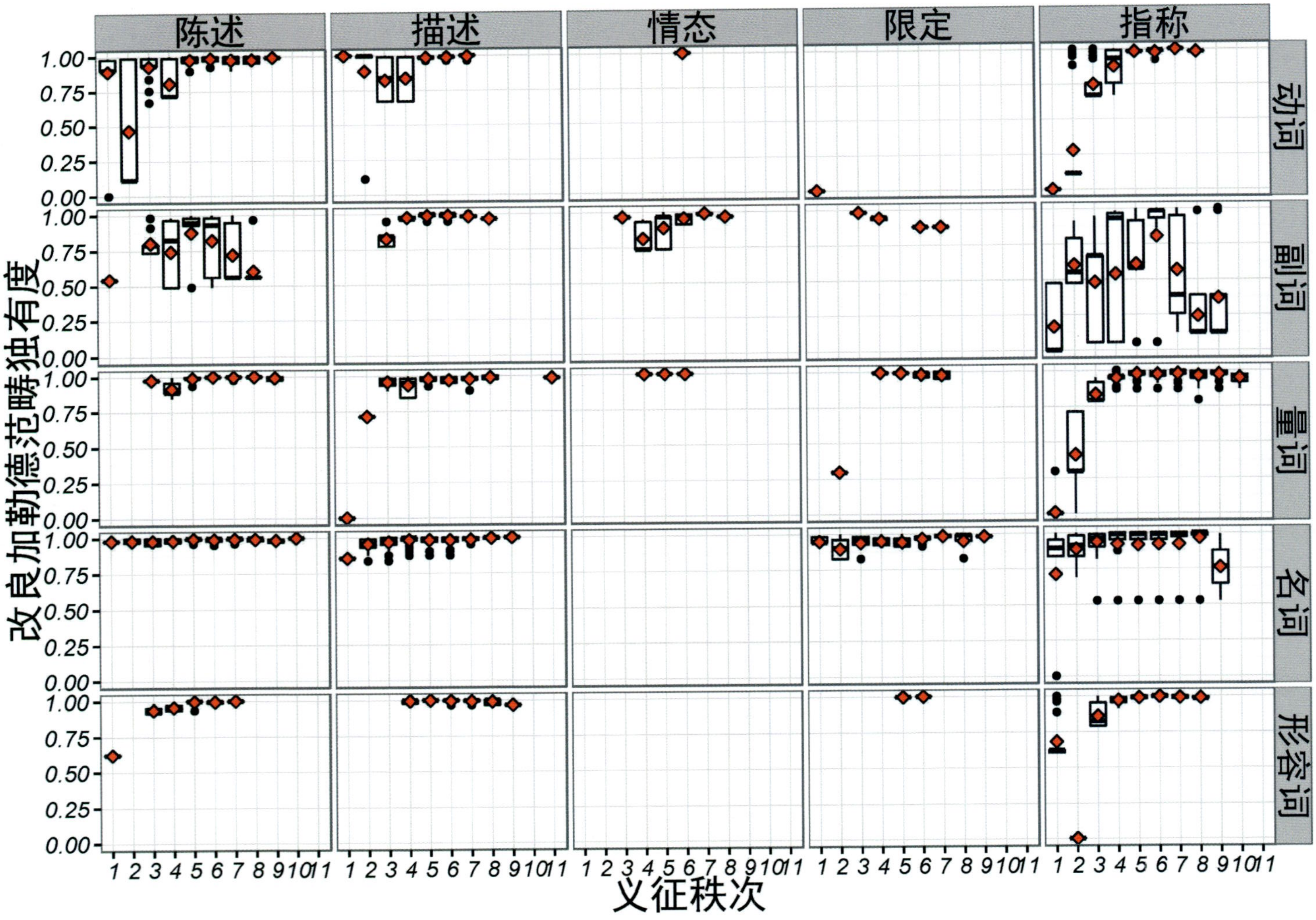

图10　义征秩次与范畴独有度的位型（纵轴）和征型（横轴）分布

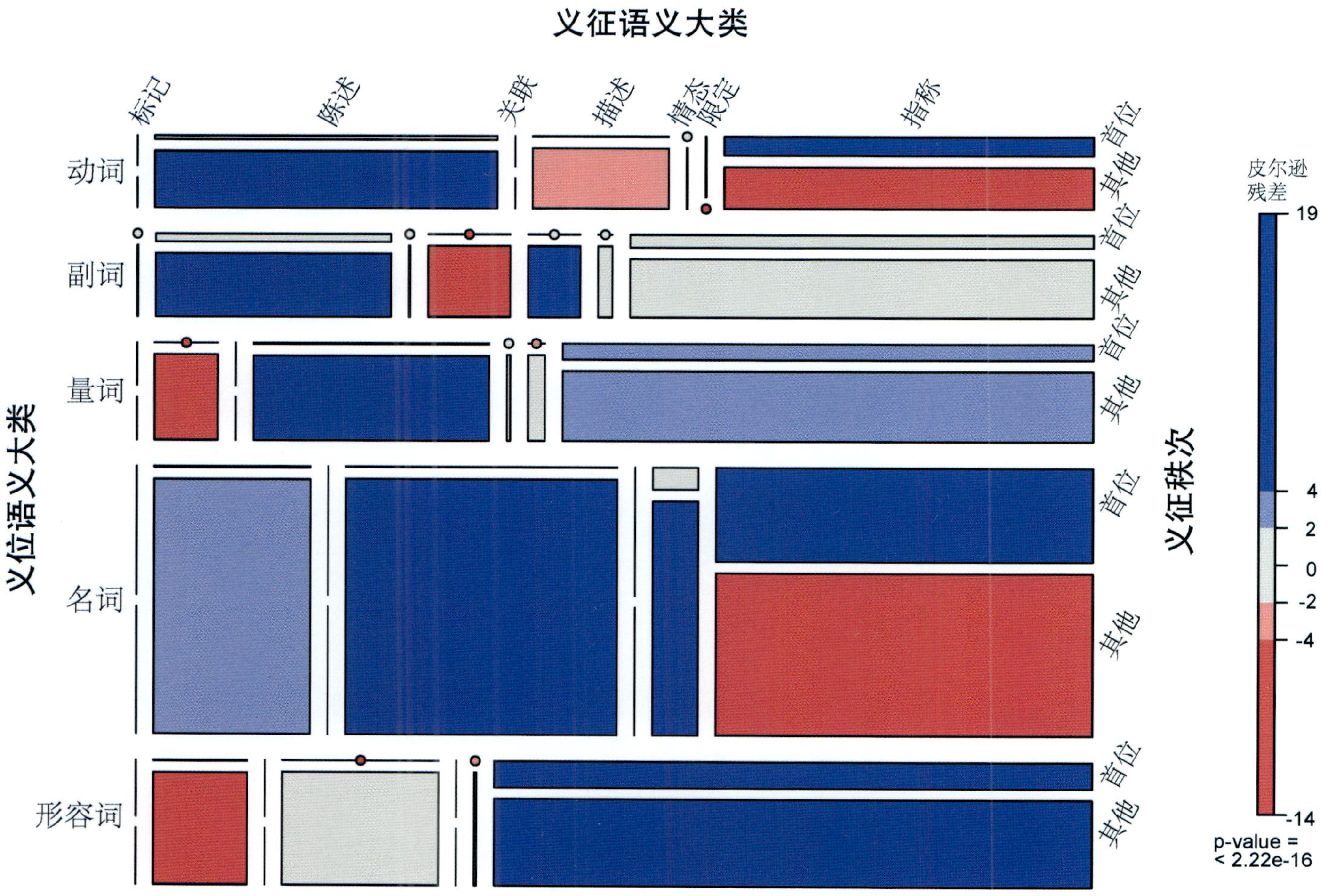

图11　析义元语言所含义征的三因素分布马赛克图：位型、征型和秩次分布

三个因素为：义位语义大类（五个水平）、义征语义大类（两个水平）、义征秩次（两个水平）。

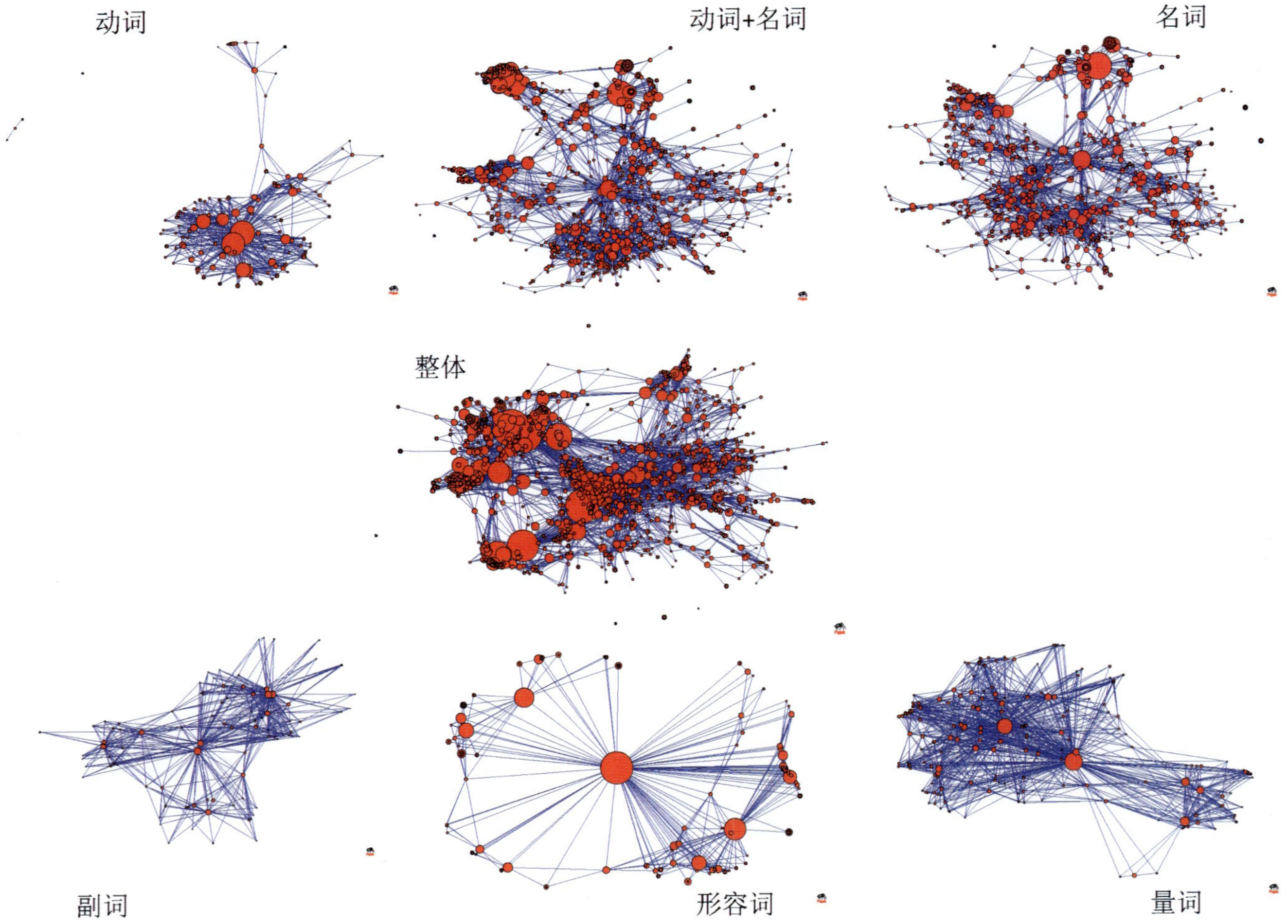

图12　义征共元网络的可视化效果图

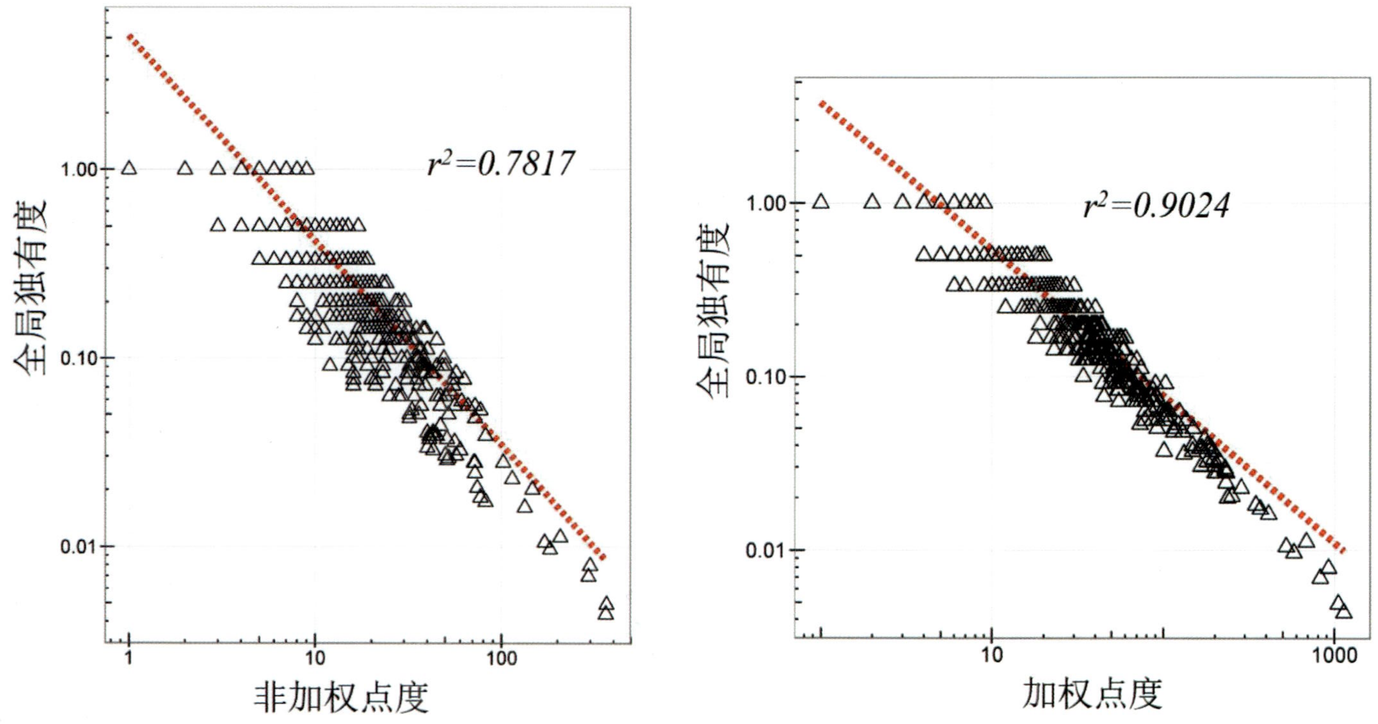

图13　义征共元网络的点度与独有度关系：不分位型，显示全局独有度

采用双对数坐标轴和线性拟合。左图：非加权点度；右图：加权点度。

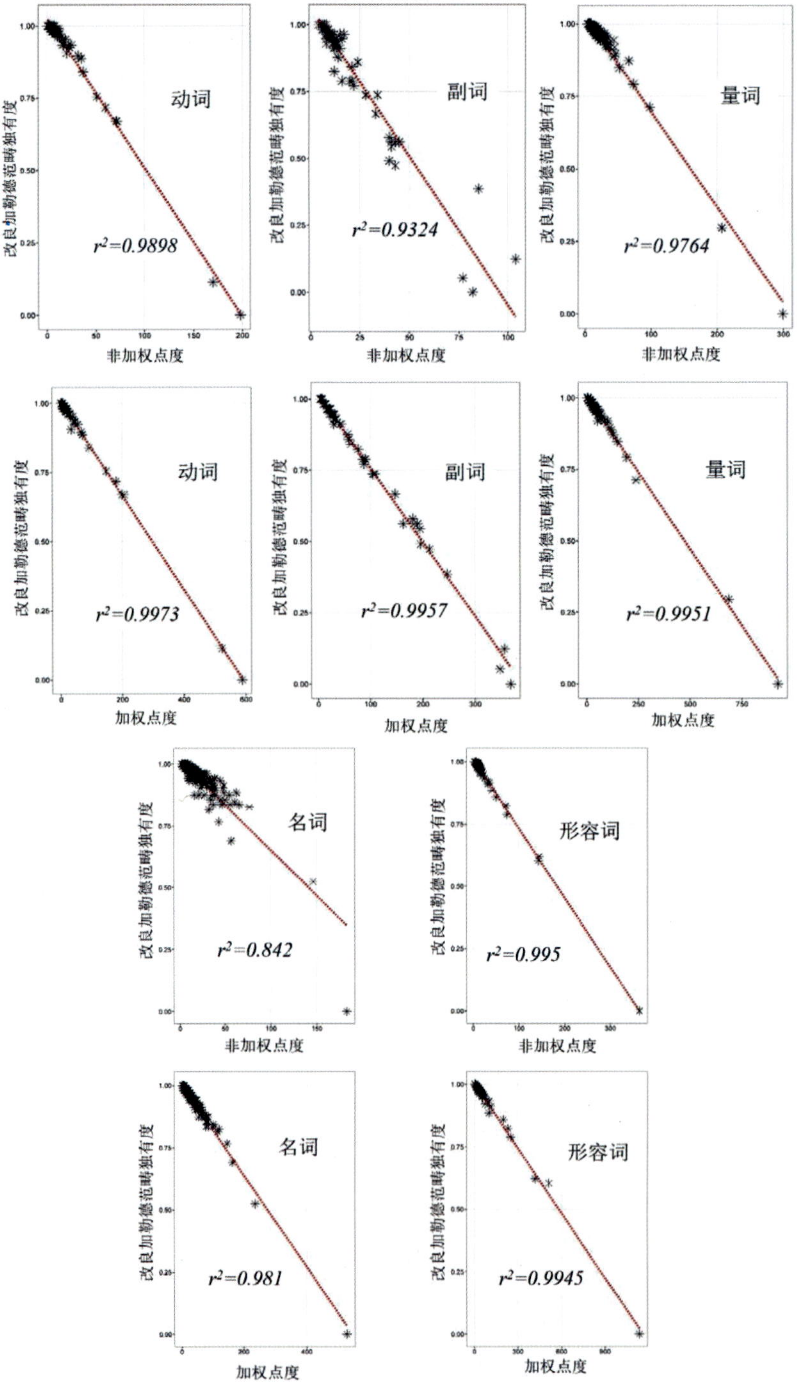

图14　义征共元网络的点度与独有度关系：分五种位型，显示改良加勒德范畴独有度

采用算术坐标系统和线性拟合。

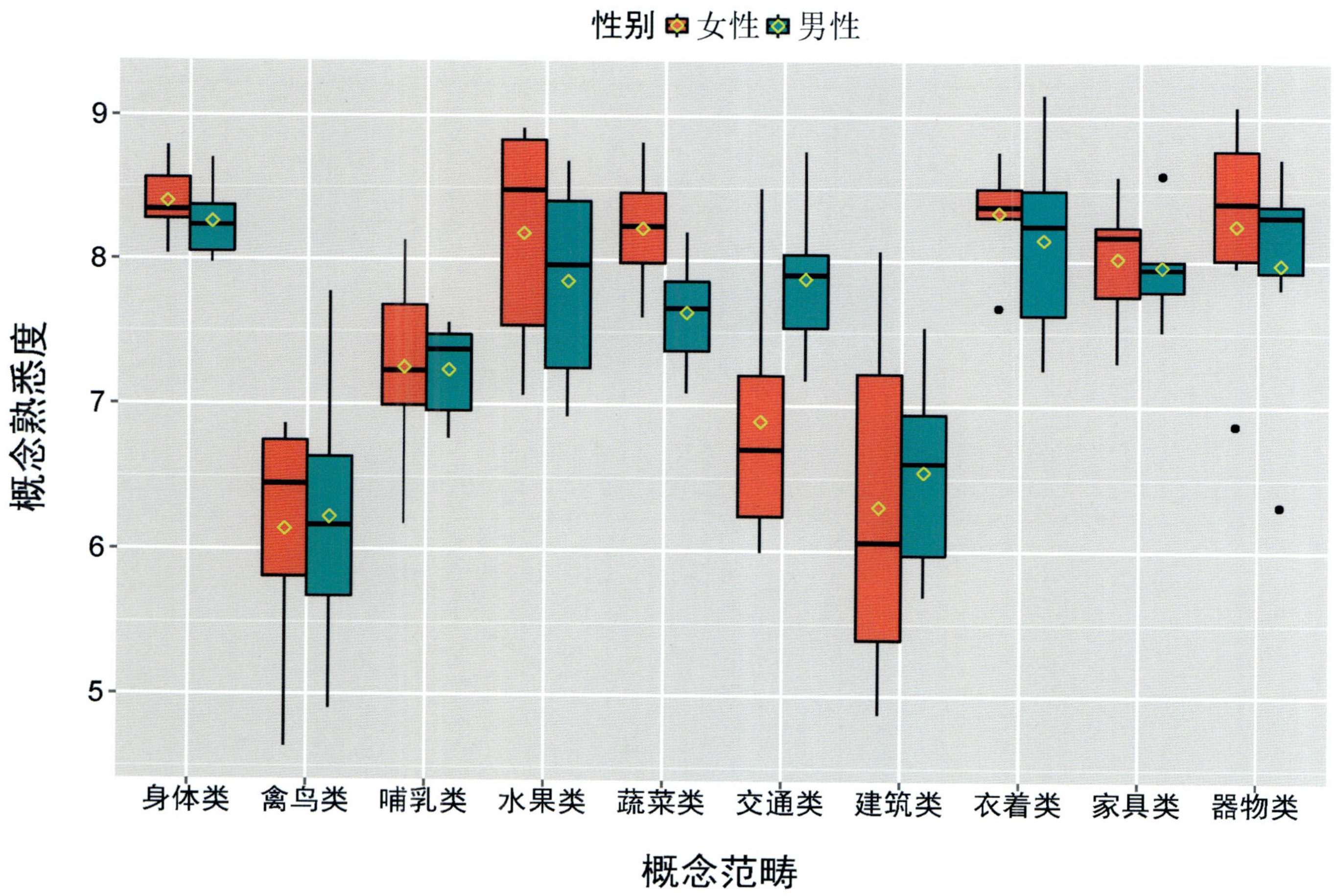

图17　概念熟悉度在范畴与性别上的分布箱线图

黄点为熟悉度均值，箱中部横线为熟悉度中位数，箱的上下两端为四分位距，须线延伸至1.5倍四分位距处，多出的黑点表示异常值。

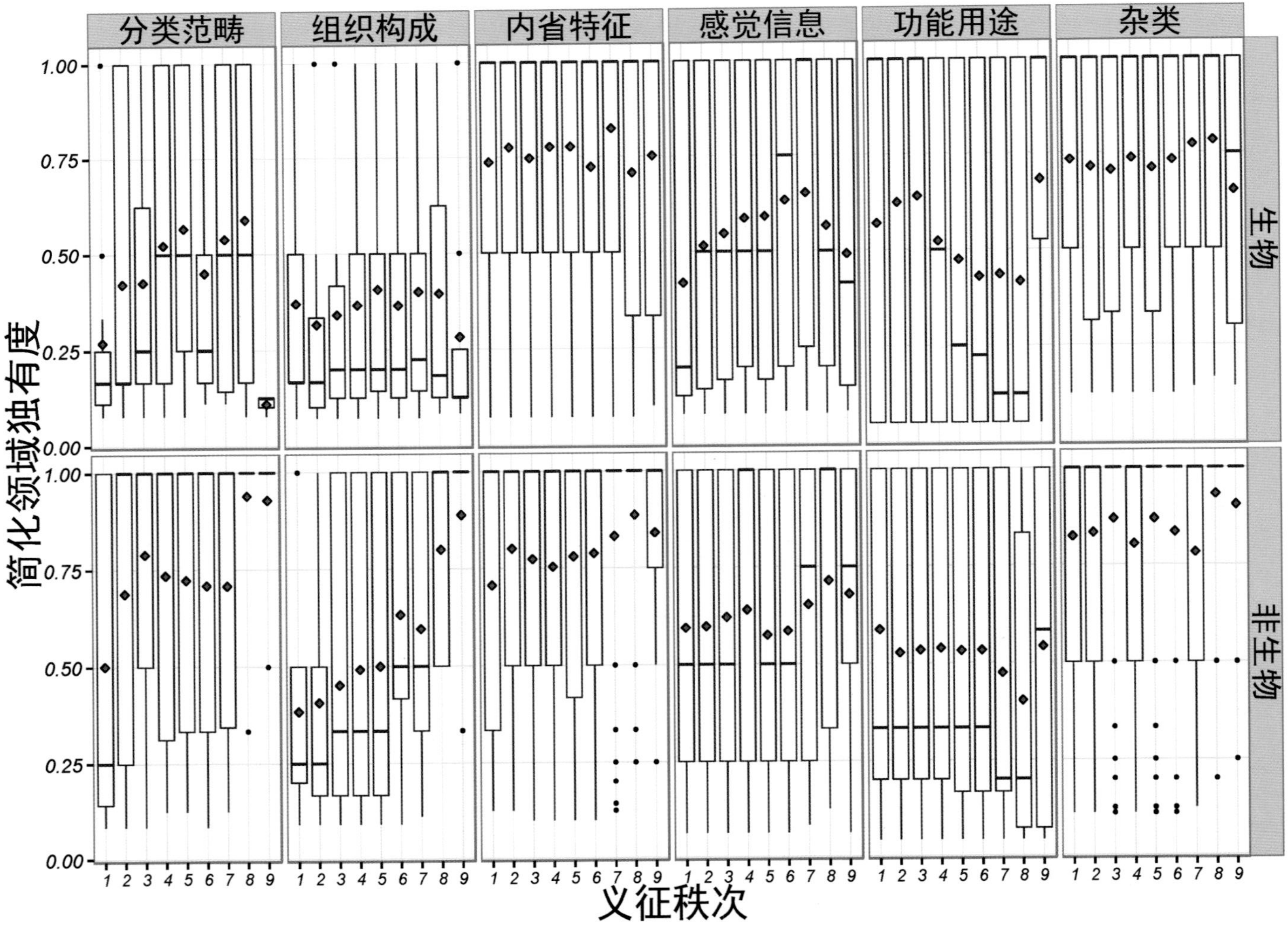

图18　义征秩次与简化领域独有度的领域（纵轴）和征型（横轴）分布

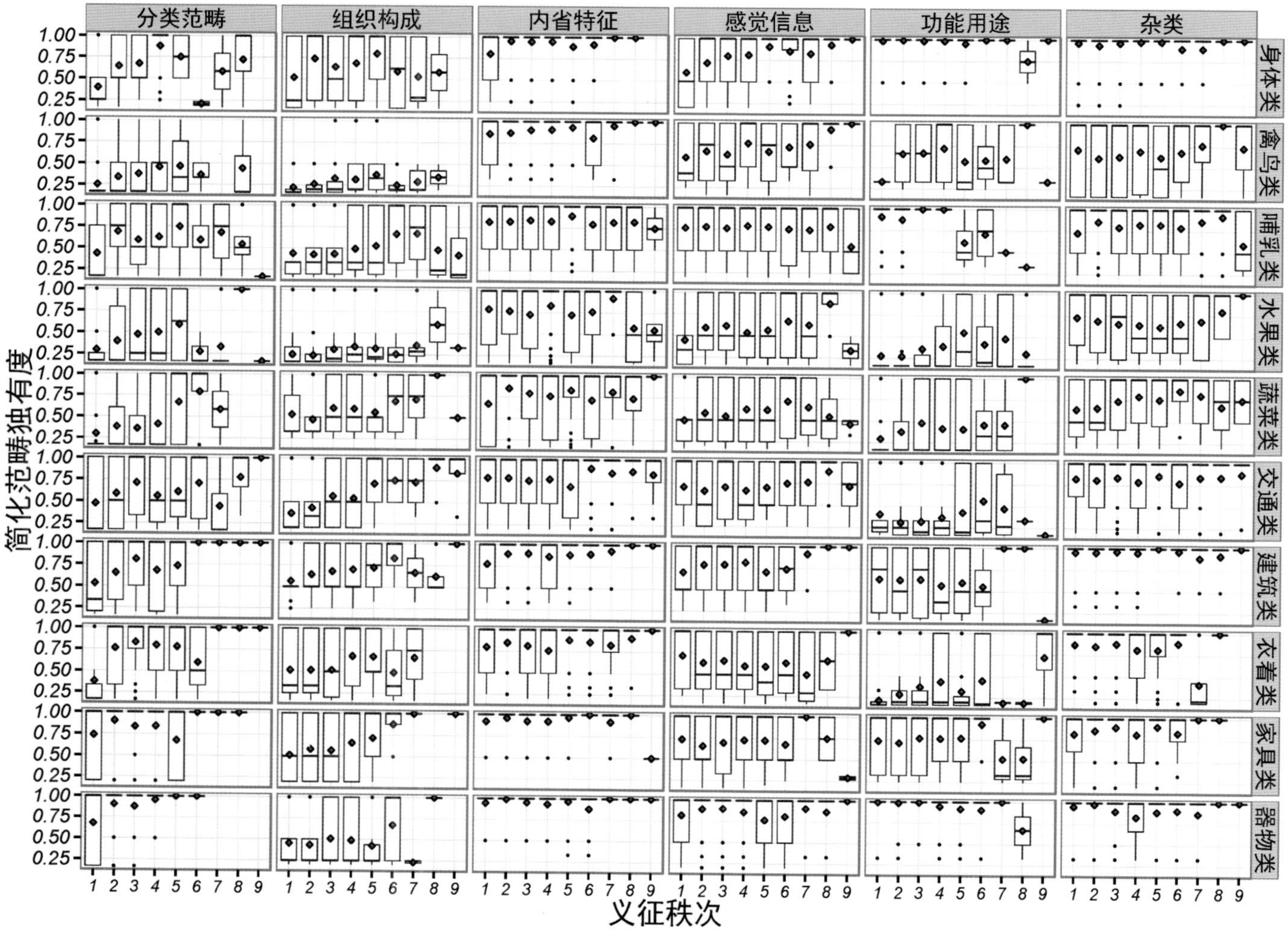

图19　义征秩次与简化范畴独有度的范畴（纵轴）和征型（横轴）分布

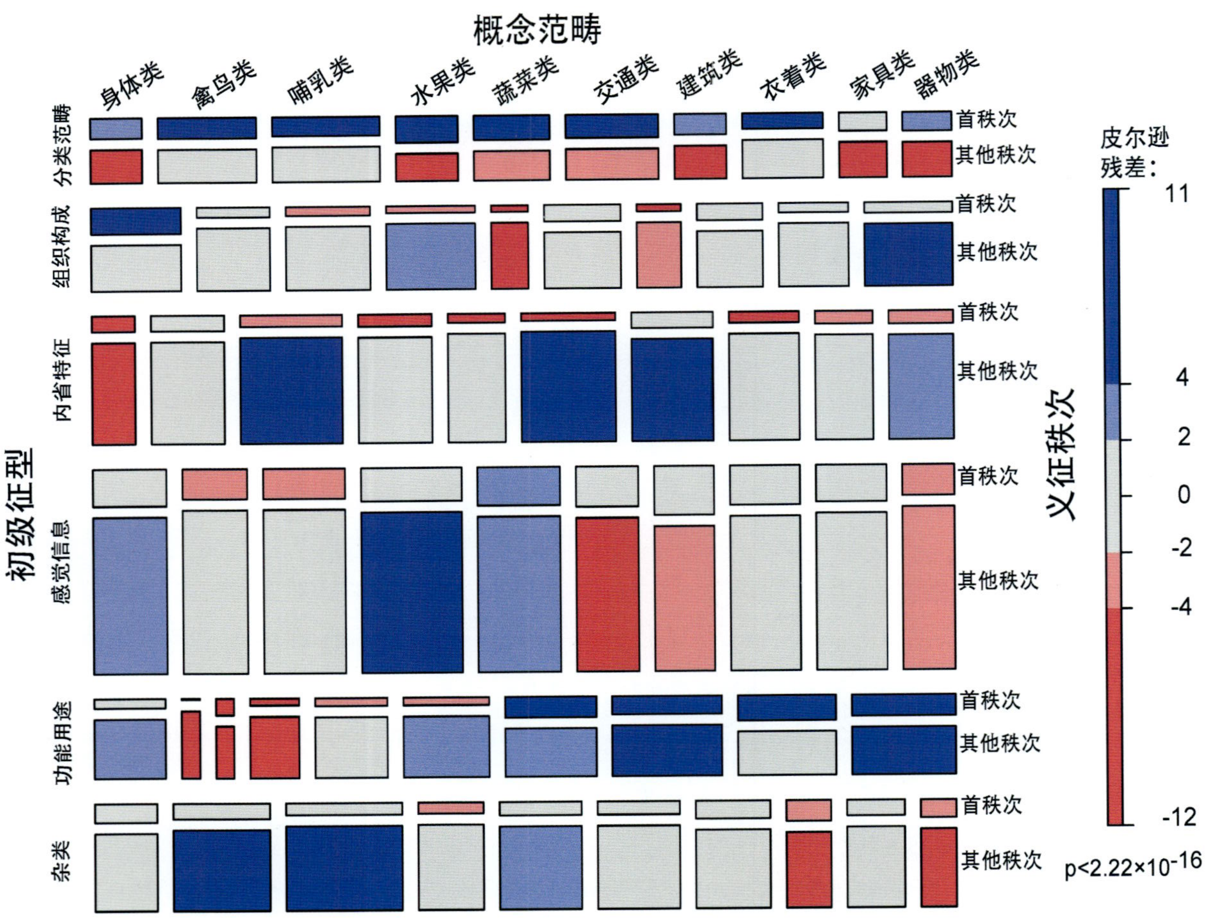

图21 汉语义征简单集的三因素分布马赛克图：初级征型、概念范畴和秩次分布

三个因素为：初级征型（六个水平）、概念范畴（10个水平）、义征秩次（两个水平）。

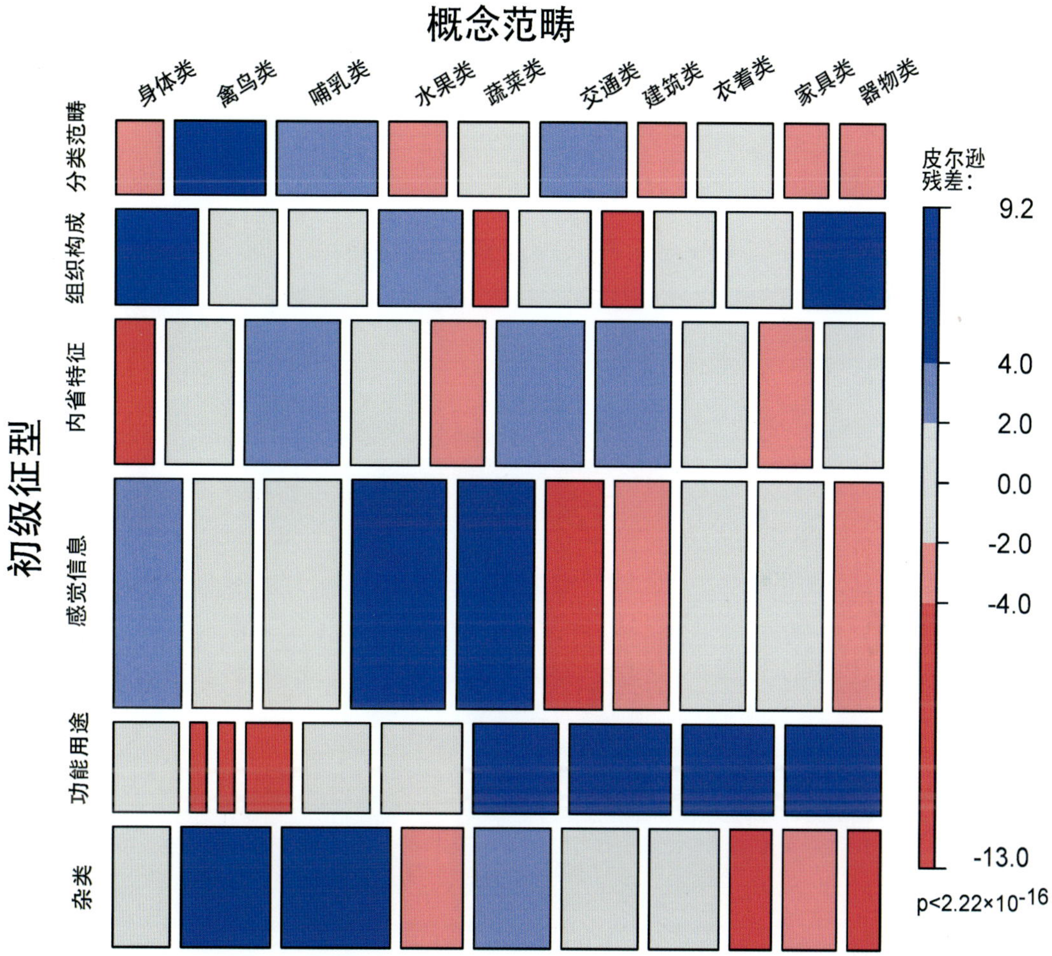

图22　汉语义征简单集的双因素分布马赛克图：初级征型的概念范畴分布

两个因素为：初级征型（六个水平）、概念范畴（10个水平）。

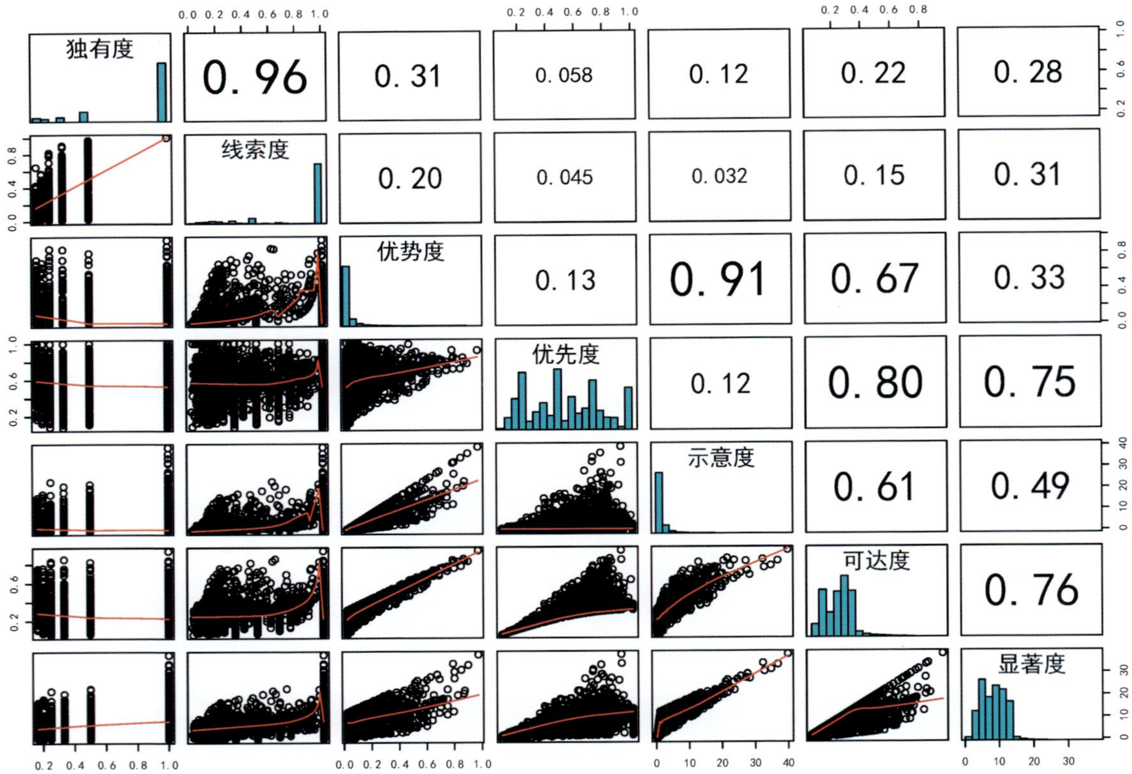

图23　义征量化指标间相关性分析

对角线为频数分布直方图。对角线上方为变量相关系数，系数越大，字号也越大。对角线下方为散点图，列变量映射至纵轴，行变量映射至横轴，采用局部加权回归散点平滑法（LOWESS）绘制拟合曲线，图中显示为红线。

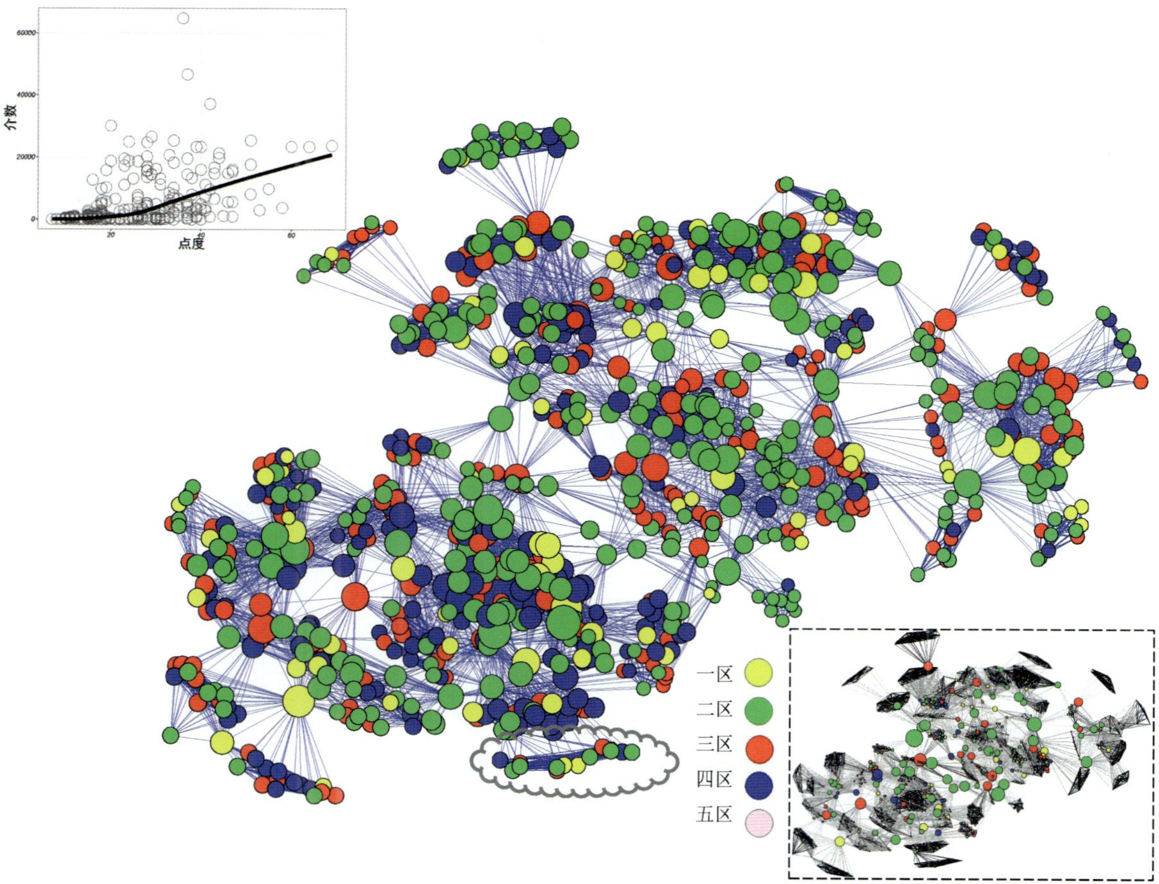

图24　征联网络的可视化效果图

正图中的顶点大小与点度成正比，右下角虚框子图的顶点大小与介数成正比。左上角显示点度与介数分布关系。此处点度与节点介数计算采用R软件的igraph包。

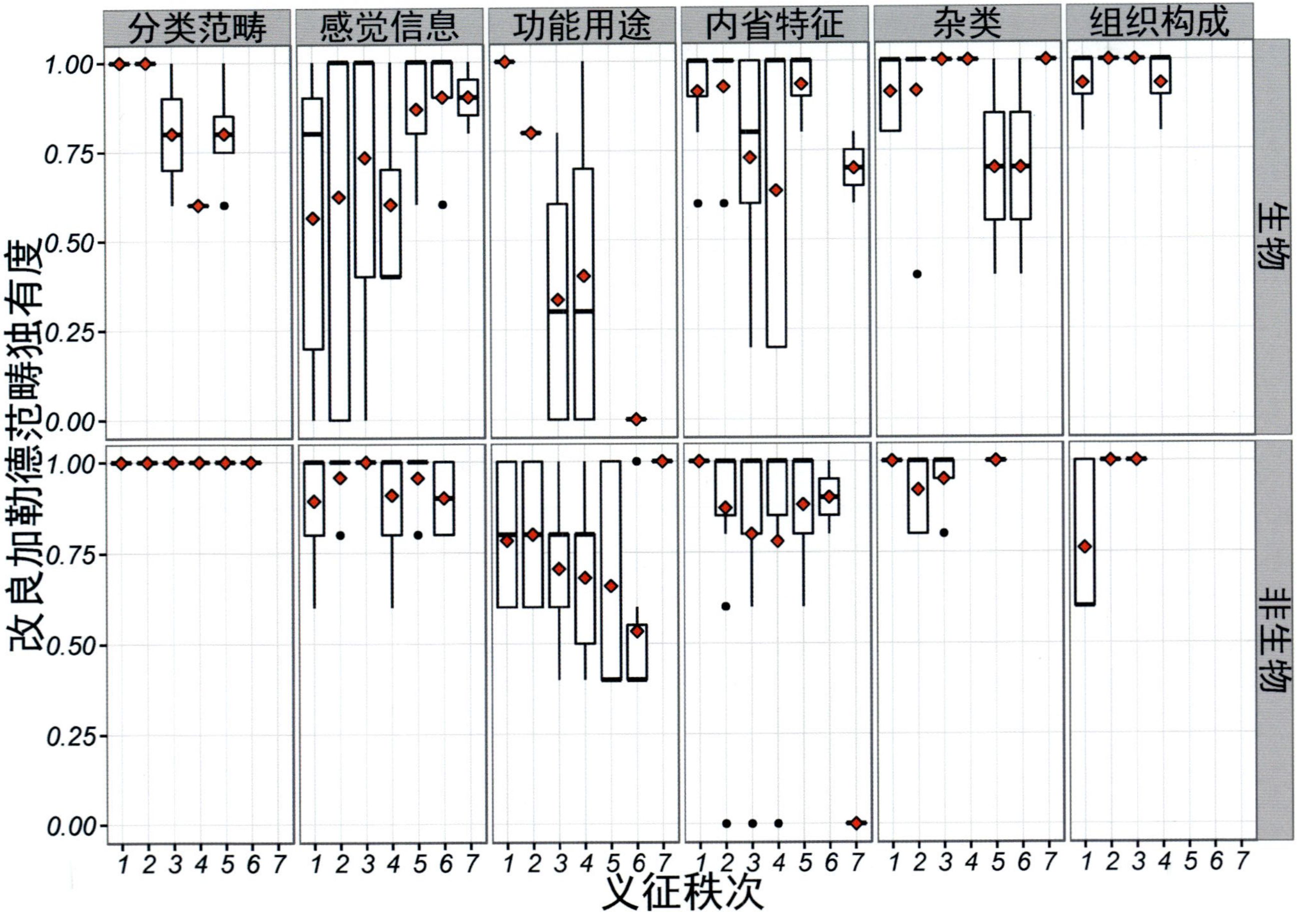

图26　患者Z.YW义征范畴独有度在初级征型上的分布（认知治疗前）

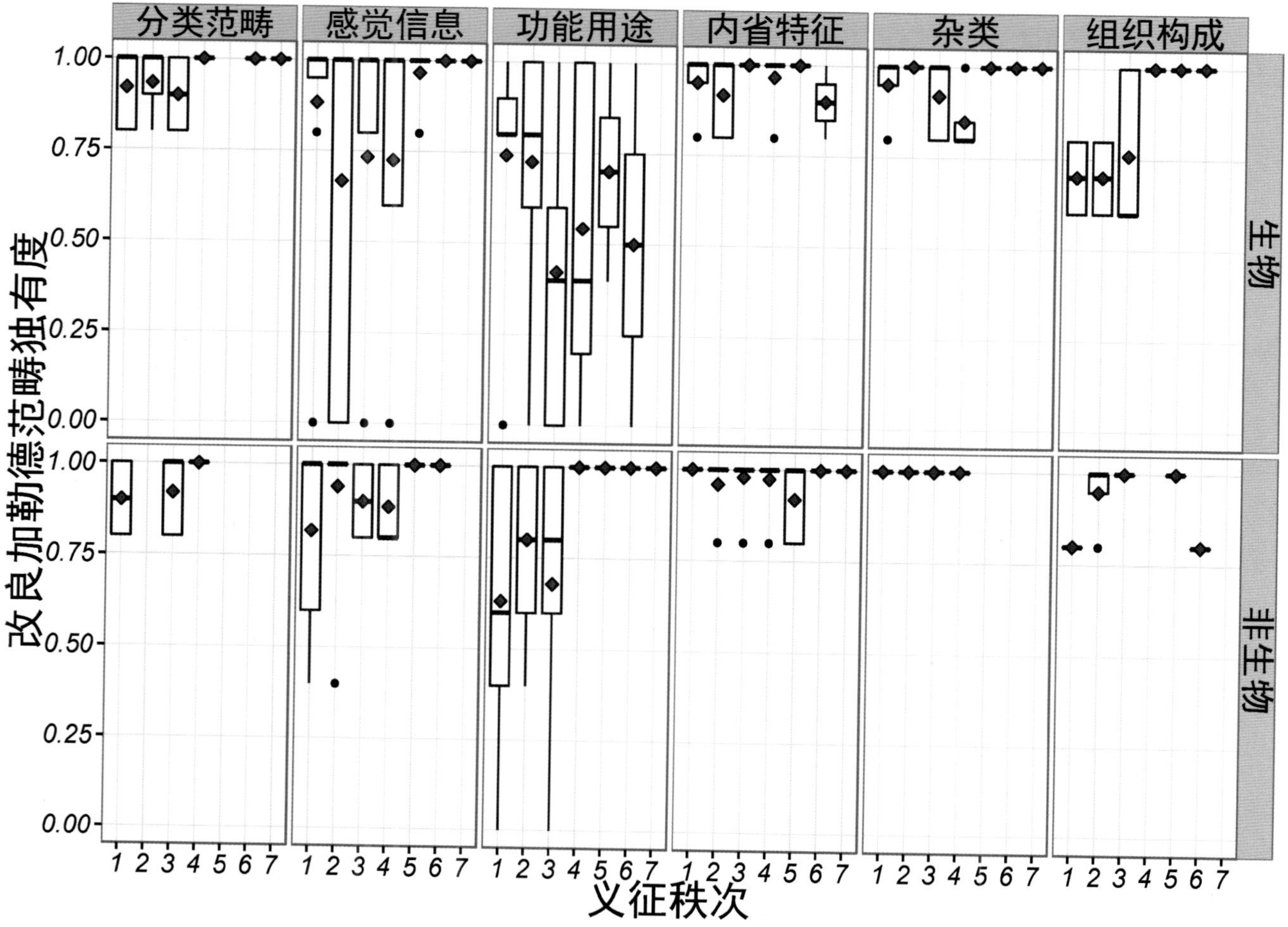

图27　患者Z.YW义征范畴独有度在初级征型上的分布（认知治疗后）

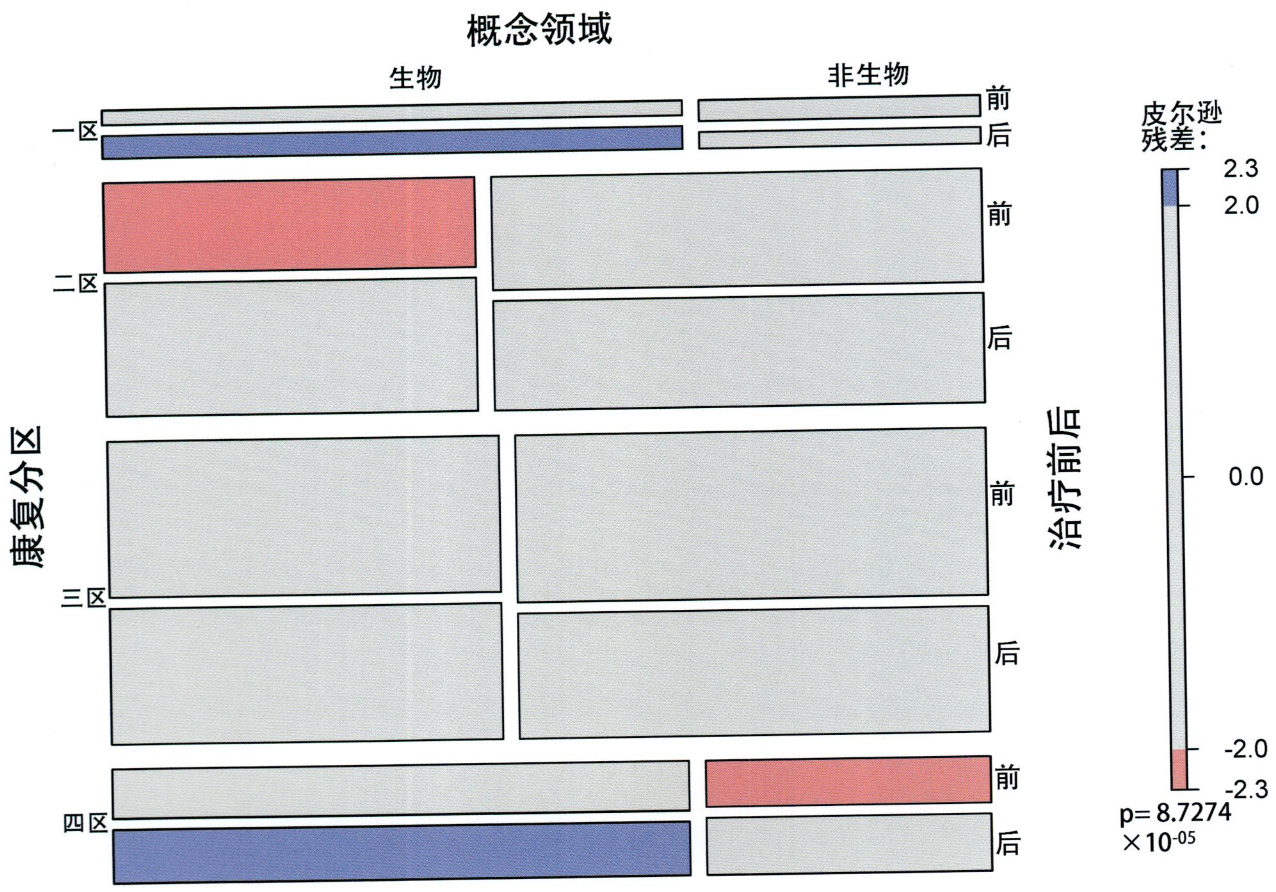

图28　患者Z.YW所产义征的三因素分布马赛克图1：对义征的概念领域分布的观察

三个因素为：义征康复分区（四个水平）、概念领域（两个水平）、治疗前后（两个水平）。

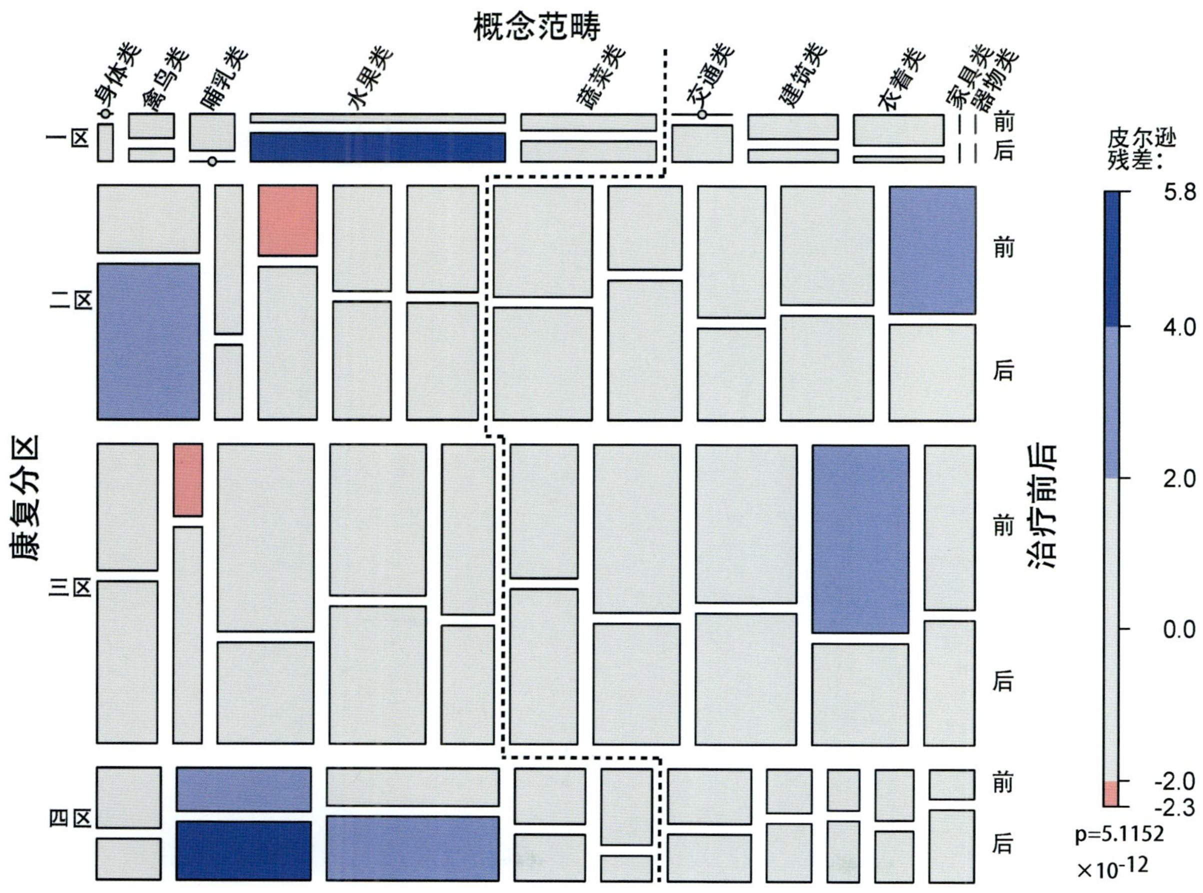

图29　患者Z.YW所产义征的三因素分布马赛克图2：对义征的概念范畴分布的观察

三个因素为：义征康复分区（四个水平）、概念范畴（两个水平）、治疗前后（两个水平）。

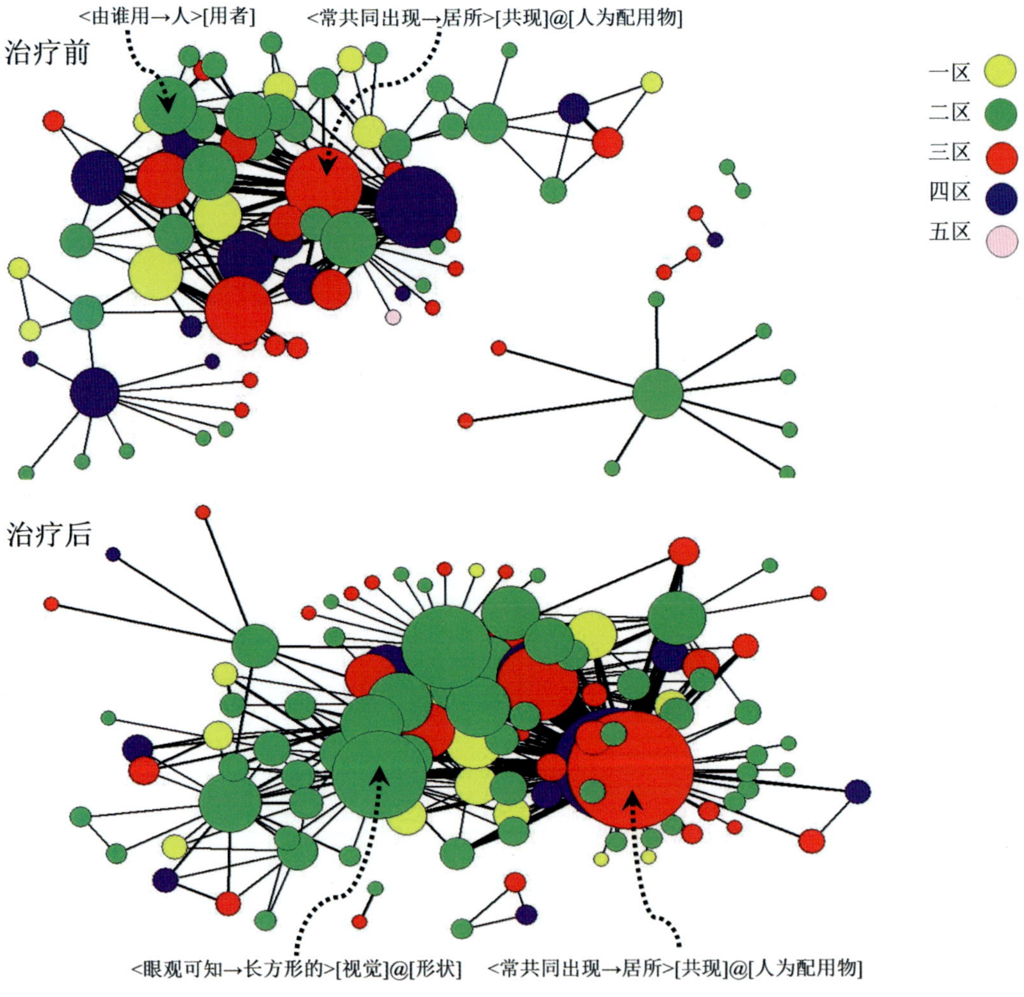

图30　患者Z.YW治疗前后义征在持征概念中的共现关系网络

顶点大小与点度呈正比，颜色与康复分区对应。

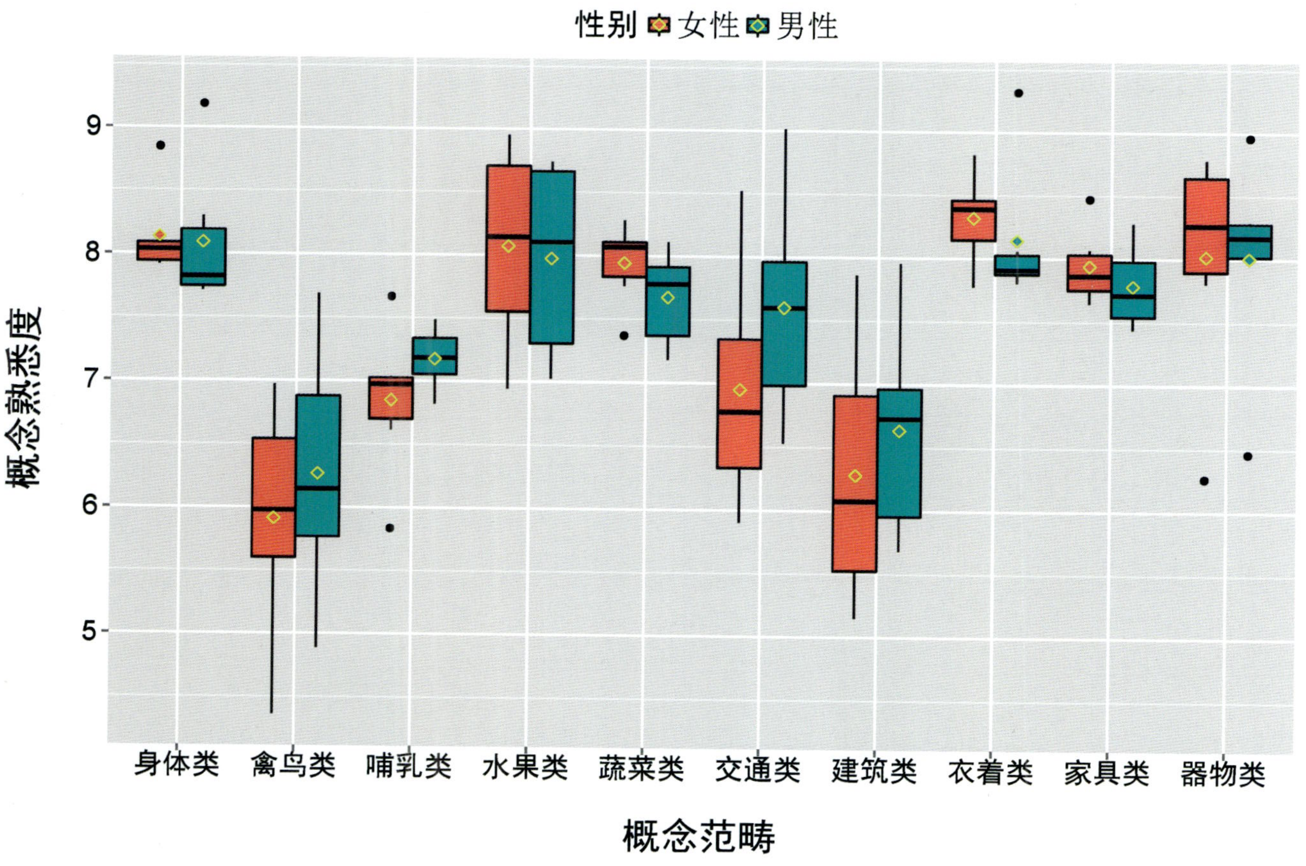

图31　概念熟悉度在范畴与性别上的分布箱线图（2018扩增版名物义征简单集）

黄点为熟悉度均值，箱中部横线为熟悉度中位数，箱的上下两端为四分位距，须线延伸至1.5倍四分位距处，多出的黑点表示异常值。

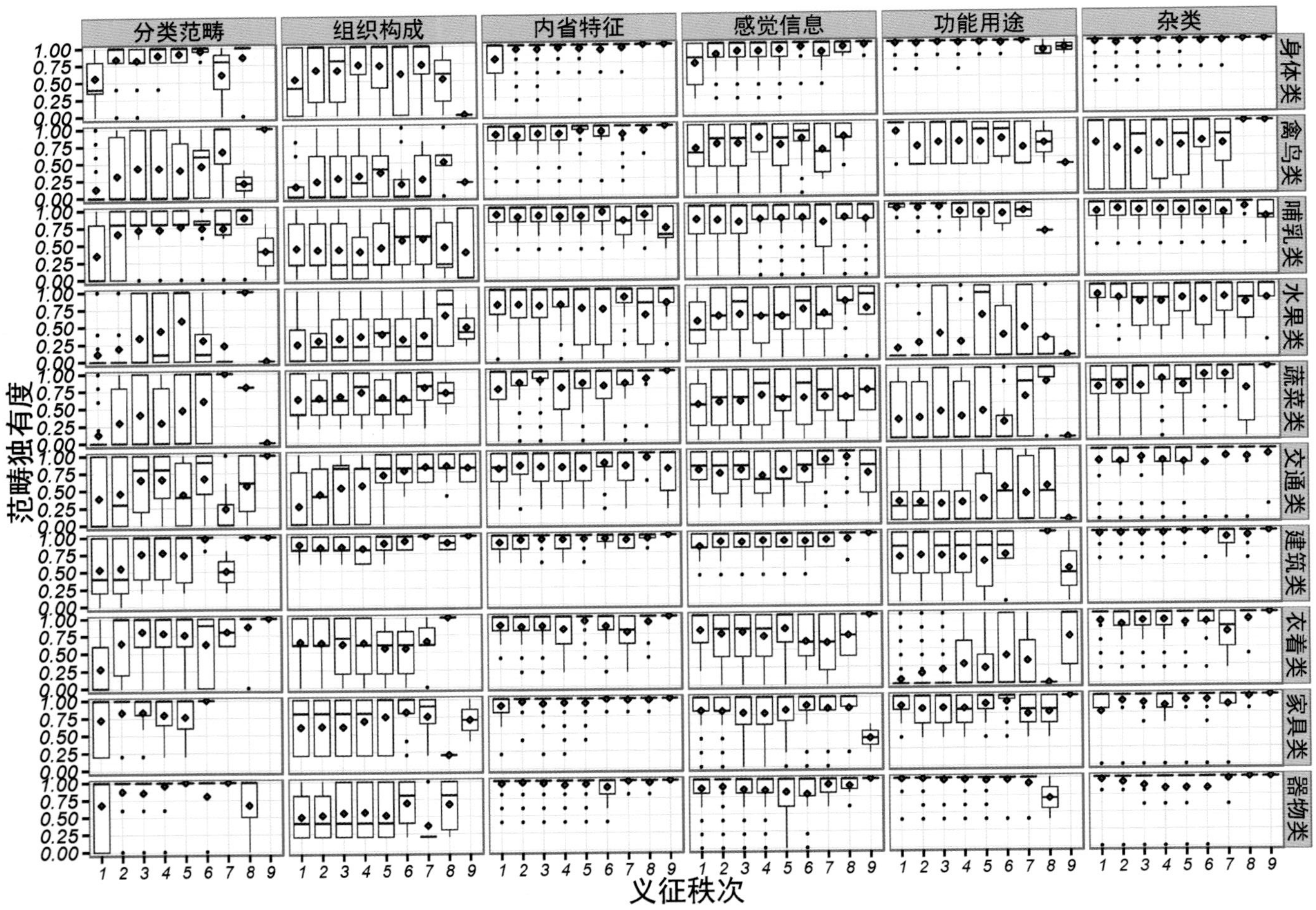

图32　义征秩次与范畴独有度的范畴和征型分布（2018扩增版名物义征简单集）

编辑委员会

学术委员会

“语言学前沿丛书”总序

“语言学前沿丛书”是北京大学出版社于2000年开发的一个语言学系列出版物。丛书在2000到2009十年间恰好推出了语言学著作10种，在汉语语言学界产生了重要影响，得到了普遍好评。为了进一步提高丛书的质量，扩大丛书的影响，推动语言学特别是汉语语言学研究，北京大学—香港理工大学汉语语言学研究中心与北京大学出版社经过缜密筹划和协商，决定从2010年起，双方共同建设“语言学前沿丛书”。新版丛书由北京大学—香港理工大学汉语语言学研究中心与北京大学出版社共同组建学术委员会和编辑委员会，由北京大学—香港理工大学汉语语言学研究中心提供出版经费，北京大学出版社出版。新版丛书定位于国内高端、国际一流的语言学著作。但是在2010到2016六年间，丛书仅出版了两种在汉语语言学研究方面处于前沿的作品。质的提升要求与量的瓶颈同时出现，极有可能是受到了学术界出版与评价大环境的影响。学术出版的国际化，对学术成绩受到国际注目和认可的期待与要求，已是大势之所趋。

为了进一步提升丛书的国际“能见度”与影响力，北京大学—香港理工大学汉语语言学研究中心牵线促成北京大学出版社在2016 年与斯普林格出版社（Springer Nature）这个有着巨大国际影响力的出版社就“语言学前沿丛书”达成合作协议。双方共同出版“语言学前沿丛书”中的英文著作。就是说，收入“语言学前沿丛书”的英文著作，将由北京大学出版社与斯普林格出版社（Springer Nature）共同出版，分别在国内与国外发行。斯普林格出版社（Springer Nature）出版发行的国外版本的系列名称为*Frontiers in Chinese Linguistics*。通过这一合作出版，将汉语语言学领域的研究成果放到国际舞台。

进入“语言学前沿丛书”的各类著作将以汉语研究特别是现代汉语研究为

主，即主要为（但不限于）下列几个方面：现代汉语句法、语义和语用研究；现代汉语语音、词汇和文字研究；现代汉语方言研究；比较语言学研究；计算语言学和汉语语料库研究；心理与脑神经语言学及其他跨学科前沿研究等。延续丛书前沿的特质，2017年以后，丛书除了学者专著及针对特定议题的论文集外，也欢迎优秀博士论文和重要国际学术会议的优秀论文集。优秀博士论文和学术会议中的优秀论文，应该都是走在所研究领域前沿的创新者。当然，有了与斯普林格出版社（Springer Nature）的合作，出版具有国际视野的英文论著，也是丛书的一大特色。

新版"丛书"对作品的质量和取向都有更明确的要求，即希望所有入选著作都能体现当代学界关注的议题，坚持以理论为指导，凸显前沿价值，掌握丰富的汉语语言事实，运用科学研究方法与严谨逻辑论证给予分析解释。古女娲补天以"鳌之足""立四极"，议题—理论架构—事实—方法与论证，正是优秀学术研究缺一不可的"四极"。这也是"丛书"试图实现的对汉语语言学研究的一种"导向"。我们希望这种导向能带领汉语语言学"走出去"：不但让国内外的研究流派与汉语语言事实接轨，更让整合后的研究成果登上国际舞台；更重要的是，让汉语语言学研究汇入国际语言学研究的主流，从而影响其他相关学科的研究，而不再安于一隅，孤芳自赏。

这个"开大门走大路"的格局，需要汉语语言学界国内外的所有学者一起努力搭建。丛书2016年已评选出几种中国境内外分别用中英文撰写的重要著作。第一个面向世界的汉语语言学的年度优秀博士论文的申请与评选，也在北京大学出版社的大力支持下展开，期待选出可以纳入"丛书"出版的优秀论文。

黄居仁　郭　锐

2017年2月20日

Preface of *Frontiers in Chinese Linguistics*

Frontiers in Chinese Linguistics (FiCL) is a book series jointly published by Springer-Nature and Peking University Press. *FiCL* aims to publish original and innovative research outcomes in the fast expanding and developing discipline of Chinese language sciences. *FiCL* welcomes submissions of proposals of the following types of books on issues related to Chinese language and linguistics: selection of post-conference papers from leading edge prestigious conferences and workshops, monograph on research with potential to open new frontiers and outstanding dissertation dealing with new issues and new methodologies. *FiCL* volumes will be published by Springer-Nature with worldwide distribution and by Peking University Press in China.

FiCL is the sister series of 语言学前沿丛书, a prestigious book series published in Chinese by Peking University Press since 2000. The series introduces new theories and new ideas in Chinese linguistics to the wide communities of linguists in China as well as Chinese linguists overseas. Since 2010, in order to bring abroader international perspective and impact, 语言学前沿丛书 has entered a collaborative publication agreement with the PolyU-PKU Research Centre on Chinese Linguistics (RP2U2). Both parties work jointly to form the editorial board and academic advisory committee in order to ensure more rigorous academic review process as well as to facilitate introduction of interdisciplinary pioneering topics to the series.

The collaboration with Springer-Nature adds a third world-leading partner to this joint publication series. This new arrangement will allow the series to publish excellent monographs written in English as well as ensure that all publications are equally accessible in China and overseas. With the new arrangement, we also propose to introduce two new types of publications that were not published by 语言学前沿丛书 before. One type is the thematic collection of excellent papers from international conferences, for these papers typically represent the forefront of the field. The other is the selection of a PhD thesis of the year on Chinese linguistics through world-wide call and competition, as stipulated in the new initiative started by Peking University Press and RP2U2. The award winning theses would also represent the latest breakthroughs in the field and we plan to publish one award-winning thesis of the year after review and revision.

Last but not least, *FiCL* will be included in major international scientific indexes such as SCOPUS and Google Scholar. With the competition in the field, effective indexing and sharing is essential to the reputation of the publication as well as authors whose theses are published in the series. Your contribution as author, reviewer, reader, and submitter is essential to the success of this book series. We wish all

Insightful Reading and Happy Enlightenment,
At the beginning of the year of Rooster.

Guo Rui and Chu-Ren Huang, Editors in Chief
20 February 2017
Hong Kong and Beijing

序言：我们像蜘蛛一样

李葆嘉

林枫的博士论文修订稿即将付梓，可喜可贺！2012年5月，我给林枫的译著写过序。这本译著是沃特·德·诺伊等人合著的《蜘蛛：社会网络分析技术》，收入“语言科技文库”跨学科名作译著系列，世界图书出版公司2012年10月出版。

该译著面世后，“豆瓣读书”上有一帖子：

> 读过这本书的英文第一版、第二版，也用Pajek做过一些研究。一直以来，这本书都是我推荐给想学SNA的学生的唯一著作。感谢林枫翻译了这本书，也祝贺李葆嘉有了这么好的一位博士生！（marego2012-12-21，https://book.douban.com/ subject/ 20416861/ ）

谢谢这位读者的表扬！其实我一直以为，有成就的学者并非老师教出来的，而是发乎其天赋和驱动力。

一、网络与蜘蛛

2010年4月上旬的一天，一位年轻人敲开了南京师范大学语言科技研究所办公室的门。自我介绍说他叫林枫，在江苏省人民医院康复科工作，借助词汇网络做失语症患者的语言康复研究。这是一件非常有价值的事啊，对此我深表赞赏。年轻人接着说，他一直关注语义网络研究，但是找不到能请教的人。最近才从网上看到，医院隔壁的南师大就有研究语义网络的。那天，他带来了他的两篇论文和一本关于网络分析技术的译稿，表示想报考我的博士研究生。

2011年1月17日，林枫发来短信："我在失语症病人的基础上做了个病理语言的语言网络模型，希望能用相同的思路做语言学习者的语义网络建模。还想当面请教一下。"而我当时事务繁多，只能约30号见面。那段时间，我的精力放在"语言科技文库"的编辑出版上。由此想到林枫的译稿，面谈后他同意列入出版计划，由我来审订。11月15日林枫发来出版选题表。著作题目填写的是"Pajek社会网络分析教程"，其中的Pajek不译，岂不有洋泾浜之嫌。*Exploratory Social Network Analysis with Pajek*的直译是："使用蜘蛛软件进行探索性社会网络分析"，我建议书名译为《蜘蛛：社会网络分析技术》。

从2000年以来，我就投入"语义网络工程"研究，也曾联想到蜘蛛。在《人工语言脑：自然语言处理装置的研制思路》（第四届汉语词汇语义学研讨会论文，香港城市大学2003年6月）中提出"语义网络的个体自建构能力"，语义网络的建构过程也就是认知能力不断提高和认知范围不断扩展的过程。虽然个体语义网络必然存在若干稀疏之处或成片漏洞，但这并不妨碍人们一生中都在持续地编织这张有界无边的义网——**我们像蜘蛛一样**。根据语义语法学理论，人类语言的本质属性是语义性，语义系统的本质特点是网络性，语义网络的形成过程是建构性。凡人皆具语义网络自建构能力，在话语行为中都有一个潜在的语义网络作支撑。而语言学家的任务就是要基于人们的日常语感，将这一潜藏在话语行为背后的、无意识状态下形成的朦胧性语义网络，通过元语言使之外显化、颗粒化和模型化。以语义语法学和元语言理论为背景的语义网络，具有如下特点：1. 高位节点的三分性；2. 从高位节点到低位节点的梯度性；3. 将词元的微观分析结果即义征作为底层节点；4. 词元之间的组合机制在于底层节点的语义缠绕性；5. 词汇单位与句法成分的接口即语义子场/语义范畴；6. 语义网络的多维度以及支网、复网和总网的关系。①

① 参见李葆嘉《理论语言学：人文与科学的双重精神》，江苏古籍出版社 2001 年；《语义语法学理论和元语言系统研究》，《深圳大学学报（人文社会科学版）》2003 年第 2 期；《语义语法学导论——基于汉语个性和语言共性的建构》，中华书局 2007 年；《语言符号网络与语言符号习得能力》，全国高层语言符号学研讨会演讲，2007 年 5 月；《个体认知语义网络的自建构能力》，南京国际文化符号学研讨会暨第八届全国语言与符号学研讨会论文，2008 年 11 月。

译著《蜘蛛：社会网络分析技术》经过七次修改。2012年3月7日，林枫到研究所面谈。3月13日，林枫发来再修改的第四次书稿。3月18日，我将第二次审订稿发给林枫。3月25日，林枫发来第五次修改稿。4月1日，我将第三次审订稿发给林枫。4月3日，林枫返回第六次修改稿。我又仔细审阅一遍，4月6日返回。4月10日，林枫将关于修改细节的一些疑问发邮件给我。当晚在飞信上，就译文语码混杂与英文附注问题，我说了三条基本原则。林枫回复："这是长期混杂阅读中英文的后遗症，改起来颇为费力，正在努力改。"4月18日下午，林枫又来面谈修改细节。林枫说："这次修改可动了大手术了，前面的几章翻译得早，此次几乎重译。每天夜里只睡4个小时。"我说："辛苦啊！你的"译后记"中原有一句'这个译本仍然需要继续打磨，希望读者在使用过程中多提意见'，我想不如现在就打磨好。"4月29日，林枫返回第七次修订稿。我又专就章节格式、图表标题等提出5类细节上的修改建议，林枫修补后才最终杀青。

林枫曾说，2010年之前的连续三年，这本译稿都没有找到愿意接稿的出版社。2012年2月在对"语言科技文库"预验收时，时任世界图书出版公司总编辑的郭力即席发言：

> "语言科技文库"后来又增加了两本剑桥出版的原著汉语译作，并且有很好的译者。我们在申请版权时，剑桥的联系人说，这两本著作水平都很高。特别是《蜘蛛：社会网络分析技术》，非常有影响的一本书。增加这两本译著，需要项目主持人有宽阔的眼界。研究一个学科，能从这个学科中跳出来，才能提升到更高水平。李老师的学术视野，给我留下了深刻印象。从出版社的角度来讲，非常希望能出版高水平的成果，非常希望能出版视野这么开阔的"文库"。

林枫的职业是医生，借助词汇语义网络做失语症患者的语言康复研究。语言学和生物医学的结合，催生了病理语言学或临床语言学，但医学领域内仍有人对这种结合不甚了了，甚至认为从事这方面的研究"不务正业"。在国际上从事失语症研究的专业人员，通常需要医学和语言学两方面的背景，而目前国内仍然存在学科壁垒，相关研究只能在小圈子里打转转。林枫深感，在跨学科研究上要沉下心来，只有日积月累才能获得理解与支持。

那些年，我招收的博士生研究方向是“语义网络工程”，面向文理工考生。2012 年 9 月，林枫进入南京师范大学文学院语言学及应用语言学专业攻读博士学位。2015 年 5 月，顺利通过博士论文答辩。

时下，能遇到好学深思、勤奋不辍的学术青年，实为大幸！

二、申报并入选

2017 年 11 月 7 日，我收到林枫 11 月 5 日发来的邮件。

李老师：

您好！我近期得到消息，北京大学－香港理工大学汉语语言学研究中心与北京大学出版社合作征集“语言学前沿丛书年度语言学博士论文”。我的论文符合征集时间范围（2015 年 4 月 1 日以后），我想申报。丛书要求应征者提供两名相同研究方向的正高职称专家推荐信。我想请您作为推荐专家之一。另外，是否还能给我再介绍一名专家？征集材料的截止时间是 12 月 1 日。因我得知该消息的时间比较晚，所以较为紧张。还请李老师见谅。随信附上三个材料：丛书评选通知、申请书、专家推荐信模板。两位专家的推荐信需要手写扫描件。

我在 11 月 7 日回复：

另外的一位专家，可以请你现在的医学博士生导师江教授。

11 月 11 日，我把专家推荐信发给林枫：

出于对医学应用的需求，林枫（语言康复医生）于 2012—2015 年期间在南京师范大学攻读语言学及应用语言学博士学位（导师李葆嘉）。入学前，他已从事和言语治疗相关的语义网络研究数年，入学后选择了“面向言语治疗的汉语词汇语义表征分析研究”这一课题。言语治疗是注重实践操作的医学技术门类，而词汇语义表征分析则是强调理论建构模式的语言学科方向。相互融合必须跨越文科与医科的思维模式和学科范式的差异。

林枫的博士论文，围绕研究假说（语义系统是具有效率性和稳健性的词汇语义特征复杂网络），一方面对认识论和方法论进行详细论证，另一方面从实证角度，实现了经验性数据集的制订与分析。在词汇语义特征的质性分析方面，通过梳理欧美学者一些语义特征分类方案，结合言语治疗需求，提出词汇语义特征的汉语康复分类法，设计了底层语言学分类方案和表层临床衔接方案，这种双层设计兼顾了语言学理论研究需求和医学诊疗实践的要求。该研究为汉语词汇语义特征引入了量化指标体系，并对这些指标的中文术语进行了系统设计。

这些研究既可以推动汉语语义特征分类，又可以积累汉语词汇语义特征数据库，满足医学治疗的需要，还可以借助表层临床衔接方案开展脑功能影像研究。无论是理论研究的深度，还是实证研究的质量，或是后续研究的广度，该论文都值得出版。专此推荐。

五个多月后，2018 年 4 月 26 日，收到林枫发来的邮件。

李老师：

您好！我的博士论文《面向言语治疗的汉语词汇语义表征分析研究》在去年投稿“语言学前沿丛书年度语言学博士论文”。今天得知已经通过专家评审，可以出版。我感到颇为惊喜。特向您汇报。（下附出版社的邮件）另外，我还想请教，博士论文要出版的话，南京师范大学对这种情况有没有什么限制规定，或者说我在与出版社联系过程中需要注意哪些方面？

感谢李老师长期的教导和栽培！

我即日回复。

林枫博士：

可喜可贺！博士论文出版，南京师范大学没有限制规定。前面毕业的这些博士，论文基本上都已出版了。学术著作不支付稿酬，但是签订合同时要写明：（1）赠书100本（甚至再多些）；（2）如果再印，出版社则要支付版税。最主要的是要修改好：（1）作为专著出版，原博士论文的有些写法和要求可能要修改；（2）严格学术规范，凡是引用之处（无论明引、暗引）务必注明；（3）要写好一篇后记。

5月2日，林枫又发来两位评委的评审意见。

李老师：

附件中是从北大出版社获得的博士论文评审意见。正如您所言，其中有一些参考文献需要准确标注。不过，其中有关知网等方面的论述，在我的博士论文中精简，是由于您出版了更为详细的专著论述语义网络。因此，我不准备完全按照评审意见修改，而考虑局部修订，并撰写后记，回应审稿意见。以此说明哪里改了，哪里又因为什么不改。总之，论文尚未付梓，打磨修订不止一日之功，此中甘苦与收获，真是感慨良多。在最后付印前，如能请您给我写序，应是人生乐事！

收到转来的专家评审意见，我认真地、仔细地研读。

评审意见一：

本文在与言语治疗相关的语言学研究中跨出了重要的一步，填补了国内研究的一个空缺，而且研究方法细致，又有实验支持，值得出版。文中关于语义语法的论述自成一家，从实际应用出发进行讨论，也避免了闭门造车的困扰。无论读者是否同意作者的观点，这本书都值得一读。对于在第一线从事言语治疗的治疗师，本文也提供了一个可以直接应用的模板。

修改建议：本文的标题是《面向言语治疗的汉语词汇语义表征分析研究》，但实际上是针对成年失语症病患进行治疗的应用研究。建议将题目缩小一些，以免造成误解，也避免遭到不必要的攻击。第一、二章中关于应用的论述也建议做一些修改，严格按照适用范围去描述。本文的设计有着很强的针对性，泛泛而谈地说言语治疗，反而降低了研究的价值。英文摘要没有语法错误，但有很重的中文腔。建议作者找英语为母语的人重写一遍，把意思说清楚，而不必拘泥于一一对应。

评审意见二：

本论文结合词汇语义学、计量网络模式与言语治疗相关行为分析，为语言学研究的病理应用开拓性地提出可行的研究议题与方向。语言分析、计量统计、图形网络模式、实验与临床可能应用的结合，未来研究有宽广的发展可能与深远影响。值得出版。

词汇语义网络与特征集的建立，没有参考已有资源，也没有考虑到跨语言差异与病人方言或个人差异的问题，是本文需要补足之处。对于在第一线从事言语治疗的治疗师，本文提供了一个可以应用的参考数据模板。对于未来如何与临床资料结合，及如何评估资料模板临床应用的适切性与效果，也许也应该有初步构想与方案，以提高本书在语言治疗领域的学术与应用价值。本文有两个主要的部分：第一部分是把网络理论应用于汉语词汇语义分析，建立汉语的小世界网络模式；第二部分是利用这个模式分析并解释失语（失识 / 失用）病人的语言分析与可能复建模式。

一、出版前建议应有以下修改：

题目应该更准确描述本书内容。目前的标题过于广泛，远超过内容范围。

二、文献讨论有几个重大的缺失：

1. 有些重要的相关理论与资源提到了，却没有引用任何论文，也没有讨论文献。比如英语词网（WordNet）应该引用讨论 Fellbaum 或 Miller 等的论文。知网应该引用讨论董振东等的论文。

2. 以词汇语义为基础的汉语词汇网络，有丰富的文献与讨论。但本文完全忽略了。选用何种理论架构，当然是作者的学术选择，只要提出清楚的理据，完全是正当的。但是文献中没有讨论相关论著，则是重要缺失。特别是如果已有完整的语言资源不用，而特意使用不完整的部分资料，对学术价值与将来的应用范围反而是阻碍。中文完整词汇网络资料库起码有以下几种，分别由数万到十万词义集的规模：

— Sinica BOW 中英双语知识本体词网

— CWN 中文词网

— CCD Chinese Concept Dictionary 中文概念词典

—知网

—同义词词林（并非是理论架构上的词网，但是是学界广为使用的相关资源。）

3. 与上述词网研究相关的，如文献中对中文词义关系如何定义，语言小世界网络模型等也有一些论述。本论文都没有引用讨论。

三、有关治疗上的应用，以及模板的意义，有几个关键性的议题没有提及。治疗的目的到底是要把患者导正到与常人 / 常模完全相同，还是接受患者的认知能力限制，把治疗的目的定位在建立一个与常模不完全相同，但有效又能够沟通的词汇网络？这里又牵涉到汉语（或世界上其他语言）是否有一个“标准”的语义网络常模的问题，还是说，不同语者（领域、知识、方言、年纪等等）有个人稍微不同的语义网络，而每个语言又有不同的语义网络？目前学界普遍接受的是：各语言的语义网络不同（参见不同语言的词网研究）；而且个人也有认知 / 语义的细微差异。更重要的是，沟通障碍 / 失语患者，可能有不同的网络，而且不可能回复到常模。在小世界网络模型中，其意义就是当某些链接断了，或某几个节点丢失了，整个小世界的链接模型会自动重新组织（self-organization）。甚至任何小世界网络，加入新节点后，会有自动调整的新链接产生。所以，词汇语义网络是活力（dynamic）互动，而不是静态对比的。这个理论架构下，模板怎么用，比目前论文中的简单陈述复杂多了。更牵涉不同知识 / 词汇语义网络间，是否有一个共同的知识表达系统作为比对或整合的基础。这个基础，目前的理论是知识本体（ontology）。

总之，在结论中，有关是否需要知识本体这样的架构来比对不同语言间，或不同方言 / 领域 / 个人差异间比对结合基础；以及如何利用小世界网络自动重新组织的特性，协助病患在无法完全恢复到常模的限制下，得到能完整运作，并于常模可以互相沟通的小世界网络，是必须提及并加以讨论的未来研究发展。

作为林枫的导师，我感谢两位专家的评审意见。作为该论文的最初读者，我谈几点感想并补充一点资料。

第一，关于论文的题目，最初是“面向医学应用的词汇语义表征复杂网络建模与分析”，通过斟酌，才修改为“面向言语治疗的汉语词汇语义表征分析研究”。如果限定为“针对成年失语症病患治疗的汉语词汇语义表征分析研究”，则显得累赘。根据人的短期记忆 7+2 原则，我很不习惯冗长的标题。一个“苹果”可以用不同等级的语词进行表述：苹果、水果、食物、商品等。同样，“失语症病患治疗”“成年失语症病患治疗”都可以用“言语治疗”来表述。所有的真实话语表达，都是特定的说话者，怀有特定的意图，面对特定的听话者，在具体情境中的话语行为。一方面，同样一个词语的意义，说话者和听话者的理解不尽相同，需要相互契合才能达成有效理解。另一方面，上下文或语境限定或明确了其中所包含词语的意义，因此，某个词语的意义依赖于相互搭配的其他词语，或者依赖于句子的意义，而句子的意义则依赖于更大表达式，乃至全文的意义。语言符号只是一种提示，以唤醒接受者的理解或联想。语言并不完美，不但词语具有多义性，而且语句中可能存在若干意义空隙。人类心智能够选择确定的词义，能够填补语句中的意义空隙。

第二，关于“词汇语义网络与特征集的建立，没有参考已有资源”。在研究过程中讨论过，主要基于我们建构的语义特征分析资源加以改造以适合本专题的研究。拙著《现代汉语析义元语言研究》（世界图书出版公司 2013 年 2 月），其“引论　语义分析与语言知识工程”（1—134 页）包括五节：词汇语义分析的三块基石、国际上著名的语义分析理论、国际上著名的语言知识工程、中文信息处理的语言知识工程、基于日常语感的深度语义分析。其中第二节（22—41页）包括：特思尼耶尔的从属关系语法、解释语义学与生成语义学、形式语义学与认知语义学、韩礼德的词汇精密语法、魏尔兹比卡的语义元语言理论、阿普列相的整体语言图景描写。第三节（42—61页）包括：基于词汇层次及其语义关系的词网、基于词汇–句法的语言知识综合库、基于三元组自动获取语义关系的智网、基于场景–框架语义学的框网、基于概念描述和日英对译的电子词典、基于知识原则的CYC知识库。第四节（62—116页）包括：九〇五工程的语义分析体系、基于结构语法学的语法信息词典、基于分类和配价的汉语语义词典、面向机用的汉语语义知识库平台、采用词网框架的汉英语义知识库、基于《现代汉语词典》义项的语言知识库、基于义原系统和概念关系的知网、基于知网逐渐发展的概念网、基于虚拟概念的层次网络理论。

因为拙著已作详细梳理和剖析，我建议林枫不必重复，而是转而关注国际上服务于临床治疗的词汇语义成分分析技术和资源建设。林枫论文初稿的第二章“词汇语义成分分析：医学视野和语言学成果”搜集大量资料并且系统梳理。目录如下：

第一节　义征训练：需求理论和医疗技术

第二节　义征分析：感应理论和实验讨论

第三节　义征建库：研究进路与发展历程

一、义征分析的几条进路

二、义征建库的发展历程

（一）20世纪70年代末至80年代初：征间关联研究发端

（二）20世纪90年代早期：基于义征分类型的小型义征库

（三）20世纪90年代后期：大型义征库、义征分型和征间关联

（四）21世纪初：义征库分析指标的丰富化和精细化

（五）最近十年：后期义征库的涌现

1. 英语　2005版英语名物义征库　2008版英语名物事件混合义征库

2. 荷兰语　2004 版荷兰语义征库 2008 版荷兰语义征库

3. 意大利语和德语　2011 版德意对照义征库 2013 版意语盲明对照义征库 2013 版意大利语义征库

第四节　义征分型：方案评介和版本汉化

第五节　义征指标：概念定义和计算方法

这一章 6 万字，耗时费力。但是因为论文内容需要相对集中，我建议在论文答辩稿中紧缩或删除。

至于“跨语言差异与病人方言或个人差异的问题”，只是治疗中的“对症下药”问题。在博士论文中，只能针对一般情况（或所谓常模）或基本词汇研究。评审专家的有些意见，属于后续研究的课题。如果要求一篇博士论文（在一个新开拓领域中）解决这一系列问题，也就超出该博士论文的任务。尤其是一个跨学科的、面向应用的选题，不宜在理论上（比如，语义网络的特殊性和普遍性质、知识本体架构等）投入更多精力。简而言之，我们评价一篇博士论文，不是考虑这一新开拓领域可能有哪些问题，而是需要聚焦于这篇论文解决了什么问题，具有怎样的价值。科学研究是无底洞，个人只能以有限的智力和时间，采用有限的方法和材料得出有限的结论。因此，我赞成林枫博士局部修订并在后记中扼要说明，同时建议，要反复思考评审专家的意见，作为后续课题的重要参考。

跨学科专著出版难。幸运的是，“北京大学－香港理工大学汉语语言学研究中心”与北京大学出版社合作评选“语言学前沿丛书年度博士论文”并资助出版，林枫的论文被评为 2017 年度优秀博士论文。2018 年 6 月 20 日，林枫出席“语言学前沿论坛暨语言学前沿年度博士论文颁奖式”，在北京大学人文学苑 6 号楼做学术报告“语言学、医学和网络科学——面向语义治疗的跨学科研究”（点评人：北京大学汪锋教授）。

而在前一年，2017 年 9 月，林枫已经在南京医科大学第一临床医学院康复医学与理疗学专业攻读医学博士学位。语言学博士期间建立的语料库，成为他攻读医学博士学位的资源。也正是由于这种连续的成果积累，林枫获批国家自然科学基金项目，并在 2020 年 5 月顺利通过医学博士论文《脑功能活动的热集散点与暗网络：基于图片命名的探析》答辩，取得第二个博士学位。

三、求道与证道

2020年10月5日，林枫博士为《随园文心：李葆嘉先生七秩同乐文集》写了一篇文章，题为“以语求道　以医证道”。其中的一些回忆，有助于了解林枫完成《面向言语治疗的汉语词汇语义表征分析研究》的经过。

> 2010年3月30日，我去南师大语言科技研究所，第一次见到李葆嘉教授。……从这天开始，受到李老师的学术感召，我正式把攻读语言学博士学位放到了人生规划中。在医学同行看来，这可能是一种“不务正业”。从医疗体制来看，这也是一种没有现实利益的行为。人事科在我报考时就告知我，文科学位对于我将来的职称评审和岗位升迁没有用处。
>
> 职场中奔忙的人，往往不易记住三十岁到六十岁这段岁月中的细节，这种说法似乎也适用于我在南师大三年的研修经历。但是有两件事记得非常清晰。第一件事，关于考据。2014年10月14日晚，李老师在仙林校区学正楼205教室做了一次讲座：“爱丁堡之谜：蒙博多的语言进化论和进化模式，打破达尔文神话”。为了证明达尔文了解蒙博多的进化模式，李老师举出多个证据，其中有一条是：达尔文多次看过其祖父的书，其祖父引用过蒙博多的论述，并且有一幅当时学者向蒙博多请教的插画。这些论证令人印象深刻。事后，我请教李老师怎样才能做到这种程度的论证。李老师回答，考据是做学问的基本功——真是一语点醒梦中人。之前三年在文献研读过程中，《中国转型语法学：基于欧美模板与汉语类型的沉思》是我最早研读的李老师著作，在其中看到诸多史料。最初研读时觉得非常烦琐，尤其是医学专业非常注重三年内的文献进展，而对于久远的文献有一种自然的排斥感。但是当我感受到考据的力量，再次回想自己所读文献，却理解了文脉相承的底蕴。语言学博士论文初稿中有一部分关于言语治疗

发展史的内容，虽然后来删减，但也在 2019 年和 2020 年写入教科书中。在我带研究生之后，学生常言我的报告不仅有学术进展，还有很多从未见过的史料。这也许就是融合了医科进展和文科考据的学术习惯。

第二件事，关于论文。2015 年 3 月 4 日预答辩时，陈小荷教授提出，最好能再有半年精修则更为出彩。……但是我外派访问学者的最后时限将至，故难以再留出半年时间。李老师对此给出的意见是，就论文初稿 36 万字而言，有些内容过于庞大，可能超出我的撰写能力。与其追求系统全面地覆盖所有话题，不如精简，在一个点上做深做透。于是，最终版本的论文精简为 24 万字。我虽在撰写医学论文方面有材料取舍的经验，但在如此庞大篇幅上进行框架性操作，的确是一种挑战。

从攻读语言学学位期间的构建汉语语义网络，到攻读医学学位期间的探索脑功能活动网络，我始终没有放弃在网络科学研究方面的兴趣。在接受了跨出医学和回归医学的挑战与磨砺之后，我在科学技术哲学、应用数学、心理学、语言学、脑功能影像和脑功能康复等方面积累了经验。现在已经设立了三个方向：基于多媒体技术的失语症语料库、基于脑磁图技术的脑功能网络、基于图建模技术的人类功能图谱。这些研究都与语义网络理论与技术有着密切关系。

任重而道远，士不可不弘毅！2000 年 12 月，我提出“语言科技新思维”，制订《语言科技系建设发展十年规划书》。2001 年 6 月 26 日，南京师范大学文学院成立语言科技系，建构本科生—硕士生—博士生—博士后人员的语言科技复合型人才培养模式。迄今，语言科技系已经走过 20 年，而我在前几年已退休。

2019 年 10 月，应澳门理工学院周荐教授邀请，出席 “粤港澳大湾区——语言文化研究新视角”学术研讨会，我在会上发表题为“当代三大科技与当代语言学：促进及互动”的演讲，当代科技促进了当代语言学的发展，计算机科技孕育了计算语言学，现代脑科学提升了神经语言学，现代生物学推进了生物语言学和演化语言学，分子人类学与亲缘比较语言学相互验证，由此呈现当代语言学和当代科技的互动。当代语言学的交叉性、实验性和精密化趋势，促使其成为“语言科技”——此为21世纪语言学的发展方向。

编织学术或科学知识之网——我们像蜘蛛一样……

东亭　李葆嘉　谨识于随园

2021年6月18日

凡　例

1. 华文彩云字体：表示领域。

2. 华文行楷：表示范畴。

3. 幼圆字体：经验性义征库中表示样例，在汉语析义元语言中表示义位。

4. 实心右箭头 ➔：领域、范畴和样例间的分隔符号。

5. 实心方头括号【 】：表示以样例为刺激词，由受试者提名生成的原始反应条目。

6. 半角尖括号 < >：从原始反应条目中析出的义征条目。

7. 空心角括号『 』：经验性义征条目的初级征型。

8. 半角方括号 []：经验性义征条目的一级和二级征型。

9. 阿罗巴符 @：汉语义征分型标注时，上级征型和下级征型之间的分隔符。

10. 井字符 #：在义征的汉语康复分类法中，正常类和病理类之间的分隔符。

11. 全角方括号［ ］：汉语析义元语言的义征条目，由专家内省所得。

12. 半角斜体方括号 *[]*：汉语析义元语言的义征分型。

13. 在汉语经验性义征数据集中，半角尖括号内可能出现的符号是：

右向箭头 →：义征提示语指向符，表示从义征提示语指向义征中心词的提示关系。

14. 在汉语析义元语言数据集中，全角方括号内的符号沿用《现代汉语析义元语言研究》第 165—167 页的定义，表示其修饰的词与义征条目中心语，或者与词元之间的关系。

全角圆括号（ ）：修饰关系。

全角尖括号〈 〉：限制关系。

双向箭头 ↔：陈述关系。

升降符 ∧：合取关系。

英文省略号 …：呼应关系。

正号 +：阳性义征。

右向箭头 →：支配关系。　　负号 -：阴性义征。

左向箭头 ←：补足关系。　　正负号 ±：双极义征。

降升符 V：析取关系。

15. 黑体常规宽度字体：专业**术语**、**关键词**和**表头**。

16. 黑体加宽字体：用于义征库量化指标，表示**义征指标**。

17. 黑体缩窄字体：用于义征库量化指标，表示**概念指标**。

汉语名物义征库举例：非生物 ➔ 用具 ➔ 茶壶【往茶杯里倒茶】< 常共同出现 → 茶杯 >『感觉信息』[共现]@[人为配用物]

汉语析义元语言举例：生物名词 ➔ 园艺作物 ➔ 百合［+ 花 ↔ 白色］*[描述]*@*[* 性质 *]*

* 对上述符号的使用，还可参见表 2，以及第 21、51、78 和 139 页的脚注。

** 关于领域、范畴和样例的术语界定，参见第 24 页的脚注和文末索引。

目　录

导　论 / 1

第一章　研究背景 / 17

　第一节　词汇语义特征分析：言语治疗手段和语言学方法 / 19

　第二节　词汇语义特征数据：研究进路和发展历程 / 30

　第三节　词汇语义表征研究：基于语义特征的语义网络模型 / 63

第二章　认识论基础：语义网络的效率性和稳健性 / 69

　第一节　假说的提出：从效率性和稳健性考察语义系统 / 70

　第二节　语义语法学：语义特征的基础性 / 72

　第三节　语义表征理论：经验性义征分析的重要性 / 74

　第四节　生态心理学：从可供性和具身认知解读语义表征 / 78

　第五节　认知科学：语义特征的定性定量分析依据 / 86

　第六节　网络科学：网络观和网络思维的语义表征研究价值 / 89

第三章　方法论依据：语义特征的定性、定量和关系分析 / 94

　第一节　语义特征的质性分类：方案评介和版本汉化 / 95

　第二节　语义特征的量化指标：算法界定和意义辨析 / 111

　第三节　语义特征的网络参数：建模技术和分析体系 / 122

第四章　内省数据分析：基于析义元语言的词汇语义表征 / 139

　第一节　原始数据整理：汉语析义元语言数据概览 / 141

　第二节　义征分型标注：汉语语义词类标注与统计 / 142

第三节　量化指标计算：义征内省分析的认知处理模式探索 / 144
第四节　网络参数估算：义征共元网络的宏观模式探析 / 149
第五节　结果讨论：内省数据的解读与应用 / 160

第五章　汉语词汇语义特征质性分类方案设计 / 169
第一节　底层语言学分类方案 / 171
第二节　表层临床衔接方案 / 201

第六章　经验数据分析：基于义征提名任务的词汇语义表征 / 210
第一节　原始数据采集：义征提名任务的设计与实施 / 210
第二节　义征分型标注：汉语康复分类法的应用与统计 / 215
第三节　量化指标计算：义征提名任务的认知处理模式探索 / 216
第四节　网络参数估算：征联网络的宏观模式探析 / 226
第五节　结果讨论：经验数据的解读与应用 / 231

第七章　词汇语义表征分析方案的临床应用实例 / 242
第一节　数据采集：失认症伴失用症患者一例 / 243
第二节　数据分析：从量化指标计算到网络参数估计 / 244
第三节　小结和展望 / 249

结　语 / 251
补　遗 / 257
参考文献 / 268
后　记 / 285
术语和关键词索引 / 288
附录一：概念指标简表 / 292
附录二：义征量化指标简表 / 295
附录三：义征网络参数简表 / 348

导论

一、研究背景和选题来源

本研究是从言语治疗（Speech Therapy）的专业需求出发，针对汉语词汇语义表征进行的理论和实验研究，其研究背景和选题来源有以下两个方面：

（一）言语治疗的实践需求：治疗语料的选取与编排问题

施加刺激和观察行为反应，这是在言语治疗的临床操作中最常见和最基本的行为模式。它具体表现为治疗师向患者提供实物、图卡或语音刺激，要求患者实施识别、命名、归类、分拣、应答或叙述等操作，从而对功能障碍进行评估或训练（李胜利，2004，4—7页）。如果仔细观察这些任务，就会发现它们本质上都是交流行为。也就是说，以语言素材作为刺激源，患者通过听、说、读、写、表情或肢体动作接受刺激并做出反应，完成与治疗师的交流。每个治疗师在发起这种交流时，必须直面一系列问题：为什么要选取这些素材？它们应该按照什么顺序呈现给患者？它们预期要用什么方式调用患者的哪种感觉通路？又会刺激患者的哪些认知模块？

令人遗憾的是，实际应用于临床的言语认知治疗往往只强调刺激方式，而对语言素材本身缺乏应有的重视。例如，舒尔刺激法（Schuell's Stimulation Therapy）是失语症最常用的语言功能治疗方法。该疗法认为，听觉模块是最重要的语言加工部分，同时是失语症的主要障碍所在，因而在操作上强调施加反复的、高强度的听觉刺激。又如，交流效果促进法（Promoting Aphasics'

Communicative Effectiveness）是失语症最常用的功能性交际治疗方法。该方法利用接近实用交流的对话结构，在言语治疗师与患者之间双向交互传递信息。在操作时，把一叠图片正面向下放置于桌面，治疗师与患者交替摸取，但不让对方看见图片的内容，然后利用各种表达方式（语音、手势、绘画或书写等）把图片所含语义传递给对方，而接受者通过重复确认、猜测和反复质问等方式进行适当反馈。这些治疗方法都把语言素材视为随手可得的资源，并且默认治疗师仅凭自身经验和日常语感就可以选择合适的语料。治疗素材选择方面的粗糙性，往往被“个体化治疗”或“综合多样措施”等不具有操作指导价值的抽象原则所掩盖。

即使配备了素材，也仍然缺少依据来指导如何在治疗中合理安排这些素材。例如，在交流效果促进法实施过程中，治疗师如果拿到一张“大象”的图片，应该首先向患者传递哪方面信息呢？在患者做出反应后，又应该如何做出调整，选取下一步提示信息呢？表1展示了两段治疗师与患者的对话，其中治疗师通过提示患者说出概念的语义特征而帮助患者改善图片命名能力。人们可能很熟悉这种交流场景，因为不但在言语认知治疗中会如此，二语习得或幼童学语也会如此。就“交流什么”而言，治疗师需要在治疗开始前就设定需要命名的图卡（例如“大象”和“人耳”），还需要预先设定要提醒这些概念的哪些特征（例如，大象是动物、有鼻子）。就“怎么交流”而言，治疗师需要安排好图卡的出示顺序（例如，先“大象”，后“人耳”）和提示的顺序（例如先提示分类，后提示功用）。

表1　言语治疗师与患者在治疗过程中的对话

对话一	对话二
治疗师：（出示大象的图卡）这是什么？ 患者[①]：虎。	治疗师：（出示人耳的图卡）这是什么？ 患者：耳朵。

① 患者情况：男性，49岁，右侧肢体活动不利伴言语困难近两年。患者于2013年2月25日突发右侧肢体不能活动，伴言语不清，急送医院诊断为“左侧基底节区脑出血”，经治疗后生命体征恢复平稳，但仍有右侧肢体活动障碍和言语不利。2013年8月25日至医院要求诊治言语障碍。经诊断为：脑出血后遗症期、右侧偏瘫、失语症（经皮质运动性失语）。此后每隔约六周接受一个疗程的言语治疗（每周五次，每次一小时，持续两周）。一年后，患者言语功能改善，转归为命名性失语。文中对话录制于2015年2月6日。

续表

对话一	对话二
治疗师：不对。它是叫？	治疗师：它是属于什么类别的？
患者：大象。	患者：头。
治疗师：很好。它有什么特点？	治疗师：它长在？
患者：它的鼻子，弯过来，呜呜呜，去洗澡。	患者：头上。
治疗师：它的鼻子怎么样？	治疗师：它是哪一类？
患者：鼻子下去，穿的，很光滑。	患者：它是人类的……
治疗师：继续说。	治疗师：它是人体器官，还可以说它是身体部位。
患者：它的鼻子长又长。	患者：对，身体部位。
治疗师：它的鼻子长长的，鼻子可以吸水，给……	治疗师：耳朵有什么用处？
患者：给自己洗澡。	患者：它是弯弯的。
治疗师：还有吗？	治疗师：对，它是弯弯的。它有什么用处？
患者：耳朵。	患者：它是用来听音乐的。
治疗师：耳朵怎么样？	治疗师：它的作用是？
患者：很大。	患者：它的作用，弯弯的。
治疗师：耳朵很大，像两把大蒲扇。它还有什么？	治疗师：它的作用是听声音。它的形状是？
患者：嗯。	患者：是弯弯的。
治疗师：它还有尖尖的……	
患者：象牙。	
治疗师：象牙很……	
患者：锋利。	
治疗师：这是什么？	
患者：四条腿。	
治疗师：四条腿怎么样？	
患者：四条腿很粗壮。	
治疗师：很好。四条腿是不是像柱子一样？	
患者：对，像柱子一样。	

如果把目光放到二语习得，就会发现，人们应用词频法、联想法、字根分析法等手段，对词汇进行选择和编排，以期能提高学习效率。这从另一个侧面提示素材编排的重要性。如果把目光放到幼童学语，就会发现，人们最初获取的知识是基于切身体验到的共时和历时线索。前者如奶瓶和奶嘴一起出现、共同使用。后者如拧开水龙头会有水流出。这种利用时空线索获取知识的能力根植于人类认知能力之中，其认知成果在语言中的最直接体现就是语义。如果把这种认识拓展到言语治疗中，就又不得不考虑其基本问题。从词汇层面来看，

这个问题可以描述为：**如何根据词汇语义来选取和编排训练素材？**从操作层面来看，要解决这个问题就需要对词汇语义进行质性分类和量化分析。

词汇语义特征分析已经成为一种实用型言语治疗技术。但是就语料选材和编排而言，这种技术也同样缺少有效的指导原则，也就在操作上无法摆脱对治疗师个人经验的依赖。在语言学中，词汇语义特征分析的理论和方法研究有着悠久的历史，但是其成果不足以直接移植到言语治疗中。主要原因在于，语言学的词汇语义特征分析，传统上是以专家内省形式为主，往往不提供经验性数据，而言语治疗学作为一门医学专业，是一门讲求经验性证据的学科。

值得注意的是，在欧美语言研究中，从20世纪70年代罗希（E. Rosch）的词汇语义特征量化分析开始（Rosch & Mervis，1975），通过采集经验数据集，对词汇语义特征进行质性分类和量化分析，已经发展成一个较为成熟的研究方向。马尔特（B. C. Malt）和史密斯（E. E. Smith）开创了语义特征间相互关系的量化分析进路，并且提出了对语义特征及其相互关系进行质性分类的思想（Malt & Smith，1984）。法拉赫（M. J. Farah）和麦克莱兰（J. L. McClelland）以视知觉和功用这两种类型为基础，通过采集和建立经验性语义特征数据集，推动了对词汇语义特征的质性分类研究（Farah & McClelland，1991）。麦克雷（K. McRae）、德萨（V. R. De Sa）和赛登博格（M.S. Seidenberg）建立了国际上第一个大型经验性语义特征分析数据集（McRae，De Sa，& Seidenberg，1997）。通过系列研究（McRae et al.，1999；McRae & Cree，2002；McRae et al.，2005），麦克雷等为这方面的实验研究提供了操作范例，并且确立了针对经验性语义特征数据集的分析范式。该范式以语义特征的质性分类和量化分析为主，以行为学检测数据为辅。尤其值得注意的是，麦克雷等的研究首次从行为学检测上证实，词汇语义的各个成分之间的关系对词义在人脑中的处理有着显著影响，因而对言语治疗具有重要的指导价值。具有紧密关系的词汇语义特征，可能在治疗过程中需要考虑其呈现的共时与历时关系。加勒德（P. Garrard）、拉尔夫（M. A. Ralph）、霍奇斯（J. R. Hodges）和帕特森（K. Patterson）等推动了基于经验数据集的量化分析指标的发展，并且证实概念之间仅凭语义特征的重叠关系，就足以形成概念范畴聚类（Garrard et al.，2001）。加勒德等还为分出“百科知识”这一语义类型提供了实证依据，推动了语义特征的质性分类研究。

在这些先驱研究的基础上，这些年来，经验性词汇语义特征数据集的采集和分析得到了长足发展，涌现出一大批成果。这些成果涉及英语（Vinson & Vigliocco，2002；McRae et al.，2005）、荷兰语（Ruts et al.，2004；De Deyne et al.，2008）、意大利语和德语（Kremer & Baroni，2011；Lenci et al.，2013；Montefinese et al.，2013）等多种语言。受试者来自健康人和先天失明者、青年人和老年人等多种人群（Lenci et al.，2013）。概念种类涵盖名物和动作事件（Vinson & Vigliocco，2002；Vinson & Vigliocco，2008）。与这些数据集的发展相适应，词汇语义特征的质性分类方案也得到了长足发展，先后出现了CM脑区分类法（Cree & McRae，2003）、WB知识分类法（Wu & Barsalou，2009）、KB-WB知识分类法（Kremer & Baroni，2011）、LB盲明分类法（Lenci et al.，2013）和模态定级法（Lynott & Connell，2009；van Dantzig et al.，2011；Amsel，Urbach，& Kutas，2012；Lynott & Connell，2013）等多种实用分类方案。尤其值得注意的是，勒巴尼（G.E. Lebani）和皮安塔（E. Pianta）专为言语治疗提出了LP康复分类法（Lebani & Pianta，2010b）。因此，欧美研究者在词汇语义方面的经验性研究成果已经为其言语治疗应用奠定了基础。

在汉语研究中，一些心理学或神经语言学研究也建立了经验性词汇语义特征数据集。例如，郑航月的《汉语概念的特征结构初探》（郑航月，2009）和许振国的《语义加工中汉语概念特征的差异性效应》（许振国，2011）都采集并分析了受试者提名的词汇语义特征。但是，这些研究通常沿袭范畴特异性语义损伤的研究旨趣，往往以生物和非生物概念范畴的比较为主，没有为汉语语义特征提出质性分类方案。李葆嘉开创了析义元语言研究（李葆嘉，2013），其研究路线明确提出，在经过专家内省形式的义征分析和义场建构之后，需要通过人群调查采集经验性数据来验证析义元语言数据集，从而为基于义征的语义量化分析体系提供了理据论证和实践指导。但是，析义元语言在语义特征的质性分类方案方面仍有待发展。迄今尚未出现专为汉语言语治疗设计的词汇语义特征分析方案。

如果从学科发展层面来看待这种分析模式的缺失，那么它可能源于学科视野的差异。神经语言学追求神经机制研究成果的证据力度，理论语言学强调理论体系研究成果的思想高度，计算语言学服务于“人－机”交流的信息处理技术发展。这些学科都没有为患者提供临床服务的使命与义务，因而也不会直接为“人－人”交流的言语认知治疗建立语义分析模式。但是，作为康复医学三大领域之一的言语治疗专业，在实践中必然要求造福患者，从而必然要直面具体的临床实践问题。

经过上述考察可以发现，言语治疗实践对语料选材与编排的内在需求，为本研究提出了现实问题和应用目标。词汇语义分析技术在言语治疗领域的发展，以及欧美经验性词汇语义特征数据集及其相关分析技术的进步，为本研究提供了可行的技术手段。汉语析义元语言的理论体系和操作模式，提供了符合汉语个性的理论和操作框架。但是，迄今为止没有汉语研究者从言语治疗的角度梳理欧美经验性词汇语义特征数据集的理论和技术成果，更没有研究者开发带有质性分类方法和量化分析指标的汉语经验性数据集，同时也就缺少经验性数据集和内省数据集的比较研究。这些研究的缺失，直接使汉语言语治疗停留在凭语感、靠经验来选择和编排语料的阶段。因此，本研究希望集语言学之法，解医学之需。

（二）语义研究的理论需求：语义系统维持效率性和稳健性的结构机制

在认识到上述选材和编排问题，并且也意识到需要寻求对素材进行质性分类和量化分析之后，必然要问：按照什么标准来选材和编排？对这个问题的解答，必然要遵循医疗的基本思维逻辑。依据正常对照来诊断和治疗疾病，是贯穿一切医疗过程的主导逻辑。目前言语认知治疗的直接理论依据，主要来自神经语言学和认知神经心理学的语言认知加工理论（Tesak & Code，2008，199—200页）。该理论把语义系统视为语言认知加工的枢纽环节，当一个或多个认知加工环节出现异常时，就会在听、说、读或写方面表现出相应的障碍，而语义系统的受损将会造成这些能力的全面障碍（Tesak & Code，2008，194页）。对语义系统刺激和训练是言语认知治疗的最基本策略。这意味着，如果将上述医疗原则应用于语言研究，就必须构建一套分析方案指导建立可操作、可测量和可比较的语义系统模型，用于常人和患者的比较。这是语义研究的重点与难点所在，而语义网络建模和分析有望成为解决该难点的手段。

在《现代汉语析义元语言研究》中，李葆嘉剖析了词汇语义分析的理论基础，梳理了词汇语义分析的国内外发展脉络，总结了面向信息处理的语义网络模型，并为之提供了详细的技术路线和实施范例（李葆嘉，2013）。虽然这个语义网络模型是为计算机自然语言处理所设计，但它为汉语词汇语义网络研究提供了完善的理据论证和框架设计，因而可以拓展到面向言语治疗的汉语词汇语义网络研究。两者的差异在于，析义元语言更强调词汇语义和句法语义这两个层面的贯通，而面向言语治疗的词汇语义网络研究主要关注的是词汇语义层面。原因在于，大多数接受言语治疗的患者，其言语障碍主要表现于词汇语义层面，例如命名障碍或用词错误。或者说，对患者而言，完善的句法表达可以是美好的愿望，但至少它还不能成为临床言语认知治疗的现实追求。

遵循以常人为对照的原则，面向言语治疗的词汇语义网络研究，需要以健康人的认知功能特征为基础，确定研究的立足点。常人对语义的表征和处理，可以实现快速、有效且稳定的交流。人们可以迅速切换话题，可以在呼吸容量限制下用有限的音节说出想说的任何内容，而且不会因为遗忘某些内容、学习某些新词、放弃某些旧概念或旧词，或者学习一种新语言，而导致整个语义系统的崩溃。这种可以高效存取信息，而且永不“死机”的系统组织和维护模式，具有高度的适应性。现有的任何一种计算机系统都无法做到这一点。这或许是人类心智的秘密所在。观察失语症或痴呆等交流障碍患者，可以发现，他们的这种适应性明显降低。如何用语义模型来反映和度量这种特点？能否利用语义系统的这种特点来改善患者的交流能力?

出于上述认识，本研究拟从维持词汇语义系统效率性和稳健性的结构机制出发，寻求言语治疗语料的选材和编排方法。目前的语义网络研究进展已经揭示，词汇语义网络的宏观结构模式是语义系统具有效率性和稳健性的基础。20世纪60年代，奎廉（M. R. Quillian）对语义网络建模的早期研究，是通过解析概念的语义特征来分析语义处理的层次结构的，并未关注语义网络的宏观结构模式（Quillian，1968；Collins & Quillian，1969）。自此以后，冠以"语义网络"之名的文献报道可谓汗牛充栋。但一般网络模型研究领域发展的滞后，使得对语义网络宏观结构模式的研究，数十年没有任何实质性进展。语义网络往往只是一种隐喻而不是研究工具。直到20世纪末，以因特网的复杂网络模型为突破，发现了复杂适应性系统普遍具有的一些宏观网络模式，例如异质性和小世界性。这些模式可以解释和测量系统的效率性和稳健性（Watts & Strogatz，1998；Barabási & Albert，1999）。以此为契机，2001年，费雷尔坎修（R. Ferrer i Cancho）和索尔（R.V. Solé）首次报道，常人的语言系统在词汇组织方面具有支持适应性存储和快速提取的某些结构模式（Ferrer i Cancho & Solé, 2001），并且提出言语交流障碍可能是这些模式受损所致。此后，随着网络科学（Network Science）这个新兴学科的发展，复杂网络建模开始成为重要的语义网络研究工具（Solé et al.，2010）。但是，由于对"语义网络"这一术语缺乏统一认识，造成同样以"语义网络"为名的复杂网络模型实质上针对的是不同的关系结构，例如联想关系（Steyvers & Tenenbaum，2005；Bales & Johnson，2006；林枫、贺丹军、江钟立，2009；Morais，Olsson, & Schooler，2013）或动词语义指向关系（Liu，2009）。深入到语义特征层面的语义复杂网络建模研究目前只有两个：博吉（J.Borge）和阿瑞纳斯（A. Arenas）基于语义特征重叠关系建立词汇网络，分析概念间的语义相似性（Borge-Holthoefer & Arenas，2008）；希尔斯（T. T. Hills）等采用了类似的建模方式研究儿童语义网络的发育机制（Hills et al.，2009）。

经过以上考察可以发现，言语治疗在临床实践中需要遵循常人模式来选取和安排语料，以期患者能够重塑这些模式。在复杂适应性系统的普适网络结构模式研究方面的突破，使语义网络不再是一种隐喻，而有望成为建构常人模型、测度病理模式的工具。据此，本研究提出假说：**语义系统是具有效率性和稳健性的词汇语义特征复杂网络**。但是，由于存在研究视野差异和学科技术壁垒，一方面语言学领域不熟悉网络科学的基本思维模式和技术范式，另一方面网络建模技术发展较为成熟的领域（例如物理学）不熟悉语言学理论，从而造成前者未能有效应用网络建模工具，而后者则又有滥用它的风险。建立面向言语治疗的词汇语义网络建模与分析方案，需要把语义系统理论上的宏观结构模式与现实中的认知功能表现统一起来，从而既丰富认知语义网络研究的理论体系，又拓展言语治疗实践的技术体系。值得注意的是，迄今尚未有深入到汉语词汇语义特征层面的复杂网络建模与分析研究。也没有研究者从网络科学的思维模式和技术范式出发，对语义网络的研究脉络进行梳理。更没有研究者出于理论自觉，从语言学理论出发，为言语治疗设计语义网络研究方案。因此，本研究希望填补上述缺失，为言语治疗提供带有理论自觉和实证依据的语义学研究成果，做到鉴医学之用，求语言学之理。

二、研究目标和研究方法

本研究的对象是**汉语词汇语义网络**。研究旨趣并非指向“人一机”交互的自然语言机器处理，而是面向“人一人”交流的医患诊疗互动。本研究的整体目标是**为言语治疗建立语言学视角的汉语词汇语义表征分析方案**（简称**医用语义分析方案**）。与上述两方面研究背景相对应，本研究需要实现以下两个目标：①建立**面向言语治疗的汉语词汇语义特征采集和分类方案**；②探索常人**词汇语义特征的宏观网络模式**，从结构上解释语义系统的效率性和稳健性。这两部分相辅相成，前者为后者提供语料，后者为前者提供基于常人模式的选材和编排准则，最终形成贯通“**原始数据采集和整理→义征质性分类标注→义征量化指标计算→网络参数估计**”这四个要件的完整的汉语医用词汇语义分析方案。

本研究总体上采用理论分析与实验探索相结合的研究模式，综合采用以下几种方法：

1. 文献整理和理论综述相结合：回顾已有文献，梳理理论脉络，在三个方面提供理据论证：①作为言语治疗手段的语义特征分析技术的发展过程和制约因素；②欧美经验性义征数据集及其定量定性分析的学术沿革；③语义网络建模的多学科理论依据。

2. 内省分析：①在内省分析的基础上，结合前人成果，设计汉语语义特征质性分类方案；②对汉语析义元语言数据进行精加工和标注；③对经验性义征数据进行解析和标注。

3. 实验求证：①招募汉语普通话受试者，实施语义特征提名任务，采集经验性义征数据；②采集认知功能障碍患者实例，对医用语义分析方案进行实例验证。

4. 量化与可视化分析相结合：①采用统计图形，展示量化分析结果；②建立语义网络模型，把网络可视化技术和网络参数估计相结合，对语义网络宏观结构模式和局部结构参数进行计算和剖析。

5. 数据描述与统计检验相结合：由于语料来源有内省和调查两个来源，而这两个来源都无法做到排除随机因素影响。或者说，由于实验现实的限制，分析素材的采样往往具有便利性，仅凭数据描述无法得出可靠的结论。因此，需要有针对性地处理便利数据，以减少随机误差，使分析结果具有统计效力。本研究以重采样自举法技术结合置信区间检验技术，对义征网络模型的宏观结构模式进行验证。

三、研究内容和语料来源

本研究主要包括以下具体任务：

1. 回顾词汇语义特征分析的言语治疗应用现状，揭示现有问题和需求，确立研究目标，以及目标的四个要件：原始数据采集和整理、义征质性分型标注、义征量化指标计算和网络参数估算。

2. 回顾语义特征数据集的发展历史和研究现状，总结数据采集和处理方法，整理现有的义征质性分类方案和量化分析指标。

3. 确立本研究的认识论基础，提出基于常人语言能力的语义网络结构假说，并从五个方面（语义语法学、词汇语义学、生态心理学、认知心理学和网络科学）提供理据论证。

4. 确立义征质性分类、量化分析和网络建模的方法论依据。

5. 设计和论证面向言语治疗的汉语词汇语义特征质性分类方案。

6. 设计经验性汉语词汇语义特征数据集的构建方案，并建立小型的汉语名物义征数据集。

7. 比较经验数据集与内省数据集，分析人群调查和专家内省在义征分析方面的异同，探索义征分析和义场建构所遵循的认知规律。

8. 构建适于析义元语言和经验性义征数据集的义征复杂网络模型，分析义征网络所具有的效率性和稳健性模式，论证基于义征数据集的言语治疗策略。

9. 采集患者语料，应用本研究建立的词汇语义分析方案进行分析，论证方案的应用价值。

本研究使用的资料主要来自两个方面：

1. 文献报道且可公开获取的语料，主要包括两个部分：①汉语析义元语言数据集（李葆嘉，2013）；②欧美经验性义征数据集：2005版英语名物义征库（McRae et al.，2005）、2008版英语名物事件混合义征库（Vinson & Vigliocco，2002；Vinson & Vigliocco，2008）、2004和2008版荷兰语义征库（Ruts et al.，2004；De Deyne et al.，2008）、2011版德语和意大利语双语对照义征库（Kremer & Baroni，2011）、2013版盲人和常人意大利语双样本对照义征库（Lenci et al.，2013）、2013版意大利语义征库（Montefinese et al.，2013）。

2. 自行采集语料：以60个概念（分为两个领域，每个领域五个范畴，每个范畴六个概念）为刺激材料，利用语义特征提名法采集常人和患者语料。40名女性和42名男性（平均年龄20.62岁）参与常人语料采集，从中提取6585条带有征型标注的义征，形成汉语名物义征简单集。患者语料来自一名视觉对象失认症合并失用症的患者，在言语治疗前后分别采集一次数据。

四、技术路线和主要结论

本研究需要集合医学、语言学和网络科学等多个学科的理论和技术。要做到既博采众长，又去伪存真，既求同存异，又兼收并蓄，必然会带来操作上的复杂性和工作量上的繁重性。因此，必须整体规划，有序进行。技术路线如图1所示。

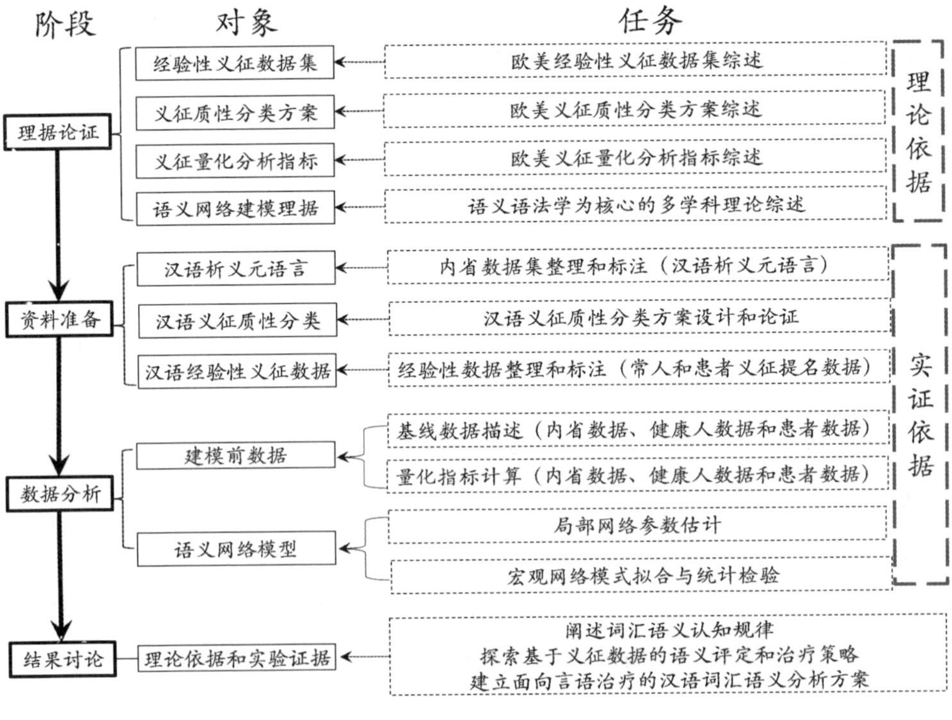

图1　技术路线图

在行文安排上，第一章主要是文献综述和现状分析，从而确立研究的本体论立场。该章关注的是义征分析技术在言语治疗中的应用状况和现有问题，剖析语言学义征分析研究的两条进路及其源流，并且重点梳理欧美经验性义征数据集的发展过程。同时，第一章还围绕复杂网络研究，对语义网络建模加以综述，揭示义征数据库的语义网络建模价值。第二章确立研究的认识论基础，从常人语言的效率性和稳健性出发，提出并论证语义系统的网络结构观。第三章确立研究的方法论依据，对义征质性分类、量化分析和网络建模技术进行梳理。第四章以内省数据集（现代汉语析义元语言数据集）为基础，初步建立从数据整理、质性分类、量化分析到网络建模的四步分析方案，并且探讨内省式义征分析所遵循的认知规律，指出内省分析数据集在言语治疗应用上的优势和局限性。第五章设计并论证面向言语治疗的汉语义征质性分类方案。第六章以自建的经验数据集为基础，通过数据采集和标注、定性定量分析和网络建模，从而正式确立汉语词汇语义分析方案，并且论证该方案在言语治疗中的应用价值。第七章以患者数据为基础，验证所建分析方案的实际应用价值。

本研究的主要结论如下：

1. 面向言语治疗的词汇语义分析方案，应当包括四个连贯的要件：原始数据采集和整理、义征质性分型标注、义征量化指标计算和网络参数估算。

2. 通过义征提名任务，从人群中采集义征提名数据和析出义征条目（原始数据采集和整理），从定量（量化指标计算）、定性（质性分类标注）和征间关系（网络参数估算）三个方面进行精加工，可以构建面向言语治疗的汉语经验性义征数据集。对内省数据集进行同样的处理，则可以与经验数据集形成互补，应用于言语治疗。

3. 面向言语治疗的汉语词汇语义特征质性分类方案包括两个层次：底层语言学分类方案和表层临床衔接方案。前者直接用于义征分型标注，后者把标注后的义征类型根据脑高级功能模块进行分区。这种双层设计使语言学研究者专注于底层的义征分析与标注，而使言语治疗师可以直接把义征分析结果应用于诊疗实践。

4. 词汇语义特征的数据结构可以反映语义认知规律。在概念聚类方面，仅凭义征重叠关系就可以形成符合日常体验的概念范畴。在义征解析方面，人们通常首先从范畴分类和功用信息入手实施概念语义解析，但每个概念在整体上都有范畴特异性的征型表达谱。征型表达谱相似的概念，通常在语义聚类时距离相近。

5. 无论是汉语析义元语言还是经验性义征数据集，都可以借助义征之间的概念共现关系构建复杂网络模型，探查网络的宏观结构模式。这些模式可以解释语义网络在功能上的效率性和稳健性是如何从局部征间关系中涌现出来的。同时，与特定模式相对应的数学模型（例如乘积模型导致对数正态分布），有助于解释形成这些模式的认知机制。

6. 面向言语治疗的汉语词汇语义分析方案可以指导建立常人语义特征数据集，使言语治疗师可以从不同角度（独有度、优势度、线索度、示意度、可达度、显著度和拉普拉斯度等）选取和编排概念和义征。同时，该分析方案还可以指导如何采集和分析患者的语义特征数据，绘制疾病状态下的语义特征类型表达谱，从而有助于评定患者的功能状态，指导言语治疗。

五、主要成果和应用前景

本研究的主要成果包括：

1. 理论成果：对词汇语义表征研究进行了理论整合，确立了词汇语义表征复杂网络研究的认识论基础和方法论依据。借鉴前人的义征质性分类方案设计思路，依据生态心理学、神经心理学和语义语法学，制订了面向医学应用的汉语义征质性分类方案。

2. 实践成果：把复杂网络建模与分析技术应用于语义表征研究，并且把义征提名技术应用于汉语研究。为汉语经验性义征数据集的构建提供了可操作、可量化和可分析的方案。

本研究所建立的面向言语治疗的汉语词汇语义分析方案，主要有两方面应用前景。

一方面，**为医学实践提供语言学基础研究支持**。在这一方向上，欧美语言学研究在经验性义征数据集的研发方面开辟了一条较为成熟的进路，其与临床言语认知治疗的汇流已是顺其自然。在我国，由于长期以来实行理、工、农、医的学科划分，交流科学和障碍学（Communication Science and Disorder）相关的学科都划分为文科，需要从事言语治疗的医疗卫生工作人员则置身于医科。掌握了语言学知识的研究者没有执业资质接触患者，而直接为患者提供服务的治疗师又难以获得系统的语言学训练。由此造成的学科壁垒，使得要在汉语言语治疗领域设计和实施语言学基础研究有一定的困难。此类研究要具有服务患者的理论自觉，而这正是其理论价值所在。

另一方面，**拓展语义语法学的理论视野和应用范围**。长久以来，对语言病理现象的研究，在语言学领域被划分为病理语言学与神经语言学的研究范围。一般语言理论的研究，近年来主要集中在面向智能机研制的自然语言处理方向上。语义语法学对语义网络工程的最初设计也是如此（李葆嘉，2007a）。但是，这并不意味着语义语法学的理论成果不能应用于医学实践。事实上，语义语法学在建立过程中对语义网络研究的理据论证和操作设计，为面向言语治疗的自然语言分析技术提供了语言学依据。语义语法学在汉语析义元语言数据集方面的研究，为符合汉语特色的言语认知治疗技术的发展提供了语义分析范例。经验性义征数据集的研制，不仅要采集数据，还包括了研发者对原始数据的深加工。这种深加工推动了义征质性分类方法和量化分析指标的发展，而这种发展成果可以充实到语义语法学的理论体系中。义征网络建模又是对义征数据结构的再次建构，有助于探索义场建构和义征分析所遵循的认知规律。这些都将拓展语义语法学的理论体系和应用范围。

总而言之，在理论方面，本研究为现代汉语建构了词汇语义特征质性分类和量化评估的理论和方法，开拓了词汇语义表征研究的言语治疗学视野，为建立具有语言学理论自觉的言语治疗技术提供了思路。在实践方面，本研究提供了汉语经验性语义特征库的建构路线、数据实例和分析范例，既为今后语言学领域的语义分析提供了新型素材和方法，也为今后医学领域的诊疗操作和认知科学领域的实验研究提供了新型工具和手段。本研究所建立的数据集还可以嵌入应用软件，既有助于研发计算机辅助的言语治疗或对外汉语教学设备，也有可能为语义形式化处理提供新工具。另外，本研究为跨语种的义征数据比较提供了汉语样本，有可能为推动具有普适价值的语义语法学理论提供新证据和新观念。

第一章

研究背景

言语治疗是康复医学的三大专业领域之一①，它针对的是失语症、记忆障碍、失认症、失用症和痴呆等认知功能障碍。言语治疗区分“言语”和“语言”这两个术语。前者是指口头言说的交流形式，后者包括采用任何语符的交流形式。从实际操作来看，言语治疗涵盖了应用言语交流任务进行认知干预的各种康复治疗技术。

从理论上来说，言语治疗应当与语言学研究紧密相关，语言学研究成果应当体现在言语治疗实践中。但实际上并非如此。针对词汇语义特征（简称义征）②的分析，在言语治疗领域已经发展为实用型语义特征训练技术，在语言学领域则涌现出众多义征数据库研究成果。但是，义征数据库目前尚未在言语治疗中得到有效应用。这种衔接障碍同样存在于语义网络研究方面。自20世纪60

① 另外两个是物理治疗和作业治疗。有必要说明的是，在不同国家和地区，由于教育系统、学科分类和资格认证等方面的不同，导致对言语治疗的称呼有所差异。例如，英国称呼有执照的从业者为言语语言治疗师（Speech-Language Therapist，SLT），而在北美地区称之为言语语言病理学家（Speech Language Pathologist，SLP）。应当使用“言语治疗”“语言治疗”，还是“言语语言治疗”，往往引发争议。在我国康复治疗教育教学中，较为普遍使用的专业教材名称为“言语治疗学”。另外，原卫生部医政司印发的《综合医院康复医学科基本标准（试行）》【卫医政发〔2011〕47 号】把相关工作场所称为“言语治疗室”。因此，从康复教学传统和从业现实出发，本书搁置争议，统一采用“言语治疗”“言语治疗学”和“言语治疗师”。

② 在本书中，除了引述文献时会使用“语义成分”或“语义要素”等术语以外，统一使用“语义特征”这个术语。李葆嘉指出，术语的差异体现了不同研究源流在语义区别性和语义构成性方面的侧重点不同（李葆嘉，2013，19页）。由于本研究要以言语治疗应用为导向，因此并不在语义区别性和构成性上进行明确区分。统一使用“语义特征”，主要是为了能把相似的研究报道，统一到词汇语义特征分析的主题中。义征的区别性和构成性，最终会用量化指标来衡量。例如独有度反映了语义区别性，而示意度则反映语义构成性。详见第三章第二节中关于义征量化指标的描述。

年代提出以来，语义网络在认知科学研究领域已经产生了深远的影响。尤其是语义网络的扩散激活模型（Collins & Loftus，1975），已经成为言语治疗的重要理论依据之一。但是，在言语治疗的临床实践中，语义网络只是一种隐喻，而没有发展出具体的操作手段。之所以出现这种问题，可能是由于学科视野的差异。语言学研究者们往往把言语交流障碍视为正常语言的病理模型，其研究目的是为了破解常人语言的奥秘，而不是开发言语治疗手段。可以这样认为，病理语言现象对语言学理论的发展产生了巨大的推动作用，而后者的研究成果却只有很少一部分回馈到言语治疗实践中。在针对患者开展研究时，神经语言学偏重从损伤提供的病理模型出发，探讨语言在表征、加工和处理方面的神经机制。语言学则希望从病理语言表现及其神经机制出发，验证或阐发一般语言理论的价值（Caplan，1987，5页）。两者都没有直接把服务临床、造福患者作为自己的科学伦理要求，而把这方面的发展寄希望于临床工作者对其理论成果的吸收与应用。

本研究试图借鉴语言学研究中的词汇语义特征和语义网络研究成果，为言语治疗建立语言学视角的词汇语义分析方案。这一方面需要考察言语治疗手段与语言学理论之间的关系，另一方面又不能囿于医学或语言学的单一学科体系，而需要广泛研读文献，方能开拓研究视野、梳理相关成果、厘清发展脉络、剖析关键问题、确定理论基点。因此，本书将从用于言语治疗的词汇语义训练入手，剖析其技术优势，探讨其局限性，然后转向语言学，寻找克服这些局限性的理论和实证研究线索。在此基础上，本章将重点考察语言学研究领域在经验性词汇语义特征数据的采集、分析和建库方面的学术沿革和成果积累。同时，本章还将梳理语言复杂网络建模方面的成果，对基于词汇语义特征分析的语义网络建模研究进展加以综述，发掘复杂网络建模技术作为词汇语义表征研究手段的应用价值。由此从言语治疗实践需求，到语言学研究成果，再到跨学科研究手段，论证构建面向言语治疗的词汇语义分析方案的可能性以及该方案的四个要件（原始数据采集和整理→义征质性分型标注→义征量化指标计算→网络参数估算），从而确立支持本研究目标的本体论立场。

第一节 词汇语义特征分析：言语治疗手段和语言学方法

在以交流障碍为主要表现的疾病的临床诊治中，无论是失语症还是语言发育迟缓，或是老年痴呆，往往首先从词汇语义水平进行评估、诊断和治疗。例如，命名、联想和分类等行为学任务，常用于痴呆和失语症的诊断和功能评估中（Garrard et al.，2005；Jefferies & Lambon Ralph，2006；Reilly et al.，2011；Perri et al.，2012）。由于医学具有很强的实践性，词汇语义的这些操作任务，也往往用作临床治疗手段。近年来，在欧美的言语治疗专业发展中，对语义特征分析的应用越来越受到关注，并且已经形成了自身的技术操作模式（祁冬晴、江钟立，2014）。

一、语义特征训练：现有治疗技术的优势与局限性

作为语言学研究方法的语义特征分析有着悠久的历史。李葆嘉（2013，9—12页）认为，这种方法可以追溯到17世纪欧洲学者的“语义基元”设想。作为言语治疗手段的语义特征分析则相对较晚才发展出来。德国神经学和心理学家瑞义泽（W. Riese）在《失语症早期研究史》（Riese，1947）第17条脚注中，转引法国医生特鲁索（A. Trousseau）在1864年报道的一个法语病例（Trousseau，1864），认为这可能是史上第一例失语症治疗记录。这是一位患有完全性失语的女性。她通过复述别人问题来帮助检索记忆中的词汇，然后在笔记本中写下自己能说出的词。这些词是按照前词能引发她说出后词的顺序来记录，其中有“羽毛→鸟→家禽→填鸭子”这样的词序。笔者认为，这也可能是最早的利用词汇语义特征进行提示的言语治疗记录。

直接以言语治疗为目的的词汇语义特征分析技术，直到1985年才有报道。在这一年的美国伊利诺伊州言语语言听力学会年会上，耶维萨科（M. Ylvisaker）和塞科赖什（S. Szekeres）首次把语义特征分析引入脑外伤患者交流功能障碍治疗中（Ylvisaker & Szekeres，1985）。遗憾的是，此后很长一段时间都没有进展。直到1994年，马萨罗（M. Massaro）和汤普金斯（C. A.

Tompkins）才提出系统的操作框架（简称M-T语义训练[①]），并且验证了该方法的疗效（Massaro & Tompkins，1994）。在他们的报道中，两名患者因脑外伤导致认知功能障碍，主要表现为言语交流障碍。他们接受了为期1周的义征训练。结果发现，患者对已训练项目（特化效应）和未训练项目（拓展效应）的命名能力都得到显著改善。在训练结束后2周再次评估，发现疗效仍然存在。1995年，伯耶尔（M. Boyle）和科艾琉（C.A. Coelho）首次报道应用于慢性失语症的义征训练（Boyle & Coelho，1995）。这是一例布洛卡失语症男性患者，57岁，母语为英语，右侧额顶叶缺血性卒中后68个月。训练用图共34张，选自斯诺格拉斯－范德瓦特图集（Snodgrass & Vanderwart，1980）。采用M-T语义训练共2周，每周3次。第一周使用少图方式，每次训练7张图。第二周采用多图方式，每次训练27张图。结果显示，义征训练有显著的特化效应，并且在采用少图方式阶段，还可以观察到拓展效应。疗效在训练结束后可以维持2个月。

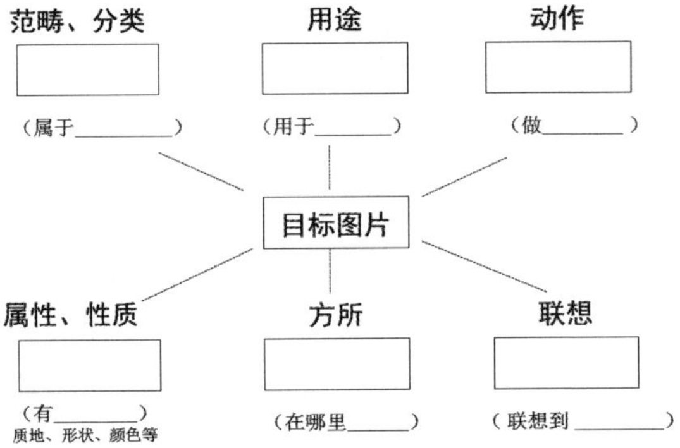

图2 语义训练卡片示意图

（Massaro & Tompkins，1994）

在实施M-T语义训练时，研究者向患者出示语义训练卡（如图2）。卡片中央是一张有待命名的图片，周边罗列了六种语义特征。分别是类别（group）、用途（use）、动作（action）、属性（properties）、方所（location）和联想

① “M-T语义训练”特指马萨罗和汤普金斯所用方法，“语义特征训练”作为此类方法的统称，“语义特征”简称“义征”。

（association）。治疗师首先向患者呈现图卡，要求患者尝试命名图片。不管患者是否能够正确命名，治疗师接下来都要引导患者说出与目标词相关的语义特征。在引导过程中，治疗师需要遵循训练卡上给出的六种语义特征进行提示，并且把患者说出的语义特征填入相应框栏。如果患者无法说出某种语义特征，治疗师就要在相应框栏加以标记，并且把正确的语义特征说给患者听。如果当六类特征都已经训练完毕，而患者仍不能正确命名图片，就由治疗师告之正确名称，并且要求患者跟着复述一次。最后，再次复习已经填入各框栏的所有义征。这种义征训练法要求患者自己说出义征，因而又可以称为**义征产出疗法**。后来又开发出**义征识认疗法**，即在治疗时出示几个备选义征供患者指认。但是，并非所有研究都严格区分这两种疗法。伯耶尔在2010年综述了此前所有的失语症语义特征训练文献，明确对产出、识认和混合这三种形式加以区分。伯耶尔认为，语义特征训练具有改善认知功能、提高交流能力的作用，但同时也指出，目前仍无法确认三种形式中的哪一种最有效（Boyle，2010）。这种不确定性，应该与言语治疗时针对不同患者选取可行任务的做法密切相关。在临床言语治疗中，非流畅性失语可能无法实施义征产出疗法，而更容易接受义征识认疗法。流畅性失语、失认症和失用症患者可能更适于接受义征产出疗法。但是，可以确定的是，大多数认知功能障碍患者都可以找到某种适宜的形式接受语义特征训练，并且从中获益。

从上述操作框架来看，语义特征训练法并不复杂。但是，有一些基础问题没有解决，从而限制了它的推广应用。首先，为什么要选这六种义征做分析？这个问题又可以分解为两个子问题：要怎样对语义特征进行分类？要挑选哪些语义特征类别用于训练？早期文献没有给出详细说明，而这恰恰是该方法后续发展的主要问题。义征在不同概念中的分布不尽相同。例如，“筷子”可以填入<进食>[用途][①]、<餐具>[分类]、<夹取>[动作]、<细长形>[属性]、<在桌上>[方所]、<米饭>[联想]。但是，“草莓”和“板凳”就很难找出它们本身能做什

① 语义特征置于半角尖括号中，语义特征的类别则置于半角方括号中。例如<进食>是“筷子”的语义特征，[用途]则是该语义特征的类别。

么动作。因此，不断有M-T语义训练的修订版或改进版出现。例如，万鲍（J.L. Wambaugh）和佛格森（M. Ferguson）把语义特征分析用于改善失语症患者的动作命名（Wambaugh & Ferguson，2007）。他们列举了六种类型的动作语义特征供训练：动作执行者、动作目的、怎么做、性质描述、动作发生场所、联想到的事物或动作。但是，这充其量是提出了更详细的研究方向，而没有从根本上解决语义特征的分类和选取问题。

其次，在特定的认知功能障碍中，例如失语症或失认症，哪些语义特征更易受损？这个问题也可以分解为两个子问题。第一，仍然是义征分类问题。但它不是指纯粹的质性语义分类，而是如何在量化的语义评估基础上进行分类，由此方可进行“更易”或“不易”的程度比较。第二，哪些语义特征在特定认知功能障碍时得以保留？在言语治疗中，有一个难易度控制的原则，即设置的训练任务需要让患者感到稍有难度，但经过努力又能够完成。如果患者无法完成训练，或者由于任务过难，患者就有可能产生挫折感，从而导致拒绝配合治疗，疗效也就无从谈起。因此，语义特征训练的方案需要确保用于训练的语义特征是有一定难度，却又在患者残存功能范围内。这同样需要量化评估义征，方能做出有效判断。

梅森－鲍曼（M.B. Mason-Baughman）等人分析了语义特征的三种可量化指标：重要性、独特性和共通性（Mason-Baughman & Wallace，2013）。重要性可以分为强和弱两种。强重要性又称必要性，是指概念所指对象的所有实例都必须具有的义征。弱重要性是指某些义征虽然对概念所指对象也很重要，但却没有必要在所有实例中都出现。例如，对于“汽车”这个概念，<车轮>和<方向盘>是必要义征，而<车牌>和<后备箱>是弱重要义征。独特性是指义征只在某范畴的一小部分实例中出现，可以由此划分下位类别。例如，在“服装”这个范畴中，<袖子>只在“大衣”和“衬衫”这些概念中出现，它在“衣服”和“裤子”这两个类别之间具有区分作用。共通性是指义征在一类事物的所有实例中都存在。例如，<用来穿>是“服装”范畴内所有概念都有的义征。梅森－鲍曼等根据以上性质，搭配出四种情况：强重要共通、弱重要共通、强重要区别、弱重要区别。例如，“草莓”的这四种义征分别是<摘>、<甜>、<圆锥形>和<在水果馅饼上>。梅森－鲍曼等研究了10名英语失语症患者（流畅性失语2名，非流畅性失语8名），发现区别性义征受损程度要显著高于共通性义征，而重要性强弱则对义征受损程度没有显著影响。佩里（R. Perri）等人分析了阿尔茨海默病患者的语义特征，计算了这些特征的独特性指标，并且把语义特征分为感觉型（例如“香蕉”<黄色的>）和非感觉型（例如“熊猫”<吃竹子>），结果发现感觉型义征和独特性义征较早受损，而非感觉型义征和多数概念共享的义征则不易受损（Perri et al.，2012）。此类研究虽然增进了对特定认知功能障碍的语义特征受损的认识，但是研究旨趣集中于疾病诊断，而非言语治疗。

再次，应该先选择哪种语义特征进行训练？这似乎与前两个问题相似，但实质上是语义特征的编排问题。无论是质性的语义分类，还是量化的义征评估，一旦落实到训练方案中，都必须面对排序问题。例如，图2里的六种义征，在义征产出疗法中，应该按照什么顺序进行提示呢？是顺时针，还是先上后下，或是先左后右？在义征识认疗法中，应该按照时间顺序先后呈现语义特征，还是按照空间顺序，选择一些语义特征，配以图片或词卡，同时呈现在患者面前？如果深入考虑这个问题，就会发现，它其实触及了隐藏在认知过程中的深层机制。无论是言语治疗，还是二语习得，甚至是语言发育，都涉及语主利用时间和空间线索认识事物之间的关系，从而掌握知识的能力。例如，当面对墙上的一排开关而不知哪个能打开所需的灯时，人们会试着去逐个按动它们，通过手部动作和灯光明灭之间的时间线索来找到正确的开关。又如，在儿童语言发育过程中，父母指向实物并说出名称，孩子则不断尝试复述名称，同时辅以对实物的操作，从而掌握词汇语义和语音的对应关系。当需要向别人解释某些概念时，人们总会用一系列语义特征的组合来传递概念语义，而这些语义特征的先后呈现顺序，则体现了言说者内心所认为的特征重要性排序。事实上，柯林斯（A.M. Collins）和奎廉提出的语义记忆分层网络模型就认为，语义特征的有序呈现会有助于概念识别（Collins & Quillian，1969）。如果要把这种认识应用到言语治疗中，就需要在语言学理论指导下对词汇语义特征排序，而这种排序需要以词汇语义特征的质性分类和量化分析为基础。深入的神经语言学机制研究又有可能为改进排序方案提供依据。

上述问题的解决都有赖于对词汇语义特征进行质性分类和量化分析。欧美词汇语义研究在这方面已经积累了较为丰富的经验。这种积累一方面是受到神经心理学和神经语言学的推动，为揭示词汇语义系统的结构组织模式提供了理论与实验依据；另一方面，在研究中通过人群调查建立语义特征分析数据库，并发展了质性分类方案与量化分析指标，从而为解决上述医学问题奠定了语言学基础。

二、语义特征分析：认知理论和实验依据

在与词汇语义研究相关的认知障碍中，**范畴特异性语义损伤**（category specific semantic impairments）尤其受到关注[①]。它是指当脑损伤患者在命名和理解概念时，生物和非生物范畴的损伤程度存在显著差异（俞建梁、陈先梅，2013）。1984年，神经心理学家沃林顿（E.K. Warrington）和沙立科（T. Shallice）提出该术语，详细报道了四例单纯疱疹病毒性脑炎后遗症患者（Warrington & Shallice，1984）。这四例患者存在双侧颞叶受损，在执行图片识认和听词辨认任务时，表现出较明显的生物范畴受损，而非生物范畴相对保留。沃林顿和沙立科为这种现象提出了**感觉－功用理论**（sensory-functional theory），认为人脑在处理生物范畴时较多依赖感觉特征，而非生物范畴更多依赖功用特征。根据该理论，这四名患者的视听感知神经通路受损，影响感觉特

① 在心理学文献中，对概念分类的描述有特定的术语体系，并且使用不同字体来标识（Cree & McRae，2003；De Deyne et al.，2008）。本书也同样使用这种术语体系和标签方案。分类术语如下：领域（domain）表示最高等级分类，其主要是指“生物”与“非生物”的区别。*范畴*（category）表示中等水平的分类，例如“家具”和“厨房用品”等。最底层的是样例（exemplar）。在特定语言中，样例就是单词，例如“榴莲”和“听诊器”。几个样例可以聚合成一个范畴。同属一个范畴的两个样例，称为**范畴配例**（category coordinates）。概念（concept）则是一种泛称，既可以表示领域，又可以表示范畴或样例。当使用某个概念来指称范畴或领域名称时，这个概念又称为“范畴标签”或“领域标签”。由于概念的这种标签性，使用“对象”来表示概念所指。从语言学来看，这种术语体系实际上是语义场理论在心理学研究中的操作化应用。

征的处理，从而在行为学上表现出生物范畴处理障碍。

在感觉－功用理论提出以后，围绕范畴特异性语义损伤，研究者们提出了众多理论。由于各种研究主要采用视知觉和听知觉通路来探查语义记忆的组织结构，心理学家克里（G.S. Cree）和麦克雷（K. McRae）提出，各种理论所关注的影响因素分属于三个方面：语义表征、视觉表征和词形表征（Cree & McRae，2003）。其中，影响语义表征的因素有知识类型（感觉知识和功用知识）、区别性义征、相关性义征、概念相似性和概念熟悉度。影响视觉表征的是视觉信息的相似性和复杂性。影响词形表征的是词频。如果仅考察语义表征，克里和麦克雷提出可以把所有理论分为三种类型：支持非模态语义表征的理论、支持模态化语义处理的理论和认为存在先天领域划分的理论。支持非模态语义表征的理论包括概念结构理论（conceptual structure account）（Tyler & Moss，2001）和一元内容组织假说（organized unitary content hypothesis）（Caramazza et al.，1990）。他们都认为语义表征是一个不分模块的整体结构。虽然语义特征可以有模态差异，但是语义特征并不以模态化方式构建语义表征。之所以语义表征有范畴之分，是因为不同模态的义征，在不同范畴中的分布数量或联结强度不同。支持模态化语义处理的理论包括感觉－功用理论、感觉－运动理论（sensory-motor theory）（Antonucci & Alt，2011）、义征关联与区分理论（correlated and distinguishing features account）（Devlin et al.，1998）和分层互动理论（hierarchical interactive theory）（Humphreys & Forde，2001）等。他们都认为语义表征分布于相对独立的感觉和功用模块中，由相互独立的感觉和功用通路来分配处理语义信息。语义特征直接以模态化方式构建语义表征。认为存在先天领域划分的理论包括领域特异性假说（domain-specific hypothesis）（Caramazza & Shelton，1998）和分布式领域特异性假说（distributed domain-specific hypothesis）（Mahon & Caramazza，2009）。他们都认为进化过程在认知系统中刻录了三个先天领域，可以把物体区分为动物、植物和工具。这种先天划分对语义表征而言，具有首要性和限制性。

克里和麦克雷认为，要解决范畴特异性语义损伤研究方面的理论争议，就需要构建**经验性词汇语义特征数据库**（简称**义征库**），用于词汇语义表征建模和分析。为此，他们采用义征提名法[①]进行人群调查，建立了国际上第一个大型英语名物义征库（McRae，De Sa，& Seidenberg，1997；McRae & Cree，2002；Cree & McRae，2003；McRae et al.，2005），随后又出现了荷兰语（比利时弗兰芒语）（Ruts et al.，2004；De Deyne et al.，2008）、英语动词（Vinson & Vigliocco，2008）、德语（Kremer & Baroni，2011）和意大利语（Kremer & Baroni，2011；Lenci et al.，2013；Montefinese et al.，2013）等多个采用类似方法的大型义征库。虽然这些研究都关注语义表征的组织结构，但义征提名法实际上是一种调用语义记忆的心理学手段。采用这种方法得到的结果，不仅反映语义表征的结构，而且还受到语义记忆系统的功能活动的影响。因此，在考察这些义征库的医学和语言学价值之前，有必要了解心理语言学和神经心理学领域在语义表征和语义记忆方面的一些基本观念，并考察其近期研究成果。

在《牛津心理语言学手册》中，伦敦大学的心理语言学家维廖科（G. Vigliocco）指出，欧美词汇语义表征研究存在两种基本观念：整体观和成分观（Vigliocco & Vinson，2007）。整体观把词视为在意义上不可分割的颗粒化实体，词与词之间形成错综复杂的意义作用关系，从而使概念系统呈现为以词为节点，词间意义关系为连线的复杂网络。在整体观基础上，对词义的分析就变成了对词间关系的辨析和标注。例如，“猫”是“动物”的下位词，“耳朵”与“脸”是部分－整体关系。欧美词汇语言学研究中所指“语义网络”（semantic networks），主要是基于整体观的单词网络，其典型成果是普林斯顿大学的词网（WordNet©）。

成分观把词视为由相互交织的语义特征构成的实体，认为语义系统的底层构造是语义特征而不是概念。柯林斯和罗福图斯（E.F. Loftus）的扩散激活模型（Collins & Loftus，1975）通常被认为是词汇语义整体观的经典模型

① feature norming, feature generation和feature listing都表示让受试者罗列义征，均译为“义征提名法”。

（Hutchison，2003）。但是，柯林斯与奎廉在1969年构建语义记忆的分层存储模型时，实际上采用的是语义特征分析。例如，“鸵鸟”的义征是<有细长的腿>、<很高>和<不会飞>，“鲨鱼”的义征是<会撕咬>和<有危险>（Collins & Quillian，1969）。是否分析语义特征，并不造成语义表征的整体观和成分观的对立。只不过整体观认为当概念激活时，所有语义特征都同等激活。成分观则认为，语义特征的激活程度不均等，一部分语义特征激活，会使持有这些特征的概念更易激活。基于联想关系的语义启动效应支持整体观，而基于义征重叠关系的语义启动效应则支持成分观（Hutchison，2003）。但是，无论在实际的语言使用中，还是在精心设计的心理语言学实验中，联想关系和义征重叠关系都难以明确区分开来（Hutchison，2003）。在M-T语义训练中，联想词本身就作为一种义征而呈现在治疗卡上（图2）。一些语义网络和语义记忆的建模研究，也直接使用联想词库作为建模语料来源（Steyvers & Tenenbaum，2005；Steyvers，Griffiths，& Dennis，2006；Morais，Olsson，& Schooler，2013）。

神经语言学研究支持这样一种观点：人脑对事物的语义表征可以分为不同语义特征，各语义特征在不同脑区得到处理（多模态的语义特征处理），最终汇合形成一个统一的语义表征（非模态的语义表征储藏）。这种观点实际上把语义记忆划分成两个部分：库藏内容（语义表征、语义网络或语义知识）和存取能力（语义控制、语义使用或语义处理）（Jefferies & Lambon Ralph，2006；Reilly et al.，2011）。如果在临床诊疗中应用该理论指导行为学评估，则可以认为：当库藏本身受损时，无论是听觉任务，还是视觉任务，任何行为学评定，都表现出同样程度的障碍，即呈现模块间一致性。如果库藏相对完好，那么经不同感知模块实施行为学评定，所得结果会不一致。语义系统就好比是一个图书馆，库存书籍相当于语义知识。使用索书系统借阅图书，相当于语义处理过程。可以根据语种、学科、年代或作者等不同信息进行检索。缺少一种信息并不妨碍借助其他信息索书。如果库存本身缺失，那么无论用什么方法都找不到所要的书。**语义痴呆**是库藏受损，**语义失语**（失语症所伴语义障碍）、失用症或失认症是存取受损，阿尔茨海默病则是库藏和存取两者均受损。

2013年，英国约克大学心理学家杰弗瑞斯（E. Jefferies）综述其研究团队的五年研究成果（Jefferies，2013）。该研究结合行为学评估、功能性磁共振检测和经颅磁刺激，对语义失语、语义痴呆和健康对照者进行分析，在人脑中找到分别掌管语义表征和语义控制的神经基础。前者位于颞叶前部，是一个可以整合多模态语义信息的非模态中枢。当这个部位受损时会发生语义痴呆。虽然患者的情景记忆、视听信号处理和决策能力得以保留，但却在视、听、嗅和触等各模块的语义任务中都受损。后者分布在左侧额下回、颞中回后部和顶叶下回等部位，属于多模态语义信息处理中枢，其受损则表现为语义失语。这些神经影像学证据提示，失语症患者相对保留完好的语义表征，有助于利用语义任务实施训练，恢复语言使用能力。但同时也提示，选用语义任务时需要模拟正常的语义存取形式，而语义特征提取机制的神经影像学研究为此提供了依据。

2012年，美国加利福尼亚大学的神经学家胡斯（A. G. Huth）等（Huth et al.，2012）参照WordNet同义词集，对一段录像中的每秒画面进行成分分析。从中人工甄别出1364个成分（对象或动作），并增加341个上位概念。例如，在同一画面中先甄别<狗>，随之增加<犬类>。由此共得到1705个成分，作为该录像中出现的语义特征。胡斯等让5名受试者观看录像，同时检测功能性磁共振，共采集120分钟数据。由此，一个皮质位点就有了1705个语义特征的120分钟时间序列数据。通过回归分析就可以得知在整个观看录像期间，某个语义特征对该皮质位点是否有显著激活或抑制。当这种计算覆盖整个大脑皮质时，就获得了全脑语义特征分布图。结果显示，语义特征的脑内分布具有聚集性、连续性和离散性。聚集性表现为语义特征在宏观上可以聚集为语义范畴。胡斯等发现五种范畴划分：①可动（人、动物和交通工具）与不可动、②社会（人和交流动词）与非社会、③文明（人、人造物和交通工具）与自然（动物）、④生物（人、动物、植物、身体局部、植物局部）与非生物、⑤动物（人、动物）与非动物。连续性表现为，分布在局部脑皮质上的语义特征不存在截然的边界划分，而是平滑过渡。离散性表现为，同一个语义特征并不是激活单个特定脑区，而是散在激活多个皮质部位，同时还会对另外一些部位造成抑制。该研究支持语义处理存在范畴差异的观点。虽然无法把语义特征定位到特定脑区，但是发现当共享某些语义特征的不同概念出现时，会激发相似的脑区活动模式。这也提示可以在语义特征基础上设计语义任务，预测甚至干预脑功能活动。

2008年，卡内基梅隆大学的计算机学家米切尔（T. M. Mitchell）与脑影像学家和语言学家合作，首次报道借助词汇语义特征预测人脑对名词词义的脑功能影像活动（Mitchell et al.，2008）。该研究人工选取3类共25个义征词来描述语义特征，分别是感觉类（fear, hear, listen, see, smell, taste和touch）、运动类（eat, lift, manipulate, move, push, rub, run和say）和抽象类（approach, break, clean, drive, enter, fill, near, open, ride和wear）。另外，选取12类共60个具体概念，配上简笔画和相应名词，作为磁共振检测时的刺激源。对于每个刺激词，从谷歌语料库中提取每个义征词与该刺激词的共现次数，由此用25个数值来构建该刺激词的义征表达式，即为刺激词建立语义表征模型。以“图+词”方式呈现概念，给受试者3秒钟时间思考每个概念的意义，同时采集功能性磁共振数据。研究者假设，刺激词的义征表达式决定着大脑对该名词的反应程度。通过把60个名词的义征集与其相应的功能性磁共振数据进行比较，可以计算出每个义征对大脑的哪些部位有多大的功能活动贡献，从而建立预测模型。任何一个具体概念，只要知道了它的义征表达式，就可以借助模型来预测它对脑功能活动的影响。反之，可以借助功能活动数据来推算概念的义征表达式，并推测两个概念是否同类。2011年，张凯闵（K.M. Chang）等（Chang，Mitchell，& Just，2011）从米切尔等（Mitchell et al.，2008）使用的60个概念中，找出43个收录于克里和麦克雷义征库的概念（Cree & McRae，2003），证明如果使用该义征库构建这些概念的义征表达式，也同样可以起到上述预测脑功能活动、推测义征表达式和判断概念类别的作用。2013年，佩雷拉（F. Pereira）等又报道可以采用主题模型从维基百科文档中提取义征表达式，用于构建模型预测脑功能活动（Pereira，Botvinick，& Detre，2013）。从这些研究可以发现，“概念－义征－脑功能活动”的基本关系已经牢固地扎根于此类研究范式之中。

从以上词汇语义的认知研究可以发现，无论是范畴损伤问题研究，还是表征与控制研究，或者是脑功能机制探索，都基于语义特征开展语义分析。神经心理学和神经语言学围绕认知问题进行的义征探索，已经为推动医学方面的言语治疗研究提供了理论与实验依据。但是，无论是神经机制研究的发展，还是言语治疗方法的进步，在使用语义特征分析作为操作工具时，都需要开发相应的义征数据库，并制订合理的语义特征选取和编排策略。随之而来的问题是，怎么获取语义特征数据？怎么分析？怎么选材？又要怎么编排？

第二节　词汇语义特征数据：研究进路和发展历程

一、语义特征分析的两条进路：专家内省和人群调查

就语言学视野下的词汇语义分析而言，李葆嘉（2013，5—22页）提出，义场理论提供了理论基石，语义特征分析提供了技术基石，而关系语义理论则通过扬弃“词汇语义结构自主性这一理想”，为词汇语义分析拓展了百科知识视野。李葆嘉还提出了基于受限理论的义场建构和义征发掘方案，并在《现代汉语析义元语言研究》（2013）中分析了1077个常用义位。值得注意的是，在该研究的整体设计中设置了结果评估环节，要求对义征分析结果进行人群调查和辞书语料比对，以人群一致性和义位还原率作为评价指标，对义征表达式的信度和效度进行验证（李葆嘉，2007a，370—372页）。在语言学视野下，以往的汉语义征分析研究几乎都采取内省分析进路。李葆嘉的析义元语言研究，可能是首个认识到需要引进人群调查的汉语义征分析方案。医学视野下的义征分析研究进路也主张采用调查。但是，它把调查当作采集经验性数据的手段，而不是最后结果的验证方法。这种差别可能有研究目标和历史渊源这两方面的原因[①]。

---

① 关于欧美经验性语义特征分析和析义元语言的详细比较，参见第二章第二、三节，尤其是表2。

从研究目标来看，虽然认知实验可以为内省分析结果提供实证支持，但语言学视野下的义征分析，目的不是为了研究认知障碍和认知问题，而是为了获取语言知识，建构词汇语义系统。在医学视野下，词汇语义系统的建构，只是探索认知障碍、构建认知理论和寻求实验依据的手段，而不是义征分析的目的。

从历史渊源来看，无论是内省法还是调查法，“范畴化”（categorization，范畴划分）始终是义征分析的重要甚至是核心主题。语言学的内省式义征分析，希望在义征分析基础上进行义场建构或范畴划分，并反过来推进义征分析。这种互动性的操作体现在二值化的义征描写系统中。也就是说，义征表达式中的正负标记，是专家人工进行场内和场间划分形成的（李葆嘉，2013，135—152页）。这种情况下，义场是义征存在的前提，是义征之所以要分析化和颗粒化的先决条件。也就是说，内省式的义征分析必然要借助义场，并让义场体现在义征系统中，不存在“范畴能否从现有的义征系统中涌现出来”这样的问题。但是，这却是调查式义征分析的基本问题之一，即试图证明仅凭义征的组织结构信息就能够划分出符合日常体验的范畴（Farah & McClelland，1991；Garrard et al.，2001；Cree & McRae，2003）。这种差异，也将体现于本研究将要对汉语析义元语言和经验性义征数据集的分析之中。如果要考察这种差异的来源，就需要关注认知语义学和认知心理学在范畴化研究上的差异。

吉拉兹（D. Geeraerts）在《欧美词汇语义学理论》中指出，认知语义学和认知心理学中的范畴化研究，在术语系统、研究范围和观念分合方面，存在明显分歧（Geeraerts，2013，277—282页）。**认知心理学**热衷于实验数据采集和统计建模，利用义征比对和权重赋值来划分范畴。虽然其研究范围往往限于具体名物，但更愿意采用综合化观点来看待范畴结构。**认知语义学**更多关注理论的质性推演，而不是实验的量化分析。它往往利用“上下义”等关系语义标签来构建语义系统和划分范畴。虽然其研究范围不仅局限于名物，还包括形容词、动词、介词等在内，但在范畴结构观的综合化程度上要低于心理学研究。自从1984年，沃林顿和沙立科提出范畴特异性语义损伤（Warrington &

Shallice，1984）后，医学领域在占据患者资源的优势下，持续支持、吸收和应用认知心理学的实验研究成果，从而加大了与语言学视野的差异。

如果回溯源头，语言学和心理学在范畴化研究上的发展都来自20世纪70年代罗希（E. Rosch）的典型理论（prototype theory）[①]。在其代表性报道（Rosch & Mervis，1975）中，她采用了基于语义特征的概念结构观：

> 在本研究中，我们把自然语义类别[②]视为由概念特征重叠而成的网络。本研究的基本假设是：某一类别中某些成员，之所以能成为该类别所有成员的典型，是因为这些成员与类别内的其他成员具有某种程度的家族相似性（family resemblance，与类别内的其他成员有特征上的重叠）。另外，一个类别中的那些最典型成员，如果放到在其他类别中计算家族相似性或成员性（membership），那么其家族相似性或成员性是最小的。（Rosch & Mervis，1975，575页）

罗希明确表示，家族相似性这个术语来自维特根斯坦（Wittgenstein）。这个术语最初是维特根斯坦的一个哲学论断：事物因特征相似而聚类，但并不能就此认为，类别的所有成员都必须要具备某个不可或缺的关键特征。家族相似性，即一系列特征重叠关系，使事物得以聚类（Wittgenstein，2000，46—48页）。罗希把它作为语言学中描述语义类别的结构特征的术语，并且提供了可量化的操作性定义：首先找出类别中的每个成员（概念）的特征，然后把类别中出现的所有特征都罗列出来；然后计算每个特征在几个成员中出现过，即特

① 术语prototypical又译“原型性”。本书此处参考李葆嘉等译《欧美词汇语义学理论》（Geeraerts，2013，37—38页）一书，其中将该术语译为“典型性”。蒙特菲尼斯等（Montefinese et al.，2013，446页）指出，prototypicality, typicality, goodness of example和representativeness这四个术语是等同的。

② 在罗希的论文中，category虽然常译为“范畴”，但这与范畴特异性语义损伤中的“范畴”有所不同。罗希的范畴，就是指类别，但又强调类别以下还有子类。范畴特异性语义损伤中的“范畴”，通常是指生物、非生物、果蔬和家具等常见于病例报道中的类别。本书在描述罗希的成果时，多数用“类别”来表示category，只有在涉及上下位区分时，才使用“范畴”。

征的**属概量**[1]；最后对每个成员计算其所含各个特征的属概量之和，就得到这个概念的家族相似性基础值，而其各特征的属概量的对数和，则是这个概念的家族相似性高阶值（Rosch & Mervis，1975）。用这种方法计算的家族相似性值，反映了每个概念与其他概念共享义征的程度。

罗希首先借助“您觉得椅子在多大程度上能代表家具这个类别”这样的问题，让受试者为概念进行典型度分级（prototypical rating）。用1－7级表示，1级表示最典型，7级表示最不典型。最终获得6大类共120个概念（每大类有20个成员）的典型度。然后用这120个概念作为刺激，让受试者为各个概念提名义征，由此计算家族相似性。罗希发现，概念的典型度与其家族相似性基础值或高阶值显著正相关（斯皮尔曼秩相关系数均大于0.8）。由此借助义征分析解释了**概念聚类**。

罗希还根据抽象程度，把概念分成三个水平：上位范畴（superordinate categories）、基础范畴（basic categories）和下位范畴（subordinate categories）。例如，“家具”是上位范畴水平，其成员“桌子”属于基础范畴水平，而“桌子”的成员“餐桌”“书桌”和“办公桌”则属于下位范畴水平。在对基础范畴成员的义征进行描述时，她既做了义征分析，又包含了对范畴习得的推测，还指出语义特征有视觉和运动两种不同来源：

> 当使用或与某类对象互动时，人们会找到这些对象所共有的运动特征；人们还会发现对象在外形和整体上的共性；可能会辨别出某类对象的平均外形；而且还有可能会形成该类别成员的典型表征，这是一种具体形象的表征，足以使人从视觉干扰中探查到相应对象。另外，基础对象是幼儿最先范畴化的对象。这种对象的名称可以作为抽象程度的标杆。它们是儿童最早命名，而且成人最常提名的对象。（Rosch & Mervis，1975，587页）

① 本书把特征所属概念的数量简称**属概量**，把每个概念所持有特征的数量简称为**持征量**。

同属一个上位范畴的基础概念相互之间会产生干扰。例如，在上位范畴“家具”下，基础概念“椅子”，其干扰概念可以是“沙发”或“桌子”。罗希选出6个基础概念（轿车、汽车、飞机、桌子、椅子和灯），并为每个概念都配了15张图（相当于15个下位范畴水平的成员）。她调查了这些图片的概念典型度和义征。通过把典型度和概念间义征重叠程度进行比较，她发现，一张图片的概念典型度越高，它与干扰概念之间共享义征数就越少。由此借助义征分析解释了**概念分类**。

为了筛查出最稳固的基础概念，罗希先让检查者说出义征，然后让受试者猜测是什么概念（Rosch & Mervis，1975，590页）。这种概念还原法实际上就是让受试者根据义征表达式还原义位。因此，内省法和调查法这两种义征分析进路，是从罗希的范畴研究开始综合运用，但又在语言学和心理学的后续发展中各有侧重。

罗希的上述范畴研究凸显了三个重要观念：①语义特征分析是词汇语义系统研究的基本操作工具；②义征重叠关系（概念之间共享义征）是词汇语义系统的基本构成关系；③义征可以根据感官信息的性质（如视觉或运动信息）进行分型。它们分别对应于语义特征数据采集、语义网络建模和语义特征分类这三个方面。

二、经验性语义特征数据库的发展历程

经验性语义特征数据的采集、分析和使用，在心理学以及相关领域，尤其是有关范畴、概念结构或语义记忆的研究中，已经得到广泛使用。但是，迄今还没有出版针对该技术的批判性综述。一方面，可能因为多数报道都只展示数据分析结果，而没有公开所建义征库。另一方面，可能因为数据解读方法尚处于发展之中，对语义特征数据还有待精加工和深入分析。例如，义征间关系研究（Rein，Love，& Markman，2007；Taylor et al.，2012）和义征质性分类方法的应用研究（Wu & Barsalou，2009）仍在不断发展。本研究主要根据三个条件来选择需要考察的文献。首先，数据集及其加工成果可公开获取。这是深加

工和跨文化比较的基础，尤其是与汉语语义特征数据库比较。其次，数据经过深加工，既有质性分类，又有量化分析。这利于在言语治疗或其他专业领域拓展应用。最后，在文献发表前后，有使用该数据库的报道。这通常是围绕一个数据库的长期性的团队研究，由此确保数据库是长期维护的成果，具有持久的应用价值。另外，还纳入笔者主观选择的一些早期和近期文献，它们对义征质性分类或量化分析有重要贡献。

（一）20世纪70年代末至80年代初：征间关联研究发端

首先进入视野的是马尔特（B.C. Malt）和史密斯（E.E. Smith）对义征间关系的研究（Malt & Smith，1984）。在罗希的家族相似性研究（Rosch & Mervis，1975）中，义征是相互独立的。但是，这是一种违背基本常识的假设。例如，<危险的>、<锋利的>和<用来切割>明显相关。它们会让人推断刀这个概念，同时还会想到<有刃>和<金属制成>等其他特征。罗希认识到在同一事物中，往往会有多种特征同时出现，从而形成义征丛，而人们可以借助这种丛集关系来推断概念（Rosch et al.，1976）。但是，马尔特和史密斯指出，罗希所提到的义征间关系只是间接的共现关系，而不是直接的因果关系。因此，他们希望用实证研究来检验义征间关系是否真实存在（Malt & Smith，1984）。为了考察这种因果关系，他们提出要通过统计分析寻找耦合义征（correlated property），即征偶（成对义征）①的两个义征的出现与否，需要符合"全或无"的规律：有则共现，无则同缺，即一方义征的出现意味着另一方也必然出现，而一方缺失则意味着另一方也必然不会出现。在实验的第一步，他们选取302名受试者，对**家具**、**鸟类**、**水果**、**花**、**树**和**服饰**进行义征采集。**家具**有20个样例，其余均为15个样例。向受试者呈现印有单词的纸张，让他们列出能想到的所有义征，但要求避免做自由联想。例如，鸡蛋列出【胆固醇高】和【有蛋白】是义征，如果列出【胆固醇】和【蛋白质】则是自由联想。为确保最后纳

① 本书用"耦合"来表示显著相关关系。耦合义征是指显著相关的两个义征。征偶表示成对义征。征偶内的成对义征不一定是耦合义征，但耦合义征一定构成征偶。耦合义征量是指有耦合关系的义征的数量，是义征的计数。征偶量是指义征对的数量，无论其内部成对义征是否显著相关。耦合征偶量也属于征偶的计数，只是要求其内部的两个义征是耦合义征。

入分析的义征具有稳定性和实际意义，采取以下标准纳入义征：至少得到三分之一以上受试者提名，以及至少被同范畴两个样例所持有。经过这样处理后，家具剩余17个义征，鸟类剩余19个义征，其余范畴各选出12个义征。在实验的第二步，另选80名受试者，向他们提供范畴内的样例，并且在样例下方列出在第一步实验中获得的该范畴的所有义征，要求受试者评估每个义征能在多大程度上符合该样例的特征。例如，<有爪子>有多符合猫头鹰，<位于卧室>有多符合镜子。符合度分成1－10级。每个受试者都会给每个范畴生成一个“样例×义征”矩阵，矩阵格子中填入符合度。使用皮尔逊相关性检验，当一个义征与另一义征的符合度在同范畴样例中的分布呈显著相关时，无论其相关系数是多少，都可以认为这两个义征彼此间有可靠的耦合关系。通过在范畴中增删某些样例后再次统计相关系数，马尔特和史密斯还发现，在增删炉灶、地毯和电话这些样例时，家具中的义征相关关系几乎不受影响，而增删蝙蝠会对鸟类产生较大影响，增删手杖、手表和项链对服饰的影响也是如此。

就词汇语义特征分析的发展而言，马尔特和史密斯的研究有两大贡献。其一，指出在不同自然范畴内，义征关联结构有疏密之分。有些义征丛虽然不一定能获得恰当名称，但对概念而言是不可忽视的关联结构。其二，指出需要辨析义征类型和征间关联类型。在他们所举的例子中，主要关注了视觉、功用和百科知识型的义征，并且认为征间关联可能源于功用相关，也可能源于经验知识。这既是义征质性分类的萌芽，又是基于征间关联而不是标签词频对义征进行量化分析的起点，同时还明确提示征间关联也有类型之分。由此，义征分型、征间关联及其分型这三方面串成一条主线，贯穿了义征数据集发展的全过程。

（二）20世纪90年代初期：基于义征分型的小型义征库

法拉赫（M. J. Farah）和麦克莱兰（J. L. McClelland）为了证明关于范畴特异性语义损伤的感觉－功用假说，建立了一个并行分布式处理模型，对语义记忆系统进行模拟（Farah & McClelland，1991）。在这个模型中，存在大量的义征处理单元。这些单元分布在三个处理池中：视觉池、言语池和语义记忆池。视听信息通过视觉和/或言语池进出语义记忆池，而语义记忆池内则存在一些单元分别处理视觉型义征和功用型义征。前两个池与语义记忆池的视觉和功用单元之间存在双向互动的关系，由此形成一个在视觉和言语两方面处理感觉和功用信息的模型。由于感觉－功用假说解释的是语义任务表现出来的生物和非生物范畴损伤的分离，因而该模型必然要遵循感觉－功用假说的基本设定：生物与非生物的感觉型义征和功用型义征存在显著的比例差异。用于验证该模型的义征数据来自调查。实验选取沃林顿和沙立科论文中实验2（Warrington & Shallice，1984）使用的动植物和非生物概念各48个，把各个概念的词典释义提供给受试者，让他们把描述对象特征的词语画线标注出来。受试者共42人，分为两组，一组标注视觉义征（对象的视觉形态描述），另一组标注功用型义征（对象的行动或用途描述）。法拉赫和麦克莱兰首先计算出不同类型义征的数量，发现视觉型与功用型的比值在生物为7.7，而非生物为1.4，总体为2.9。他们假定这种比例符合自然对象的感觉功用特征的比例，从而用其设置模型输入信息。罗杰斯（T. T. Rogers）和普劳特（D. C. Plaut）在对法拉赫－麦克莱兰模型所做的详细述评（Rogers & Plaut，2002）中，指出模型内各单元的激活采用的是随机模式，虽然它们的配比遵循了义征类型的实测比例，但其中隐含的义征独立性假设违背了义征互联这一事实。但是，法拉赫和麦克莱兰的义征集的确体现了按照义征类型（视知觉和功用）来采集和建立经验性义征库的努力。

（三）20世纪90年代后期：大型义征库、义征分型和征间关联

1997年，麦克雷（K. McRae）、德萨（V. R. De Sa）和赛登博格（M. S. Seidenberg）报道了自建的义征数据集，并且计算征间关联，继而与其他行为学检测数据进行比较，了解征间关联对词义处理的影响（McRae，De Sa，& Seidenberg，1997）。该研究在义征分析方面主要有三个贡献。

其一，建立国际上第一个用义征提名法采集的大型义征数据集，提供了规范的建库流程。

这个数据集收录的是名物概念的义征，包括2个领域共10个范畴，每个范畴含19个样例：**生物**（**鸟类、哺乳类、水果、蔬菜**，共76个样例）和**非生物**（**服饰、家具、厨房用品、小工具、交通工具**和**武器**，共114个样例）。每个样例共

有30名大学本科生或研究生提名其义征。提名所得的原始反应条目需要经过标准化转写才能变成义征条目。这种转写遵循了一些基本规则（Garrard et al.，2001；McRae et al.，2005；Vinson & Vigliocco，2008；Kremer & Baroni，2011；Lenci et al.，2013；Montefinese et al.，2013），包括忽略次要信息、拆解复杂信息、合并同质信息、添加提示符和表决法修正。

■ 忽略次要信息：原始反应条目中的表示估计的usually、can或generally等词，通常与义征的提名频次有关。除非有特殊原因（例如研究主观评价程度），否则这些信息都会从义征条目中删除。

■ 拆解复杂信息：这是复杂信息的颗粒化操作。例如，马的原始反应条目【有四蹄】拆解为<有→蹄>和<有→四蹄>。前者为部件型义征，后者则是数量型。又如，香蕉的原始反应条目【黄色或青色】拆解为<黄色的>和<青色的>，很显然，义征的质性分类方案对这种操作有影响。另外，还要考虑受试者的反应条目。只要有一人产生了复杂条目中的局部信息作为反应条目，就必须把所有相关条目都拆解出来。例如，【在草原奔跑】、【飞快地跑】和【奔跑】三个条目互相对照，拆解为<在→草原上>和<会→奔跑>。

■ 合并同质信息：这同样是复杂信息的颗粒化操作。例如，刀的原始反应条目【会伤到人】、【会伤害甚至杀死动物】和【会割痛手】合并成<是→危险的>。

■ 添加提示符：使用一些常用词或短语作为义征类型的提示符，通常在英文中用斜体表示。中文建议用箭头标识，发出箭头的词为提示符，被箭头所指的词为义征中心词，从左到右解读。例如：knife<is dangerous>、直升机<有→螺旋桨>、<金属←制成>和<有→齿轮>。义征提示语既是义征本身的组成部分，又往往提示该义征的类型。

■ 表决法修正：任何拆解或合并都带有主观性，并且相同义征可能会被赋予多种名称。为了能更准确地提取所需义征信息，降低信息失真度，并且尽可能使义征赋名标准化，对原始反应条目的转写要求尽量保持其原貌，即使是修改，也需要采用表决法。通常要求有三名专家或母语使用者参与，只有三人意见统一时，才对原始条目进行修改（Vinson & Vigliocco，2008；Montefinese et al.，2013）。

麦克雷等的数据集经过转写后获得9618个义征。他们进而设定，只有概念提名频次[①]至少为5人（≥5/30）的义征，才能纳入最终的义征数据集。这样的义征共有2963个。这个数据集经过多年增补后，所含名物概念数量最多达到549个（McRae et al.，1999；McRae & Cree，2002）。在2005年经修订后公开发表的义征库中，含有541个名物概念（McRae et al.，2005）。

其二，明确提出要进行义征分型（McRae et al.，1997，104—105页）。他们的分型方案由巴萨娄（L.W. Barsalou）提供，而后者当时尚未发表论文。在这个分型方案中，共有5类信息，分别是实体信息、功用信息、分类信息、概念所在的场景信息和相关认知信息。以牙刷为例，分别对应为：<有刷毛>、<用于刷牙>、<是日常用品>、<在卫生间>和<与牙膏一起用>。义征的质性分类方案在此后有许多修订和发展，特别是吴玲玲（L.L. Wu）和巴萨娄制订了最详细的基于知识类型的义征分类方案（下简称WB知识分类法）（Wu & Barsalou，2009）。

其三，从表征建模方法和分析指标方面推动了征间关联研究。

麦克雷等在论文中明确区分了表征独立观和表征联结观，并为两者分别构建了**散征型表征**（individual features representation）和**联征型表征**（correlated features representation）。在构建散征型表征时，麦克雷等首先为每个概念从义征库中筛选义征。190个概念共选出1242个义征。然后，建立190行、1242列的“概念－义征”矩阵，并且把第j个义征在第i个概念中的提名频次赋予第i行第j列。该矩阵的每一行都是一个由提名频次加权的义征向量，也就是概念的散征型表征。

在构建联征型表征时，麦克雷等首先为每个概念从义征库中筛选耦合义

① 提名频次是义征的重要度量指标，可以分为**概念提名频次**和**总提名频次**两种。前者是指某个义征在一个特定样例的所有受试者中，得到提名的次数。后者则是指某义征在整个义征库中被所有样例提名的次数。通常所说的提名频次是指概念提名频次，而总提名频次则要专称。

征。他们用义征在同一个概念中共同出现（义征的概念内共现性）为线索，采用了与马尔特和史密斯相似的统计学视角（Malt & Smith，1984），认为可以用相关性统计检验来探查征间关联。当一对义征显著相关时，就认定它们是耦合义征。由于仅出现在1～2个概念中的义征较多，它们占据了较大比例的共现信息，有增加虚假相关的风险，因此麦克雷等仅选出240个属概量至少为3的概念用于构建征偶向量。在一个征偶向量中，每个义征有190格数据，对应着190个概念。每个数据格中填入义征的概念提名频次。由此计算征偶所含义征的皮尔逊积差相关性（Pearson Product-Moment Correlation，以$p<0.01$为有显著性）。结果发现由耦合义征构成的征偶共1190个。由此建立“概念－征偶”矩阵，共有190行，1190列。矩阵格子取值有三种情况：如果第i个概念不持有第j个征偶中的任何一个义征，那么第i行第j列的格子赋值0；如果第i个概念同时持有第j个征偶中的两个义征，就把这两个义征的提名频次相加，赋予第i行第j列的格子；如果第i个概念只持有第j个征偶中的某一个义征，就把被持义征的提名频次取负值之后，赋值给第i行第j列的格子。该矩阵的每一行都是一个由上述赋值所加权的征偶向量，也就是概念的联征型表征。

麦克雷等发现，由于每个概念最多含有27个义征，因而其散征型表征非常稀疏，每个向量有一千两百多格取值都为0。另外，联征型表征也非常稀疏，导致在统计义征相关性时，只能用一方义征的出现提示另一方也会出现，但无法用一方义征的缺失预测另一方义征也缺失。这就不符合马尔特和史密斯（Malt & Smith，1984）最初提出的“全或无”的义征因果关联准则。为此，麦克雷等一方面从理论上推测，相对于无限丰富世界资源而言，人类大脑有限的信息处理能力使得人们往往不太会遍举事物缺失哪些特征。另一方面，他们利用基于“吸引子”[①]的神经网络建模和分析技术，把散征型表征和联征型表征的数据都输入模型中进行验证，发现即使输入的数据非常稀疏，网络模型也总能收敛到

① 吸引子（attractor）是物理学术语。在物理学的分支学科混沌学中，吸引子是指无论系统的初始状态是怎样的，只要经过足够长的时间，系统最终都会被吸引到一种特殊状态中。这种特殊状态在形式上可以是一条运行轨道，也可以是一个边界模糊的运动区域。就如同摩托车转铁笼杂技，无论最初摩托车以多大速度，从什么角度出发进行盘旋，最终都会停留在铁笼底部。

一个稳定的状态，从而提示数据的稀疏性并不影响词义的处理。

对上述两种表征进行分析，有助于阐明征间关联在语义研究中的重要性。例如，生物的耦合义征比例要显著高于非生物（McRae，De Sa，& Seidenberg，1997，106页）。为了证明征间关联对人脑处理词义有显著影响，麦克雷等还提供了行为学检测值（被试自我评估的数值），与基于上述表征的测度值（从数据库中计算出来的数值）进行比较，从而了解能否用征间关联来预测行为学表现。

按照信息处理的复杂程度，他们把行为学任务划分为高中低三个难度。高难度任务没有时间限制，但需要凭借背景知识和已有经验进行较为复杂的判断和推理。例如，判断冒着白色雾气的杯子里装的是冰水还是开水。中等难度任务也没有时间限制，但判断和推理难度较低。例如一些定量任务，包括两个概念的相似度（similarity rating，例如猫和狗的相似度）、样例的范畴典型度（concept typicality rating，例如鸽子对于**鸟类**的典型度，简称**概念典型度**）或义征的概念典型度（feature typicality rating，例如<有翅膀>对于鸟的典型度，简称**义征典型度**）。低难度任务有时间限制，需要受试者快速做出响应。例如，命名任务或定性判断任务，包括图－词匹配判断、语义决策（semantic decision，例如判断狗是不是动物）、概念－义征匹配判断（feature verification，例如判断<有翅膀>是否符合鸟的特点）等任务。麦克雷等认为，人脑对义征的处理可能主要反映在低难度任务中，因为此类任务的干扰因素较少（McRae，De Sa，& Seidenberg，1997，100页）。他们在实验方案中既设置了中等难度的定量任务，包括概念相似度和义征典型度的评估，也设置了低难度的定性任务，包括语义启动+决策任务（例如，先呈现猫，后呈现狗，要求判断后呈现的概念是不是动物）和概念－义征匹配判断任务。以下是麦克雷等使用的指标。

- **义征提名频次**（production frequency）：为某概念提名靶义征的人数。
- **义征秩次**（feature rank）：义征按提名频次排序所获秩次。
- **交联度**（intercorrelational strength）：对持有某义征的概念而言，该义征

与这个概念所持的其他义征的征间关联强度。

- **义征含符数**：义征名所含字符数。
- **义征匹配潜伏期**（feature verification latency）：来自概念—义征匹配判断任务，即在有启动词（持有该义征的概念）先行的情况下，给出靶义征，要求判断该义征是否属于这个概念。从出现靶义征开始，到受试者做出判断，中间所需要经历的时间。
- **义征典型度**（feature typicality rating）：来自义征典型度评估任务。分为1—9级。要求受试者判断一个概念在多大程度上会拥有靶义征。例如，鸟在多大程度上<有翅膀>。
- **义征上位范畴典型度**（feature superordinate typicality）：就某概念的一个义征而言，在这个概念的上位范畴内，含有这个义征的概念数量。
- **概念熟悉度**（concept familiarity）：来自概念熟悉度评估任务，即提供刺激概念，要求受试者评估他们在多大程度上熟悉该概念。通常分为1—7级（McRae, De Sa, & Seidenberg, 1997），也可以是1—4级（Garrard et al., 2001）、1—9级（McRae et al., 2005）、1—3级（Lenci et al., 2013）或1—10级（Montefinese et al., 2013）。
- **概念的范畴典型度**（concept typicality，概念典型度）：来自概念典型度评估任务，即给予样例和范畴，要求受试者的评估样例的范畴典型度。通常分为1—7级（Rosch & Mervis, 1975），也可以是1—20级（De Deyne et al., 2008）或1—10级（Montefinese et al., 2013）。
- **概念持征量**（feature per concept）：每个概念所持义征的数量，是散征型表征中的每个概念所含义征数。
- **概念反应条目总数**（total response per concept）：来自义征提名任务。受试者为某概念产生的条目数，称为这个概念的反应条目总数。

对这些指标的考察，首先要辨别它们是概念指标，还是义征指标。其次，根据指标来源分成两类。一类是行为学指标，即由受试者执行某种任务而直接获取的观测值。概念—义征的提名关系以及提名频次，是义征库的最基本数据。另一类是衍生指标，即利用这些基本数据计算而得的间接度量指标。最后，可以辨析各指标间的相互关系。麦克雷等为了辨明义征对不同难度的行为学任务的影响，利用上述义征匹配潜伏期（低难度快速反应任务）和义征典型度（中等难度慢速任务）作为应变量，以其他九项指标作为自变量，进行逐步回归分析（McRae，De Sa，& Seidenberg，1997）。他们发现，交联度能够有效预测义征匹配潜伏期，但不能预测义征典型度，提示交联度与语义的即时处理有更密切的关系。另外，他们还发现交联度的解释力最强，即使把其他自变量都纳入其中，交联度仍能预测的残差仍占最大比例。

在麦克雷等率先确立征间关联在词义处理中的重要性之后（McRae，De Sa，& Seidenberg，1997），该研究进路不断发展（McRae & Cree，2002）。尤其是泰勒（K.I. Taylor）等指出交联度的缺陷，并提出了改进方法（Taylor et al.，2008）。

（四）21世纪初：义征库分析指标的丰富化和精细化

加勒德（P. Garrard）等报道的义征库（Garrard et al.，2001）可能是第一个公开发表详细原始数据的义征库。与之前使用的自由式义征提名法（McRae，De Sa，& Seidenberg，1997）不同的是，加勒德等使用了完形填空式义征提名法。向20名受试者提供64个具体概念，并且带有句法主干，让受试者填入义征。所选概念分属8个范畴，每个范畴含8个样例：**英国本土动物和非本土动物**、**鸟类**、**果蔬**（6个**水果**和2个**蔬菜**）、**小物件**、**大物件**、**工具**和**交通工具**。提名时采用三种句干。部件型义征采用“有……”。功用型义征统一采用“能……”，包括能力、活动和用途等。描述型义征采用“是……”，包括感知、分类或百科知识等多种类型。这实际上是用句干来把不同类型的义征进行更高水平的范畴划分，说明加勒德等已经明确认识到义征类型也有范畴之分。在实施义征提名任务的同时，要求受试者填写刺激概念所属范畴，以检验样例的范畴一致性。最后**果蔬**仅取**水果**，从而有62个样例（30个**生物**，32个**非生物**）纳入后续分析[①]。经过标准化转写后，

① 在其论文所附原始数据中，笔者仅统计出61个概念。

共找到869个义征，构成的概念－义征关系共有2969对，平均每个义征搭配3～4次。在标准化转写后，加勒德等又把义征分为四种类型。①感知型。例如，大象<鼻子很长>。②功能型：主要包括动作、行为或用法。例如，猫<会捉老鼠>。③百科型：主要是联想关系。例如，面包<在厨房>。④范畴型：是指上位范畴关系。例如，猫头鹰<是鸟类>。对义征分析来说，加勒德等（Garrard et al.，2001）主要有四个贡献。

第一，提出了范畴可以从其样例的义征共享结构中涌现出来。加勒德等用概念聚类树图的形式考查了这种范畴结构，发现仅凭义征信息就可以聚类形成各个范畴，并且水果、动物和非生物这三个领域是最早形成的聚类。

第二，推动了义征的两个量化指标的研究：优势度（dominance）和独有度（distinctiveness）。尤其是后者，为义征量化分析和分层研究提供了基础。**义征优势度**是指在对某概念进行义征提名的所有受试者中，为这个概念提名该义征的人占总人数的比例。它的频数分布可以为义征筛检提供依据。从加勒德等报道的优势度频数分布图来看，其呈右侧为长尾的偏态分布。在总共2969对概念－义征关系中，共有869个义征，优势度在0.1以下的有251个，都位于右侧长尾区。删除这些义征后，余下618个义征共构成1656对概念－义征关系纳入后续分析。**义征独有度**则是指该义征在多大程度上能够使持有它的概念得以与其他概念相区别。独有度高的义征相当于语义语法学所提到的区别性义征。<咩咩叫>有助于在羊与猪、牛或老鼠间做出区别，从而是羊的独有义征（distinguishing feature）。这个概念可以上溯到德福林（J.T. Devlin）等（Devlin et al.，1998）对脑损伤所致范畴特异性语义损伤的研究。按照罗希等（Rosch & Mervis，1975；Rosch et al.，1976）和沃林顿等（Warrington & Shallice，1984）的思路，德福林等也认为义征有差异。义征受损程度的不一致导致范畴特异性语义损伤。但是他们没有诉诸义征分型，而是关注义征最基本的概念区分功能，认为需要衡量义征所含信息度（informativeness），而独有度就是一项信息度指标。虽然两个报道的独有度取值范围都为0－1，但计算方法不同。德福林等用整个义征库中持有该义征的概念数的倒数表示该义征的独有度（简称**全局独有**

度）（Devlin et al.，1998，82页）。加勒德等采取了相反的独有度量化策略。他们把独有度的计算范围缩小到范畴内部（简称**范畴独有度**），并且用持征概念占范畴所含概念总数的比例来表示范畴独有度（Garrard et al.，2001，136页）。因此，德福林全局独有度和加勒德范畴独有度这两个指标虽然取值范围相同，意义却相反。取值越接近1，德福林全局独有度表示义征的独有程度越高，而加勒德范畴独有度则表示义征的独有程度越低。虽然范畴独有度更符合义场建构原则，但是其可操作性仅限于小样本义征库。大型义征库存在样例兼属多个范畴的问题，因而使用全局独有度（McRae & Cree，2002；McRae et al.，2005；Kremer & Baroni，2011；Lenci et al.，2013）。

第三，加勒德等进一步推动了对义征质性分类的研究，尤其深入探讨了百科型义征对义征分析结果的影响。法拉赫和麦克莱兰（Farah & McClelland，1991）报道的基于词典释义义征库仅仅甄别了感知和功用这两种类型的义征。卡拉马扎（A. Caramazza）和谢尔顿（J. Shelton）（Caramazza & Shelton，1998）则提出，法拉赫和麦克莱兰的义征分型方法不足以证实非生物拥有更多功能型义征的假说。因为人们往往说不出生物能用来干什么，但却很容易说出非生物（尤其是工具）的功用，从而有可能为非生物提名更多的功能型义征。卡拉马扎和谢尔顿主张分出两个征型：感知型和非感知型。后者包括了原来的功用型义征，同时又添加百科型义征。针对这个问题，加勒德等用自己的数据集来考察百科型义征对语义范畴结构的影响（Garrard et al.，2001）。在考察义征分型（3个征型：感知、功能和百科）和分层（2个征层：范畴独有度≤0.5为独有层义征、范畴独有度＞0.5为共有层义征），以及概念分域（两个概念域：生物和非生物）这三种因素后，他们发现，范畴独有度分层对征型的概念域分布有明显影响。对于共有层义征来说，无论哪种征型，生物所持量都显著多于非生物。对于独有层义征来说，非生物持有明显较多的功能型义征，而百科型义征则明显偏少，感知型义征则未见明显差异（Garrard et al.，2001）。一方面，这提示独有度是考察语义范畴特异性的重要量化指标，同时也是重要的义征分层因素。另一方面还提示，无论在哪个征层，生物都有显著较多的百科型义征。加勒德等还发现，如果不把百科型义征单独列入考察，那么无论是把它剔除在外，还是用非感知型来涵盖它，都会对数据分析结果造成显著影响，甚至使结论完全相反。因此，该研究虽然没有阐明百科型义征对语义范畴结构的影响，但是它确立了百科型义征在义征库数据转写和深度分析中的重要性。

第四，加勒德等深化了征间关联研究，指出交联度的分布受到义征独有度分层的影响。他们发现，以往所认为的生物征间关联较多，主要是由于生物持有的共有层义征较多，而共有层义征又恰恰拥有较多征间关联。因此，当使用交联度来考察语义范畴结构时，需要把义征独有度作为影响因素。

至此，义征的两个重要方面变得更加清晰：交互关联性和概念提示性。如果给定某个概念及其所含某义征，在研究人脑对该概念的语义处理时，可以从这两个方面来考察这个义征所提供的信息（McRae & Cree，2002；Taylor et al.，2008）。如果从理论意义上来定义这两个术语，前者是指该义征在多大程度上与这个概念所持的其他义征相关，后者是指该义征在多大程度上提供了有关这个概念的信息。这两个角度考察的都是“概念←义征”的关系，即义征对概念的测度。它们都有相应的量化指标和操作化定义。

- 义征的交互关联性：对应于三个量化分析指标：交联度、平均交联度和**关联度**（correlational strength）。以上述给定的概念与义征为例。如果把该义征与这个概念所持其他义征进行配对，放到整个数据库中构建征偶向量，进行征偶内义征双方的相关性统计检验，就能找出与该义征耦合的所有其他义征。其中，该义征与所耦合的另一义征之间的皮尔逊相关系数（ρ）如果取平方，就等于两义征之间的线性拟合优度系数（$\rho^2=R^2$）。该值就是两义征间的共享方差比例（又称共享变异比例，proportion of shared variance），也就是两义征向量之间线性拟合方程能解释的变异性占总变异性的比例。或者说，当已知其中一方取值时，要预测另一方取值时，能多大程度上降低预测所带有的均方误差（Mean Squared Error，MSE）。例如，当相关系数大于0.234时，其平方约为0.055，提示如果利用该相关关系进行预测，大致可以降低5.5%的均方误差，同时也意味着双方共享超过5.5%的变异。当从一个概念中找出所有与给定义征耦合的其他义征时，把该义征与其他义征的共享变异比例的值相加，就得到了该义征在这个概念中的交联度（McRae，De Sa，& Seidenberg，1997；McRae & Cree，2002；McRae et al.，2005；Lenci et al.，2013；Montefinese et al.，2013）。

从交联度的计算方法可知，其关键在于如何找到与给定义征耦合的其他义征。一些早期文献（Malt & Smith，1984；McRae，De Sa，& Seidenberg，1997）要求以相关性检验的p值小于0.01为显著相关。但是，经统计检验的耦合义征数和征偶数，在整个数据库中所占比例都很小。在麦克雷等的报道中（McRae，De Sa，& Seidenberg，1997），生物中仅占11%，人造物中仅占6%。加勒德等（Garrard et al.，2001）发现，即使把p值调高到0.05，耦合义征所组成的征偶数仍不到10%。此后一些报道以共享变异比例来划分显著性界限。麦克雷等最终为英语名物义征库指定的共享变异比例最小为6.5%（相关系数大于0.255为显著相关）（McRae et al.，2005）。克莱默等（G. Kremer）的德语与意大利语对照义征库也使用该界值（Kremer & Baroni，2011，私人通信获知该数据）。兰奇（A.Lenci）等（Lenci et al.，2013）和蒙特菲尼斯（M. Montefinese）等（Montefinese et al.，2013）则在各自的意大利语义征库中指定该比例最小为5.5%（相关系数大于0.234）。

前文已经介绍过，加勒德等发现如果用独有度进行义征分层，则不同层义征的数量在各范畴中的分布是不同的（Garrard et al.，2001）。此后，泰勒等（Taylor et al.，2008）也指出，概念的持征量和耦合征偶量是除征间关联强度以外，影响语义处理的独立因素。交联度虽然能衡量义征共现强度，但是它受概念持征量影响。概念持征量越大，与给定的义征耦合的其他义征的数量（简称**配征量**）就越多，耦合征偶量也随之增加，从而造成交联度取值增大。这有可能影响到对不同范畴的征间关联的比较。例如，之所以生物交联度高于非生物，就是由于前者持征量（尤其是共有层义征的数量）高于后者（Garrard et al.，2001；Taylor et al.，2008）。针对这个问题，已经发展出两种改进方法。一种是泰勒等提出的关联度。对于给定概念和义征，当该义征与这个概念所持的其他义征显著相关时，把相关系数取和，然后再除以该义征的配征量，最终所得的比值就是该义征在这个概念内的关联度（Taylor et al.，2008）。另一种是计算平均交联度。把交联度除以配征量，就可以得到给定义征在指定概念中的平均交联度（Montefinese et al.，2013）。交联度不是百分比，而平均交联度和关联度都是百分比。

- 义征的概念提示性：对于许多样例都持有的一些大众型义征而言，很难由这种义征引导出某个特定样例。也就是说，大众型义征的概念提示性较低。进一步可以得到两个推论：大众型义征具有范畴提示性，而概念提示性较高的义征起着区别样例的作用。例如，<有轮子>提示交通工具范畴，但无法区别自行车、摩托车、轿车、三轮车和火车等样例。因此，义征的概念提示性和样例辨别性是一体的两面，分别对应两个量化分析指标：**线索度**（cue validity）和**独有度**。相对于独有度的计算方法（持征样例数的倒数）而言，线索度的计算要更复杂一些。它是指在持征样例中，该义征的提名频次除以该义征在整个义征库中的总提名频次。如果独有度可分为全局独有度和范畴独有度，那么线索度也可以做出类似区分，而按照上述方法计算的线索度，应当是**全局线索度**。如果除以的是该义征在某范畴中的总提名频次，则是**范畴线索度**。在目前的大型义征库中，同样由于样例的多范畴归属问题，而默认采用全局线索度。

在加勒德等的报道（Garrard et al.，2001）之后，麦克雷和克里也发表论文分析义征独有度对概念结构和概念处理的影响（McRae & Cree，2002），并且建立语义处理模型，将义征数据输入计算机模拟语义处理过程，证明语义网络中首先得到激活的是高独有度义征（Cree，McNorgan，& McRae，2006）。泰勒等（Taylor et al.，2008）肯定了克里和麦克雷对义征独有度的重视，但是通过分析自建义征库（未公开），并且与后者所用义征库进行比较，认为后者没有充分把握独有度和交联度之间的关系。由此，泰勒等提出一个假设：义征的交互关联性和概念提示性对应着语义在线处理的不同阶段，前者与早期过程有关，而后者则与后期处理有关。用于证实该假设的后续实验结果尚未发表。

（五）最近十余年：众多义征库的涌现

近十余年来，涌现出多种义征库。其采集和制备的时间往往很长，有些可以上溯到20世纪90年代以前。它们所提供的指标却已经体现了近期的发展成果。以下将梳理几个较大的公开义征库的基本情况。由于一些数据库在发展过程中前后发表多篇论文，因此将按照语种和研究团队进行陈述。每个数据库都有两个名称。一个较长，是根据该义征库代表性出版物的引文年份、语种和概念类别命名。另一个较短，是根据代表性出版物的第一作者的姓氏命名。

1. 英语

目前主要有两个英语义征库：麦克雷和克里团队的名物义征库（McRae et al.，2005），文森（D. P. Vinson）和维廖科（G. Vigliocco）团队的名物事件混合义征库（Vinson & Vigliocco，2002；Vinson & Vigliocco，2008）。

2005版英语名物义征库（McRae义征库）

在1997年报道最初的义征数据集之后，麦克雷等在2002年公开了建库所用的37个范畴，共549个样例。但没有提供详细的“概念–义征”数据。到2005年，麦克雷、克里、赛登博格和麦克诺艮（C. McNorgan）发布了大型英语名物义征数据库（McRae et al.，2005）。这是国际上第一个公开发表的大型义征库，包括了**生物**和**非生物**两个概念域共541个样例。由于有样例兼属多个范畴的问题存在，并且该义征库并不专用于研究概念范畴化，因而没有提供样例的范畴划分。共有725名受试者参与了该义征库的数据采集。每个样例都提供给30名受试者进行提名。

在量化指标上，义征全局独有度、全局线索度和交联度都发布于所附数据包中。在质性分类上，采用了克里和麦克雷提出的脑区分类法（下简称CM脑区分类法）（Cree & McRae，2003）和吴玲玲和巴萨娄提出的WB知识分类法（Wu & Barsalou，2009）。这两个分类方法将在方法论章节详述。

2008版英语名物事件混合义征库（Vinson义征库）

麦克雷和克里团队分析名物概念，而文森和维廖科团队则分析事件概念

（Vinson & Vigliocco，2002；Vinson & Vigliocco，2008）。事件本质上是时间序列，它可以是某种动作，也可以是某种动态过程。在词汇形式上，主要是动词型概念，也可以是名词型概念。罗希开创的概念范畴化研究，适于有实体对象的名物概念，但难以应用于事件概念。动作很难划分范畴。即使分出范畴，也很难为之赋名。在基于义征重叠关系的语义空间中，名物类词汇是范畴聚类式分布，动词则呈现语义距离的梯度渐变式分布，而不出现范畴聚类（Vinson & Vigliocco，2002）。从范畴特异性语义损伤研究的都是名物概念来看（俞建梁、陈先梅，2013），也可以印证这种差异。文森和维廖科对事件的研究并非针对概念范畴化或范畴特异性语义损伤，而是围绕“词汇－语义”“词汇－语法”和“语义－语法”这三方关系展开。研究的出发点是他们提出的语义还原论（semantic reductionism）和义场特异性损伤（semantic field specific deficient）。

语义还原论认为，词汇语义是语法词类的基础和底层构造（Vinson & Vigliocco，2002，318页）。文森和维廖科提出，如果接受彻底的语义还原论，那么语法词类应当是基于义征重叠关系的词汇聚类，义征分析也就有助于解决词类划分问题。

义场特异性损伤是指，在名词或动词等词类中，某一词类损伤严重，而另一方则相对保留。之所以称为义场特异性损伤，是因为这种现象无法用概念范畴的理论框架来解释。如果接受语义还原论，就意味着语法词类是从词汇语义中涌现出来的，也就意味着临床上所出现的语法词类的特异性受损，就是义场受损的表现。文森和维廖科指出，表示事件概念的词汇可以划分语法类别，包括动词和动作名词（Vinson & Vigliocco，2002）。例如，“吼一声”和“一声吼”中的“吼”，前者为动词，后者为动作名词。但是，两者在语义层面上的区别程度不如语法层面上的词类区别来得明显。通过对罗希范畴化理论的反思和对事件词的考察，文森和维廖科提出，适于描述事件概念的应当是语义场理论，而不是概念范畴化理论（Vinson & Vigliocco，2002；Vigliocco et al.，2004，438—439页）。与之相应，他们考察的病理现象也不是范畴特异性语义损伤，而是义场特异性损伤。他们用义征提名法采集名物概念和事件概念的义征数据，以之建立名物和事件的词汇语义表征。通过对不同类型的义征进行模拟损伤，从而建立义场特异性损伤模型，并且把模型在攻击下的表现与正常模型以及临床现象进行比较，试图从特定类型义征受损的角度来解释临床上义场特异性损伤的机制（Vinson & Vigliocco，2002）。

文森和维廖科的义征库最初报道于2002年（Vinson & Vigliocco，2002），但原始数据到2008年才公开发布（Vinson & Vigliocco，2008）。该义征库共有456词，含动词（216个）、动作名词（71个）和名物词（169个）。前两者是事件词，又可分为15个义场[①]，包括（括号中为举例）：躯体动作（打嗝）、躯体感觉（品尝）、位置改变（拖拽）、状态改变（扭曲）、噪音（尖叫）、交流（邀请）、建立（绘画）、破坏（谋杀）、接触（敲击）、交换（售卖）、烹饪（油炸）、光热发散（闪烁）、运动方向（上升）、运动方式（弹跳）和工具动作（铲除）。名物词则分为7个义场，分别是动物、果蔬、小工具、交通工具、身体部位、服装和杂类人造物。这些词分到14份表单中，每份表单含30～40词不等。在每份表单中，各词随机排列。用the和to来表示名词和动词，并且避免同一词形的动词和动作名词出现在同一表单内。共有280名受试者参与义征提名，分成14组，每组20人。因此，每份表单都有20名受试者。在进行义征提名时，要求受试者分条罗列刺激词的义征，同时强调要避免词汇联想和词典式释义。在对原始反应条目进行标准化转写后，删除总提名频次小于9次的义征[②]，最终得到1029个义征。由此，构建一个456×1029格的概念－义征矩阵，每格以列义征在行概念中的提名频次赋值。

对这些义征的分型，文森和维廖科没有采用CM脑区分类法，也没有采用

① 义场采用与范畴同样的字体标注方式，即华文行楷。义场中的概念，标注方式与样例相同，为幼圆字体。范畴化理论是根据基本范畴来划分范畴和样例两个水平，而语义场理论是多个水平的子场嵌套结构。因此这种标注方式带有相对性。

② 在文森和维廖科2002年（Vinson & Vigliocco，2002）和2004年的论文（Vigliocco et al.，2004）中，该数字为6。但在2008年的论文（Vinson & Vigliocco，2008）中则为9。

WB知识分类法，而是采用了自定的感知模块分类法（简称VV感知模块分类法）。由两名英语为母语者对义征进行分型，争议之处则由第三人参与讨论决定。首先把义征分为感知型（与感觉输入有关，而与认知处理或知识储备无关，身体状态和本体觉属于此类）与非感知型。前者细分为视觉型和其他感知型。后者细分为功用型（物品的用途或动作的目的）、运动型（物品被如何使用或移动，以及动作的运动特征）和其他非感知型。值得注意的是，一个义征有可能同时属于多种类型，从而组合形成更多亚型。例如，<平衡>是功能+运动组合亚型。据笔者统计，该义征库在2008年发表时共有16种亚型。但是，在2002年的论文中，文森和维廖科只是一对一地进行义征分型，而且只有视觉型（57个）、其他感知型（71个）和非感知型（901个）三种类型（Vinson & Vigliocco，2002）。

文森和维廖科的义征库研究有三个成果值得注意。第一，提出语义还原论，并提供了实证研究思路。从该理论出发，可以推测动词和动作名词应该在语义空间中分别聚类，从而体现出语法词类受词汇语义的支配。也就是说，动作名词“眨眼”与动作名词“吼”的语义距离，要比与动词“吼”的距离近。反之，动词“眨眼”与动词“吼”的语义距离，要比与动作名词“吼”的距离近。基于义征的语义表征分析却没有发现这种现象。动词和名物词可以发生基于词汇语义的分化，但动词和动作名词却没有分化，而且动词内部义场也未发生分化（Vinson & Vigliocco，2002）。但是，这只是在部分结果上未能支持语义还原论，而没有彻底否定其底层假设的合理性。在笔者看来，调查法所采集的经验性义征库，仅仅是实验条件下的独立概念处理结果，涵盖的只是人们用简短条目所能说出的、心中认为最重要的义征。在语言使用状态下的义征，可能被这种采集方式低估。例如，“殴打”这个概念，义征提名可能会围绕其行为场景中独立的具体要素，如<用拳头>，而忽略其要素的抽象特征<施事对受事的行为>。如果把语言专家整理的句法－语义接口义征纳入研究，并且采用义征识认测试而不是提名任务，则有可能会进一步提供证据支持语义还原论。

第二个成果，是建立了义场特异性损伤模型（Vinson & Vigliocco，2002），并拓展了概念领域的研究范围（Vinson et al.，2003）。对义征损伤进行模拟，就是把概念－义征矩阵中某型义征相应的格子取值为0。然后根据伤后矩阵来构建伤后语义空间，比较各类词在损伤前后的语义距离。结果发现，视觉型义征受损对名物词的影响远大于事件词，事件词中的动词和动作名词受损程度无明显差异。在名物词内部，各义场的受损程度也不等。动物受损最严重，果蔬次之，而其他名物义场则未见明显受损。这支持动作和人造物的语义处理都不依赖视觉义征这一理论推测。如果把损伤范围扩展到所有感知型义征，则包括动作名词和名物词在内的所有名词的受损程度都明显高于动词。名物词内部的义场也同样产生分化。果蔬受损最重。如果反过来损伤所有非感知型义征，则动词要比名物词显著受损。动作名词受损程度介于两者之间，且与两者均无差异。名物词内部义场也还是会有分化，但情况正好与感知型义征受损时相反。果蔬受损最轻，而衣物、身体部位、小工具和交通工具受损最重。这些结果证明，义征受损将对义场划分产生显著影响，并且进一步支持征型对义场划分的重要性。但是，他们的研究仅报道了征型受损对名物义场的影响，而没有探讨事件义场的受损情况，为今后研究留下了空间。另外，文森和维廖科等还遵循加勒德等（Garrard et al.，2001）的分析模式，探讨了征间关联与义场特异性损伤的关系，把征型和征间关联的研究，从名物概念内的生物和非生物拓展到名物和动作。他们发现，名物的加权持征量（所持义征的提名频次之和）和平均相关系数都明显高于动作。但是，共有层义征的数量在名物和动作之间并无差异。他们还证实，名物的感知型义征较多，而动作的运动型义征较多。这提示，名物比动作有着更稳固的义征和更紧密的征间关联，而且名物和动作这两个领域内的征型分布不同。同时也提示，征型和征间关联的影响贯穿从样例、子场到领域的所有语义表征层面（Vinson et al.，2003）。

第三个成果，是提出了征基一元语义空间（featural and unitary semantic space）假说（Vigliocc et al.，2004）。该假说综合了前两个成果，在对概念词汇化的跨语言差异进行考察的基础上，抓住概念－词汇的非一对一性，把语言系统视为概念、词汇和语音三层，并且提出三个主张。①概念层的义征构成词汇层的语义表征（Vigliocco et al.，2004，433—434页）。这种构成受征型和征间关联的影响，并且具有一定的模态性（Vinson et al.，2003）。②建立在义征基础上的词汇语义表征（**征基型语义表征**），可以提供词汇与语音或句法间的接口（Vigliocco et al.，2004，433—434页）。③名物和动作可以采取相同的原则和方法，在义征基础上构建统一的语义空间（Vinson et al.，2003；Vigliocco et al.，2004，438—442页）。文森和维廖科对该假说的验证建立在"自组织映射"（self-organizing mapping）的神经网络建模技术上（Vinson & Vigliocco，2002；Vinson et al.，2003；Vigliocco et al.，2004）。该技术不需要事先计算征间关联，而是凭借输入的义征向量自动为词汇寻找最优的语义空间排布。这种优化的语义空间排布就是征基型语义表征（即征基型一元语义空间），据此可以计算词汇之间的语义距离。在文森和维廖科的系列研究中，这种语义表征是各种常模比较或毁损模拟的基础工具。为了证明征基型一元语义空间模型的优势，他们还采用图片命名、图词干扰和语义启动这三种行为学任务，获得错误率和反应时间等多种测度作为效应指标，对不同模型进行比较。经过比较征基型一元语义空间的欧氏语义距离、潜在语义分析（Latent Semantic Analysis，LSA）的语义相似度和WordNet词网模型的网络语义距离这三种模型指标，证实征基型一元语义空间模型更具优势（Vigliocco et al.，2004）。

文森和维廖科研究的价值并不在于其自组织映射数据分析模型，而在于指导模型构建的假说，即提供了以语义特征分析技术和语义场理论为基础的语义组织理论。该理论突破了概念范畴理论在词类问题上的局限性，并且在义征数据集的基础上获得了模型建构的可操作性。

2. 荷兰语

目前的荷兰语义征库主要由比利时鲁汶大学的德迪因（S. De Deyne）、拉兹（W. Ruts）和斯托姆斯（G. Storms）等组成的团队建立（Ruts et al.，2004；De Deyne et al.，2008）。语料取自弗兰芒语（Flemish）。其与荷兰语的关系类似于英语的英式与美式之分。

2004版荷兰语义征库（Ruts义征库）

该义征库包括13个范畴338个样例，共计351个词（Ruts et al.，2004）。动物（爬行类、两栖类、哺乳类、鸟类、鱼类和昆虫类，共131个样例）和人造物（乐器、小工具和交通工具，共87个样例）是常规类型。水果和蔬菜被列入人造—自然兼类（共60个样例）领域，因为它们既可以自然生长，又可以人工栽培。另外还包括了活动（体育锻炼和职业工种，共60个样例）。由69名受试者对13个范畴词进行义征提名。每名受试者分配到3个范畴词，要求他们为每个范畴词提名至少10个义征。每个范畴词最终有10－30名受试者参与提名。由640名受试者对338个样例进行义征提名。每名受试者分配到1－10个样例词，同样要求他们为每个样例词至少提名10个义征。每个样例词最终有20个受试者参与提名。针对338个样例词，共采集到67600个义征。义征提名秩次为1－11级。其中1－10级是提名顺序，排序在11及以上的义征均编码为第11级。在义征标准化过程中，即使某义征明显与样例的语义不符（例如蜥蜴<是哺乳动物>），也仍然保留在义征库中，以保留数据的自然性。所有义征均翻译为英语，以供参照比较。为使数据库有足够的参照变量，而不仅包括义征提名频次，拉兹等在发布的义征库中提供了多个外部变量，都是样例的测度指标。

① 生成频次：为范畴提出（说或写）尽可能多的样例，得到提出该样例的人数。

② 对数词频：从词频数据库中查找样例的词频，取自然对数。

③ 概念典型度：即范畴典型度，分为1－20级。

④ 概念相似度：提供同范畴内一对样例，要求受试者评估两者相似性，分为1－20级。

⑤ 习得年龄：由受试者估计自己几岁习得该单词。

⑥ 联想反应词：要求受试者针对样例生成三个联想词，按照联想顺序记录并整理每个反应词的联想人数。

2008版荷兰语义征库（Deyne义征库）

该义征库对范畴做了修改，在*人造物*中增加了*衣物*（29个样例）、*厨房用品*（33个样例）和*武器*（20个样例），把所有*两栖类*都归入*爬行类*，从而形成15个范畴。该义征库同样没有完全解决样例的兼范畴问题。例如，刀同时属于*厨房用品*和*小工具*，而*斧*和*绳*都同时属于*武器*和*小工具*。2008版义征库提供的外部变量中，同样包括生成频次、对数词频、概念典型度、概念相似度和习得年龄。另外，还提供了多个其他变量。

① 范畴的样例联想强度：以样例为刺激词，联想得到某范畴词的人数。

② 样例的范畴联想强度：以范畴词为刺激词，联想得到某样例词的人数。

③ 样例的范畴代表度：简称代表度，即样例能在多大程度上代表范畴，分为1－20级。

④ 样例的代表度秩次：为解决代表度同级问题，可强制排列秩次，即出示范畴及其样例列表，要求受试者把样例按照其对范畴的代表程度进行排序。

⑤ 样例的熟悉度：要求受试者估计自己在多大程度上见过、听过或使用过该样例，分为1－5级。

⑥ 样例的心像唤起度：样例能唤起受试者用心智图像来表征该概念的程度，分为1－5级。

拉兹和德迪因等希望为认知和语言研究提供一个公开发表的含行为学数据的义征库。所有行为学任务检测结果都经过内在一致性检验，指标是**斯皮尔曼－布朗折半信度**（Spearman-Brown split-half correlation）。由于该义征库提供了详细的样例测度，因而有利于为其他研究提供样例选择指导。

3. 意大利语和德语

目前主要有三个意大利语义征库：克莱默（G. Kremer）和巴洛尼（M. Baroni）建立的2011版德语和意大利语双语对照义征库（Kremer & Baroni, 2011）、兰奇和巴洛尼等建立的2013版盲人和常人意大利语双样本对照义征库（Lenci et al.，2013）、蒙特菲尼斯（M. Montefinese）和安布罗西尼（E. Ambrosini）等建立的2013版意大利语义征库（Montefinese et al.，2013）。

2011版德意对照义征库（Kremer义征库）

该义征库包含共50个具体概念，分为10个范畴（**鸟类、身体部位、建筑物、服装、水果、家具、小物品、哺乳动物、蔬菜、交通工具**），每个范畴含5个样例。整个义征库的采集、标准化和分析均参照麦克雷等的名物义征库（McRae et al.，2005），并且所有概念和义征都翻译成英语，以供跨语言比较。选择样例时，要求为单义词，且词义明晰，词长无明显差异。受试者均为高中生，年龄在15岁到19岁之间。共有73名德语学生和69名意大利语学生参与实验。50个概念随机分为2组，每组25个概念。每个学生对其中一组概念进行义征提名。要求学生以每行一条的形式写下义征，每个概念至少写4行。值得注意的是，克莱默和巴洛尼的义征提名方案对时间有要求，每个概念仅给1分钟时间完成义征提名。这是一个经验性的时间设定，它的主要作用是避免因任务完成时间不同，而导致义征数量出现明显差异。义征标准化和分型由两位作者自行完成。经过标准化后，该义征库共含2513条德语义征（共使用10010次）和1243条意大利义征（共使用8520次）。在提名频次至少为10人的义征中，共有117条是双语共享义征。

克莱默和巴洛尼进行义征分型时，依据的是巴萨娄的2009版WB知识分类法（Wu & Barsalou，2009）。此外，他们还添加了2种新征型：材质（material）、角色关系（role relation）。材质是指构成物品的材料，它是实体特征的子类，需要与内部构件鉴别。例如，钟表<金属←制成>是材质，而<有→齿轮>是内部构件。角色关系，是情境特征的子类，是指情境参与者所扮演的角色之间的关系。例如，狗<是→宠物>和<是→人类的朋友>就是角色关系。由于WB知识分类法的系统特征这一征型缺乏清晰界定，克莱默和巴洛尼代之以情节特征（episodic property），表示不能直接感知，需要对感觉信息进行内省加工后才能得到的特征。例如，牛<是→强壮的>就是情节特征。该分类法简称**KB-WB知识分类法**，将在义征质性分类方案一节详述。

与此前各类义征库相比，2011版德意对照义征库在义征质性分类标注中增加了评定者间信度检验。他们从每种语言中随机选取100条标准化义征，另请一位以该语言为母语的人标注征型供验证评定者间信度。然后把作者自标征型与验证征型，采用**科恩氏卡帕系数**（Cohen’s kappa）进行比较。该信度指标专用于比较分类变量的评定者间一致性（interannotator agreement）。结果发现德语和意大利语都有较高评定者间信度，从而使两个语种拥有较可靠的征型标注供进一步比较。另外，该报道还首次使用了马赛克图（一种易于展示和比较多因素多水平变量的图表）进行数据可视化。这可能成为今后此类数据的基本展示方式。

2013版意语盲明对照义征库（Lenci义征库）

这是国际上第一个失明者义征库，并且提供了常人对照（Lenci et al., 2013）。建立该库的目的是为了探索知觉与语言之间的关系。兰奇和巴洛尼通过文献回顾指出由于先天失明者缺乏视觉信息输入，从语义处理的感觉－运动理论来说，会推测认为其语义组织与常人不同。但是，无论是语言学，还是神经科学，都有较为有力的证据表明，先天失明者会借助其他非视觉感知的输入和纯语言信息的处理，习得常人需要靠视知觉才能获取的语义知识，并且在语言运用上没有明显异于常人。同时，也还有一些证据表明，如果仅靠习得，而非感知获取语义知识，失明者的概念结构及其使用与常人还是有一定差异。例如，失明者和常人虽然对水果有着相似的语义知识，但失明者不像常人那样用颜色对水果进行分类（Connolly，Gleitman，& Thompson-Schill，2007）。由于义征库可以提供不同知觉模块的义征分型和解析，因此有利于探讨上述理论与实际的差异，解释实证研究的矛盾。

与此前的其他义征库相比，意语盲明对照义征库有三个明显的特点。首先，它的刺激词用口语呈现，受试者用口语回答，此前的义征库都是书面呈现刺激词，由受试者书写回答。相比之下，口语回答更符合语言使用状态。其次，它选取的刺激概念分为动词和名词，而且分别都有具体和抽象两种。这有利于对概念结构的各个领域和层面进行完整评估。最后，受试者要比前人研究年龄更大。失明组年龄平均47.2 ± 16.5岁。健康组年龄平均45.1 ± 16.8岁。其他研究通常招募在校学生作受试者，而该义征库的先天失明患者多数在40岁以上。这是因为医疗进步导致先天失明患儿出生率降低所致。受试者共48人，其中先天失明者22名、健康人26名。两组男女比例、利手、年龄和概念熟悉度（分为1－3级。1级为对刺激词很少或没有日常体验，3级为很多体验）都匹配。供使用刺激词70个，其中名词50个，动词20个。名词含40个具体名词和10个抽象名词。在名词刺激词中，特意纳入了某些带有强烈视觉信息的单词。例如，斑马有斑纹，香蕉有颜色，长颈鹿有长脖子。抽象名词包括**情感**（高兴、痛苦、嫉妒、热情、烦恼）和**思想**（正义、友谊、自由、民主、信仰）。具体名词包括**哺乳类**、**鸟类**、**蔬菜**、**水果**、**人造场所**、**自然场所**、**小工具**和**交通工具**。动词则分为**抽象事件**（相信、怀疑、思考、憎恨、恐惧）、**听觉事件**（倾听、歌唱、喊叫、窃听、听闻）、**触觉事件**（击打、抓取、揉按、抚摸、触摸）和**视觉事件**（辨认、瞥见、窥视、看见、注视）。在实施义征提名时，与2011版德意双语对照义征库一样，也设定为每个概念给1分钟时间。所有反应都先录制成音频文件，再由实验者听写下来，然后由作者们协商进行标准化转写。

盲明对照义征库的征型标注方案，仍然参照WB知识分类法的基本框架。但是它采用了粗细两种分类。共有19种细类，把其中几种合并后，共形成13种粗类。该方案将在义征质性分类方案一节详述，简称**LB盲明分类法**（第一作者兰奇和通信作者巴洛尼名字首字母缩写）。

在最终形成的义征库中，失明者有4630条（17062次）义征，而正常对照组则共产生4508条（19087次）义征。对具体名词的初步比较发现，健康人生成更多的感觉型和数量型义征，而失明者的部件型和直接感知型义征明显偏少。对抽象名词的比较发现，两个人群并无明显差异。但是该义征库只是提供了词汇变量（词频、音节数和熟悉度等）和语义变量（义征独有度、交联度），还有待深入分析。

2013版意大利语义征库（Montefinese义征库）

这是目前为止（截止到本章定稿时间2015年2月）建库方案最详细、分析指标最完善的义征库。它虽然是意大利语单语种义征库，但提供了完整的英文翻译版，从而使其能被英语研究者所参考。之所以说它的建库方案最详细，是因为它使用了调查法对需要用于建库的范畴和样例进行了筛选，从而提高了最终所建义征库对人群语义知识结构的代表性。此前所有义征库对范畴和样例的选取，依靠的是专家意见或者已有文献。专家意见所带有的主观性往往需要人群调查来弥补，而已有文献则可能会由于时间较久，而导致其中语料已经偏离实际使用情况。之所以说它的分析指标最完善，是因为它通过加工义征提名数据，最终提供的指标涵盖了以往许多义征库研究过，并且认定有价值的变量。

该义征库的构建，经过三个步骤：选范畴、选样例和寻义征。在选范畴阶段，435名意大利语受试者接受了范畴列名任务：要求列举至少20种具体事物。为了避免在实施任务时受环境因素的诱导而出现列名上的偏倚，研究者选取了三种场景：课堂、电子邮件和暗室。前两个场景要求书面列名，而第三个场景则是口头列名。蒙特菲尼斯和安布罗西尼等认为，通过对三种场景下产出的概念进行分析，可以降低环境因素的干扰，获取语义记忆中最稳固的事物表征。完成范畴列名任务后，所列概念带有两种基本数据：概念被列举的人次（列名频次）和每个概念在得到列举时所处的排序（列名秩次）。后者受两个变量控制：人员和概念。例如，苹果在整个库中列举了100次，而张三第一个列举了香蕉，第二个列举了苹果。苹果的列名频次是100次，而在张三中的列名秩次是2。在蒙特菲尼斯和安布罗西尼等的报道中，最初的列名实验得到了1007个概念。这些概念共出现11357次。他们从中归纳得到33个范畴。为了从中找出最具代表性的范畴，在列名频次和秩次基础上，蒙特菲尼斯和安布罗西尼等以每个场景为范围，计算了各概念在其中的**优势度**（dominance，靶概念在该场景中的列名频次与参与该场景的总人数）和**秩率**（centile order value，在该场景中，用靶概念在某受试者中的列名秩次减去1，再除以该受试者所列概念总数，然后用1减去该比值）。前者表示概念在集体语义记忆中的稳固程度（1表示所有人都列举了该概念），而后者表示概念在所有概念中的排序优先程度（1表示在所有概念中排序第一）。在优势度和秩率的基础上，就可以在每个场景范围内，计算各范畴所含样例的平均优势度和平均秩率。根据这两个新指标，可以把各范畴平铺到一个平均优势度×平均秩率的空间中，继而用聚类技术（该报道选取的是K-means聚类算法），把范畴的语义代表性分为强（拥有高平均优势度和高平均秩率）和弱两类。蒙特菲尼斯和安布罗西尼等设定，只有在三个场景中都被聚类为强代表性的范畴，才可以认定为真正的高代表性范畴，用于下一阶段建库。最终，有12个范畴符合标准，其中人造类有9个范畴，自然类有3个范畴。

在选样例阶段，蒙特菲尼斯和安布罗西尼等采用样例列名法（exemplar generation task）为每个范畴筛选所含样例。该阶段共有62名受试者，要求每人至少为每个范畴列出8个样例。虽然有些受试者未能为每个范畴都列满8个样例，但最终仍采集到5761个概念。在删除不符合要求的词（如范畴的同义词、反义词、上位词、不在指定范畴内或拼写错误的词）之后，剩下的样例由蒙特菲尼斯、安布罗西尼和另一名母语使用者进行了归并编码，即把同义词统一编码成一个基础词。科恩氏卡帕系数分析显示，三者在基础词汇编码上具有较高的评定者间信度。经过上述重新编码之后，共获得824个概念。这些概念共出现5444次。它们也提供两种基本数据：列名频次和列名秩次。根据这两种数据，可以计算样例在其所处范畴内的**优势度**（样例在该范畴内的列名频次除以为该范畴执行列名任务的总人数）和**平均秩次**（把样例在每个受试者中的秩次取均值）。同时，还可以计算每个样例的**首现度**（first-occurrence value）和**就绪度**（availability）。前者是指，在为某范畴实施样例列名任务的所有人中，把某样例列在第一位的人数所占比例。后者是指，如果要把某个样例列入指定范畴中，那么该样例在多大程度上已经准备就绪，可供列入该范畴。就绪度的算法较为复杂，需要用到样例的最低秩次、总列名人数和样例在各个秩次上的列名人数。至此，蒙特菲尼斯和安布罗西尼等用了四个指标来表示样例易于列入范畴的程度：优势度、平均秩次、首现度和就绪度。相关分析表明除了平均秩次以外，其他三个指标相互都是强相关。以此为依据，蒙特菲尼斯和安布罗西尼等用优势度小于0.1作为截断值，即提名人数不足总人数10%的样例将不纳入下一阶段建库。另外，还删除了*食物*和*兴趣爱好*，因为它们所含样例可能兼属多个范畴。最终进入第三阶段的是10个范畴，每个范畴含10个样例。这些范畴包括：**文具类**（如铅笔、橡皮和订书机）、**居所类**（如卧室、厨房和窗户）、**交通工具**（如飞机、卡车和自行车）、**家具**（如床头柜、梳妆台和沙发）、**家居摆设**（如衣架、镜子和花瓶）、**厨具**（如菜刀、餐盘和平底锅）、**服装**（如衬衫、帽子和裙子）、**动物**（如马、兔子和大象）、**身体部位**（如手、鼻子和眼睛）和**植物**（如仙人掌、橡树和玫瑰）。这12个范畴共120个样例都通过人群调查获得了熟悉度（1—10级）和范畴典型度（1—10级），以完善数据库所含变量。

在寻义征阶段，蒙特菲尼斯和安布罗西尼等采用的是书面形式的义征提名法。共有417名受试者参与。每个概念由25—28名受试者进行提名。要求他们至少为每个概念写出6个反应条目。原始反应条目的标准化转写采用三人表决法。当蒙特菲尼斯、安布罗西尼和另一位母语使用者三人都达成一致时，才进行转写。提名频次小于4次的义征被认定为异常义征，未纳入义征库。义征质性分类方案主要采用CM脑区分类法。同时，也根据加勒德等（Garrard et al.，2001）的分类法（感知型、功能型、百科型和范畴型）进行了义征计数。值得注意的是，在加勒德的分类方法中，功能型没有区分能用（和人互动）和能动（自身运动），而范畴型仅指上位范畴。这显得该义征库在征型标注方面的细致度还有待改进，可能需要参考WB知识分类法进行深加工。相比之下，该义征库在量化分析指标方面进行了细致的处理，涵盖了义征的提名优势度（dominance）、提名秩次（list order）、可达度（accessibility）、独有度（distinctiveness）、线索度（cue validity）、示意度（semantic relevance）、显著度（semantic significance）和关联度等众多指标，并且根据基于义征向量的几种概念相似性算法给出了样例间概念相似性矩阵。

第三节 词汇语义表征研究：基于语义特征的语义网络模型

一、语言研究中的网络分析技术

无论是专家内省，还是人群调查，获取的语义特征数据都可以分为两种基本类型：属性和关系（林枫、江钟立，2011b；林枫，2013）。属性是认知主体从认知对象中提取的独立性质，往往有其现实载体。例如，词频的载体是单词。关系是对象的非独立特性。对关系的考察至少需要有两个对象。例如，两个词之间的语义关系，概念对义征的持有关系。在多数语言研究中，词频是一种重要指标，它体现了对属性数据的重视。例如，核心词汇就是依据词频分析而来。但是，目前研究提示，词频等属性型指标，反而受关系型指标的影响或制约（林枫、贺丹军、江钟立，2009；Chan & Vitevitch，2010）。属性型指标只能在某些情况下反映关系，而不能构成对关系的直接量度。在目前的科学研究体系中，明确区分属性和关系，并且直接针对关系数据建立评价体系，进行建模和分析的技术，主要是网络分析技术。它可以评估和展示关系型指标，从而有助于突破传统的词频范式，为语义网络研究提供新的依据。

在语言学中，关于网络分析技术的考察在术语上通常可以上溯到1956年，瑞奇斯（R. H. Richens）首次把“语义网络”（semantic nets）作为自然语言计算机处理的一个术语（Richens，1956）。在理论雏形上，可以回溯到20世纪60年代，奎廉把语义网络作为语义记忆模型：点代表概念，连线代表概念间语义联系（Quillian，1968）。在至今广为引用的模型方面，可以追溯到1975年，柯林斯和罗福图斯提出扩散激活模型，用来解释语义记忆的网络结构（Collins & Loftus，1975）。20世纪60年代开始，神经认知语言学的创始人兰姆（S. Lamb）提出语言的关系网络模型，在理论建构上把语言系统与神经网络相联系（刘宇红，2007）。但是，在这些研究中，“语义网络”往往是一种隐喻，而不是真正的分析工具。一些研究在数据构造上设想词为节点，词与词之间的语义关系为连线，建立语义关系网络。例如普林斯顿大学的WordNet©工程。但是，这些研究并不关心网络的宏观结构模式，而专注于语义检索和标注等细节问题。

2001年，西班牙学者费雷尔坎修和索尔通过建立英语单词在句子内的共现关系网络，首次研究了词汇网络的**宏观结构模式**，即网络在整体水平上涌现出来的结构模式，这些模式可以解释网络的整体功能，如信息传递和检索的效率性。该研究以《人类语言的小世界性》为题，发表于《伦敦皇家学会会议录B：生物科学》（Ferrer i Cancho & Solé，2001）。作为国际上第一篇探讨语言复杂网络宏观结构的论文，费雷尔坎修和索尔构建的网络模型是以单词为点，单词在句子中的共现关系（以空格数作为词距，纳入共现关系的词距为1和2）为连线。该论文有两大发现。一是小世界结构（small-world structure），即任意两个单词只需要经过3条连线即可连通（3度分隔）。这提示词汇网络信息连通的高效性。二是无标度结构（scale-free structure）。这种结构可以用巴拉巴西—阿尔伯特模型来解释，即网络的形成符合两大原则："成长性"（不断有节点添加到网络中）和"优先连接性"（后加入的节点更容易连向那些高连接性的节点）。这符合基本的语言事实：单词量不断增加，但是总有一些单词始终拥有很强大的与其他单词组词成句的能力。在此研究基础上，费雷尔坎修和索尔指出，单词的重要性取决于其在网络结构中所处的位置。某些关键单词的受损会对宏观网络结构造成损伤，而另一些单词受损则有可能无损于网络的效率性和稳健性。由此他们提出，可以用语言网络模型来模拟和解释不同类型失语症的临床表现。

2004年，费雷尔坎修和索尔在《物理评论E辑》（*PhysRevE*）上发表《依存句法的网络模式》（Patterns in Syntactic Dependency Networks）（Ferrer i Cancho，Solé，& Köhler，2004）。该研究分析了单词句法依存关系网络，并且扩大了语言范围，包括了印欧语系的三种语言：斯拉夫语族的捷克语、日耳曼语族的德语、拉丁语族的罗马尼亚语。以每种语言的单词为点，单词在句子中的句法依存关系为连线。从二人在论文中对语料处理的描述上来看，实际上是以动词的配价关系作为连线。论文发现了四种网络特征。①小世界性，符合3度分隔的信息传递高效性。②无标度性，少数节点占据大多数连线，形成稳健而不易受损的网络结构。③异配性（disassortativeness）：高连接性的功能词相互之间不直接相连，从而维护网络结构的动态稳定性。④分层云集性（hierarchical clustering）：低连接性的词则更倾向于联系在一起形成模块，显示了句子—短语—单词的层次结构关系。

2005年，在著名的复杂适应性系统研究机构桑塔费研究所，索尔及其研究小组发表研究报告《语言网络的结构、功能和演化》（Solé，Corominas，& Valverde，2005），该文2010年收录于《复杂性》（*Complexity*）期刊（Solé et al.，2010）。论文除了讨论单词共现网络和句法关系网络以外，还增加了基于词典词项的语义关系网络建模和分析。此前的传统观念认为，语义网络中的高连接词是在语言发展历史中随机形成的。经过语义网络宏观结构分析，发现这些高连接词可以维护网络的稳健性和适应性。索尔提出，语言网络的研究要分不同的层面，第一是语言成分本身组成的网络，第二是语言使用者的社会网络，第三是语言、意义和世界之间的符号关系网络，而当前研究暂时停留在第一个层面。他同时还提出，从网络观角度来寻找语言普适性规律的研究才刚刚开始。他指出，之所以这样认为，是由于三方面原因：①在过去一百多年中，静态的场域理论仍然占据主导，而历史语言分析观有待发展；②还有待发展新的网络模型，用来描述语言网络赖以形成、维持和演变的认知机制；③语言系统的结构和规则有涌现性，而涌现性的机制尚待阐明。

近十年来，作为网络科学实践的方向之一，语言网络的建模和分析得到迅速发展。语言网络越来越多地被认为是一种复杂网络，其宏观结构符合复杂适应性系统的一些普遍特征（Solé，Corominas，& Valverde，2005；Jinyun，2007；Borge-Holthoefer & Arenas，2010）。这方面的研究，在横向（多语种）、纵向（多个语言层面）和深度（多种关系类型）上，呈现立体式发展。在应用研究方面，网络分析方法已经渗透到语言类型学研究（Liu & Li，2010）、语言发展或习得研究（Jinyun & Yao，2008；Corominas-Murtra，Valverde，& Solé，2009；Hills et al.，2010）、阿尔茨海默病语言病理变化

（Borge-Holthoefer，Moreno，& Arenas，2011）、概念表征的分析和干预（Ferreira et al.，2006；林枫、贺丹军、江钟立，2011；曹震宇、林枫、王蓓蓓，2012；Lin et al.，2013）、失语症治疗（林枫、江钟立，2008；孙丽、江钟立、林枫、高敏行、过克方、于美霞，2010；Feng & Zhongli，2011；高敏行、江钟立、林枫、孙丽、田智慧、吴雏燕，2011）等诸多方面。

二、汉语网络建模的研究现状和趋势

在汉语研究方面，韦洛霞等分别在2004年和2005年在《科学通报》上发表论文《汉字网络的3度分隔与小世界效应》和《汉语词组网的组织结构与无标度特性》，分析了词之间以共享汉字为关系的复杂网络，发现这种网络模型具备小世界性和无标度性（韦洛霞等，2004；韦洛霞等，2005）。从网络的构建方法来看，由于采用构词语素作为连线的线索，所构建词组网络更像是语素义的共享网络。唐璐等2006年在《东南大学学报》（英文版）上发表论文《语义网络的结构：我们怎样学习语义知识》，以英语词网（WordNet）和英汉双语知网（HowNet）的同义词集为资料来源，构建的是同义词集之间的语义关系网络，也就是概念间的上位、下位、反义、部分等关系的网络（Tang，Zhang，& Fu，2006），分析指标与2004年费雷尔坎修和索尔所提出的4个指标相同（Ferrer i Cancho，Solé，& Köhler，2004），但是没有对不同关系类型进行分别解析。刘知远等2007年在《中文信息学报》发表研究汉语词同现网络的论文（《汉语词同现网络的小世界效应和无标度特性》），利用的是人民日报语料库和国家语委的人工分词语料库，词间距的界定与费雷尔坎修等最早界定英语词同现网络的方式相同（1—2）（刘知远、孙茂松，2007）。

目前可回溯的最早刊载于国际期刊的汉语网络建模研究，是清华大学李健瑜等2007年发表在《物理学A辑：统计力学及其应用》（*Physica A: Statistical Mechanics and Its Applications*）上的关于汉字部首网络的论文（Li & Zhou，2007）。2008年，复旦大学的周水庚等也在该期刊发表论文，报道了汉语词在句中紧邻关系和不限距离共现这两种关系的网络建模结果（Zhou et al.，

2008）。

近年来，不断涌现出更多的汉语复杂网络分析论文，包括汉字在句子中的相邻关系网络（Liang et al.，2009；Wang，Wang，& Cai，2010；林枫、刘云、江钟立，2012）、音素在字词和句子中的共现关系网络（Yu，Liu，& Xu，2011）、基于动词语义指向关系的语义网络（Liu，2009）、基于联想关系的词汇联想网络（林枫等，2008a，2008b）等。值得注意的是，刘海涛2007年在《复杂系统与复杂性科学》上发表《汉语句法网络的复杂性研究》，以词为节点，以依存句法树库中的依存关系为连线，构建汉语句法网络进行分析（刘海涛，2007）。在这篇论文中，刘海涛提出，以往对小世界性和无标度性的发掘研究，虽然有利于认识语言结构的普遍性，但是大多数研究者来自物理学或其他自然科学领域，导致这些语言网络建模和分析的成果难以与现有语言学理论衔接，因而强调语言网络只是一种手段，这种手段的应用必须以语言学理论为指导。这种观点反映在他2011年的论文《语言网络：隐喻，还是利器》中："在构造网络的过程中，应该以语言学理论为基础，让复杂网络真正成为语言研究的利器，而不只是一种隐喻。"（刘海涛，2011）

三、基于义征分析的语义网络建模研究现状和趋势

借助麦克雷等报道的名物概念义征库（McRae et al.，2005），博吉和阿瑞纳斯建立了基于语义相似性的词汇网络（Borge-Holthoefer & Arenas，2008）。该网络以单词为节点，单词间义征重叠关系为线，连线的权值则表明单词之间的义征重叠程度。重叠程度越高，两个单词的语义就越相似。博吉的研究关注的是如何借助义征库从联想词库中抽取语义关系，其中虽然采用了网络分析技术，但对语义的分析仅止于义征重叠关系，而没有把麦克雷提供的义征分类方案考虑进去。

希尔斯（T. T. Hills）等研究者（Hills et al.，2009）也进行了基于义征重叠关系的词汇网络建模，其中连线表示两端单词共享一个或多个义征。希尔斯研究的是儿童语义网络的发育机制，在构建义征重叠词网时，有意识地对义征类

型进行了筛选。从CM脑区分类法中排除了百科知识型和分类学型，只保留感觉型（汽车<有轮子>）和功能型（面包<能吃>）。但是，希尔斯建立的义征重叠词网，仍然没有对“概念－义征”关系进行有效建模和充分解析，尤其是语义特征只作为概念间的连线关系来处理，而没有建立以语义特征为节点的网络模型。因此，语义特征在整个语义网络中的地位，以及特征受损会对语义网络产生什么影响，也就无法评估和度量。基于语义特征分析的语义网络建模研究仍有待进一步深化。

李葆嘉先生建立了汉语析义元语言标记集（李葆嘉，2013），为汉语词汇语义表征复杂网络建模提供了数据基础。郑航月的《汉语概念的特征结构初探》（郑航月，2009）和许振国的《语义加工中汉语概念特征的差异性效应》（许振国，2011）都采集并分析了受试者提名的经验性词汇语义特征数据集。但是，这些研究都没有提出要构建汉语语义特征质性分类方案，也没有系统地整理和分析词汇语义表征量化指标，更没有从探寻宏观语义结构的角度，建立词汇语义表征的复杂网络模型。前文已经论证过，要克服语义特征训练技术的局限性，就必须要借助配备了质性分类方案和量化评估指标的语义特征数据集，而语义网络模型是针对关系型数据的特有分析方法。因此，要建立面向言语治疗的汉语词汇语义分析方案，就要贯通以下四个要件：**原始数据采集和整理→义征分型标注→量化指标计算→网络参数估算**。这是一项复杂而艰巨的工作，因为这四个要件涉及了行为学测试的实施、语言学分类方案的设计、数据库的构建和复杂网络分析技术的应用等诸多方面。本章所提供的文献综述和现状分析陈述了研究的本体论立场，即呈现了言语治疗所存在的现实需求，以及存在语言学解决方案的可能性。接下来的两章将阐明本研究的认识论基础和方法论依据。

第二章

认识论基础：语义网络的效率性和稳健性

格里克斯（J. Grix）提出，任何研究都要从一定的本体论立场（存在什么，或者说，它如何构成以及它最重要的组成部分是什么）出发，遵循一定的认识论（关于这种存在，可知什么以及为何可知）和方法论（如何能知以及怎样知），选择特定的方法（用什么来知）和原始资料（要采集哪些资料），最终获得研究成果（Grix，2004）。本研究已经通过文献综述和现状剖析，设立了研究的本体论立场：在现有条件下，需要、也有可能建立面向言语治疗的汉语词汇语义分析方案，该方案应当以词汇语义网络为研究对象。在此基础上，还需要为本研究确立认识论基础和方法论依据。前者是指基于某种原始问题的研究假说以及支撑该假说的理据，后者则是指研究进路以及服务于该进路的工具（Grix，2004）。

有必要认识到，言语治疗本质上是临床实践操作，它带有鲜明的实证倾向，而词汇语义分析是语言学理论研究的一部分，它带有较高的诠释色彩。前者强调观察现象、寻找证据、发掘规律，并解释其中的机制，追求从已知预测未知。后者则是强调建构理论、提出主张、制订规则，并理解其中的意义，希望为现实赋予价值。以血管性痴呆为例，医学实践要求观察症状（例如老年人淡漠和易走失）、实施检查（蒙特利尔认知评估和脑部磁共振检查）、发现原因（腔隙性脑梗死伴脑白质病变，定向力、记忆力、注意力或执行功能下降，诊断血管性痴呆）和预测结果（最终需要室内生活和康复护理），由此制订有效的治疗方案（针对认知下降的言语治疗和药物干预）。以魏尔兹比卡的自然语义元语言研究为例（李炯英、李葆嘉，2007），语言学研究往往要求提出理论（自然语义元语言理论）、举例剖析（语义原词THIS）、制订标准（例如普遍基元原则和化简释义原则）和产出成果（语义基元表），从而建立有价值的分析和阐释体系。就本研究的目的——构建面向言语治疗的汉语词汇语义分析方案——而言，矛盾之处在于，要使研究成果能为言语治疗服务，就需要采取医学的实证性认识论立场，而要建构词汇语义分析方案，又有必要遵循语言研究的诠释性认识论立场。本研究有必要从上述矛盾入手，确立认识论基础和方法论依据。

从研究整体来看，本研究需要确立一种兼顾理论建构与实证分析的认识论框架。从研究过程来看，词汇语义分析方案要先于言语治疗应用，因而需要逐渐从理论建构成果过渡到实证依据验证。从最终成果来看，建构的词汇语义分析方案应当适于言语治疗使用，即可供选材、排序和实践检验，因而需要从一开始就要使理论建构符合言语治疗专业所遵循的医学逻辑。出于上述多方面的考虑，本研究最终围绕言语治疗的医学逻辑来确立含有多学科理据的认识论基础。

第一节　假说的提出：从效率性和稳健性考察语义系统

任何有价值的研究，必然以一个原始问题为出发点。这种问题往往具有终极性。它虽然无法通过单项研究短期内得到解答，但是，问题的提出，既可以体现理论关怀或事实张力，又能够提供思考和探索的动力。在需要言语治疗干预的患者中，言语表达的流畅与否是两种最基本类型，即患者能否把意义内容用言说的形式快速、有效地表达出来。流畅型患者能快速通达语符，但并不能有效表达语义。非流畅型患者不能快速通达语符，同样影响了语义表达的有效性。两者都在行为层面表现出语符运用效率的降低。因此，本研究提出的原始问题是：“**人脑是怎样表征和处理语义，从而实现快速、有效且稳定地交流？**”围绕这个问题，可以观察到两种语言现象，它们普遍存在，但又不引人注意（林枫、贺丹军、江钟立，2009）。

首先是人脑处理语言的**效率性**，即人类能以一定速度提取、处理和保存语言信息，从而实现有效的交流。佩雷格里诺（F. Pellegrino）等（Pellegrino, Coupé, & Marsico, 2011）研究发现，汉语普通话为5.18个音节/秒、英语为6.19个音节/秒、日语为7.84个音节/秒。这种速度既不会慢到妨碍交际效率，又不至于快到超出人类发音生理和认知信息处理能力的上限。

其次是人脑处理语言的**稳健性**，即人类能维持交流系统的稳定，从而在适应交流环境的过程中，不至于因成分增减而受损，甚至引发崩溃（Solé et al., 2010）。

这两种特征看似普通，但是如果与计算机系统相比，就显出非凡之处：可以适应性地快速存取信息，且不会因系统崩溃而需要重启/初始化。在病理情况下，言语交流障碍可以凸显这两种特征的重要性：效率受损表现为言语欠流畅、冗长，找词困难、命名障碍或选词错误（非流畅性失语症）（林枫、江钟立，2008）；系统受损可以表现为部分模块缺失（例如范畴特异性语义损伤）或整体崩溃（例如严重的语义痴呆）（Forde & Humphreys, 2007）。

从常人和患者的对比中寻找差异因素，找到可干预这些因素的手段，使患者向常人水平靠拢。这是所有医学实践都遵循的一套逻辑思路。分析常人语言系统为何具有效率性和稳健性，将有利于推进对语言损伤和代偿机制的认识，从而为言语治疗的发展提供新的理论线索和实证依据。前文已经提出，选材和编排是言语治疗必然面对、而且必须解决的两大问题。建立词汇语义特征数据库，并且制订质性分类方案和量化分析指标，只能解决"可以选材和编排"的问题，而没有解决"按照什么标准来选材和编排"的问题。一旦对影响整个语言系统效率性和稳健性的变量得到阐明，就有可能根据这些变量选取和编排语料，从而解决选材和编排的标准问题。

因此，本研究提出如下假说：**语义系统是具有效率性和稳健性的词汇语义特征复杂网络**。下文将围绕词汇语义表征和复杂网络，从五个方面依次递进来论述支持该假说的理据，并且论证从词汇语义特征复杂网络的效率性和稳健性出发，可以为语义特征在语义系统宏观结构中的地位做出评价，由此指导言语治疗对治疗素材的选择和编排。

第二节　语义语法学：语义特征的基础性

认知科学通常把人类心智视为一种计算系统，它包括两个方面：一方面是信息的表征结构，另一方面是运行在该结构之上的运算或操作过程（Thagard，2012）。在西方语言学研究中，这种观点体现为词汇语义系统（lexical semantic system，对外界要素的语音表征，呈现为某一种语言的词汇系统）和语法系统（grammar system，词或句子的结构规则）的二分法。这种二分法得到神经生理和病理学研究等多方面证据支持（Ardila，2012）。首先，在发生学上具有先后性。颞叶（词汇/语义系统，20万—30万年前）的进化要早于额叶（语法/发音系统和执行功能，5万年前）。其次，在解剖学上有异源性。韦尼克失语症（颞叶受损）失语义而存语法，布罗卡失语症（额叶受损）失语法而存语义。另外，在病理学上具有可分离性。词汇语义系统与陈述性记忆（对百科知识和情景经验的归类存储）有关，而语法系统则与程序性记忆（对快速运动序列的学习与记忆）有关。

从这个意义上来说，本研究的原始问题可以表述为：词汇语义系统是如何组织起来，从而使它自身维持稳健的同时，还能满足语法系统对它的高效调用？这种二分法提示，两个系统各自独立存在，只有在言语交流时才会结合起来。但是，病理情况下观察到的单方面运作，应当是整体发生故障后的代偿状态。两个系统在发生学上的先后性、解剖学上的异源性和病理学上的可分离性，并不意味着健全的交流功能就是在两系统各自独立运作基础上的合作。对“认知”的强调，反而使认知科学在语言研究方向上沿着二分法渐行渐远，把认识上的二分法推入到对事实二分的求证之中，最终消解了语言系统先天的紧密性和不可分割性。或者说，“认知的人”反而成了分别说着“词汇系统”和“语法系统”的“失语的人”。哈德森（R. Hudson）认为，实际交流时，在词库组织结构与语法规则之间难以清晰划分界限（Hudson，2007）。因此，两者更有可能的是缔结了不可单方面撤销的契约，最终我中有你，你中有我。

语义语法学（李葆嘉，2007a，2013）把语义性作为语言的本质属性，认为自然语言系统是建立在认知符号的实体范畴化和范畴关联化基础上的语义网络。这个网络的基本单位是词元（又称义位），词元之间的驳接部位是义征。在义征的界定上，李葆嘉采取与音位分析相似的“素－位－征”辨析原则，用“义征”来表示“词义之间的区别特征”，以此有别于美国学者的semantic component、欧洲学者的seme，以及中国汉语学界常用的“语义成分”“义素”“语义要素”或“构成要素”等术语。

在语义语法学的术语系统中，“义征”在本质上是人工化的析义符号，是研究者依据语言知识，通过义位之间的相互比对而提取的一些特征。义征可以作为语义网络的底层节点。通过这种底层节点的缠绕，词元之间得以相互驳接。从义征分析角度来看，可以从句法和词汇两个层面来把义征划分为句法范畴义征和词汇语义特征（李葆嘉，2003），但事实上两者应当只是依附于词元的同一语义特征在句法和词汇两个层面中的不同身份而已。从义场建构角度来看，前者供场间句法范畴语义区分，后者供场内词元语义区分。义场建构基于义征分析，义征分析服务于义场建构。不同词元以相同的句法范畴义征聚合到同一个语义子场，继而有可能实现为句法语义范畴。语义语法学认为，话语理解－生成机制基于义网内部相关义场或词元之间的节点激活，而激活节点的内在线索就是相关义场或词元之间的义征缠绕。在这样的理论背景下，句法呈现为语义网络的某些义征的缠绕关系，话语则呈现为语义网络的节点激活路径。

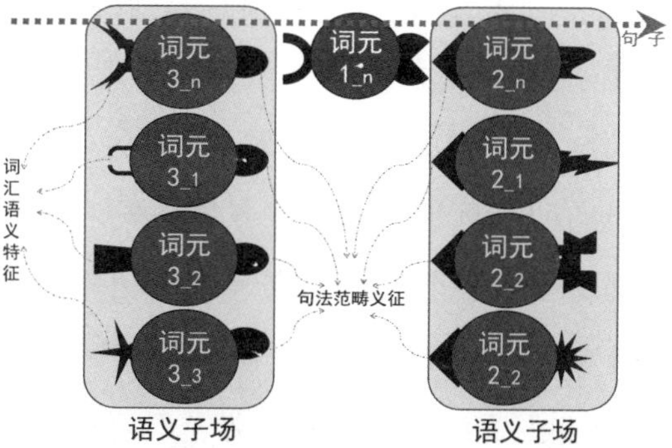

图3　句法范畴义征和词汇语义特征的聚合与缠绕示意图

灰色圆形表示词元，附着于词元上的黑色图形表示语义特征，以黑色图形的形状相同和相配表示义征缠绕。

如图3所示，义征既区别而划分词元，又重叠而聚合子场，而组合关系的基础则是句法义征的驳接、兼容或缠绕。由此可知，义征缠绕理论是语义语法学的一个关键理论设想。

认知科学从实证研究出发，追求词汇－语法的二分，但最终无法回避词汇－语法互通问题。语义语法学从内省研究出发，强调义征分析基础上的词汇－句法语义贯通，由此直面语义研究的“沼泽地”。两者既体现了语言研究中探寻自在规律和追求自觉规则的张力，又提示对词汇语义特征的探索，将有助于语义语法学把认知科学的实证成果融入自己的理论实践中。在这种探索过程中，无论是内省分析，还是实验调查，需要直面的是上述原始问题的前半部分：意义如何被头脑所表征？

第三节　语义表征理论：经验性义征分析的重要性

在《牛津心理语言学手册》中，维廖科指出了欧美词汇语义表征研究所关注的四个主要问题和两大理论视角（Vigliocco & Vinson，2007）。四个主要问题是：

① 词义是如何与概念结构相关的？

② 每个词的意义是如何得到表征的？

③ 不同词之间是如何做到意义相关的？

④ 词所指的内容是多种多样的，可以是对象，也可以是动作，或者是性质等。是否存在贯穿不同内容域的，统一的词义组织原则？

第二个问题最关键。因为其他三个问题的研究，都要先从单个词的词义表征入手。维廖科指出的两个理论视角，颇具整体论和还原论之争的意味。但是，无论哪个视角都提供了以每个词的意义表征为出发点来解答另外三个问题的途径。这两个视角都与语义网络有关。

首先是整体视角。它把每个词都视为意义上不可再分的整体，认为词义是以某种抽象的方式包埋于概念系统中。在研究方式上，倾向于在词的相互作用关系中寻求对词义的解读。典型的研究成果是普林斯顿大学的WordNet©工程（Miller，1995）。欧美词汇语言学研究中所提到的semantic networks，正是在这个视角下直接建立起来的单词网络（与上述第三个问题有关）。各种semantic networks的不同之处，在于对网络连线关系的定义。最常见的连线来自研究者对单词间语义关系的先验判断，例如上下位词、部分－整体关系等。因此，语义网络就变成了以词为节点，以语义分类标签为连线的网络。另外，以词汇联想关系建立起来的词汇联想网络（word association networks）也常常作为semantic networks来分析（Boccaletti et al.，2006）。

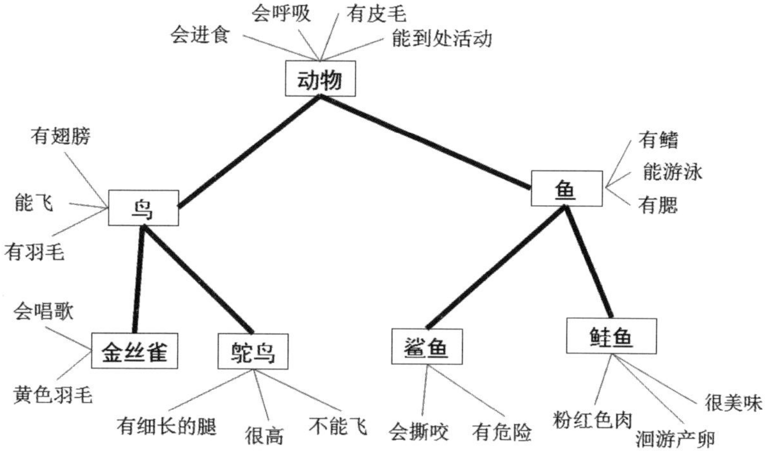

图4　奎廉提出的语义网络模型示意图

随着框网（FrameNet）、智网（MindNet）、知网（HowNet）、概念层次网络（HNC）等国际和国内语言知识工程的不断发展，词汇语义表征的第二个视角逐渐渗透到整体视角中。这个视角是成分视角（feature view，由于这里强调的是词义的构成性，因而不把feature称为“特征”）。该传统最早可以上溯到字母创制时代的离素原则，并且常见于语言学研究对“原子论”哲学传统的讨论中（Robins，1997；李葆嘉，2007a）。但是，真正对词汇语义进行分解，并用网络模型来表述的，是奎廉对语义记忆的分层存储模式的研究（Collins & Quillian，1969）。有趣的是，人们通常会引证奎廉的文献来说明他在semantic networks方面的先驱研究，却忽略这样一个事实：他对语义网络的设想，依据的是语义要素分析（如图4所示）。因此，欧美语义网络研究的最初阶段并没有摒弃离素原则。相反，在semantic networks的模型中，暗含的是“语义要素可分”的假设。只是在此后的发展中，语义网络建模始终强调词汇层的建构。要素或者被封装在词汇或概念节点中，或者被视为词汇或概念节点之间连线的标签。值得注意的是，在该研究传统中，始终缺乏探入到要素层次的要素网络建构，即以要素为节点，要素间关系为连线的网络建构。要素间关系可以是要素在概念间的分布关系，或者是场景中的组合或隐现关系，也可以是要素在脑内处理的同步或顺序关系（Wu & Barsalou，2009；Mason-Baughman & Wallace，2013）。

李葆嘉总结了词汇语义分析的结构主义背景，指出欧洲和美国在描述语义特征的术语方面存在的差异，其实反映了两者在理论来源上的不同：

> 法国的“语义特征分析”流派来自语言学的结构功能主义的音位分析理论，而美国的“构成成分分析”流派则来自社会学的结构功能主义的亲属分析理论。由此也可以说明，法国流派的语义分析强调的是词汇语义的特征性，而美国流派的语义分析强调的是词汇语义的构成性。（李葆嘉，2013，19页）

李葆嘉提出，语义语法学应当根据语言研究的“素一位理论”原则，基本术语是语义特征（semantic feature，简称义征）而不是义素（seme）。因此，对“义征”概念的辨析，强调的是它对义位的区别作用。义征又可以相对分为聚合义征（共有属性，包括范畴义征与子场共有义征，或者说是范畴间或场间义位的区别义征）、个体义征（特有属性，场内义位的区别义征）、语用义征、组合义征和文化义征。语义语法学的义征分析，首先提取的是聚合义征和个体义征，标注时应当以典型义征为准。

从分析原则来看，李葆嘉所辨析的“义征”，类似于源自音位分析理论的“法国的语义分析”。欧美义征分析文献中出现的semantic feature，则更倾向于“美国的构成成分分析”。从分析进路来看，前者是以专家内省为主，而后者则有着逐渐增多的义征提名法应用报道。前文已经对义征分析这两条进路进行了论述。表2详细比较了欧美义征库和汉语析义元语言。

从工作量分布来看，语义语法学主要是以义征分析和义场建构为基础。对分析出来的义征，尚未发布更详细的分类标注，而是在义征表达式中对义征进行分层，借助的是义征先后顺序、正负号、位运算符、组合运算符和角色符号。欧美义征分析则主要以义征分类标注为基础。这种分类标注所依据的方案，是在具身认知视野下，根据知觉符号理论和感觉－运动模型制订的。简而言之，语义语法学是以义征（析义元语言）来标注义位，而欧美义征分析则是以知觉符号类型来标注义征。与语义语法学的析义元语言工程相比，欧美义征分析的义征提取操作较为粗糙，但其在义征的知觉符号类型标注方面的思路，可能有助于细化语义语法学的析义元语言工程，并且促进语义语法学的认知元语言工程的开展。

从研究目标来看，语义语法学面向的是语言信息处理，关注的是“人－机”和“机－机”交流的语言系统模拟。它偏重于语言本体的语言学研究，希望通过“穿越语义研究的‘沼泽地’”，破译语言的理解－生成机制（李葆嘉，2007a）。欧美义征分析面向的是知识结构探索，关注的是“人－人”交流的语言能力应用。它偏重于认知机制的应用语言学研究，希望通过“了解信息是如何在人脑中表达、组织和处理”，寻找对智力结构、认知机制、认知缺陷或记忆障碍等问题的解答。所谓的偏重，并不是性质的论断，而是从研究目标角度对语义语法学和欧美义征分析的差异来源进行解读。

表2　欧美经验性义征库和汉语析义元语言中的义征比较

	欧美经验性义征库	汉语析义元语言
义征地位	词义的基本组成成分	词元之间的区别性特征
资料来源	人群调查	专家内省、词典释义
操作手段	义征提名和分类	义征分析、义场建构
预期用途	解释概念、提供治疗或教学素材	标注词元（义位）、生成句子
分类标注	CM 脑区分类法、 WB 知识分类法和 KB-WB 知识分类法、 LB 盲明分类法、 LP 康复分类法	暂未发布更详细分类 在义征表达式中对义征进行分层，借助义征先后顺序、正负号、位运算符、组合运算符和角色符号

续表

	欧美经验性义征库	汉语析义元语言
应用举例	狗 < 家畜 >[分类学型] < 看门 >[功能型] < 助猎 >[功能型] < 吃骨头 >[百科知识型] < 汪汪叫 >[听觉型] < 忠实 >[百科知识型] < 中等大小 >[视觉－形状和表面型]	狗［＋家畜］[①] ［＋形体↔中］ ［＋看门∨助猎］ ［＋吃→骨头］ ［＋（汪汪）叫］ ［＋象征→忠实］
关注焦点	智力结构、认知机制、认知缺陷或记忆障碍等问题的解答	机器翻译研究， 破译语言的理解－生成机制
最终目标	“人－人”交流的语言能力应用	“人－机”和“机－机”交互的语言系统模拟

随着认知机制在语言研究中越来越得到重视（李葆嘉，2007b；Geeraerts，2013），有必要吸收欧美经验性义征研究的合理因素，充实到基于语义语法学理论的认知语义网络研究中。值得注意的是，欧美经验性义征研究最具应用价值的是其义征质性分类方案。但是，有关如何分类的标准，仍然需要从其他学科寻求理据。

第四节　生态心理学：从可供性和具身认知解读语义表征

在人类鲜活的生活环境中，有着丰富的感觉刺激。这些刺激通过视觉、听觉、味觉、嗅觉、触觉和关节位置觉或运动觉等感觉模块，向人脑传递信息。这些信息在人脑中与过往经验或即时内省所提供的其他信息汇合，形成多模态的信息源，以供构建对世界的认识（知识表征）。

在属性上，这些信息源受到人体的物理特性的制约。例如，人类无法听到蝙蝠发出的超高频声音。又如，直立行走使得人类在行进时，不再像其他哺乳动物那样沿着躯干长轴指向头顶方向前行，从而使双眼位于面部前方，产生深

① 此处有三点需要说明。第一，用于书面框定义征的符号称为**义征界定符**。汉语析义元语言采用全角方括号作为义征界定符，而欧美义征库的义征界定符是半角尖括号。本书主要采用后者，但在述及析义元语言义征表达式时，仍保留其原有书写方式。第二，在术语上要分清**义征**和**义征表达式**。置于义征界定符中的是义征，而一系列义征次序相连，就构成义征表达式。第三，汉语析义元语言使用一些修饰符来构建义征，表示义征与概念之间，或义征所含关键词之间的关系。修饰符的用法详见本书体例。

度视知觉信息。

在内容上，这些信息源无法脱离身体而存在，或者说，人体不仅是信息源的被动感受器，而且是带有主动作用的信息生产者。例如，“垂头丧气”和“趾高气扬”就是以身体为中心，把高的、向上的身体体验视为积极信息，把低的、向下的体验视为消极信息。

在范围上，这些信息源也难以脱离环境。例如，在写作电子文档时，手指敲击键盘的过程，不仅是产生字符的物理过程，更应当视为与思维过程紧密联系的认知操作过程。珠算、沙盘、蓍草、数学运算符，甚至是言语本身，这些都可以是人类借以运行认知操作的媒介。借助它们所提供的视觉、触觉、运动觉等信息，认知操作得以在更高的水平上运行。

因此，认知受制于身、依附于身、以身入境、由境返身。这种认识，在传统的心物二元论的范畴内，难谋一席之地。心物二元论的哲学立场，带来的是经验和理性的分割、主观与客观的对立、主体与客体的分立。

在知识表征方面，美国心理学家吉布森（J.J.Gibson）提出了一个具有深远影响的思路。在1979年出版的开创性著作《视知觉生态论》（Gibson，1979）一书中，吉布森指出，现代文明考察世界的方式是基于物理学而不是心理学视角的。在物理学视角中，光是从光源发出，进入到人眼，形成视觉。但是在心理学视角来看，人倾向于眼睛发出“目光”。在吉布森著作中，此类描述不胜枚举。它们建立在直接感知基础上，不受物理常识的左右：

> 我们并不是生活在“空间”里。我们所赖以生存的环境，是由实质、介质和表面所构成。环境实质具有一定的牢固性。环境介质是指大气。环境表面则是指实质和介质的分隔面。在介质中，位置转移不受阻碍，而且可以从任何位置对实质产生视觉、听觉和嗅觉。借助于视听嗅触，动物可以保持对移动和行为的控制。环境实质有待辨别，而最有效的辨别方法就是观察这些实质的表面。表面带有典型特点，这些特点可以是持久的，也可以是不断变化的。例如，表面的布局、纹理、明暗度和反光率。（Gibson，1979，32页）

对于没有受过初高中物理学教育的孩子来说，这种观念并不难理解。然而，对于受过物理学教育的读者来说，要理解书中的描述，反而变得困难重重。例如，吉布森认为“相对于气态和液态来说，固态有一种特征：固体可以悬于气体或液体之中，不受阻碍地穿梭于其间”（Gibson，1979，16页）。这很容易令人产生怀疑：当固体在液体和气体中运动的时候，怎么可能没有阻力？但是，经典物理学对抛物线的描述，正是建立在这种“原始的”视知觉基础之上，忽略了不可见的空气阻力。站在“动物－环境”关系的生态学角度，通过“物理学→心理学”的转换，吉布森提出了知识表征的**可供性**（affordance）理论，创立了生态心理学（ecological psychology）。吉布森最初用可供性来表示行动者（人或动物）在环境中进行活动的可能性（Gibson，1979，18—42页）。这种可能性实际上就是环境和行动者之间的关系：环境提供各种可供行动者发生行为的性质，而行动者具有实施这些行为的能力。可供性所涉及的对象属性介于客观与主观之间。例如，一端有锐利边缘、另一端可抓握的对象（刀具），它可切割的特性虽然客观存在，但是如果离开了使用者，这种性质就失去了意义。因此，可供性脱离了主客二分的范畴，提供了物理可能性和心理现实性的接口。

在吉布森的可供性理论中，当环境有相应的性质时，自然就存在某种可供性，行动者需要在这种关系中出现并掌握环境信息，但忽略了行动者对信息的加工过程。诺曼（D.A.Norman）认为需要把信息加工的过程纳入可供性理论中（Norman，1999）。他认为在环境中可能发生的活动，与人的感知、目标、计划、预期和经验等有关。这种**受感可供性**（perceived affordance）强调，行动者实施某种活动的可能性取决于在感知经验基础上行动者的信息加工过程。受感可供性与**实有可供性**（real affordance）相区别。后者摒弃了行动者基于经验的处理过程。但是，无论是受感可供性还是实有可供性，它们都要以环境的特性为前提。例如，长条状的、柔韧的鞣制牛皮，在安装金属卡扣之后，在使用者看来，有了系裤子的可供性。如果把它放到锅里煮烂，也可以吃。这种可食性客观存在，但是只有当使用者希望成为食用者时，才有可实现的意义，也才有存在的逻辑。在人工智能研发领域，可供性指称的是动作、对象和效应之间的关系（Montesano et al.，2008）。词汇语义表征研究者则认为，词所提供的知觉要素可以激活词所指对象的可供性，而这种可供性又有可能进一步用于语义分类（Yürüten，Sahin，& Kalkan，2013）。

以可供性为核心概念的生态心理学，站在行动者的视角来认识环境。它强调，对环境的考察必须要把行动者放进去，以行动者的能力为逻辑前提，从而使该理论既立足于行动者本身的感知，又不限于对行动者生理功能的探讨。自20世纪40年代发起后（Jenkins，2008），该方向虽然在设计领域获得成功，但是在认知科学领域，却在很长一段时期里都没有融入主流。这可能源于研究立场上的差异，但更有可能与吉布森在1979年去世以后，该学派一直没有出现足以把哲学方法论和认知心理学结合起来的强有力的代表人物有关。

在论及具身认知时，往往从笛卡儿以降，论及海德格尔、皮亚杰、杜威、梅洛·庞蒂，及至近年来的拉考夫（G. Lakoff）、约翰逊（M. Johnson）、克拉克（A. Clark）、格兰伯格（A. M. Glenberg）和巴萨娄（L.W. Barsalou）等（王寅，2010；陈帆，2012）。这条路线主要持有心智的计算主义立场，维护内部表征在心智研究中的地位（何静，2007；Barsalou，2010；Barrett，2011）。它一方面主张心智的体验性、概念的隐喻性、认知的无意识性，另一方面仍然没有摆脱物理学视角，把地点、方向或运动归结为身体对“空间”或“时间”的体验（王寅，2004），而不是生态心理学所主张的“实质”“介质”和“表面”等环境性质。

具身认知论的另一条路线较为激进，它否认内部表征的存在（何静，2007）。到21世纪初，随着生态心理学与具身认知观的融合，这条路线开始崭露头角。代表人物是美国学者契叶默若（A. Chemero）。他认为可供性是行动者的行为能力和环境的特性之间的“关系”。在这种关系中，环境特性可测量、可感知，但既不属于动物，也不属于环境（Chemero，2003）。2009年，他发表著作《激进具身论》（*Radical Embodied Cognitive Science*）（Chemero，2009），在生态心理学基础上，推动了具身论的第二条研究路线的哲学建构和认知科学框架。契叶默若希望用新的不借助于心智表征理论的概念体系，取代传统的（相对于激进而言是温和的）心智表征和计算理论。这些传统理论把认知视为人脑对外界信息的反映、编码和计算过程。契叶默若的理论体系以吉布森的生态心理学为基础，坚持三个基本原则：感知是直接的、感知是服务于活动的、感知从属于可供性。激进具身论认为，心智－身体－世界是一个连续统，不需要也没有必要在心智中再造一个表征来认识世界，意义不是心智的产物，而是感知的对象，即使是最复杂的意义，也可以像最简单的可供性那样，被行动者使用。通过契叶默若的努力，生态心理学成为具身认知理论发展史上重要的一环，而以之为支撑的激进具身论有望融入主流的认知科学和哲学研究框架中（Caiani，2011）。在为《激进具身论》撰写的书评中，巴雷特（N.F. Barrett）（Barrett，2011）指出，虽然契叶默若声称激进具身论由于其反表征主义（anti-representationalism）而成其为“激进”，但这种思想并未贯彻到底。巴雷特认为，激进具身论的核心思想实际上由两部分组成。一方面，在理论上，它提出把认知过程看作机体和环境在持续相互作用下的耦合系统。另一方面，在操作上，它要求分析这种持续相互作用关系的类型和变化。

在契叶默若著作出版前，何静（2007）梳理了具身认知的两种研究进路，认为温和的具身认知观是传统认知观的继承和发展，因为它仍然支持心智在内部表征基础上对环境信息进行计算，发生变化的只是心智在计算中的地位，它从问题解决者变成了具身行为的控制者。激进具身认知观在本质上与传统认知观的差异在于，前者不再把内部表征分析作为心智的任务，心智不是计算器，而是模拟器。由此造成的结果是，心智对世界信息的分析，不再是从内部表征出发的计算过程，甚至不需要建立内部表征，而只是与世界连续互动中的模拟过程。心智的模拟建立在以活动为导向的行动者的感知基础上。

事实上，两条路线的原则性区别，主要在于表征的性质问题，而不是存在与否问题。如果表征是心智对世界信息编码、保存、加工和输出的载体，那么隐含的假设就是心智与世界的二元分立，也就必然承认心智对世界信息的处理方式是计算式的，其深层的断言是必然存在一个在心智的内部时空上瞬时或永久凝结不变的表征来替代外部世界。如果表征不是被处理的对象，而是心智模拟世界时的动态接口，那么隐含的假设就是心智与世界是一个连续耦合体，也就必然承认心智是世界的延续，其深层的断言是必然存在一个在心智的内部时空上不断变动的表征来模拟外部世界。例如，在书写过程中，手、笔、纸张之间的连续运动、字迹的视觉反馈和思维过程是一个整体，它是心智对世界的模拟在感觉运动上的体现。在这个过程中，心智输出的思维成果可以凝结为静态的字迹，但未必要成为内部记忆中永久凝结的表征。在心智模拟世界的接口处，表征生灭不息。作家需要在写作中思考，而写完之后，如果丢失文稿，就无以严格重述自己曾经写出的东西，虽然他可能凭记忆再次默写出与此前作品极其接近的内容。从实证研究来看，即使是动态性表征，也必然需要静态性的可操作的模拟成果，以便从外部观察、度量和分析。由此，无论采纳哪种具身认知观，可供性理论都占据了核心的操作性地位。对任何一种具身认知研究进路而言，如何度量感知与环境的互动，是研究者构建具有其自觉性的理论框架的基础问题，而这种互动需要立足于行动者的感知来考察。既然感知是进行环境特征甄别的前提与标准，那么在具体操作中就必然要把感知的多模态特征纳入考察范围。

在早期有关记忆具身性的论文中，格兰伯格（Glenberg，1997）直接借用了吉布森的可供性术语，认为物体的可供性使之在记忆中得以概念化存储。格兰伯格此后有关语言理解的索引假设（Indexical Hypothesis）直接把可供性纳入其中。根据该模型，句子的理解需要经过三步。首先，建立词或短语与现实事物的索引关系。然后，分析现实事物的特征以提取可供性。第三步是在句法层面上根据索引到的事物的可供性进行整合，从而判断句子的合法性和理解句义。在第二步和第三步之间，可供性的提取本身就受句法结构的限制。虽然索引模型把可供性提到重要的位置，但是应该如何度量可供性，要借助什么样的操作手段才能在实证研究中得到体现，这在可供性概念提出之后就一直备受争议（Michaels，2003；Jenkins，2008）。回顾吉布森的原著可以发现，对可供性的分析，实质上就是语义特征分析。例如：

> 当坐在一个表面上时，人们会感到这个表面呈水平位、平坦、延展、足够硬实，而且相对于膝盖高度而言是齐膝高。如果感知者可以分辨一个表面正好具备这些性质，那么它就应该“看上去”是可以坐的。如果确实可以坐，那么从视知觉上感受到了这种可供性。（Gibson，1979，128页）：

其中，“水平”“平坦”“延展”“硬实”和“齐膝高”，都是对“坐具”义征的概括。如果在这个基础上来考察格兰伯格的索引模型，那就可以发现，这和句子的语义成分分析法十分相似。差异只在于，可供性把词、物、语主以及环境的整体关系融入到了句子中。

如果从生态心理学视角来看待格兰伯格的索引模型，那么它实际上是用可供性来概括了这样一个事实：行动者本身的“在线”感知觉，以及行动者基于过去感知觉建立起来的经验，这两种因素使得词义的所有（也许是不可穷尽的，或者是非颗粒化的连续的）方面，能够以有限的、颗粒化的要素或成分的形式进入到语义的具体使用中。

这种思想也体现在巴萨娄的知觉符号系统理论中（Barsalou，1999；王瑞明、莫雷、李莹，2005；谢久书等，2011）。该理论认为语言的底层构造是知觉符号，而知觉符号源于知觉体验。由于知觉体验有视、听、味、嗅和触等多个不同的来源，因而知觉符号是多模态的，从而有别于非模态的认知符号。对于知觉符号是否足以涵盖甚至取代其他所有语义理论（如命题符号），虽然仍有争议，但一个不争的事实是，基于模块化具身体验的语义构成观，已经越来越多地获得理论（语言学和心理学）和实验（脑功能成像或电生理检测）的支持。巴萨娄虽然没有直接吸收可供性概念作为自己理论的底层构件，但是他的确在研究中采用语义特征分析法，用来证明词义的理解是在心智模拟基础上对可供性的抽取与分析。吴玲玲和巴萨娄在2009年发表关于概念组合的研究论文（Wu & Barsalou，2009），证明相对于闭合的或遮罩起来的知觉特征而言，开放的或可在心智模拟中“直视”的特征更易通达。巴萨娄的实验手段是语义特征提名法，义征分类采用的是自创WB知识分类法。在该报道中，巴萨娄还有另外两个发现。一是人们自发地调用心智图像来进行概念解释。二是在完成语义特征提名任务时，产出许多与靶概念所处背景有关的语义特征条目。这说明，心智在处理语言时，会利用以往经验构建图像或其他心理印痕，对世界进行模拟（官群，2007）。

如果对照生态心理学理论来考察这些研究结果，就会发现，这种模拟从来都不能脱离对象的背景。也就是说，对象是放置于背景中的对象，或者说，在词义处理过程中，对象从未从背景中分离出来。对象始终处于“行动者－对象－环境”这三位一体的系统中，而语义特征则成为评估对象所处系统的可供性的重要指标。例如，草坪产生的心象可能是度假时家人在上面野餐的场地。该心象诱使受试者提名的义征是<植物>、<绿色>、<柔软>、<叶子>、<你可以在上面玩>、<让我觉得舒服>。按照WB知识分类法，<植物>是范畴特征，<叶子>是实体特征，<你可以在上面玩>是情境特征，<让我觉得舒服>是内省特征。在四种基本类别以下还可以分层。例如，<植物>就是草坪的上位概念，<叶子>就是外部组件，<你可以在上面玩>就是情景活动，<让我觉得舒服>就是评价性内省。如果刺激词换成草皮，则产生的心象是卷起来或堆叠起来的草皮。从内部图像模拟中提取草皮的可供性，就有可能会产生<泥土>、<草根>、<用来铺地>、<需要更换>等不同义征。

通过对吉布森、契叶默若、格兰伯格和巴萨娄等代表人物的理论回顾，词汇语义表征就可以从可供性角度得到新的解读：在具身认知的背景下，以可供性作为操作的概念框架，以知觉符号理论的模块化原则作为操作指导，以义征提名法作为操作手段，语义表征在词汇层面上的研究可以表述为“**基于具身认知的词汇语义特征可供性分析**”。它可以直接用于指导制订符合汉语特点的词汇语义特征质性分类方案。

第五节　认知科学：语义特征的定性定量分析依据

除了生态心理学的可供性理论以外，认知科学也为语义特征的质性分类提供了实证依据，并且还对语义特征提出了定量分析的要求。韦尼克在20世纪初首先提出，人们通过感觉和运动过程来建立对物体的概念。在历经一个世纪的发展之后，研究者已经普遍接受语义处理过程需要感觉－运动系统的参与，争论的焦点在于两者的结合程度（Antonucci & Alt，2011；杨洁、舒华，2011；张恩涛、方杰、林文毅、罗俊龙，2013）。强结合派认为语义处理过程本身就是具身的感觉－运动过程，它不需要更高级的非模态认知过程，就可以自行生成概念表征。温和派不试图否认非模态认知过程的存在，而是求同存异，主张语义处理过程植根于感觉－运动系统，它需要使用源于感觉－运动的语义要素来形成和处理概念表征。无论哪一派，在研究中都必须要面对一对基本矛盾：百科知识的多样性和语义表达的明晰性。提出这对矛盾，就意味着需要采纳基于语义特征的语义记忆理论（Warrington & Shallice，1984；Noppeney，2007），在操作手段上也就相应需要采用语义特征分析，并对特征进行质性分类。

针对某种对象，人们可以罗列出诸多语义特征。例如，“餐桌”是有四条腿、上表面平坦、上表面呈水平位、可以放碗筷（在西方是放刀叉）、比凳子高、上表面是四方形或圆形、比凳子大、木制的、可以围坐、可以铺桌布、比儿童高，等等。这种特征随个体经验而变，并且没有数量上限。但是，在语义表达时，总会有一部分特征处于核心的或关键的地位。这些核心和关键义征确保物体识别和语言表达的快速性、清晰性和有效性。基于这种认识，马丁（A. Martin）（Martin，2007）提出范畴特异性信息表征的感觉－运动特征模型（Sensory-Motor Property Model for Representing Domain-Specific Information），简称**感觉－运动模型**（Sensory-Motor Model）。该模型借助脑功能成像和神经心理学证据来证明，人们关于物体的概念是由有限的语义基元（semantic primitive）构成，而这些基元所表征的物体特征利于人们对物体快速且有效的识别。当人们学习并掌握这些语义基元之后，就把它们保存在特定的感觉－运动模块中。视知觉系统保存了物体的形状和活动特征，运动系统保存了视觉搜索和抓握等动作特征。例如，“苹果”主要与颜色、形状、味觉和触觉有关，而“锤子”主要与动作和形状有关。这两类概念的语义基元不同，对应的脑区感觉－运动模块也不同，因而会在脑损伤时产生不同后果。对范畴特异性语义损伤的研究已经发现，非生命概念具有更多的区别性特征，而生命概念则有更多共有性特征（Noppeney，2007；Antonucci & Alt，2011）。这提示语义特征的重要性受概念类型的影响。在围绕感觉－运动模型所做的综述中，安托努齐（S.M. Antonucci）（Antonucci & Alt，2011）指出，是沃林顿和沙立科（Warrington & Shallice，1984）最早在研究范畴特异性语义损伤的基础上，提出了语义特征的“权重差异假说”（differential weighting hypothesis，虽然沃林顿在论文中没有直接采用这种说法）。这个假说最初导致研究者试图用较为极端的论断来解读语义特征的重要性差异。例如，误认为生命概念一定以视知觉特征为主，而非生命概念一定以功能特征为主。事实上总有例外存在，比方说乐器以视知觉特征为主，而身体部位以功能特征为主。但是，“语义特征的重要性各不相同”的观念却推动了词汇语义特征分析研究，而语义特征在感觉－运动系统中的模块性则成为其质性分类的依据之一。

从语义语法学的理论视角来看，上述“语义特征的重要性各不相同”和“百科知识的多样性和语义表达的明晰性之间的矛盾”，都体现在析义元语言研究的受限理论中。它强调词汇语义研究必须认识到研究的材料、方法和结论都受限，并且需要在研究中自觉地实施受限。由此在三个方面体现这种受限。一是使用基于5岁前幼儿语料的内核模型。二是挑选核心、日常且高频的常用词。三是提取反映对象显著特征的典型性义征。尤其是李葆嘉关于信息充盈性和感知有限性的论述，与沃林顿和沙立科的“权重差异假说”殊途同归：

> 根据感知心理学，人们所要感知的且独立于感知之外的对象本身，其信息是充盈性的，而人们的感知器官及其功能是有限的。由此，只能就对象的充盈性信息中捕捉有限的特征性信息，而凭借这些有限信息就可以把

握感知对象（与其他对象联系且区别）。对感知对象的认知，随着观察、比较和思考的途径不断深化。（李葆嘉，2013，163页）

李葆嘉先生对义征分类的阐述，强调了对义征的共有性、区别性和典型性的考察：

义征可分为聚合义征（共有属性，包括范畴义征与子场共有义征）、个体义征（特有属性）、语用义征、组合义征和文化义征。鉴于聚合义征是基础特征、个体义征是核心特征，可以先行提取，然后在此基础上逐步扩充其他类型的义征。……在提取义征的过程中，主要选择典型性义征。典型性义征是词语所反映对象的显著特征，其中的个体义征是同一义场内各个义位之间相互区别的特征，由此也可以称之为区别义征。……当分析对象达到一定数量，可对之汇总和整理，最终建立《析义元符号集》。（李葆嘉，2013，164页）

无论是语义语法学的析义元语言研究，还是欧美词汇义征分析研究，最终都有望建立有限的符号集，只不过前者是析义元符号集，后者是义征库。以这个有限符号集为整体，必然需要进一步对符号集进行精加工（分类标注）和分析（统计分析或建模分析）。这种精加工在语义语法学看来，是在内核模型的基础上考察词元语义的初始范畴的（李葆嘉，2013，125—127页）。李葆嘉提出5大范畴18个子范畴，包括指称性范畴（人类、生物、事物、事件、时空）、陈述性范畴（动作、活动、状态、现象）、描述或限制性范畴（性质、数量、类别、情状）、情态性范畴（时态、评估）和功能性范畴（语助、关联、语气）。在词汇义征分析看来，则需要从具身认知角度考察义征的脑区分型（CM脑区分型法）或知识分类（WB知识分类法、KB-WB知识分类法、LB盲明分类法和LP康复分类法）。区别在于，语义语法学的词元语义初始范畴是在义征分析基础上对词元（义位）的归类，而不是对语义特征进行归类，而欧美经验性词汇语义特征分析则是对语义特征的具身认知归类。后者在分析水平上相当于前者的认知元语言层面，只是这种认知元语言所标注的对象不是专家提取的义征，而是受试者提名的结果。

如前所述，在已得到的有限符号集的基础上，不仅要精加工（分类标注），还需要分析（统计分析或建模分析）。从有限的符号集整体中提取核心符号的思路，几乎贯彻于每一种研究进路。这种思路，体现在汉语析义元语言符号集对核心标记集的追求，也体现为欧美义征库对核心义征的研究。这种操作背后的思想可以用“**核心—关键要素假说**”来统称。重要的是如何定义“核心”与“关键”，而这又与研究目标有关。如果目标着眼于“人—机”或“机—机”交流的语言系统模拟，那么要素的核心性或关键性体现为，要素在多大程度上参与了词元义征的范畴归纳和类别区分。如果目标着眼于“人—人”交流的语言能力应用，那么要素的核心性或关键性就体现为，在心智对语言的操作过程中，要素如何维护词汇语义表征整体结构的稳健性和有效性。就像围棋的棋局，一方维护自己地盘的方式是有序地放置棋子，在有限的棋盘上实现理论上无数种组合关系中的某一种。确保己方地盘稳固的方式是使一群同色棋子（核心）形成紧密的相互联系，从而即使其中少掉一两个棋子，也不至于全盘皆输。攻陷对方地盘的方式，则往往是找到一个关键的位置，放置一粒棋子（关键），即可使对方棋子整片被剔除。因此可以认为，语义特征在概念间形成错综复杂的关系，其中有一些语义特征相互紧密联系，它们就成为核心义征。也有某些语义特征虽然相互之间没有形成紧密联系，但是可能处于关键地位。如果缺了它们，可能会对语义表征的整体性造成破坏，由此可以把这些语义特征视为关键义征。

第六节　网络科学：网络观和网络思维的语义表征研究价值

针对语义特征的关键性和核心性的分析，仅靠专家内省无法完成，仅凭分类和频率统计也无法实现。它需要遵循网络科学的思维模式，从宏观水平考察语义系统方可获知。如果用语义网络来考察词汇语义表征，那么本章一开始所提到原始问题的后半部分，就可以重新表述为：语义网络的结构是否稳健？是否具有效率性？哪些语义特征对语义网络的效率性和稳健性至关重要？这种表述提示，对基于语义特征分析的语义复杂网络进行研究，将有助于解答语言的有效性和稳健性的问题，并且有助于揭示交流的理解－生成机制。2010年，博吉和阿瑞纳斯在语义网络这个主题下，对单词在文本中的共现关系网络、词汇联想网络和基于语义特征重叠的概念相似度网络等多种网络的已有研究进行了回顾（Borge-Holthoefer & Arenas，2010），并提出了一些有价值的问题，包括：语义记忆的功能障碍是否可以用其网络结构的变化来解释？老化和伤病会带来什么样的语言网络变化？能否在脑内语言功能网络和语言本身的网络结构之间找到相关性？是否有可能绘制语言的脑地形图？这些问题都可以为面向言语治疗的词汇语义表征复杂网络建模与分析提供参考。但是，在应用这种分析方法之前，还必须要了解这种建模方法所依据的网络观和网络思维。

网络是“点”与“线”的复合体。“点”与“线”是最简单的视觉符号，也是在处理事物所含信息时，人类抽象思维所能借用的最简约表征形式（林枫、江钟立，2011a）。点与线所构成的网络则是一种广泛使用的思维模型，人们用以观察、记录、思考和认识事物的结构、发展和演变。网络思维（network thinking）以事物的基本要素为“点”，以要素间的相互联系为“线”，把事物的基本结构视为“网络”，从而把事物的发展变化表征为“点”与“线”交织变化的动态过程（林枫、江钟立，2011b）。

网络科学（Network Science）既是对网络的结构和动力学行为进行的基础理论研究，也是在各个分支领域内，运用网络所进行的应用实践研究。它主要属于系统科学，尤其与复杂适应性系统（complex adaptive system，CAS）有关（Lewis，2009）。复杂适应性系统是相互作用的组件的集合，它需要满足两个至关重要的条件。第一，组件相互作用形成网络。这个网络中的控制力相当分散，并不存在某个特定的绝对控制组件。例如人脑的组件是神经细胞，生态系统中的组件是物种。每个组件都处于一个由其自身和其他组件相互作用而形成的网络环境中，正如人脑中并没有某个起主要作用的神经元一样，每个组件都不断根据其他组件的动向采取反应和行动。如果系统出现连续一致的行为，那么这种行为是由网络中各组件之间的相互竞争与合作所产生的结果。第二，系统有多层次结构，并形成隶属关系。各个层次的组件对更高层次的组件来说都是一个基建单元，复杂系统的适应机制在于不断修整和重组自己的基建单元。例如，一组蛋白质、脂肪和氨基酸会组成一个细胞，一组细胞会组成一个组织，一群组织会形成一个器官，器官的组合会形成一个完整的生物体，一群不同的生物体会形成一个生态环境。生物体的下一代会在进化过程中修整和重组自身结构。人类个体在与世界的接触中不断学习，人脑神经元之间的无数关联随之不断加强或减弱。语言也是一个复杂适应性系统（The "Five Graces Group" et al.，2009；Solé et al.，2010），它可以用有限的语言单位表达无限的意义，呈现出网络结构上的复杂性和功能上的自适应性。

网络科学发端于1736年欧拉（L. Euler）对七桥问题的研究。欧拉同时还为网络科学提供了最初的数学方法——图论（graph theory）。这种方法逐渐发展为网络分析技术（network analysis technique）。以1870年摩根（L. H. Morgan）在《血亲和姻亲制度》中以借助亲属称谓词网络来研究人类家庭结构为转折点（Freeman，2004），网络科学开始应用其分析技术解决实际问题。1998年，瓦兹（D. J. Watts）和斯多葛斯（S. H. Strogatz）应用复杂网络建模技术，分别对生物、技术和社会系统的各种网络结构进行分析，发现这些网络都具有小世界结构（Watts & Strogatz，1998）。在这样的结构中，节点之间紧密联系，并且只需要少数转接就可以在任意两点间建立通路，从而确保系统内通信高效性。1999年，巴拉巴西（A. L. Barabási）和阿尔伯特（R. Albert）发现，遵循成长性（节点不断增加）和优先连接性（新节点优先连接到高连接性的旧节点上）两大原则，可以构建无标度网络（scale-free networks）。在这样的网络中，少数节点占据了大多数连接，不存在可以代表多数节点连接特征的典型节点。值得注意的是，无标度网络具有稳健性，能够在承受随机损伤（点线的增删）的情况下保持结构完整，而不至于崩溃为互不连通的碎片（Barabási & Albert，1999）。以这两个研究为标志，网络科学开始从各学科内部的独立研究，转向多学科交叉和跨学科综合研究，以试图揭示现实世界的普遍规律（林枫，2013）。遵循小世界和无标度网络建模的思路，此后大量研究发现，系统内信息传递的效率性，系统结构的稳健性、涌现性、自组织性、自适应性和生成性等特征，都可以从网络建模和分析中寻找解释，而且系统的组件在网络中有着不同的地位，呈现为关键节点、核心节点和集群等（Newman，2003；Boccaletti et al.，2006；Solé，2008）。

现代网络科学普遍遵循八个观念，分别是结构观、涌现观、动态观、自治观、自下而上演化观、拓扑观、权力观和稳定观（Lewis，2009）。以这些观念为基础，目前的网络科学针对复杂网络的方法论，可以归纳为以下几条基本网络观（林枫，2013）。

① 点承载**属性数据**，而线承载**关系数据**。网络不是点线的随机集合，而应当有一定的组织规律，并且一定有某种机制使这种组织规律得以存在、出现乃至可被观察到。

② 网络的整体特征是在全局范围内由其局部构造的运作而得以涌现。这种涌现不是局部运作的简单叠加，而是质的飞跃。另外，整体特征的涌现也不是来自某种超然于网络之上的控制机制，而是来自其内部节点的相互作用。

③ 无论是局部构造的运作，还是整体特征的涌现，网络在本质上都是动态的、可变的和历时的。但是，对网络的认识，又可以从研究者建构的共时性静态切片中分析得出。

④ 节点无法从整体上获知网络的构造信息，而只能根据其局部关系资源，在有限范围内实现连线增删行为。

⑤ 点与点相比一定有差异。点的重要性取决于其所处位置的局部特征和整体地位。

⑥ 确保所有节点都可以接入网络，是维持网络整体性的重要原则，即从任意一个节点出发，要确保可以经过连线关系通达其他任意一个节点。

遵循这些观念，可以通过网络分析操作来获取对网络结构模式认识。从思维操作来看，主要分为两大类共四种（图5）：全局的层级化操作，局部的约简化、背景化和切出操作。

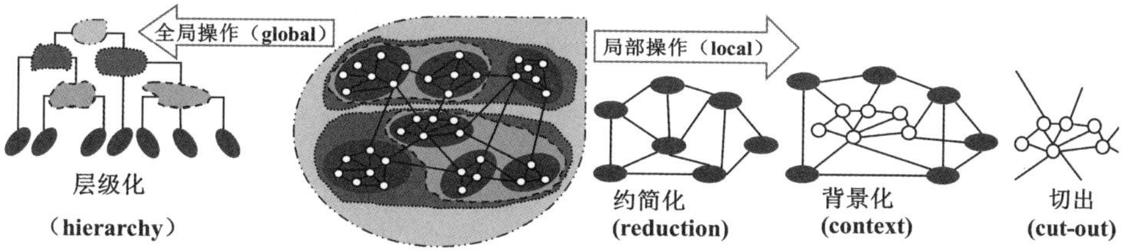

图5 复杂网络的操作方法

（林枫、江钟立，2011b；林枫，2013）

总而言之，语义语法学为语义特征分析在语言研究中的基础地位提供了基本理据。经验性语义特征分析，在义征质性分类思想上体现了对词汇语义表征研究的优势。生态心理学的可供性理论，提示了语义特征分类的理论原则，而认知科学对感觉－运动模型与核心－关键要素假说的研究，则为语义特征的定性和定量分析提供了实证依据。在网络科学的网络思维和网络观指导下，上述对语义特征分析的认识统一为本研究的词汇语义表征假说：语义系统是具有效率性和稳健性的词汇语义特征复杂网络。从该假说出发，语义特征可以在定性归类、定量分析和网络操作的基础上，最终根据其为语义网络宏观结构所作贡献（或在宏观结构中所处位置）而认定其关键性或核心性程度，从而对其加以选择和编排。

第三章

方法论依据：语义特征的定性、定量和关系分析

通过对经验性义征数据库的发展过程的考察，以及对本研究认识论基础的梳理，已经可以认识到，只有对语义特征进行定性和定量分析，才能使其数据进一步得到应用。定性分析要求提取和归纳语义特征类型（简称**征型**），形成特定的分类方案（简称**质性分类**）。定量分析在广义上应当涵盖属性型数据和关系型数据。但是在网络分析技术兴起之前，定量分析主要以词频和秩次等属性型指标为基础。它所计算的指标，只能在某些情况下反映关系，而不能直接度量关系。关系型指标只有在网络科学的分析体系中才能得到充分阐释。因此，有必要把关系分析从定量分析中区分出来。在本研究中，把基于词频和秩次等属性数据的分析指标作为语义特征的量化分析指标（简称**量化指标**），把基于“概念－义征”或“义征－义征”关系的网络建模分析指标作为语义特征的网络分析参数（简称**网络参数**）。

现有的语义特征质性分类方案种类较多，但是都只针对欧美语言。现有的语义特征量化指标随着义征数据集的发展而不断增加，但是其应用仅见于欧美报道。现有的网络建模和参数估计技术体系，虽然已经在语言研究中得到较多应用，但是深入到词汇语义特征层面的网络建模与分析仍有待发展（Borge-Holthoefer & Arenas，2008；Hills et al.，2009）。目前为止，尚未有汉语学者从汉语特点出发，系统地翻译和评介语义特征分析相关的质性分类方案和量化

分析指标，也没有西方学者从语义特征分析的角度对语义网络建模的理论加以系统整理。前文已经论证，要制订面向言语治疗的词汇语义分析方案，就需要深入到语义特征层面建立数据集，并且进行定性和定量分析。因此，有必要围绕词汇语义特征，系统地整理现有的质性分类方案、量化分析指标和网络分析参数，从而为设计既符合一般语言特性，又具有汉语鲜明特色，并且有利于言语治疗应用的词汇语义分析方案，提供清晰的方法论依据。

第一节　语义特征的质性分类：方案评介和版本汉化

现有的语义特征质性分类方案主要可以分为四种。首先是克里和麦克雷提出的CM脑区分类法（Cree & McRae，2003）。第二是吴玲玲和巴萨娄提出的WB知识分类法（Wu & Barsalou，2009）。在WB知识分类法基础上，还衍生出KB-WB知识分类法（Kremer & Baroni，2011）和LB盲明分类法（Lenci et al.，2013）。第三种分类方法是勒巴尼（G.E. Lebani）和皮安塔（E. Pianta）制订的LP康复分类法（Lebani & Pianta，2010b）。第四种分类方法是模态定级法（modality norming）（Lynott & Connell，2009；van Dantzig et al.，2011；Amsel，Urbach，& Kutas，2012；Lynott & Connell，2013）。

CM脑区分类法认为语义知识按照感知模块分别保存在相应通路所关联的脑区。它强调信息在脑内的处理，受到感觉－运动信息处理通路的制约，因而只关注模块水平的类型区分。WB知识分类法则在感觉/功能二分基础上，要求进一步解析语义知识的类型。前者容易实施，但又有分型不精的局限性。例如，有可能会把难以辨析的义征都归入百科型。后者较为细致，但又增加了分型的难度。巴萨娄是具身认知论的代表人物之一。他提出了概念场理论（conceptual field）（Barsalou，1992）、知觉符号系统理论（perceptual symbol theory）（Barsalou，1999）和扎根认知论（grounded cognition）（Barsalou，2010）。这些理论，尤其是知觉符号系统理论，直接指导了他对义征质性分类的研究。该理论认为语言的底层构造是知觉符号，而知觉符号源于知觉体验。由于知觉体验有视听味嗅触等多个不同的来源，因而知觉符号是多模态的，从而有别于非模态的认知符号。知觉符号能否足以涵盖甚至取代其他所有语义理论（如命题符号理论），这一点仍有争议。但是，一个不争的事实是，基于模块化具身体验的语义构成观，已经越来越多地获得理论（语言学和心理学）和实验（脑功能成像或电生理检测）的支持。吴玲玲和巴萨娄2009年发布WB知识分类法的论文，实际上是关于概念组合的研究报道（Wu & Barsalou，2009）。他们发现，有许多义征不直接针对刺激词，而是与经刺激而浮现的心智图景有关。开放的、可在心智模拟中直视的义征，要比闭合的、遮罩起来的义征更易通达。这提示，在一定方案指导下进行征型标注，将有利于探知概念的深层结构，并且推进对身体体验和语义处理之间关系的理解。

LB康复分类法是语义任务康复支持系统（Semantic Task Rehabilitation Support system，STaRS.sys）的基本组成部分（Lebani & Pianta，2010b）。这是一种计算机辅助神经心理康复治疗系统，主要用途是指导康复治疗师制订与语义相关的康复治疗方案（Lebani & Pianta，2010a；Lebani，2012，19页）。在实施言语治疗时，无论哪种治疗任务都涉及概念操作，包括对概念本身的处理（例如图片命名任务）和概念间比较（例如图片归类任务），以及调取与概念相关的其他信息（例如交流过程中提取恰当概念、选择合适词汇和排除错误用词）。勒巴尼和皮安塔认为，有诸多变量影响患者对这些任务的反应，包括治疗所用刺激概念的词频和所属范畴、概念的范畴典型度、概念的义征及其征型等。如果配备具有这些变量的义征库，治疗师就可以设计至少三种形式的治疗方案（Lebani & Pianta，2010a）：

① 义征解析训练：从库中根据义征变量选取特定概念，让患者根据概念解析义征，并把患者的解析结果与义征库进行比对。

② 义征统合训练：从库中选取概念和义征，让患者根据义征识认概念。

③ 概念辨析训练：从库中根据义征选取相似或相异概念，让患者进行概念归类和排异。

勒巴尼和皮安塔提出，可以把义征建库和WordNet词网工程结合起来，把持征概念当作词网中发出语义关系的一方，概念所含义征作为接受语义关系一方，征型就体现为WordNet中的语义关系类型。例如，兔子【会吃萝卜】如果按照WB知识分类方案编码，就会形成两条义征，分别是实体特征eb（兔子<吃>[实体行为]）和情境特征se（兔子<萝卜>[相关实体]）。如果按照LB康复分型方案编码，则为一条义征：兔子<参与→吃萝卜>。它还可以体现为WordNet节点“兔子”和“吃萝卜”之间以“参与”（is involved in）为语义类型的连线（兔子$\xrightarrow{\text{参与}}$吃萝卜）。这可以为研究义征的颗粒化程度问题给出两方面提示。

首先，义征质性分类方案可以影响义征加工的颗粒化程度。越精细的征型方案，结果的颗粒化程度就越高，而带来的编码难度也就随之增大。由语言学专家进行精细化义征编码（转写和分型），符合研究型义征库的要求。但是，如果以服务临床、支持治疗为目的，那么过于精细化的义征编码，将有可能为治疗师制订和实施语义任务增加难度。其次，颗粒化程度会影响到义征与持征概念的相关性。颗粒化程度越高，所得义征对概念的描述性就越低。例如，<吃>[实体行为]承载的兔子这个持征概念的语义信息就很少。

几乎所有的义征库，都要求尽量保留反应条目的原貌（McRae，De Sa，& Seidenberg，1997；McRae et al.，2005；Vinson & Vigliocco，2008；Montefinese et al.，2013）。这主要是为了能尽可能减少编码者的主观影响，保持义征库的经验性资料特征，同时也是为了保留义征库的实用性。也就是说，粗粒化的义征库既有利于语言应用，又保留了进一步精细加工，用于语言研究的可能性。正是出于临床实用目的，勒巴尼和皮安塔要求制订一种既符合日常直觉经验和语言认知理论，又易于实践操作，而且具有高评定者间信度的义征质性分类方案（Lebani & Pianta，2010a；Lebani，2012，47—48页）。由此，通过参考了包括CM脑区分类法、WB知识分类法、WordNet语义关系类型，以及语义特征训练技术等多种义征分型资料，勒巴尼和皮安塔制订了LP康复分类法，并且初步证实，即使是非专业的母语编码者，其仍然具有较高的评定者间信度，同时也与专家编码有较高一致性（Lebani & Pianta，2010b；Lebani，2012，57—65页）。

无论是CM脑区分类，还是WB知识分类，或者LP康复分类，都是以少数专家或母语使用者通过内省进行征型标注。它们有一个明显的局限性：难以解决义征兼类问题。例如，在CM脑区分型中，<方形的>既可以是触觉型，又可以是视觉型；<毛糙的>甚至可以触觉、视觉和听觉三型兼有。又如，在WB知识分类中，狗<宠物>既可以是上位概念，又可以是角色关系。第四种义征质性分类方法——模态定级法——就是为了解决兼类问题而提出。它采用调查方式进行分类。例如，询问“在体会‘粗糙的’这个概念时，您需要多大程度上依靠视觉/听觉/味觉/嗅觉/触觉”。这可以在部分程度上解决义征兼类问题。所谓部分程度，是指它目前仅止于名词性或形容词性义征，并且仅限于把义征分成视听味嗅触等有限几个信息处理模块（Lynott & Connell，2009；van Dantzig et al.，2011；Amsel，Urbach，& Kutas，2012；Lynott & Connell，2013）。它与CM脑区分类法部分兼容，但暂未有见报道应用于较为复杂的WB知识分类法。

以下将对前三种分类法的四个典型方案进行详细整理。表3是根据义征库论文（Wu & Barsalou，2009；Kremer & Baroni，2011；Lenci et al.，2013；Montefinese et al.，2013），结合汉语特点整理而成。笔者进行以下两方面修订：

一是调整了义征提示语的展示方式，用提示符加上左箭头或右箭头表示，而不是英语中的is，to或has等斜体提示符。有一些义征不需要提示符，而是留待分型时用征型标签来区分。二是修改了参考实例，使之更符合汉语的日常语感和文化特征。例如，WB知识分类法的“相关抽象实体”原来的实例是transplanted Californian<religious affiliation>（来自加州的移民<宗教机构>），汉译版本将其修改为念珠<佛教>。

一、CM脑区分类法

共分为9种类型（Cree & McRae，2003）。视觉有三个类型：色彩型、形状与表面型、运动型（事物本身的运动）。其他感觉通路包括：听觉型、味觉型、嗅觉型、触觉型。另外，功用型（function）是指事物的用途和目的，并且强调物品与人进行互动（what it is used for），而不是事物本身的活动（what an item does）（Montefinese et al.，2013）。最后还有百科知识型（encyclopaedic）。

分类学型是指该义征与持征概念的词典学分类有关，包括上位范畴、下位范畴和并列概念等。例如，摩托车<交通工具>和<自行车>。分类学型需要与LB盲明分类法的“析类概念”细类进行鉴别。后者不包括上位范畴。百科知识型包括所有不能分入其他类型的义征，或者那些数量较少，不值得为之单独制订一个类型的义征。

虽然CM脑区分类方案以感觉通路为主，但它并非纯粹以理论上的感觉模块来定类。每一种类型都有功能神经影像学研究和定位诊断学证据的支持。正是由于这个原因，它才被称为脑区分类法，而没有被冠名为模态分类法。

二、WB知识分类法和KB-WB知识分类法

吴玲玲和巴萨娄最初发布的WB知识分类方案共有37个细类（Wu & Barsalou，2009）。笔者2014年8月27日与巴萨娄本人通信，确认该引文所述方案未再修订。主要分为五个大类：范畴、内省、情境、实体和杂类。所有细类均有相应字母代码。第一个字母是该细类所属大类的首字母，后面的字母则是根据该细类的英文名称选择字符。在克莱默和巴洛尼等制订的2011版德意双语对照义征库中，对原始的WB知识分类法进行了增删，最终形成的KB-WB知识分类方案，共含33个细类（Kremer & Baroni，2011）。据笔者统计，克莱默和巴洛尼义征库实际只用了24个细类（参见表3）。

1. 范畴特征

概念所处的分类学意义上的范畴。

（1）上位概念（ch，superordinate）：在分类上高出持征概念一级的范畴。例如，轿车<是→交通工具>、苹果<是→水果>。

（2）并列概念（cc，coordinate）：在上位范畴内，与持征概念所处范畴同级的另一个范畴。例如：苹果<与→橙子>、松树<与→竹子>。

表3　基于WB知识分类法的征型分类方案一览表

WB 大类	WB 代码	WB 细类	LB 细类	LB 粗类	WB 大类	WB 代码	WB 细类	LB 细类	LB 粗类
范畴特征（c, category）	***ch***	上位概念	isa	上位概念	内省特征（i, introspection）	***ie***	评价	eva	主观评价
	cc	并列概念	coo	析类概念（tax）		ia	情感		
	ci−	特例概念	ins			***ic***	相倚性		
	cl	下位概念	exa			***iep*** +	情节特征		
	cs	同义词	syn			***in***	否认		
	♠	反义词	ant			***io***	认知操作		
	co−	基准范畴				iq	内省量		
						ir	表征态		
情境特征（s, situation）	***sa***	活动			实体特征（e, entity）	***eae***	相关抽象实体	eab	相关抽象实体
	se	相关实体	eco	相关具象实体		***eb***	实体行为		
	sev−	事件	eve	事件		***em*** +	材质	mad	组分（par）
	sf	功用				***ew***	大整体	hol	
	sl	地点				***ece***	外部构件	构件 (mer)	
	sm−	方式	man	方式		***eci***	内部构件		
	sor	来源				***eq***	实体量		
	sp	参与者				es−	空间构造		
	sq	情境量				***ese***	外表特征		
	sr+	角色关系				***esi***	内面特征		
	ss	情境空间关系	spa	情境空间关系		esys−	系统特征		
	ssw	情境状态				♠		ppe	直接感知
	st	情境时间	tim	情境时间		♠		pnp	非直接感知
杂类（m, miscellaneous）	mm	笼统意见				♠		qua	数量特征
	mr−	重复							

本表展示了三个分类方案：WB知识分类法、KB-WB知识分类法和LB盲明分类法。

在KB-WB知识分类方案中，减号表示从WB分类方案中删除的细类，加号是新增细类，斜体加粗表示笔者在2011版德意双语对照义征库中发现的实际出现的WB细类。

WB代码列的♠表示该细类只在LB分类法中独有，而不出现在WB知识分类方案中。在LB盲明分类方案中，细类和粗类同名时参照右列LB粗类名称，细类最后并入粗类时，细类名称参照左列WB细类名称。

（3）特例概念（ci，individual）：持征概念的某个特例。例如，宠物<例如→我家小黑>、房子<例如→邻居的房子>。

（4）下位概念（cl，subordinate）：在分类上比持征概念低一级的范畴或样例。例如，餐具<包括→筷子>、汽车<包括→轿车>、麦子<包括→小麦>。

（5）同义词（cs，synonym）：持征概念的同义词。例如，轿车<是→小汽车>、猫<是→猫咪>。

（6）基准范畴（co，ontological category）：现存的基本范畴类型，它们有着明确的概念和词汇。包括事物（非特指）、物质、物件（特指）、人类、动物、植物、方所、时间、活动、事件、动作、状态、想法和感情等。例如，猫<是→动物>、计算机<是→物件>。

2. 内省特征

当一个参与者遭遇某个情境时，其思想状态的特征。所谓遭遇，是指看到或身处于情境之中。

（1）评价（ie，evaluation）：（特定或不特定的）某个参与者对特定情境或情境中的一个构件所作出的积极或消极评价。例如，苹果【我喜欢】中的<喜欢>、假期【做菜糟透了】中的<糟透了>。

（2）情感（ia，affect）：（特定或不特定的）某个参与者对特定情境或情境中的一个构件所持的情感或情绪状态。例如：魔术【感到兴奋】中的<兴奋>、假期【我很高兴】中的<很高兴>、车祸<愤怒>。注意与评价（ie）进行鉴别。

（3）相倚性（ic，contingency）：某情境中的两个或多个方面之间的结合关系，包括如果、致能、致使、因为、依靠/取决于、需要、 相关、非相关和负相关）。例如：轿车【需要汽油】中的<需要>、树木【有没有叶子取决于树种】中的<取决于>、假期【不需要工作】中的<不需要>。

（4）情节特征（iep，episodic property）：不能直接感知，而需要对感觉信息进行内省加工后才能得到的特征。例如，牛<是→强壮的>。

（5）否认（in，negation）：明确提到缺少或不是某些事物，这种缺少会导致在内心表征所缺事物。例如：轿车【没有空调】中的<没有>、苹果【不是橙子】中的<不是>。

（6）认知操作（io，cognitive operation）：对认知状态的某种操作，包括回忆、比较和学习。例如：西瓜【我记得一次野餐】中的<我记得>、轿车【我学过驾驶】中的<我学过>。

（7）内省量（iq，quality）：某种内省活动或其中一项特征的数目、频率或强度。例如：信仰【一些信念】中的<一些>、购物【我对售货员很不满】中的<很不满>、魔术【我感到非常困惑】中的<非常困惑>。

（8）表征态（ir，representational state）：某一名情境参与者内心的表征状态，它包括信念、目标和思想。例如，车祸【我觉得车不能开了】中的<不能开了>、蜡烛【一定要许愿】中的<要许愿>。

3. 情境特征

某个情境中的某种特征。在该情境中，通常有一个或多个参与者，有时间和场所，涉及某个事件，并且带有一个或多个实体。例如，野餐、交谈、度假和进餐。

（1）活动（sa，action）：在情境中的某个参与者所实施的一项活动。例如：衬衫<被→穿戴>、苹果<被→吃>。

（2）相关实体（se，associated entity）：在情境中与持征概念相关的实体。例如：西瓜<桌子←相关>、猫<电梯←相关>。

（3）事件（sev，event）：情境中的某个事件或活动。例如：鱼<发生→野餐>、轿车<发生→抛锚>。

（4）功用（sf，function）：一个实体对某个施事而言所起的主要作用或所达到的主要目的。例如：轿车<用于→载人>、大衣<用于→防寒>、眼镜<用于→助看>。

（5）地点（sl，location）：实体存在的场所，或人们参与事件或活动的场所。例如：轿车<在→车库>、购物<在→商场>。

（6）方式（sm，manner）：动作或行为的实施方式。例如：轿车【快速行驶】中的<快速>、猫【喵喵叫】中的<喵喵>。

（7）来源（sor，origin）：实体的来源，包括如何起源和来自哪里。例如：轿车<来自→工厂>、西瓜<来自→田地>。

（8）参与者（sp，participant）：情境中的某个主体。这个主体通常在情境中使用某种实体，或对该实体采取某种活动，并且与其他参与者存在交互行为。参与者之间的交互行为也可以在没有实体的情况下独立发生。例如：玩具<儿童←动用>、轿车<乘客←动用>、菜刀<主妇←动用>。

（9）情境量（sq，quantity）：情境或情境中除实体以外的其他特征的数目、频率或强度。例如：假期<7天>、轿车【长途旅行】中的<长途>。注意辨析：情境中的实体量用eq表示。

（10）角色关系（sr，role relation）：情境参与者所扮演的角色之间的关系。例如，狗<是→宠物>和<是→人类的朋友>就是角色关系。

（11）情境空间关系（ss，spatial relation）：在情境中两个或多个物体之间的空间关系。例如：西瓜【蚂蚁在桌上爬】中的<在→桌上>、轿车【在高速路上行驶】中的<在→高速路上>、度假【我们在海边冲浪】中的<在→海边>。

（12）情景状态（ssw，state of the world）：情境的某种状态，或情境除实体以外的其他任意构件的某种状态。例如：森林<潮湿>、公路<堵塞>。注意辨析：情境中实体的状态用系统特征esys或情节特征iep来表示。

（13）情境时间（st，time）：与某情境相关或与该情境中的某个特征相关的一段时间。例如：粽子<在→端午节>、月饼<在→中秋节>。

4. 实体特征

靶实体的各种特征，这种实体可以有生命，也可以无生命。如果靶实体不是由单个自给自足的对象所组成，而是包含了某些更小的实体，那么它就是由多个对象所组成的集合或架构。例如，森林、政府和社会。

（1）相关抽象实体（eae，associated abstract entity）：位于靶实体外部的相关抽象实体。例如，计算机<网络>、念珠<佛教>。

（2）实体行为（eb，entity behavior）：靶实体的内在的、固有的行动，是靶实体的典型行为。需要鉴别的是，该实体行为不包括靶实体供外部主体所使用的常见功用sf。实体行为举例：狮子<吼叫>、孩子<玩耍>。

（3）材质（em，material）：构成物品的原材料。它需要与内部构件eci鉴别。例如，钟表<金属←制成>是材质。

（4）大整体（ew，larger whole）：靶实体所属的大整体。例如：窗户<附属于→房子>、苹果<附属于→苹果树>。

（5）外部构件（ece，external component）：靶实体的三维构件，而且这种构件至少在某种程度上附着于靶实体的表面。例如，轿车<有→后视镜>、树木<有→树叶>。

（6）内部构件（eci，internal component）：靶实体的三维构件，而且要求这种构件完全包埋在靶实体闭合的表面以内。例如，苹果<内有→种子>、夹克衫<内有→衬里>、钟表<内有→齿轮>。

（7）实体量（eq，quantity）：实体或其特征的数量、频率或强度特征。例如，夹克衫【一种衣服】中的<一种>、猫【有四足】中的<四足>、树木【很多叶子】中的<很多>、苹果【很常见的水果】中的<很常见>、西瓜【通常是绿色的】中的<通常>、眼睛【有两只】中的<两只>。

（8）空间构造（es，spatial relation）：靶实体内的两个以上实体特征之间的空间关系，或者靶实体与它的某个实体特征之间的空间关系。例如，轿车【门上有窗户】中的<门上有>、西瓜【表面是绿色】中的<表面是>。

（9）外表特征（ese，external surface property）：靶实体的外部特征。这种特征不是靶实体的构件，只是在靶实体表面或表面外部可感知的特征，包括：形状、颜色、图样、纹理、大小、质地、气味和味道。例如，西瓜<是→圆形>、苹果<是→红色>、轿车<有→汽油味>。

（10）内面特征（esi：internal surface property）：靶实体的内部特征。这种特征不是靶实体的构件，并且这种特征不能从靶实体的外表来正常感知到，而只有当靶实体的内面暴露在外时才能得以感知，包括：颜色、图样、纹理、大小、质地、气味（嗅觉）和味道（味觉）。例如，苹果【白色的果肉】中的

<内是→白色的>、西瓜【多汁的瓜瓤】中的<内是→多汁的>。

（11）系统特征（esys，systemic property）：靶实体或其局部所具有的整体系统特征，包括：状态、条件、能力和特质。例如，猫<是→神经质的>、海豚<是→聪慧的>、汽车<是→快速的>。

5. 杂类特征

对研究计划而言不具有理论兴趣的信息。

（1）笼统意见（mm，meta-comment）：对特定的义征采集任务所发表的笼统意见。例如：房子<大概→有很多户型>、佛教<大概→很难说清楚>。

（2）重复（mr，repetition）：某个已经被编过码的项目所发生的重复。例如：轿车【有轮子、轮子】中的<轮子>、苹果【圆形，通常是圆形】中的<通常是圆形>。

三、LB盲明分类法

该分类法共有19个细类，13个粗类。如表3所示，LB细类多数有与之对应的WB细类。但仍有一些独有的类型。为便于理解其缩写，此处仍逐一译介。在名称后无详细定义的，默认等同于相应的WB细类定义。该分类法的细类和粗类数量介于CM脑区分类法和KB-WB知识分类法之间。使用者可以根据研究目的来调整分类精度。

1. 范畴特征

（1）上位概念（isa，is a）。

（2）析类概念（tax，taxonomic）：除上位概念以外，对持征概念的词典学分类进行辨析的义征，包括以下五个细类。值得注意的是，该特征与CM脑区分类法的分类学型虽然采用了同一个英语单词，但它们所指范围是不同的。CM脑区分类法的分类学型基本上包括了范畴特征中的所有类型，而LB盲明分类法中的析类概念，要除去上位概念。

① 并列概念（coo，coordinate）。例如：猫<与→狗>。

② 特例概念（ins，instance）。例如：城市<例如→南京>。

③ 下位概念（exa，example）。例如：狗<包括→松狮犬>。

④ 同义词（syn，synonym）。例如：山峦<是→山川>。

⑤ 反义词（ant，antonym）：在某种程度上与刺激词意义相反的词。例如：爱慕【不是憎恨】中的<反之→憎恨>。注意与内省特征中的否认（in，negation）区别。否认的是事物，而不是意义。

2. 内省特征

主观评价（eva，evaluation）：对持征概念的主观评价、情绪状态或情感态度。例如，蛇【让人恐惧】中的<觉得→恐惧>。

3. 情境特征

（1）相关具象实体（eco，associated entity of concrete type）：参与到与刺激词相关的情境或事件中的具体对象。例如:锤子【敲钉子】中的<钉子←相关>。

（2）事件（eve，event）。只要与刺激词相关的事件，均分入此类。它可以包括动物的行为和物体的功用，甚至实体的某些常见场景。例如：老鹰【在飞翔】中的<发生→飞翔>、轿车【有运输功能】中的<用于→运输>、轿车【到车库停车】中的<停放>。

（3）方式（man，manner）。例如：撞击【很猛烈】中的<猛烈>。

（4）情境空间关系（spa，space）。例如，船【在海上航行】中的<在→海上>。

（5）情境时间（tim，time）。例如：梅花【在冬天开放】中的<在→冬季>。

4. 实体特征

（1）相关抽象实体（eab，associated entity of abstract type）。例如：狗<友谊>。注意：该项目在LB盲明分类的论文中（Lenci et al.，2013）属于情境特征大类。但笔者认为宜将其置于实体特征大类中，以与WB知识分类方案尽量一致。

（2）组分（par，part）。

① 材质（mad，made of）。例如：牙刷【塑料制成】中的<塑料←制成>。

② 大整体（hol，holonym）。例如：轮子【轿车有轮子】中的<附属于→车>。

③ 构件（mer，meronyms）。例如：轿车【有4个轮子】中的<有→轮子>、钟表【里面有齿轮】中的<内有→齿轮>。请注意，该细类实际上包括了WB知识分类法中的内部构件和外部构件。

（3）直接感知（ppe，property of perceptual type）。可直接通过感觉模块而获取的质性信息。例如：河马【体型很庞大】中的<庞大>。

（4）非直接感知（pnp，property of nonperceptual type）：不能直接通过感觉模块获取，而需要间接获知的质性信息。它包括实体的抽象特征、系统特征、状态或能力。注意：该在LB盲明分类的论文中（Lenci et al.，2013），该细类被分在实体特征大类下。笔者认为，它的定义跨越了WB知识分类法的实体特征和内省特征两个大类，并且难以与WB细类一一对应。例如：菠菜【富含多种维生素和矿物质】转写为<有→营养>。

5. 数量特征

数量特征：在LB盲明分类的论文中（Lenci et al.，2013），这是四个WB大类以外的独立类型。笔者认为它对应着WB细类的实体量。例如：自行车【有两个轮子】中的<有→2轮子>。

四、LP康复分类法

该分类法共有七个大类：分类范畴（taxonomic）、局部组构（part-of）、感知信息（perceptual）、功能用途（usage）、背景检索（contextual）、相关事件特征（associated events and attributes）和杂类。在2012版中，共25个细类（Lebani，2012，123—126页）。该方案的主要特点在于，征型名称带有句式特征，可以直接用作义征提示语，从而使编码者在标准化转写的同时，完成义征分型工作。这种符合日常语言直觉的方式，可以满足临床实用的要求。但同时也可以发现，该分类方案仅能标注名词样例的义征，甚至多数情况下只适用于具体实物概念的义征库，今后必须将其拓展到动作概念。

笔者认为，在汉译该分类法时，还需要考虑两个方面。一方面，义征提示语和征型名称在本质上有所不同。前者是持征概念指向义征的解读，而后者则是义征指向持征概念的语义贡献，即义征对持征概念的意义。从临床角度而言，从义征指向持征概念的考察视角可能更有应用优势。另一方面，复杂网络建模和分析，需要明确区分属性数据和关系数据。因此，为了方便复杂网络建模与分析，最终对义征的标注还是需要采用“样例<义征>[征型]”这样的三段格式，分别表示连线两端（属性数据）以及连线本身（关系数据）（林枫、江钟立，2011b，2011a；林枫，2013）。现按照以下格式逐条译介。

首先以方括号标出一个征型名。随后出现的是原有英文征型名。它现在是义征提示语。英文版是以句干化义征提示语为征型名，汉化时尽量保留这种风格，但不一定是直译。然后是类型定义，形式上呈现为“定义了甲与丙之间的某关系”。接着说明关系双方可能的词性，并且说明关系的指向性。此后再给出常用句式，以供标注时检验，所涉两个概念以甲（持征概念）和乙（义征）表示。最后还给出反向句式供再次检验，即呈现乙指向甲的关系。

1. 分类范畴特征

（1）[种类]是一种（is-A）：一个概念甲及其所属类别乙之间的关系。名词↔名词。正向：甲是一种乙。香蕉<是一种→水果>[种类]。反向：乙是甲所属种类。

（2）[并列]有同一范畴内概念（coordination）：甲乙两个概念同属一个范畴。名词↔名词。正向：甲有同一范畴内概念乙。猫<有同一范畴内概念→狗>[并列]。反向：乙是甲在同一范畴内的并列概念。

2. 局部组构特征

（1）[组件]有组件（has component）：一个完整物体甲拥有组件乙。名词↔名词。正向：甲有组件乙。猫<有组件→尾巴>[组件]。反向：乙是甲的组件。

（2）[成员]有成员（has member）：一个群体甲拥有成员乙。名词↔名词。正向：甲有成员乙。军队<有成员→士兵>[成员]。反向：乙是甲的成员。

（3）[分份]可分出（has portion）：一团整体甲可以分出一定份额的乙。名词↔名词。正向：甲可分出乙。面包<可分出→面包片>[分份]。反向：乙是分出的一份甲。

（4）[材质]含材料（made of）：物体甲含有材料乙。名词↔名词。正向：甲含有材料乙。牙刷<含材料→塑料>[材质]。反向：乙是甲的材料。

（5）[属地]有地方（has geographical part）：区域甲里面含有地方乙。名词↔名词。正向：甲里面有乙这个（或这样的）地方。大海<有地方→岛屿>[属地]。反向：乙地处甲，是甲的属地。

3. 感知信息特征

（1）[尺度]在尺度上（has size）：概念甲用概念乙来描述尺度大小。名词↔形容词/名词。正向：甲在尺度上可以说是乙。河马<在尺度上→庞大>[大小]、海洋<在尺度上→辽阔>[大小]。反向：乙是甲在尺度上的特征。

（2）[外形]形状是（has shape）：概念甲的形状是概念乙。名词↔形容词/名词。正向：甲的形状是乙。车轮<形状是→圆形>[外形]。反向：乙是甲的外形。

（3）[味觉]尝出味道（has taste）：概念甲尝出味道是概念乙。名词↔名词/形容词。正向：甲尝起来有乙的味道。蜂蜜<尝出味道→甜>[味觉]。反向：乙是甲尝起来的味道。

（4）[嗅觉]发出气味（has smell）：概念甲发出气味乙。名词↔形容词/名词。正向：甲发出乙这样的气味。饼干<发出气味→奶香>[嗅觉]、茶叶<发出气味→清香>[嗅觉]。反向：乙是甲发出的气味。

（5）[听觉]发出声音（has sound）：概念甲发出声音乙。名词↔名词/形容词。正向：甲发出乙这样的声音。狮子<发出声音→吼声>[听觉]、手表<发出声音→滴答声>[听觉]。反向：乙是甲发出的声音。

（6）[颜色]颜色是（has color）：概念甲有颜色乙。名词↔形容词/名词。正向：甲有乙这样的颜色。草地<颜色是→绿色>[颜色]、牛奶<颜色是→乳白色>[颜色]。反向：乙是甲的颜色。

（7）[表面质地]表面质地是（has texture）：概念甲用概念乙来描述其表面材质所具有的表观质地和纹理。名词↔形容词。正向：甲的表面质地是乙。镜子<表面质地是→光滑的>[表面质地]、泥鳅<表面质地是→黏滑的>[表面质地]。

反向：乙是甲的表面质地。

4. 功能用途特征

（1）[用途]是用于（is used for）：概念甲是用于达到目标乙，或实施行为乙（也可以是隐喻性的用途）。名词↔动词/名词。正向：甲是用来做乙的。杯子<是用于→喝水>[目的]。反向：乙是甲的用途。

（2）[用者]由谁用（is used by）：概念甲是由主体乙使用。名词↔名词。正向：甲由乙使用。听诊器<由谁用→医生>[用者]。反向：乙使用甲。

（3）[配用]配用（is used with）：概念甲和概念乙一起使用，以共同完成某种活动。名词↔名词。正向：甲搭配乙使用。木鱼<配用→木槌>[配用]，茶壶<配用→茶杯>[配用]。反向：乙搭配甲使用。

5. 背景检索特征

（1）[场景]常见于场景（situation located）：概念甲通常出现在某种典型场景乙之中。名词↔名词/动词。正向：甲常见于场景乙。投影仪<常见于场景→会场>[场景]，篮球<常见于场景→竞赛>[场景]。反向：在场景乙中通常会出现甲。

（2）[位所]常位于（space located）：概念甲通常位于地点乙之中。名词↔名词。正向：甲常位于乙。金鱼<常位于→鱼缸>[位所]、鲸鱼<常位于→大海>[位所]。反向：乙通常是甲出现的地方。

（3）[时间]常见时间是（time located）：概念甲通常与时间或时期乙有关联。名词↔名词。正向：甲所在时间是乙。梅花<常见时间是→冬天>[时间]、鞭炮<常见时间是→节日>[时间]。反向：乙是甲经常出现的时间。

（4）[来源]源自（has origin）：概念甲源自概念乙。乙可以是甲的产出者、诞生地、成长处或源概念。名词↔名词。松果<源自→松树>[来源]、豆腐<源自→黄豆>[来源]。反向：从乙可以产生甲。

6. 相关事件特征

（1）[情绪]关系到情绪（has affective property）：概念甲与情绪状态乙有关。名词↔名词/形容词。正向：甲关系到情绪乙。蜘蛛<关系到情绪→恐惧>[情绪]、足球<关系到情绪→兴奋>[情绪]。反向：乙是与甲相关的情绪特点。

（2）[特质]有特质（has attribute）：概念甲所固有的、无法通过感知信息直接获取的特征，而且这种特征也不是分类范畴、局部组构或情绪情感等其他特征类型，而是带有提示性的信息，可用于推测概念甲在某些活动过程中的情况。名词↔形容词/名词。正向：甲有特质乙。飞机<有特质→快速>[特质]、菜刀<有特质→锋利>[特质]。反向：乙是甲的特质。

（3）[参与]参与（is involved in）：概念甲参与动作或过程乙，但乙又不是概念甲的功能用途或背景检索特征，尤其是概念甲不应以工具的角色来参与乙。名词↔动词/名词。正向：甲参与乙。燕子<参与→飞行>[参与]，兔子<参与→吃萝卜>[参与]。反向：参与乙的可以是甲。

7. 杂类

[其他联系]关系到（is associated with）：概念甲与概念乙之间有着用本方案中的其他分型都无法归类的关系。名词↔名词。正向：甲关系到乙。狗<关系到→人>[其他联系]，狮子<关系到→狮子座>[其他联系]。反向：乙关系到甲。

第二节　语义特征的量化指标：算法界定和意义辨析

以提名法生成的义征库，其基本关系结构是“样例$\xleftrightarrow{\text{义征提名频次}}$义征”。这种关系结构可以用“样例×义征”矩阵来展示、保存和处理，其中填入的主要是义征提名频次。因此，“样例↔义征”关系和“样例×义征”矩阵，是用于计算义征量化指标的基本数据结构。在该结构中有三大类指标，分别对应于样例、义征，以及样例↔义征关系。样例的指标往往涉及除义征提名法以外的其他行为学测量，而样例↔义征关系指标，则往往需要从义征指标和/或样例指标中推算出来。因此，下文重点整理义征的量化指标，尤其是从提名频次和秩次这样的数据计算而来的指标。样例指标和关系指标则作为衍生指标加以整理。其中有些指标在前文论及义征库发展历程时已经述及，但前文的定义未能照顾术语系统的整体性。下文将不再回顾历史发展，而是以目前广泛接受的定义为主，进行系统整理，通过详细说明算法和阐述指标意义，形成义征量化指标的汉译术语体系。

除少数自明性指标以外，多数指标都按照以下格式进行描述：指标中文译名（英文原名）+概念定义+简称或又称+来源（当该指标需要借助提名法以外的其他行为学检测获取时，说明来源）+算法（用已有的其他指标计算得来时，说明算法）+意义和辨析+用法参考+衍生指标。各指标主要采用自明性的定义，一些较为复杂的衍生指标，则主要参考算法、用法或意义部分的引文。

在指标定义所用术语中，**样例**是指建立义征库的时候，用于提供给受试者实施义征提名的概念。被指标所描述的义征称为**靶义征**。持有靶义征的样例称为**持征概念**。如果把持征概念提供给某受试者，产出了靶义征，该受试者就称为**产征者**。

凡是在名称前加上“孤”的概念，均表示它仅针对某个受试者个体，而不是整个受试者群体。

凡是在名称前加上“单”的概念，均表示它仅针对某一对特定的“样例—义征”关系，而不是用于整个义征库范围内的所有样例。例如，如果每个样例都有26人进行义征提名，产出<用于书写>的人数在每个样例中分别为：铅笔16人、纸张17人、钢笔21人、字帖17人和书桌6人。对铅笔来说，<用于书写>的**单提名频次**是16次，**单提名优势度**是$16/26\approx 0.62$。对于所有概念来说，<用于书写>的**总提名频次**是77次，**总提名优势度**是$77 \div (26 \times 5)\approx 0.59$。

总的来说，义征指标都是以提名人数（频次）和提名次序（秩次）为基础。为便于区分，在以下定义中，义征指标用**加宽字体**显示，概念指标用**缩窄字体**显示。

（1）**单提名频次**（production frequency）

定义：针对某个特定样例，提名靶义征的人数。

简称：提名频次、义征提名频次。

意义和辨析：要注意与“总提名频次”辨析。

衍生指标：根据一个样例中的每个义征的单提名频次，可以把该样例的所有义征的单提名频次取和，即概念持征总频次。样例的原始反应条目可能会拆解成多条义征，因而概念持征总频次有可能超过为该样例实施提名任务的受试者总数。进一步，还可以用该样例的概念持征总频次除以其所持义征数，得到概念持征均频次，即在该样例中，平均每个义征被提名的频次。定义如下：

- **概念持征总频次**：某概念所持义征的单提名频次之和。
- **概念持征均频次**：某概念所持义征的单提名频次之和除以该概念所持义征数，即在该概念中，每个义征平均被多少个受试者提名。

（2）**总提名频次**（total production frequency）：

定义：在所有持征概念范围内，提名靶义征的总人数。

意义和辨析：要注意与“单提名频次”辨析。

（3）**单提名优势度**（feature dominance）

定义：在为某个样例实施义征提名的所有受试者中，提名靶义征的人数所占的比例。

简称：优势度、义征优势度。

意义和辨析：辨析取值范围。单提名优势度的取值范围为0－1。取值0表示，靶义征未得到提名，即该样例并非靶义征的持征概念。取值1表示，该样例的所有受试者都提名了靶义征。因此，该指标表示的是，在该样例的所有受试者中，靶义征所处的地位。这种地位与靶义征在集体语义记忆中的稳固程度和调用难易度有关。理论推测认为，优势度越高，在人群集体水平的语义记忆中靶义征就越稳定，也越容易得到调用。

用法参考：单提名优势度是单独一对“样例－义征”关系中的义征测度指标。如果以单提名优势度值为横坐标，以拥有该值的“样例－义征”关系的数量为纵坐标，绘制频数分布图，就可以观察到深度分析义征库数据时所选的优势度截断值。在该截断值以下的义征均被删除，未纳入进一步深度分析。例如，加勒德等的义征库（Garrard et al.，2001）截断值是0.1。蒙特菲尼斯和安布罗西尼等的2013版意大利语义征库（Montefinese et al.，2013） 则以0.155为截断值。

衍生指标：根据一个样例中的每个义征的单提名优势度，可以取其均数，获得该样例的概念持征均优度。定义如下：

- **概念持征均优度**：在样例中，每个义征平均优势度。

（4）**孤提名秩次**（feature order）

定义：某产征者在为单个样例实行义征提名时，如果把产出的所有义征按照提名先后进行排序，靶义征的序号就是它的孤提名秩次。

简称：义征秩次。

意义和辨析：每个产征者对每个样例都会产出一个义征序列，而靶义征在其中的秩次，提示了在产征者个体心目中靶义征对该样例的重要性。秩次越靠前就越重要。

（5）**单均提名秩次**（mean feature order）

定义：对某个样例而言，参加义征提名的各个受试者都会对靶义征有一个孤提名秩次。这些孤提名秩次值的均数就是单均提名秩次。

简称：单均秩次。

意义和辨析：取值范围0－1。取值0表示靶义征未得到提名，即该样例并非靶义征的持征概念。取值1表示，该样例的所有受试者都将靶义征列为首个提名的义征。因此，该指标表示的是，在该样例持有的所有义征中，靶义征所处的地位。这种地位与语义处理的优先顺序有关。理论推测认为，秩次越靠前，在人群集体水平的语义处理中，靶义征就越有可能优先得到调用。

（6）**孤提名秩率**（feature centile order）

定义：针对某个受试者和单个样例，以样例所持义征数为基础，对靶义征的孤提名秩次进行百分位排序，就可以得到该义征在提名序列中的百分位位置，从而使之在不同样例中具有可比性。

简称：义征秩率。

算法：针对某个受试者和单个样例，以靶义征的提名秩次减去1，再除以该受试者为这个样例提名的义征数，然后用1减去该比值，最终得到的值即为靶义征的孤提名秩率。

意义和辨析：由于不同样例的持征数是不同的，所以即使是同一个受试者产生的同一个义征，其在不同样例中的孤提名秩次也还是缺乏可比性。为了能够进行比较，必须对这种指标进行标准化，也就是计算孤提名秩率。取值范围为0－1。取值0表示，该义征未能得到该受试者提名。随着取值的增加，义征的提名位次逐渐靠前。取值1表示，在该受试者为这个样例提名的所有义征中，靶义征处于提名顺序的第一位。

（7）**单提名秩率**（normalized feature centile order）

定义：对于某个样例而言，各个受试者对靶义征的孤提名秩率的平均值。

又称：义征优先度。

算法：如定义所示。

意义和辨析：蒙特菲尼斯等（Montefinese et al.，2013）报道，义征的单提名秩率和单提名优势度正相关，即先被提名的义征也同时被较多人提名。

（8）**可达度**（feature accessibility）

定义：在某样例的所有受试者中，靶义征的易提取程度。

算法：在义征的单提名频次和孤提名秩次的基础上，计算单提名优势度和孤提名秩率，由此计算可达度，用于衡量义征易于被受试者提名的程度。理论上说，当靶义征的单提名优势度取值为1（被所有人提名），并且其孤提名秩率也等于1（在所有义征中排序第一）时，靶义征是语义处理时最易通达的义征。要计算可达度，首先需要样例×义征矩阵。对于第i个样例的第j个义征，X_{ij}是该义征的单提名优势度，而Y_{ij}是该义征的单提名秩率。第二步需要建立一个由单提名优势度×单提名秩率构成的相空间。空间中位于坐标[1,1]的位点表示最易通达的义征。这个位点成为衡量义征可达性的基准点。第三步可以计算第i个样例的第j个义征在上述相空间中，距离基准点的欧氏距离：

$$A_{ij} = 1 - \frac{\sqrt{\left(1 - X_{ij}\right)^2 + \left(1 - Y_{ij}\right)^2}}{\sqrt{2}}$$

意义和辨析：可达度的取值范围是0－1。取值为0，表示该义征完全不可达。取值为1，表示该义征最易通达。值得注意的是，无论是高提名优势度和低提名秩率，还是低提名优势度和高提名秩率，这两种情况都有可能使义征具有同样的可达度。也就是说，如果要达到一定的可达度，既可以是有许多人提名该义征，也可以是少数人优先提名了该义征。

（9）**义征独有度**（feature distinctiveness）

定义：在一定概念范围内，义征为某个概念所独有的程度。它是**义征信息度**（informativesee）的测度之一。该指标分为**全局独有度**和**范畴独有度**。

简称：独有度。

算法：

全局独有度的计算采用德福林等提出的算法：整个义征库中持有靶义征的概念数的倒数（Devlin et al.，1998，82页）。取值越接近1，靶义征的独有程度就越高。

范畴独有度的算法有多种，需要特别说明。加勒德等提出的范畴独有度算法（简称**加勒德范畴独有度**）是以范畴内持有靶义征的概念数，除以该范畴拥有的概念总数（Garrard et al.，2001，136页）。这种范畴独有度，可供在含有不同概念量的范畴之间进行比较。但是，它也有局限性。

首先，加勒德范畴独有度的解读方式就与全局独有度相反：范畴独有度取值越接近1，靶义征的独有程度就越低。为了改善解读的一致性，笔者提出可以计算**修正范畴独有度**：范畴内未持有靶义征的概念数占范畴内概念总数的比值。取值越大，表示靶义征的独有程度越高。

其次，范畴规模对加勒德范畴独有度有影响。例如，如果义征仅有1个持征概念，则该义征在含100个概念的范畴中，独有度取值为0.01，而在含10个概念的范畴中的取值为0.1。因此，范畴规模会使加勒德范畴独有度的取值区间不等。为规避范畴规模不等所带来的影响，可以对修正范畴独有度进行归一化，即用修正范畴独有度减去其最小值，然后除以其最大值与最小值之差。所得比值称为**改良加勒德范畴独有度**。取值范围仍然为0－1。取值为0时，表示在特定范畴内，靶义征非持征概念最少。但由于是归一化计算所得，它的非持征概念绝对数并不一定为0。值越大，靶义征的独有程度就越高。

另外，在小型义征库中，如果各个范畴所含概念数相等，也可以参照全局独有度的算法计算**简化范畴独有度**，即范畴内持有靶义征的概念数的倒数。它的取值范围也是0－1。取值越接近1，靶义征的独有程度就越高。

意义和辨析：义征独有度则是指该义征在多大程度上能够使持有它的概念得以与其他概念相区别。独有度取值范围为0－1。取值越接近0，表示持有靶义征的样例就越多。取值越接近1，表示持有靶义征的样例就越少，而靶义征就越有可能是区别性义征。

用法参考：范畴独有度的可操作性仅限于小样本义征库。大型义征库存在样例兼属多个范畴的问题，建议使用全局独有度。通常可以把**区别性义征**设定为仅由1或1－2个概念所持有的义征。也可以在义征库深度分析中，把独有度按照每0－0.25、0.26－0.5、0.51－0.75和0.76－1.0分为四个档次（Perri et al., 2012）。

衍生指标：义征独有度还可以衍生出概念义征独有度均值。定义如下：

- **概念义征独有度均值**：对某个概念而言，其所持有的各个义征的独有度取均值。

（10）**义征线索度**（feature cue validity）

定义：在一定人群范围内，义征为某个概念所独有的程度。它是义征信息度的另一个测度。

简称：线索度。

算法：对某个概念而言，用靶义征在其中的单提名频次，除以靶义征在所有概念中的单提名频次之和，由此所得比值是**全局线索度**。如果除以的是靶义征在某范畴的所有样例的单提名频次之和，则是**范畴线索度**。

意义和辨析：义征的独有度和线索度都是义征信息度的测度。区别在于前者没有用提名频次做加权，而后者则经过加权。虽然独有度要比线索度简单，但两者高度相关（Montefinese et al., 2013）。通常在大型义征库研究中，采用的是全局线索度，其在应用时往往简称为线索度。

（11）**义征示意度**（feature relevance）

定义：义征在多大程度上与概念的核心含义相关，有助于提示和区分概念。

简称：示意度。

算法：对于第i个样例的第j个义征，X_{ij}是该义征的单提名优势度，N_j表示持征概念数，N表示概念总数，则示意度值$R_{ij}=10X_{ij}\times ln(N/N_j)$。其中包括局部和全局两个成分。$10X_{ij}$相当于在整个义征库的局部，义征为指定概念的稳固性作出的贡献。$ln(N/N_j)$则相当于在整个义征库的全局，义征为指定概念的独有性作出的贡献。两者结合，则涵盖了义征对概念意义作出的总体贡献（Montefinese et al.，2013）。

意义和辨析：示意度需要与独有度进行辨析。根据独有度的计算方法，无论被哪个概念所持有，同一个义征的全局独有度都是不变的。但是，义征的示意度应当是一个随持征概念而变的测度。例如，<会说话>对鹦鹉和鸽子有着不同的示意度。

（12）**义征语义显著度**（semantic significance）

定义：义征在多大程度上能够显著提示相应概念的意义。

简称：显著度。

算法：参照义征示意度的计算方法，只是用义征可达度来代替原有公式中的义征单提名优势度。即$S_{ij}=10A_{ij}\times ln(N/N_j)$。

意义和辨析：与示意度相比，义征的语义显著度以可达度而不是优势度作为局部成分，而全局成分则不变。由于可达度已经把优势度和优先度涵盖在内，因此用可达度算出来的显著度，同时涵盖了优势度、优先度和独有度这三种特征。显著度与示意度高度相关（Montefinese et al.，2013）。

衍生指标：从显著度还可以为每个概念计算概念义征显著度均值。定义如下：

- **概念义征显著度均值**：概念所持的所有义征的显著度取均值。

（13）**征间交联度**（intercorrelational strength）

定义：义征之间两两配对，交互相关的联系强度。

算法：为整个义征库构建“样例－义征”矩阵。矩阵第i行与第j列的取值，就是在第j个义征在第i个样例中的单提名频次。观察该矩阵，可以发现每一列都表示该列所对应的义征在所有概念中的单提名频次。由此可以进行列与列之间的线性相关检验（皮尔逊积差相关）。若第X列与第Y列之间显著相关，就可以认为义征X与义征Y是耦合义征。把它们之间的皮尔逊相关系数取平方，就等于X与Y之间的征间交联度。

意义和辨析：X和Y两义征的皮尔逊相关系数的平方，本质上就是两义征之间的共享方差。该值表示了Y能解释或预测多少X的方差，即Y在多大程度上与X有着同等程度的数据变异。该值越大，两者之间的共享变异程度就越高，征间关联的强度就越高。

用法参考：为减少因人为因素而造成虚假的显著征间交联，通常需要把属概量仅为1－2的义征剔除后，再计算征间交联度（Montefinese et al.，2013）。文献报道一般以征间交联度大于6.5%（McRae et al.，2005；Kremer & Baroni，2011私人通信获知该数据）或5.5%（Lenci et al.，2013；Montefinese et al.，2013）为显著相关。

衍生指标：根据征间交联度，可以为持征概念提供几个测度指标：

- **持耦量**（number of significantly intercorrelated feature pairs）：某概念所持有的具有显著相关关系（即显著征间交联）的征偶数量，即耦合义征数。
- **持耦率**（the percentage of correlated feature pairs per concept）：某概念所持有的耦合义征数，占该概念所持征偶总数的比例。

（14）**单交联度**（intercorrelational strength for a given concept）

定义：针对某个特定的持征概念，靶义征与该概念所持其他义征之间的征间交联度之和。

算法：首先计算整个义征库的征间交联度。然后找出持征概念中除靶义征以外的所有其他义征，从中提取与靶义征显著相关的义征（其数量称为靶义征的**属概配征量**，即在靶义征所属概念内，与靶义征耦合的其他义征的数量），并且列出其与靶义征的征间交联度。最后计算这些征间交联度之和，即为靶义征在该持征概念中的单交联度。

意义和辨析：由于征间交联度是百分比，而征间交联度之和有可能大于1.0。该值可以提示，在持征概念中，靶义征与其他义征的整体关联程度有多强。如果在持征概念中与靶义征显著相关的其他义征共有n个（即有配征量为n），那么可以进一步计算靶义征的**单交联度均值**，即平均每条关系所具有的征间交联度值。另外，还可以衍生出针对持征概念的几个测度指标：

- **征间交联密度**（intercorrelational density）：在持征概念中，所有耦合义征的征间交联度之和。算法：在持征概念中，每个耦合义征（显著相关的两个义征所构成的征偶，即征耦）都有一个征间交联度值。所有征耦的征间交联度取和，就得到持征概念的征间交联密度。意义和辨析：征间交联密度与单交联度不同，前者是持征概念的测度，而后者则是靶义征的测度。
- **征间交联密度均值**：持征概念内每个征耦所均摊的征间交联密度值。算法：在持征概念中，若有N对显著相关的义征（N个征耦）。首先，把各征耦所具备的征间交联度取和，获得征间交联密度。然后，计算该征间交联密度在这N个征耦上的均值。

（15）**单关联度**（correlational strength）

定义：在持征概念内，靶义征与其他所有义征之间的平均相关程度。

算法：当靶义征与持征概念中的某些义征显著相关时，把它们的相关系数取和，然后再除以该义征的属概配征量，最终所得比值就是该义征在这个概念内的关联度（Taylor et al., 2008）。

（16）**义征含符数**：义征所含字符数。在本研究中，义征含符数是指义征中心词所含字符的数量，其中汉字、数字和西文字母均视为一个字符。

（17）其他实测指标：以下重申一些指标，其中多数需要借助其他实验任务获取。

① **义征匹配潜伏期**：来自“概念—义征”匹配判断任务，即在有启动词（持有该义征的概念）先行的情况下，给出靶义征，要求判断该义征是否属于这个概念。从出现靶义征开始，到受试者做出判断，中间所需要经历的时间。

② **义征典型度**：来自义征典型度评估任务。分为1—9级。要求受试者判断一个概念在多大程度上会拥有靶义征。

③ **义征上位范畴典型度**：就某概念的一个义征而言，在这个概念的上位范畴内，含有这个义征的概念数量。

④ **概念持征量**：每个概念所持义征的数量，是散征型表征中的每个概念所含义征数。

⑤ **概念反应条目总数**：来自义征提名任务。受试者为某概念产生的条目数，称为这个概念的反应条目总数。

⑥ **概念熟悉度**：来自概念熟悉度评估任务，即提供刺激概念，要求受试者评估他们在多大程度上熟悉该概念。通常分为1—7级，也可以是1—3级、1—4级、1—9级或1—10级。

⑦ **概念典型度（概念的范畴典型度）**：来自概念典型度评估任务，即给予样例和范畴，要求受试者评估样例的范畴典型度。通常分为1—7级，也可以是1—10级或1—20级。

⑧ **概念间语义相似度（概念间语义距离）**：概念间的语义相似度，可以用它们在语义空间中的距离来衡量。可以在义征库基础上构建语义空间，空间维度取决于库中所含义征数。因此，义征库中的所有样例可以映射为由义征决定维度的多维语义空间中的点。在样例×义征矩阵的基础上，语义空间建构和语义相似度计算通常可以采用三种方法（Montefinese et al.，2013）：余弦距离（cosine distance）、绝对值距离（absolute distance）和欧氏距离（Eucidean distance）。距离的取值范围通常为0—1，即完全一致到完全无关。余弦距离和绝对距离通过两样例间的义征矢量的比较而获得，其中余弦距离衡量的是样例之间的义征共享程度，而绝对距离衡量的是样例之间的义征独有程度。欧氏距

离则表示的是两样例在语义空间中的几何距离。根据德瑞（M. J. Dry）等（Dry & Storms，2009）对多种语义相似性算法的比较可以发现，这些基于义征的语义空间模拟和语义相似度计算，在数据内在一致性、拟合优度和预测精度方面，要优于通过语义相似度评估任务（提供两个样例让受试者估计两者相似程度）获得的经验性数据。基于义征共享程度的余弦距离，又在预测其他样例指标（范畴内典型度、范畴内生成频次和范畴分类反应时间）方面，要优于另外两种算法。在以下公式中，a与b表示样例，j表示第j个义征，n表示义征总数，V_{aj}表示概念a的第j个义征的指标取值，V_{bj}表示概念b的第j个义征的指标取值。指标取值可以是单提名频次，或者是单提名优势度，也可以是归一化或二值化以后的取值。

余弦距离：$d_{Cos}(a,b) = 1 - \frac{\sum_{j=1}^{n} A_{aj} \times A_{bj}}{\sqrt{\sum_{j=1}^{n} V_{aj}^2} \times \sqrt{\sum_{j=1}^{n} V_{bj}^2}}$

绝对值距离（城市区块距离、曼哈顿距离、方格线距离）：

$d_{Euc}(a,b) = \sqrt{\sum_{j=1}^{n} (V_{aj} - V_{bj})^2}$。

欧氏距离：$d_{Abs}(a,b) = \sum_{j=1}^{n} |V_{aj} - V_{bj}|$

第三节　语义特征的网络参数：建模技术和分析体系

本研究假设词汇语义表征是具有效率性和稳健性的词汇语义特征复杂网络。从该假设出发，对本研究原始问题的研究，需要为词汇语义表征建立复杂网络模型，并对之进行结构和功能分析，证明它具有内在的效率性和稳健性，在此基础上探查网络的关键节点和核心节点。这种关键节点和核心节点将有望成为评估的干预语言系统的语料来源。实现这个目标的方法就是网络建模分析。

一、可视化展示和网络参数估算：对关键节点和核心节点的甄别

关键节点不易因连线增删而脱离网络整体。核心节点则形成一个不易受点线增删而分裂的子网络。它们都是节点的位置特征和关系结构的反映，可以用网络分析技术加以可视化和量化。可视化操作可以突破内省研究的局限性，有助于寻找新线索、创造新直觉、发掘新理论、获得新认识。

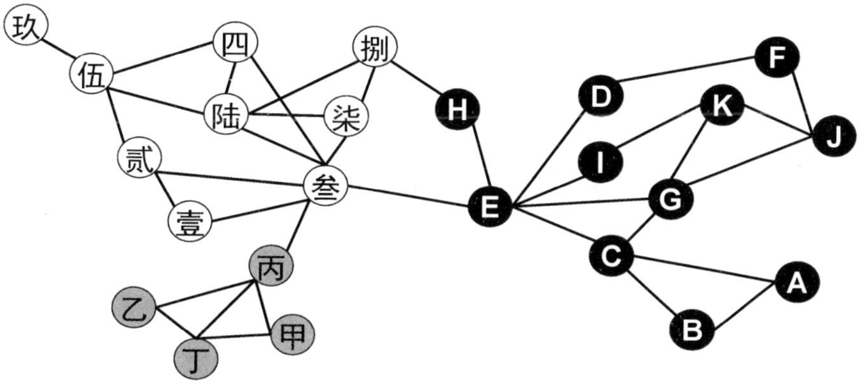

图6　从节点的网络位置判断关键性与核心性

可视化展示以图6为例，其中有三类节点，分别显示为黑色、白色和灰色（林枫、江钟立，2008）。可以一眼看出，节点“E”是黑类和白类之间信息流通的重要途径。白类和灰类间的信息交流则完全受制于节点“叁”。同时，灰类的四个节点“甲”“乙”“丙”和“丁”相互之间两两相连，形成一个稳固的子集。因此，“E”和“叁”是关键节点，而“甲”“乙”“丙”和“丁”是核心节点。

网络参数估算既可以针对节点，也可以针对连线，还可以是对整个网络结构的度量。就每个节点而言，可以估算多种指标，从多个侧面反映节点在网络整体中的重要性。

节点关键与否，取决于它在网络连通关系中所处位置，通常称之为**中心度**（centrality）。它实际上涵盖了多个网络参数，常用的有：①点度中心度（degree centrality，节点拥有的连线数，简称**点度**）。②中介中心度（betweenness centrality，节点作为其他节点之间两两相连途径的可能性，简称

介数）。③接近中心度（closeness centrality，节点与网络中其他节点的平均相隔连线数，简称**接近度**）。④拉普拉斯中心度（Laplace centrality，删除某节点所造成的对网络内部连通性的损害程度，简称**拉普拉斯度**）。例如在图6中，“E”的点度是6，“叁”的点度是7。

节点核心与否，不仅需要考虑该节点本身的位置，还需要考虑该节点的相邻节点是否密切联系，即该节点是否处于密切互联的节点群里。**云集系数**（clustering coefficient，节点的邻点相互之间紧密联系的程度）是这方面的常用参数。例如在图6中，“甲”的云集系数是1，而“玖”的云集系数是0。

可视化展示与网络参数估算相结合，将为洞察网络结构的关键节点和核心节点提供有力的工具。同时，网络分析还可以整合传统的质性分类方案和量化分析指标，提供两者难以独立分析的研究视角。以图7（见文前彩插图）为例，其数据取自2005版英语名物义征库，节点表示义征，连线表示其两端义征有着共同的持征概念（义征之间的**概念共现关系**）[①]。连线权值（线值）表示两端义征共有的持征概念数量。例如，<玻璃制品>（made_of_glass）和<用来装东西>（used_for_holding_things）之间有连线，是因为它们都被杯子（cup）所持有。2005版英语名物义征库共含2520个义征。可以把线值较小的连线（两端义征只在少数几个概念里共现）删除，从中提取子网络。如果把这种操作比作岛屿与海平面的关系，那么线值较小的连线浸入海平面之下，只有线值较高且高度云集的子网络才能保留在海平面以上。这种技术在网络分析中被称为“岛屿截选”（详见后文）。利用岛屿截选技术，可以获得图7所示由199个节点所组成的子网络。该子网络只保留了高线值连线。该子网络中，一个节点的点度越高，与该义征共享概念的其他义征数量也就越多，也就意味着该义征拥有较丰富的征间关联。一方面，高连接性义征与每个相邻义征都在较多概念中共同出现，因而其点度与义征独有度有关。另一方面，高连接性义征的相邻义征较多，因而其点度又与征间关联有关。但是，这种高连接性是义征独有度和

① 需要区分义征的概念共现关系和概念的义征重叠关系。**义征的概念共现关系**是指，两个义征出现在同一个概念中，或者说两个义征被同一个概念所持有。**概念的义征重叠关系**，是指两个概念持有或共享同一个义征。

征间交联度所难以单独衡量的关系型数据。它必须，而且也只能由网络分析来处理。

在图7中，节点的高连接性，表示该义征可以在较大范围内与其他义征进行语义搭配构建概念。那么，什么类型的义征可能是高连接性的呢？或者说，在不同征型中，有哪些高连接性义征呢？可以把数据变量映射为视觉特点，从而获取对网络结构的洞察。例如，可以用节点大小来表示点度，即节点拥有的连线数量越多，其在可视化展示时所呈现的直径就越大。另外，也可以把征型映射为节点颜色。在图7中，用不同颜色表示根据CM脑区分类法标注的征型。观察该图可以发现，视觉－色彩型（红色）和视觉－形状与表面型（蓝色）拥有较高比例的高连接性义征，而功能型（黑色）和分类学型（草绿色）则有只有少数高连接性义征。同时还可以发现，该网络有五个较大的聚类：交通工具（左上角）、家居器物（左侧）、动物（中间上部）、衣物（中间下部）、食物（右侧）。对这些核心－关键义征的甄别，以及对此类网络进行患者和常人之间的比较，将有助于提供临床诊疗线索。例如，在M-T语义训练时，可以根据网络分析的量化指标选取特定征型的义征用于提示。

二、基本网络参数：术语界定和参数描述

本书在描述词汇语义复杂网络模型时，主要采用图论术语。但是，出于应用目的，这些术语均不首选图论算法来定义，而是强调其应用意义。这些定义主要参考汉语小型词汇联想网络的研究论文（林枫等，2008a，2008b；Lin et al.，2013）。另外，该版本的术语定义修订，还参考了其他领域的研究进展，以及《蜘蛛：社会网络分析技术》一书（de Nooy，Mrvar，& Batageli，2012）。

顶点（vertice）：俗称节点（node），是网络的两大基本结构要素之一。顶点具体代表什么，取决于网络的构建方式。例如，图7以义征为顶点。

边（edge）：俗称连线，是网络的两大基本结构要素之一。边通常是指没有方向的连线。双向连线也可以当作边来处理。边具体代表什么，也取决于网

络的构建方式。例如，图7以义征的概念共现关系为边。**弧**（arc）俗称有向连线。它的定义与边相似，但是弧有方向，而边没有方向。两个节点之间的双向弧，可以转换为边来处理。边值和弧值统称**线值**（line value）。线值的意义取决于网络建构方式。例如，图7的线值是两义征之间共有的持征概念的数量。

图（graph）：顶点和顶点之间连线的集合。根据图中所含连线是边还是弧，分为有向图和无向图。根据两个顶点之间是否允许出现两条或两条以上连线（多重连线），可以判断图是不是简单图。在简单图中不允许有多重连线。图模型（graph model）就是网络模型。如果在图的点线上附加一些信息，例如标签和分类，图就可以称为**网络**（networks）。

2－模网络（2-mode networks）：网络由分属两个模块的顶点构成。与之对应的是1－模网络。图7是1－模网络，其节点都是义征。如果根据“样例 $\xleftrightarrow{\text{义征提名频次}}$ 义征”来建模，就形成2－模网络，第一个模块是样例，第二个模块是语义特征。在2－模网络中，节点之间通常以边相连，而不是双向弧。

顶点对（vertice pair，简称**点偶**）：它仅指一对顶点，不含任何其他设定。这两个顶点之间可以有连线，也可以没有，也可以是通过其他顶点相互连通。如果可以判定两个顶点之间有着显著的相关关系，则点偶就可以称为**点耦**。

观测点（ego）：被选出来进行分析的某个顶点。在义征网络中，它可以是研究者感兴趣的某个义征。与观测点相连的顶点称为**邻点**。直接与观测点相连的顶点是**首层邻点**。直接与首层邻点相连，通过首层邻点通向观测点的顶点，则是**二层邻点**。

距离（distance）：从一个顶点沿着连线通往另一个顶点时需要经过的连线数。从一个节点过渡到另一个节点所要经过的最短距离，称为**最短路径长度**。在一个网络中，有多少点偶，就有多少条最短路径。两个孤立顶点之间的最短路径为零。两个直接相连顶点之间的最短路径为1。

中心度（centrality）：顶点在网络中由其所处位置而具有的地位，代表顶点势力大小。根据不同考察角度，中心度通常有下列四种量化指标。

① **点度**（degree）：观测点与其首层邻点相连的连线数量，表示该顶点的

重要程度或直接势力范围。点度与顶点的重要性成正比。高点度顶点在网络中处于中心，或具有权威地位。在网络分析中通常用k表示。如果连线是有方向的，则顶点的点度可以分为入度（k_{in}，指向观测点的弧的数量）、出度（k_{out}，从观测点发出的弧的数量）和总度（k_{all}，观测点拥有的连线总数）。点度也可以经过线值加权。

② **中介度**（betweenness，又称**介数**）：观测点作为其他顶点之间两两相连途径的可能性。它反映了观测点作为信息桥梁所承载的信息负荷，同时也可以反映该观测点对信息流通的调整功能。

③ **接近度**（closeness）：观测点在多大程度上不需要依赖别的顶点做媒介，就可以通往网络的其他顶点。接近度越大，观测点与其他顶点的距离就越短，在向其他顶点传递信息（连通）的时候，也就越不需要依赖第三方顶点，拥有较高的独立自主性。

④ **拉普拉斯度**（Laplace centrality）：顶点对网络内部连通性所做贡献大小。这个指标与如下问题有关：当删除该顶点时，网络内部其他顶点是否可以通过连线而互通？这种互通的能力在多大程度上受到损害？网络是否会因为删除该顶点而崩溃为互不相连的碎片？因此，拉普拉斯度是以删除顶点导致的网络连通性受损程度来衡量一个顶点的重要性。该指标不仅反映了顶点在局部结构关系中的地位，而且还反映了该顶点对网络整体结构的重要性（Qi et al.，2013）。

顶点云集系数（clustering coefficient）：又称聚集系数[①]，观测点的邻点聚集成群的程度。当某个观测点及其邻点的任意两个顶点之间均存在连线时，整个顶点群处于最紧密连接的状态，该观测点的云集系数为最高值1。当观测点的邻点数量小于等于1，或邻点之间不存在连线（以观测点为中心呈星形结构），则其云集系数为最低值0。顶点云集系数又可以分为两种：①**首层云集系数**是观测点的首层邻点之间连线数占首层邻点之间预期最大连线数量的比例，衡量的

① 此处采用《蜘蛛：社会网络分析技术》（de Nooy，Mrvar，& Batageli，2012）中的译名。关于该译名的辨析，参见该书 2014 年第二版第二章第 58 页的第四条注释。

是首层邻点围绕观测点紧密聚集成团的绝对程度；②**次层云集系数**是观测点的首层邻点之间的连线数占包括首层和次层邻点在内的所有邻点之间总连线的比例，衡量的是首层邻点围绕观测点紧密聚集成团的相对程度。顶点云集系数一般专指首层云集系数。

网络规模（size）是网络所拥有的顶点总数。**网络密度**（network density）是网络连线的稠密程度。当两个网络拥有完全相同的顶点时，高密度代表网络存在更多的连线，即顶点之间的连接关系更丰富。如果网络中的任意两个顶点之间均存在连线，整个网络就处于完全连接状态，其密度为最高值1。如果整个网络只有顶点而没有连线，则密度为最低值0。

网络平均最短路径长度（average shortest path length）：网络中取值不等于0的所有最短路径的平均值。**网络直径**（diameter）则是指网络中所有最短路径的最大值。

社团结构（community structure）：是指网络中的成群顶点，而且要求群内联系紧密，而群外联系相对稀疏。**网络云集系数**（network clustering coefficient）：又称**网络传递性**（transitivity），是网络中所有顶点云集系数（通常是首层云集系数）的平均值。通常把点度至少为2的所有顶点的首层云集系数进行加权平均后计算而得。如果取的是非加权平均值，则称为瓦兹–斯多葛斯云集系数（Watts-Strogatz clustering coefficient）。网络云集系数是网络的整体指标，反映网络在整体上聚集成团的程度。

ER随机图模型（Erdös-Rényi随机图模型）：厄多斯（P. Erdös）和瑞尼（Rényi）用概率统计方法创立的经典随机图模型（Erdös & Rényi，1959；Erdös & Rényi，1960）。该经典随机网络图由以下方式构建：设某简单无向图（不允许有环和重复边）有N个顶点，在任意两点之间尝试建立连线，且每次连线操作都是独立进行，不受到已有连线的影响，设定连线成功的概率是p。由于其构建过程本身采用了概率统计的方式，因此当提到某个特定的随机图时，实际上是在研究根据相应的概率统计方式所能构建的所有随机图中特定的一个。而当在陈述中说到“随机图”时，实际上是指统计总体而不是某个特定的随机图。这种图的点度分布符合二项分布。当顶点数很大，而p值较小的时候，二项分布可以近似为泊松分布，因而又称为泊松随机图。其点度分布曲线通常是钟型，在对数坐标系上是抛物线形态。在这种分布曲线中，点度极高或极低的顶点都十分罕见，通常有一个标志性的尺度，即平均点度$\bar{k}=p(N-1)$。在这样的随机图中，“权力”是分散的，形成的连接高度“民主”和均等：绝大多数顶点的连线数目大致相同并处于中等水平，几乎不存在霸占大多数连线、“有权有势”的“富有”顶点，也几乎不存在缺乏连线、“无权无势”的“赤贫”顶点。

三、宏观网络模式：术语界定和参数描述

网络结构的宏观模式是指由点线关系构成的宏观结构特征。本研究关注的是词汇语义表征系统的效率性和稳健性。从网络建模角度来看，网络的效率性通常表现为其中任意两个顶点都有着较近的关系，使信息得以沿着连线在顶点间高效流通；网络的稳健性通常表现为在遭到扰动时，顶点之间的通达结构所受影响较小，顶点的聚类结构不易遭到破坏，网络的某些整体结构模式未受破坏。本研究主要从以下四种网络模式来考察效率性和稳健性。

（一）异质性模式

异质性模式主要与网络的稳健性和适应性有关。经典ER随机图模型的点度符合泊松分布，且具有标志性的平均点度$\bar{k}$。与之不同的是，自然界中发现的许多可以稳健地适应环境的系统，在网络结构上并不符合经典ER随机图模型。例如，代谢网络（Dorogovtsev & Mendes，2002；Newman，2003）、脑网络（Park & Friston，2013）、单词共现网络（Ferrer i Cancho & Solé，2001）、句法网络（Ferrer i Cancho，Solé，& Köhler，2004）和词汇联想网络（Steyvers & Tenenbaum，2005）等。这些网络的点度并不均匀，呈现出高度异质性，也就是说，少数节点占据了大多数连接，不存在可以代表多数节点连接特征的典型节点（Barabási & Albert，1999）。现已证实，异质性网络具有稳健性，能够在遭到随机损伤时（例如随机增删点线），仍然保持结构完整（Boccaletti et al.，2006）。异质性模式的评估可以从以下四个方面入手。

1. 无标度性

主要采用点度中心度的统计分布来衡量，其符合幂律分布（power-law distribution）：$P(k) \sim k^{-\gamma}$。在普通坐标上呈长尾型曲线，而在对数坐标系上则是呈斜率为$-\gamma$的直线。从没有标志性的平均点度来看，可以把这种在多个数量级上表现出的不变性称为“无标度性”（Dorogovtsev & Mendes，2002；Newman，2003；Caldarelli，2007；Solé et al.，2010）。就数学形式化界定而言，“无标度”一词描述的是具有下列性质的函数$f(x)$：对于任何独立变量x，任何倍增因子的操作都不改变该函数，即$f(ax)=bf(x)$。在这种意义上，点度分布符合幂律的网络，又称无标度网络。

在无标度网络中，大多数顶点的点度较小，而有少数顶点有着极高的点度，并且没有任何一个顶点可以代表所有顶点的平均点度水平。这些高连接性顶点就是整个网络的中心顶点。巴拉巴西和阿尔伯特发现，按照**成长性**（点不断增加）和**优先连接性**（新点优先连接到高连接性的旧点上）原则建立的图模型符合无标度性。这种模型被称为BA图模型，其点度分布的幂值$\gamma \approx 3$（Barabási & Albert，1999）。目前研究发现，自然界多数复杂网络适应性系统的幂值都在2—3之间（Dorogovtsev & Mendes，2002；Newman，2003；Boccaletti et al.，2006）。

2. 广延指数分布

BA图模型有几个明显的局限性。第一，新顶点在与旧顶点相连时，旧顶点获取新连线的概率$A(k)$与其点度k呈线性相关。事实上优先连接性可以用以下公式分为三种情况：$A(k) \sim k^{\sigma}$（Krapivsky & Redner，2001；Jeong，Néda，& Barabási，2003）。当$\sigma>1$时，是超线性优先连接。当$0<\sigma<1$时，是亚线性优先连接。只有当σ取值为1时，才是线性优先连接。第二，BA模型有一个预设，即新顶点要对已有网络的点度情况有完整的了解。第三，BA模型也没有考虑顶点老化、连线删除或改与其他顶点相连（重连）等情况。在现实世界中的复杂适应性系统非常庞大，新加入的节点几乎不可能获得已有网络的整体知识，并且系统成分的老化、脱落或重构也是常有现象。目前已经发现，顶点的

消亡（Deijfen，2010）和边的重连（Gabel & Redner，2013）都会形成亚线性优先连接，这种连接方式带来的点度分布模式，是广延指数分布（stretched-exponential degree distribution）：$P(k)\sim k^{-(1-b)}e^{-\lambda k^{b}}$。因此，如果实测网络的度分布符合广延指数分布，则意味着其顶点既有增长，也有消亡，并且新增顶点的方式，符合亚线性优先连接模式。

3. 埃斯特拉达异质性指数

为了能够对不同点度分布模式的网络统一进行异质性比较，埃斯特拉达（E. Estrada）提出了异质性指数ρ（Estrada，2010）。该指数可由如下公式计算。其中E表示由第i号和第j号顶点相连形成的连线，k_i和k_j分别表示第i号和第j号顶点的点度，N则是网络所含顶点总数。

$$\rho = \frac{\sum\limits_{i,j\in E}(k_i^{-1/2}-k_j^{-1/2})^2}{N-2\sqrt{N-1}}$$

埃斯特拉达异质性指数的取值范围为0－1。取值接近1时是星形网络。接近0时是规则网络，例如晶格网络或环形网络。

4. 分布模式的统计模拟和验证

现有的语义网络异质性研究，主要针对词汇联想数据。这是用自由联想测试采集的数据，即向受试者提供刺激词，要求对方立即进行联想，不假思索地说出反应词。在“刺激－反应”关系基础上构建的词汇联想网络模型，其点度分布可以用幂律拟合（Steyvers & Tenenbaum，2005；De Deyne & Storms，2008；Gravino et al.，2012），但是分布范围被切割成两个幂律区间（林枫、贺丹军、江钟立，2009）。近年来，克劳塞特（A. Clauset）、沙利茨（C.R. Shalizi）和纽曼（M.E. Newman）提出，这些声称点度符合幂律分布的研究，只是用最小二乘法进行了针对特定分布的拟合，而没有在不同候选分布模式之间进行比较，也就无法确认是否有拟合度更好的分布模式。因此他们开发了新型的分布模式分析法（Clauset，Shalizi，& Newman，2009）。莫莱斯等人（Morais，Olsson，& Schooler，2013）采纳了克劳塞特等开发的新方法，对英语的佛罗里达联想辞典、荷兰语的鲁汶联想辞典，以及莫莱斯等自行采集的个体联想词集，进行了复杂网络建模，并探查各网络的点度分布模式。通过比较幂律分布、广延指数分布和指数截尾性幂律分布，他们发现，指数截尾性幂律分布要优于另外两种分布，而且各网络都是如此。但是，在莫莱斯等的报道中，没有说明各个网络的点度分布是以哪个点度值作为截尾的临界值，也没有说明在截掉低于临界值的顶点以后，余下区间中还有多少顶点可供拟合曲线。事实上，如果把大多数顶点都截掉，那么对余下顶点的点度分布拟合就已经丧失代表性。因此，有必要在曲线拟合的时候，关注截选的临界值，从整体角度来解释点度分布的异质性模式。这也正是本研究将要完成的工作。

（二）小世界模式

小世界模式与网络的效率性有关。因为在这种网络中，如果要从一个顶点出发，沿着连线到达其他任意一个顶点，只需要经过很少几步转接。小世界模式引起关注，最初是在社会网络分析领域。1967年，社会心理学家米尔格兰姆（S. Milgram）首次对该现象进行了实证研究。他发现如果要在两个完全陌生的个体之间建立联系，平均只要经过6个中间人，随之提出了著名的“六度分离”理论（Milgram，1967）。小世界现象的存在，提示网络可以用较高的效率完成内部顶点之间的信息传递。

网络分析领域对小世界现象的最初解释，是以随机图模型为蓝本。在过去的几十年中，人们在随机网络的基础上了解了大量网络特性，并试图用其来解释众多的现实网络。在社会网络中人际关系有亲疏之分。在生物分子网络中分子关系有远近之隔。言语交流时表词达意也存在着选择不同的词搭配的问题。这些都涉及如何看待网络中任意顶点之间连通关系的亲疏程度，通常用平均最短路径来衡量。在ER随机图模型中，如果共有N个顶点，连线成功概率设定为p，则其平均最短路径$L_{ave} \sim \ln N/\ln(\mathrm{p}N)$。从中可以发现，即使在规模很大的网络中，平均最短路径也可以很短，即各个顶点之间的距离可以很近。例如，在有10,000个顶点的网络中，如果p值为0.1，其平均最短路径为1.33。如果p值为0.01，平均最短路径为2。由此称为小世界效应。由于ER随机图模型能很好地描述小世界效应，因此在很长时间内人们都将其看作研究现实网络的优良模型，即认为随机网络就是小世界网络。但是随着大量实际数据的积累和研究，研究者发现现实世界的网络虽然也表现出理论计算所提示的小世界性，但与随机网络模型明显不同，最显著的是现实网络的云集系数要比经典随机网络大得多。

瓦兹等研究者认为平均最短路径可以反映网络的整体结构特质，但是不能反映局部结构细节，而云集系数是反映后者的较好指标。因此，**短连接路径**和**高云集系数**就成为小世界网络的两大判别条件（Watts & Strogatz，1998）。现实网络的结构并不一定均匀分布，其往往也存在不同的核心，即一群紧密联系的顶点所组成的子网络。这可以从成核效应来理解。在自然界，许多物体都是逐步以核心为基础而形成的。例如铁锈、冰晶和岩块。晶体的形成最为典型：在饱和溶液冷却的过程中会达到一种超饱和的状态。这种状态极不稳定，一旦存在外界的扰动（如振动、粉尘微粒的落入等），就可能形成第一粒微观结晶，随之以其为核心形成大块宏观的晶体。成核作用也可以在生物大分子网络中看到，例如许多功能上联系紧密的分子群是基于某个进化上相对古老的分子而形成。词汇系统也同样存在功能上紧密联系的集群。成核效应暗示着权力的分派过程：在“权威”顶点的周围，聚集在一起的顶点营造着各自的小集体。云集系数提供了对网络内顶点之间的聚合情况的度量，可以反映网络中顶点之间结成派系或集团的程度。

如果要达到整个网络的云集系数为1，就必然要求网络的所有顶点的云集系数都为1。也就是说，任何顶点都有至少两个邻点，并且这些邻点都两两相连。这种连线均匀分布的网络结构称为规则网络。它与随机网络相对。后者要求连线随机分布。第一个小世界网络模型是**瓦兹－斯多葛斯图模型**（**WS图模型**，如图8所示）。该模型从排布在平面上的规则网络开始，逐个将其中的连线随机化重连到其他顶点，根据概率p决定重新连线的数量占总连线数的比例。这实际上是在规则图中添加随机因素，最终得到的是处于随机网络和规则网络之间状态的小世界网络。

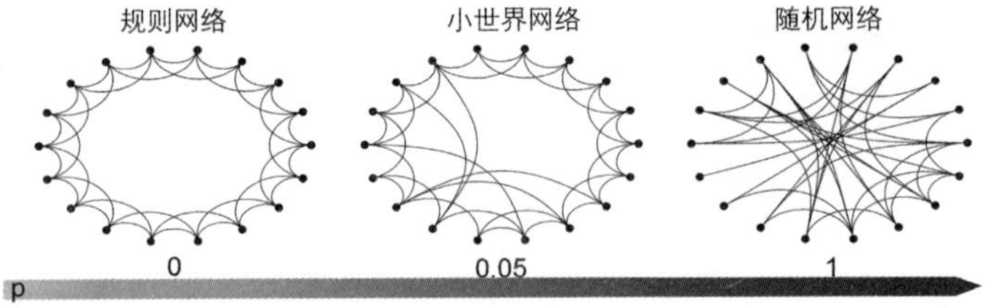

图8　瓦兹—斯多葛斯图模型构建示意图

（Watts & Strogatz，1998）

根据瓦兹和斯多葛斯的定义，小世界结构有短平均最短路径和高网络云集系数。若实测网络的平均最短路径为D，网络云集系数为C，而与之相同规模的随机网络的平均最短路径为D_r，网络云集系数为C_r。当$D \approx D_r$，而$C >> C_r$时，就可以判定实测网络具有小世界结构（Dorogovtsev & Mendes，2002；Newman，2003；Caldarelli，2007；Solé et al.，2010）。

以往文献报道在考察小世界模式时，大多采用与随机网络直接比较的形式，因而缺乏统计力度。本研究拟采用基于置信区间检验的比较方法（林枫、刘云、江钟立，2012）。首先，生成1000个与实测网络同样规模（相同的顶点数和网络密度）的ER随机图，计算这些随机图的网络云集系数，并随之得到它们的95%置信区间的界值（$C_{rUp95CI}$）。然后，用实测网络的云集系数C与该界值相比。如果实测值高于该界值10倍以上，则可以认为实测值显著高于随机值。同时，也可以计算随机网络的平均最短路径长度的分布范围，与实测值进行比较。如果实测值在此范围内，则可以认为现实网络的平均最短路径与随机网络相近。

（三）点度相配模式

点度相配模式（degree mixing pattern）实际上包括两种相反的模式：同配模式（assortative mixing pattern）和异配模式（disassortative mixing pattern）。它们分别表示同一连线两端顶点的点度是呈正比还是反比。点度相配模式体现的是效率性和稳健性之间的博弈和消长关系。

同配模式又称同配性（assortativeness）。如果高连接性顶点倾向于相互连接，就符合同配模式。反之，如果高连接性顶点避免相互连接，而是与低连接性顶点相连，则符合异配模式（又称异配性，disassortativeness）（Newman，2002）。网络是同配还是异配，可以用点度的皮尔逊相关系数Γ来计算（Newman，2002；Ferrer i Cancho，Solé，& Köhler，2004；Brede & Sinha，2005；Solé et al.，2010）。同配模式的Γ取值大于0，而异配模式的Γ取值小于0。计算公式如下（其中j_i和k_i是第i条连线两端顶点的点度，而L是网络的连线总数）：

$$\Gamma=\frac{\frac{1}{L}\sum_{i=1}^{L}j_ik_i-\left[\frac{1}{L}\sum_{i=1}^{L}\frac{1}{2}(j_i+k_i)\right]^2}{\frac{1}{L}\sum_{i=1}^{L}\frac{1}{2}\left(j_i^2+k_i^2\right)-\left[\frac{1}{L}\sum_{i=1}^{L}\frac{1}{2}(j_i+k_i)\right]^2}$$

当网络遭受点线毁损时，无论毁损方式是随机性的还是靶向性的，同配模式主要保护网络静态结构的稳健性，而异配模式则主要保护网络内部顶点间信息传递的效率性（Tanizawa，2012）。如果对网络结构进行变动，并且让这种变动沿着已有结构进行播散，即对网络施加可播散的扰动，则同配网络会出现稳健性下降，而异配网络则能使扰动规模衰减，从而保持其结构的动态稳定（Brede & Sinha，2005）。目前已经发现，社会网络往往是同配性的（Newman，2002），而生物网络和句法网络则往往是异配性的（Newman，2002；Ferrer i Cancho，Solé，& Köhler，2004；Brede & Sinha，2005；Solé et al.，2010）。

（四）模块化模式

模块化模式（modular pattern）与网络是否存在明显的社团结构有关，因而又称社团化。模块化网络都符合小世界性，并且具有较高的稳健性和适应性，但是并不是所有的小世界网络都具有模块性（Meunier，Lambiotte，& Bullmore，2010）。无论是专家内省获取的义征标记集，还是人群调查得到的义征库，都由研究者手工标注征型，并且在研究之初就对义场或样例范畴进行了规定。这相当于在网络模型中事先已经知道顶点的社团划分，需要衡量是这种社团划分是否与网络结构契合。因此，需要分析可评价网络模块化程度的指标。

模块度（modularity）是一个用于衡量网络的社团化程度高低的指标。在网络的社团划分研究中，模块度可以用于各种划分方案之间的的优劣比较。通常采纳的是模块度更高的社团划分方案。模块度的经典计算方法由纽曼和吉尔文（M. Girvan）提出，又称为NG**模块度**（Newman & Girvan，2004）。计算过程大致分为三步。首先，假设已经给现实网络的各个顶点分派了相应的社团标签（通常是根据连线介数来划分社团）。然后，从现实网络开始，在保持点度不变的前提下，把顶点的连线随机连接到其他顶点上。由此形成与现实网络相同规模的随机化网络。随机化以后，各顶点的社团标签并未改变。最后，为现实网络和随机网络分别计算社团内部连线占网络总连线的比值。用现实网络的这个比值（实测值）减去随机网络的比值（随机预期值），所得结果就是模块度。它反应的是排除随机因素后，现实网络在该社团划分方案下所表现出的模块化程度。模块度取值范围为0－1。值越大，说明网络的社团化程度就越高，也就是说，从网络中找到的社团就越不太可能由随机因素造成。现实网络的模块度多数在0.3到0.7之间（Newman & Girvan，2004），因此通常以0.3作为经验性判定网络具有社团结构的下限值（汪小帆、刘亚冰，2009）。

四、常用网络操作：术语界定和技术描述

（一）自举法随机重采样和蒙特卡洛模拟

在进行网络分析时，往往研究者手头只有一份现实网络的数据。这使得从该现实网络计算获取的实测值难以排除随机因素的影响。但是，现实网络数据又往往难以用随机抽样的方式获取样本。甚至大多数现实网络数据都是便利样本。那么，如何排除随机因素，获取有统计学意义的分析结果，就成为所有网络分析者必须解决的问题。对于这类数据的处理，自举法随机重采样（bootstrap resampling）是一种较为可行的方法（Curran-Everett，2009）。这种方法沿用了蒙特卡洛模拟（Monte Carlo simulation）基本思路：以现实网络为样本，随机抽样生成一个新的样本集。以这个样本集为假设的随机总体，获得特定指标（例如网络云集系数）的95%置信区间。这是人为添加随机因素后获得的置信区

间。把指标的实测值与重采样样本集的置信区间进行比较。如果实测值落在区间外，则提示该实测值并非来自随机因素，从而可以认为结果有显著的统计学意义。

（二）点度保守性重连

上述模拟的关键之处在于如何获得随机重采样的样本。在多数网络分析中，使用的是基于现实网络的随机重连法。也就是说，以现实网络为起点，不断把它的连线随机重连。这种重连往往以不改变点度为前提，因而称为**点度保守性重连**。之所以预设点度不变，是因为网络的点度分布是具有代表性的宏观结构。通过改变重连参数，例如重新连线的比例，可以控制随机因素的影响程度。通常为了获得对随机因素的最大估计，所有连线均需重连。事实上，对网络的随机重连操作暗含着这样一种假设：如果随机过程对实测值产生影响，那么实测值一定会落入随机样本集的置信区间之中。如果实测值落在置信区间之外，那么可以有把握地认为，一定有某种非随机的机制，使得现实网络呈现这个实测值。从理论上来说，这种结果就可以排除随机模式，并认为新连接的形成一定有规律可循。这是生活中的常见现象。例如，当人们学习新概念时，通常会想要知道它属于哪个范畴，它是什么，它不是什么，它与其他概念有怎样的区别与联系。可以这样认为，概念归类会形成高连接性顶点，而概念辨析则会形成高聚集性顶点群。由此形成不受随机因素影响的结构模式。在本研究中，将会采用这种模拟方法：为实测网络构建1000个随机重连样本，并且计算这些样本的网络云集系数、平均最短路径长度和点度的皮尔逊相关系数等指标，对实测网络模式是否有统计学意义进行检验。

（三）岛屿截选

从网络分析的基本观念来看，节点因所占据的网络位置而具有重要性（例如中心度和聚集性等），而连线也同样如此。有所不同的是，连线还可以赋予线值，其往往对应于现实网络中的关系强度。现实网络中往往存在大量连线，并且连线还带有线值。如果能把细枝末节删除，保留网络骨架进行研究，将有助于了解其中保持稳定不变的网络结构模式。这种结构模式往往是某些稳定的构建规则持续作用的结果。如何从这种错综复杂的关系中，找出最重要的子网络，并且对这种子网络的结构加以研究，就成为网络分析的重要技术问题。岛屿截选就是其中一种提取网络骨架结构的技术（de Nooy，Mrvar，& Batagelj，2012，147—155页）。顶点所持连线的线值从小到大加以排列，其最大值被视为该顶点距离海床的高度，从而把整个网络视为坐落在海底的高低起伏的山脉，岛屿则是露出海平面的局部岛礁。海平面的高度决定了岛礁的大小。岛屿作为网络分析术语，其定义为符合以下条件的最大子网络：在子网络内，顶点之间有路径可以相互通达，并且内部连线的线值要大于其通往子网络外的连线的线值。因此，该技术实际上提取了一群有较高联系强度且聚集成团的顶点。正如现实海平面的抬高会造成大大小小的岛礁一样，岛屿截选技术通常也会得到多个子网络，其中规模最大的子网络，往往是需要关注和首先分析的对象。

至此，本章已经阐述了词汇语义特征分析所需的三个要件：质性分类方案、量化指标计算和网络参数估计。就另一个基本要件——原始数据采集和整理——而言，目前尚无汉语语义特征的经验性数据集，但是李葆嘉的汉语析义元语言研究提供了较为完整的语义特征内省数据集（李葆嘉，2013）。前文已经比较了经验性义征数据集和专家内省数据集的异同（表2）。析义元语言并非为言语治疗设计，也不像经验义征数据集那样含有提名频次信息。但是，析义元语言数据集应当反映了内省式义场建构和义征分析所遵循的认知规律。发掘这些认知规律，将有助于为制备和分析经验性汉语义征数据集提供参照。因此，本研究的下一步将以析义元语言数据集为研究资料，开展上述三个要件的分析。

第四章

内省数据分析：基于析义元语言的词汇语义表征

《现代汉语析义元语言研究》提供了内省进路的汉语语义特征数据集，主要是通过义场建构归纳出义位（又称词元），继而进行义征分析，为每个义位建构义征表达式[①]（李葆嘉，2013）。以百合、牵牛花、水仙和荷花为例，分别有如下义征表达式：

百合［+花卉］［+叶↔长形］［+花↔白色］［+喇叭形］［+味道↔刺鼻］［+象征→长久］

牵牛花［+花卉］［+叶↔长形］［+花↔红色∨蓝色∨白色］［+喇叭形］［+象征→勤劳］

水仙［+花卉］［+叶↔带形］［+鳞茎］［+水中］［+花↔白色］［+味道↔香］［+象征→清纯］

荷花［+花卉］［+叶↔圆形］［+花↔红色∨白色］［+瓣↔大］［+水面］［+象征→圣洁］

① 此处使用全角方括号作为义征界定符，有关该标注方式的说明，请参见本书表2。对析义元语言的义征分类类型（征型）的标注，采用斜体半角方括号。例如：百合［+花卉］*[指称][名称]*，表示百合的义征［+花卉］的征型语义大类是*[指称]*，语义次类是*[名称]*。

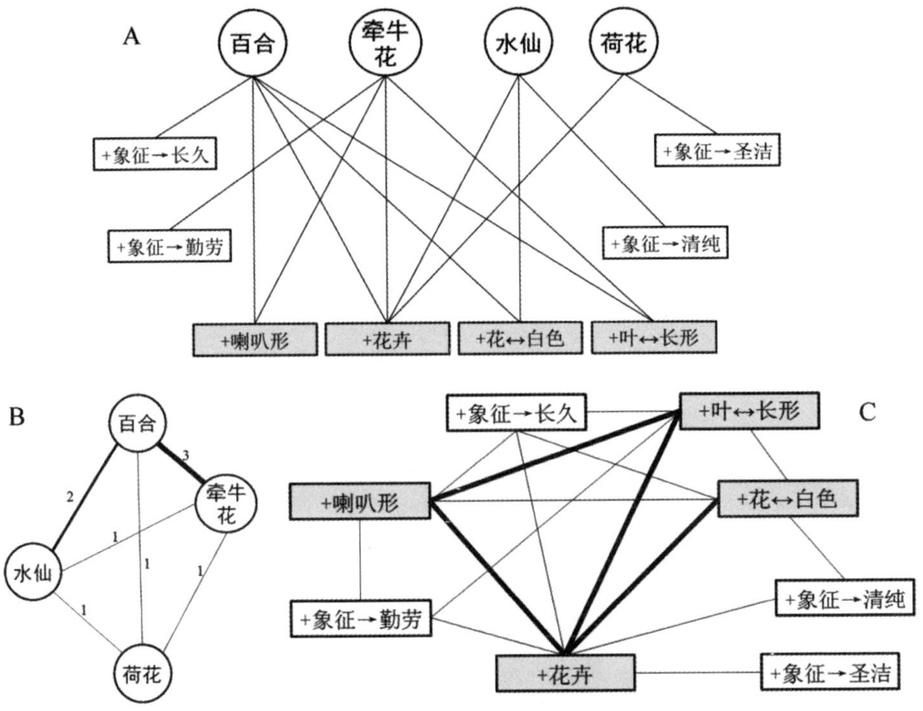

图9 析义元语言复杂网络建模示意图

A.“义位–义征”关系网络。B. 义位的义征重叠关系网络。C. 义征的词元共享关系网络。

如果从认知行为任务的角度来看待建构析义元语言的专家内省过程，那么这种内省也可以视为一种由专家来实施的义征提名任务。上述义征表达式，正是这种特殊的义征提名任务的结果，其中已经提供了足以构建可操作和可计算的语义网络模型的信息（如图9所示）。一方面，义征重叠提供了义位的互联信息。例如，［+花卉］是上述四个义位的重叠义征，而［+叶↔长形］是前两个义位的重叠义征。另一方面，义征在义位中的共现与非共现提供了义征的互联信息。例如，［+花卉］和［+叶↔长形］在百合这个义位中出现一次，在牵牛花中又出现一次，因而这两个义征之间就有了强度为2的义位共现关系（又称义征的词元共享关系）。本研究拟构建基于“义位–义征”关系的复杂网络模型，提取义征层面的词元共享关系结构（如图9C所示）进行分析，以探讨析义元语言的词汇语义特征网络的宏观结构特征，剖析建构这种网络的认知机制，为制备经验性汉语义征数据集提供参照。

第一节　原始数据整理：汉语析义元语言数据概览

一、资料来源

《现代汉语析义元语言研究》（李葆嘉，2013）的第二章到第六章，针对具体名物词，肢体动作词，常用性质词，形貌类别词，动作类别词，范围、时态和程度词，进行了详细的义征分析。以这几章所附义征表达式为蓝本，提取其中所有义位以及相应的义征表达式，形成汉语析义元语言集，以供本研究进行网络建模和分析。

二、基线情况

表4　义位词类（大类和次类）频数分布简表

义位次类	义位大类					
	动词	副词	量词	名词	形容词	
肢体动作词	127					
范围、时态和程度词		116				
形貌类别词			89			
动作工具类别词			26			
动作类别词			11			
生物名词				138		
用物名词				114		
人类名词				106		
食物名词				78		
事物名词				44		
事物性质词					141	
人类性质词					87	
合计	127	116	126	480	228	总计 =1077

义位、义征和构征词计数结果显示，独立义位共1077个，其词类分为5大类、12个次类、52个中类和154个小类。词类大类和次类的频数分布如表4所示。数据集共含独立的含极性标记义征（以方括号为计数单位，保留正负号作为极性标记，简称**含极义征**）2265个，其中313个为阴性义征，1901个为阳性义征，51个为双极义征。如果把极性相反义征归并，则共计1914条非极性义征

（简称**非极义征**）。下文如无特殊说明，义征均指含极义征。构建义征共使用1871个独立汉语词（构征词）。每个义位的持征量平均为6个，最少2个，最多11个。义征和构征词计频结果显示：2265个独立含极义征共出现6942次（约3.06次/义征、6.45义征/义位），1871个汉语词共使用8621次（约4.61次/词）。

第二节　义征分型标注：汉语语义词类标注与统计

一、析义元语言义征分型标注方案

汉语析义元语言采用《现代汉语语义词类表》对语义特征进行分型标注。该分类方案共有10个语义大类，32个语义子类。包括：（1）指称类：名称、称代、空间、时间；（2）陈述类：施动、祈使、参与、遭致、存有、感受、评判；（3）描述类：性质、状态、声状、情状、方式、趋向；（4）限定类：指别、数量、类别、计位、品类；（5）询问类：询问；（6）标记类：介引、助构；（7）关联类：关联；（8）情态类：时体、评估；（9）语气类：语气；（10）呼应类：呼应、寒暄、感叹。

二、标注结果：征型计频

表5　含极义征征型频数分布表

征型语义子类	征型语义大类							
	标记	陈述	关联	描述	情态	限定	指称	用例
介引	*1*							依次［+按照］
施动		1093						饼干［+烤］
存有		109						蝴蝶［+有翅］
遭致		75						掰［+致使→分离］
评判		22						真［+符合→事实］
感受		14						偏偏［+不满］
关联			*2*					但凡［+只要］
性质				1332				百合［+花↔白色］
状态				171				大街［+繁华］
方式				95				合［+交互］
情状				27				徘徊［+慢速］

续表

征型语义子类	征型语义大类							
	标记	陈述	关联	描述	情态	限定	指称	用例
趋向				27				搂［＋向里］
声状				13				猫［＋（喵喵）叫］
时体					48			始终［＋持续］
评估					12			万分［＋极度］
品类						157		将军［＋高级］
数量						23		双［＋（两个）事物］
指别						8		大家［＋所有］
类别						6		起［－批次］
名称							3633	草原［＋陆地］
空间							42	飞机［＋天上］
时间							26	刚才［＋（不久）之前］
称代							6	你们［＋对方］
合计	*1*	1313	*2*	1665	60	194	3707	总计＝6942

汉语析义元语言的义征征型涵盖上述语义词类的7大类23个子类。表5显示了各征型在整个标记集中的频数，其中*[标记]*仅出现一次，*[关联]*仅出现2次。这两种征型仅出现于副词义位范畴中。*[情态]*虽然出现60次，但并未出现于名词和形容词这两个义位范畴。副词是唯一持有7种征型语义大类的义位范畴。

表6　名词义位范畴所持征型大类与子类的频数分布表

征型语义子类	征型语义大类			
	陈述	描述	限定	指称
施动	430			
存有	60			
遭致	27			
感受	8			
评判	1			
性质		828		
状态		64		
声状		13		
方式		5		
情状		3		
趋向		1		

续表

征型语义子类	征型语义大类				
	陈述	描述	限定	指称	
品类			137		
数量			12		
类别			3		
指别			1		
名称				1233	
空间				27	
称代				6	
时间				4	
合计	526	914	153	1270	总计 =2863

如表6所示，名词义位范畴，仅持有*[陈述]*、*[描述]*、*[限定]*和*[指称]*这四种征型语义大类，而其中最多的征型语义子类是*[施动]*、*[性质]*、*[品类]*和*[名称]*。

第三节　量化指标计算：义征内省分析的认知处理模式探索

在方法论依据部分，本书已经对现有的义征量化指标进行了梳理，其中多数指标均以义征单提名频次为基础。汉语析义元语言标记集是一名专家通过内省方式独立构建而成，导致其义征无法提供单提名频次数据，因而目前只能选取无须提名频次即可计算的指标。符合该要求的只有孤提名秩次、孤提名秩率和（全局或范畴）独有度。

（一）提名秩次

含极义征的孤提名秩次（在本章中，如无特殊说明，所述秩次均为孤提名秩次）平均为5.44 ± 2.59（均数 ± 标准差），最大为11，中位数为6。

（二）独有度

由于各义位语义大类所含义位数不相等，独有度的计算采用改良加勒德范畴独有度，即范畴内的非持义征义位数与范畴内义位总数比值的归一化值。该值取值范围0－1。取值为0时，表示该义征在其所属义位范畴内独有度最小。取值越接近1，表明该义征越少被范畴内义位所持有，该义征也就越独特。如无特殊说明，本章所述范畴独有度均为改良加勒德范畴独有度，范畴以义位语义大类为准。如果换一个考察角度，在某种特定词性的词元中，这种独有度就是该词性范围内的全局独有度。以下两个例子展示的是秩次为1的*[描述]*义征（着重号所示，独有度标于括号内，部分省略），其中［+徒手］在动词中仅由“掰”所持有。

糖1［+零食］（0.85）［+糖果］［+食糖↔制作］［+块形V粒形］……

掰［+徒手］（1.00）［+上肢］［+双手］［+抓住→（块形V粒形）物体］……

（三）秩次和独有度的义位类型和义征类型分布

图10箱线图（见文前）显示了义征秩次与义征范畴独有度之间的关系。该图每个分图表示，在义位语义大类水平（纵轴，下简称**位型**），相应征型语义大类（横轴，下简称**征型**）的义征秩次与范畴独有度分布情况。箱线图的中央横线代表范畴独有度的中位数，红点表示范畴独有度均值，箱的上下两边表示四分位数，须线两端则表示1.5倍四分位距，图上的黑点表示超出置信范围的异常数据点。由于*[标记]*和*[关联]*这两种征型语义大类所含义征数仅有1－2个。因此在图10中只显示*[陈述]*、*[描述]*、*[情态]*、*[限定]*和*[指称]*这五个征型语义大类。

观察图10中的义位语义大类，可以得到以下几个发现：

① 动词几乎没有*[情态]*和*[限定]*，但*[限定]*如果出现，就占据的是首位秩次。动词的*[指称]*征型的前两位秩次具有很低的独有度，尤其是首位秩次的独有度接近0。

② 副词的前两位秩次不会出现*[描述]*、*[情态]*和*[限定]*，其中第二位秩次只出现在*[指称]*中。副词的首位秩次只有独有度约为0.5的*[陈述]*和独有度接近0的*[指称]*。

③ 量词的首位秩次不会出现*[陈述]*、*[情态]*和*[限定]*，其拥有的少数*[情态]*

义征也不会出现在前三位秩次中。在量词的*[指称]*义征中，首位和第二位秩次的独有度都偏低，尤其是首位秩次的独有度接近0。

④ 名词没有*[情态]*，但它在各秩次均可出现其余四种征型。名词的*[指称]*义征中，首位秩次的独有度也相对于其他秩次偏低。但是，名词义征的独有度基本上取值都大于0.75。这提示名词的义征基本上都是独有义征。

⑤ 形容词也没有*[情态]*，而且在前三位秩次不会出现*[描述]*，前四位秩次不会出现*[限定]*，第二位秩次只出现最低独有度的*[指称]*，其独有度接近0。

⑥ *[情态]*仅出现在动词、副词和量词，而且绝不会在前两位秩次出现。

以上发现可以提示，征型在不同位型中分布不均衡，某些位型存在特异性征型缺失，而某些征型则存在特异性秩次呈现模式，但从总体来看，析义元语言所含义征以独有义征为主。

（四）秩次、义位类型和义征类型的频数分布统计检验

为进一步量化分析位型、征型和秩次的关系，本书还提供了义征在三种情况下的频数马赛克图（图11，见文前）。通过统计各维度交叉处的频数，马赛克图可以提供三个方面的信息：

① 模型检验：制订零模型，并用实测值进行假设检验，了解实测值是否符合模型。当$p<0.05$时，拒绝零假设，接受备择假设。如果$p>0.05$，则不能拒绝零假设。图的亮度与p值呈反比。通常研究关注的是构成列联表各维度的因素是否相关，即需要知道因素之间的关系是随机因素导致，还是研究对象本身所具有。本研究选择的零假设是各因素互不相关，备择假设为各因素相关。以三因素A、B和C为例，其R语言独立性表达式为loglm(～A+B+C)。由此建立独立性模型，并进行检验。图中右下角的p值，就是模型检验的结果。

② 征型配比：通过观察各方块的面积，以及在各维度上的长宽，可以了解各方块内的实际值在各维度上和在总体中的现实比例。

③ 残差分布：采用皮尔逊残差，表示相对于模型预期值而言，方块内的实际值是偏高还是偏低，以及这种偏差的程度有多大。皮尔逊残差可以用特定的着色方案来体现。本研究采用HSL着色方案，即色调（hue，表示残差正负，以

蓝色为正，红色为负）、色度（saturation，表示残差大小，值越大颜色越浓，值越小颜色越淡）和亮度（lightness，表示模型检验的显著性程度，无显著差异时呈灰暗色，差异显著时呈明亮色）。

一般可以按照以下顺序解读马赛克图：第一步，观察右下方独立性检验p值。当$p<0.05$时，提示列联表中的各维度之间的关系不能用随机因素来解释。这意味着各维度之间相关。但是，仅凭p值，不足以判断列联表每个格子取值（即相应因素的水平交叉处的取值）是否显著高或低。例如图11的以下方格：位型的名词水平、征型的*[陈述]*水平、秩次的其他秩次水平。因此，第二步需要观察各个格子的残差值。马赛克图右侧显示了皮尔逊残差图例。在列联表中，每个格子的皮尔逊残差相当于这个格子中的观测值在多大程度上偏离随机预期值。皮尔逊残差分布近似于以0为均数，1为标准差的正态分布。因此，残差落在-2.0～2.0区间之外的概率$p<0.05$，落在-4.0～4.0区间之外的概率$p<0.0001$。如果单个格子的皮尔逊残差显著大，则该格子填入深蓝色（$p<0.0001$），如果显著小则为深红色（$p<0.0001$）。浅蓝色和浅红色也表示显著大和显著小，但是显著性水平较低（$p<0.05$）。第三步，对照征型配比（方块面积），对皮尔逊残差分布（方块颜色）进行细致分析。以下是图11的分析结果：

① 动词以*[陈述]*和*[指称]*为主。前者在其他秩次显著偏高，而后者在首位秩次显著偏高。

② 副词也以*[陈述]*和*[指称]*为主。前者也在其他秩次显著偏高。另外，在其他秩次上，副词的*[描述]*显著偏低，而[情态]显著偏高。

③ 量词以*[描述]*和*[指称]*为主。前者在其他秩次上显著偏高，而后者在首位秩次和其他秩次上，都稍有偏高。量词的*[陈述]*在其他秩次上显著偏低。

④ 名词的义征缺乏*[标记]*、*[关联]*和*[情态]*，而*[指称]*的比例最大，次之为*[描述]*，再次为*[陈述]*。在首位秩次中，*[指称]*的数量显著偏高，但伴有在其他秩次中的显著偏低。在其他秩次中，*[描述]*和*[限定]*显著偏高，而*[陈述]*稍有偏高。

⑤形容词的征型配比与名词相似，缺乏*[标记]*、*[关联]*和*[情态]*，而*[指称]*的

比例最大，次之为*[描述]*，再次为*[陈述]*。不同的是，形容词的*[指称]*不但在首位秩次，而且在其他秩次中，都显著偏高，*[陈述]*在其他秩次中显著偏低。

⑥ 从征型配比来看，动词和副词两者相似，而量词、形容词和名词三者相似，尤其是量词和形容词，两者几乎具有一致的征型配比和皮尔逊残差分布。由此可以得提示，在专家内省式的语义处理过程中，动词和副词可能具有相似的过程，而量词、形容词和名词则反映了另一种处理过程。尤其可以提示，量词和形容词可能经历相同的义征分析和义场建构过程。

⑦ *[陈述]*、*[描述]*和*[指称]*占据了其中最大比例，而且*[指称]*尤多。在秩次分布上，首位秩次显著高于预期值的征型，几乎都是*[指称]*，其中以动词、名词和形容词的义征尤为显著。这也提示需要重点解读图10中的*[指称]*的独有度分布：动词的首秩次义征为共有义征，而名词的首秩次义征为独有义征。

（五）量化指标分析小结

从语言学研究角度来看，上述结果提示，专家在进行义场建构与义征分析时，可能存在义场特异性的认知处理模式。从临床实际应用角度来看，可以假定，对动词的指称过程倾向于优先处理共有义征，而对名词的指称过程则倾向于优先处理独有义征。文森和维廖科对基于义征重叠关系的英语语义空间研究发现（Vinson & Vigliocco，2002），名物类概念领域中存在范畴聚类式分布，动词类概念领域内不出现范畴聚类，而是在语义距离上遵循梯度渐变式分布。综合上述发现，可以得到以下提示：

①汉语名物概念在认知处理上以独有义征优先，在进行义征训练时，可能需要仔细考察场内和场间的区别性义征，从而实现范畴聚类。②汉语动词概念在认知处理上不存在统一的顺序，既有可能从共有义征出发（如*[指称]*），又有可能从区别性义征出发（如*[陈述]*和*[描述]*），从而呈现为语义梯度变化。③征型可能作为一种独立的影响因素，影响范畴独有度在义征秩次上的分布模式。通过探查这些分布模式，可能有助于评估不同征型的重要程度，从而为言语治疗提供适宜的语义特征筛选和编排方法。

第四节　网络参数估算：义征共元网络的宏观模式探析

一、语义网络建模方案

第一步，确立基本成分。由于要构建的是析义元语言的语义网络模型，它没有纳入语义句模，而是使用词汇语义层面的义征分析成果作为建模的基本资料。因此，该模型的基本成分是义征和义位。根据语义语法学理论，义征是通过义位对比而提取的特征。出于这种对比性，极性标记就成为义征不可分割的一部分。因此，用于构建语义网络的义征含有极性标记。义征和义位最初以节点的形式进入网络（见第二步），此后根据侧重于考察哪种关系，决定是提取义位网络（见第三步，义位的义征重叠关系网络），还是提取义征网络（见第四步，义征的词元共享关系网络）。

第二步，建立**双层网络**。该步骤有三个原则：①义位和极性义征为节点；②义位对义征的包含关系为连线；③上下双层结构，分别以义位和义征作为上层和下层节点。如图9A所示，上层是义位（又称为词元，图中所示为圆形节点），下层是义征（图中所示为方形节点）。连线出现在两层之间，表示义位对义征的持有关系。例如，百合持有［+象征→长久］。

第三步，析出**义位网络**。该步骤有三个原则：①节点是义位；②连线是义位间的义征重叠关系；③连线权重（线值）由重叠义征的数目来赋值，表示义位之间的语义联系强度。如图9A双层网络所示，百合与牵牛花之间有3个重叠义征，分别是［+花卉］、［+叶↔长形］和［+喇叭形］。析出如图9B所示的义位网络后，在百合和牵牛花这两个义位之间，就形成一条赋值为3的连线（在可视化绘图中，以连线粗细来表示线值大小）。另外，还可以借助反映义征重叠程度的余弦距离来获取义位之间语义距离分布数据，从而建立基于余弦距离的义位网络和义位聚类。但是，本研究的出发点是应用义征分析进行言语治疗实践，而不是阐明义位的概念组织结构，因此需要进入第四步，完成义征网络结构的建构。

第四步，析出**义征共元网络**。该步骤有三个原则：①节点是义征；②连线表示两个义征可以共同出现在同一个义位中（由于义位又称词元，故这种关系简称**共元关系**）；③连线权重由共享词元的数目来赋值，表示义征之间的语义联系强度。由于词元是语义网络中的概念单位，因而共元关系可以提示，义征间存在以概念为框架的语义关联。如果一个义征与另一义征共享多个词元，那么两者间连线权重高，提示这两个义征的语义联系强度高，即如果其中一方出现，会有较高机率引出另一方。如图9C所示，［+花卉］和［+喇叭形］共享2个词元（百合和牵牛花），而［+花卉］与［+象征→圣洁］只共享1个词元（荷花）。在图9中用灰色标出存在较高联系强度的义征。

二、语义网络分析方案

（一）分析对象

本章所分析的网络类型主要是上述建模过程第四步建立的义征共元网络。之所以选这种类型的网络进行分析，主要有以下原因：

第一，以往的语义网络模型主要是上述建模过程中的双层网络和义位网络，未能深入到义征层面。脑功能影像学研究显示，特定的语义特征可以形成分布于各个脑区的特定激活模式，并且可以借助语义特征预测脑的功能活动（Mitchell et al.，2008；Huth et al.，2012）。对语义网络的建模，应当深入到语义特征层面。

第二，在经验性义征数据集的发展过程中，征间关联是其研究的重点。汉语析义元语言是专家独立内省完成，缺少可供计算征间交联度的提名频次数据，因而无法构建征间交联度赋值的征间关系网络。但是，从常识理据来看，任何事物都同时具备多种特征。或者说，多种特征共存于某种框架（事物、场景或事件）中。义征共元关系是以概念为框架的语义关联度量，是客观存在的最简单和最直接的征间关系，也最容易测知。

第三，**义征缠绕**作为语义语法学的术语，又称**语义缠绕**（李葆嘉，2007a，280—283页）、**语义耦合**或**语义关联**（李葆嘉，2007a，303—305页），并且被用来涵盖语义兼容、语义选择和词元搭配等各种语义关系（李葆嘉，2007a，280—283页）。但是，目前对义征缠绕的认识，仅有术语描述，而无操作性定义，从而使这个概念在实际应用中带有模糊性。它涵盖但又并未区分两种基本关系。一种是义位之间通过义征而相互接合的关系。最具代表性的是义征重叠关系。例如在图9中，百合和牵牛花有［+花卉］和［+叶↔长形］两个义征重叠。另一种是义征本身的两两接合关系，其实质上就是征间关联。目前缺乏对于汉语词汇语义系统的义征间关联的研究。汉语析义元语言虽然在复合义征中给出了局部征间关联分类的符号体系（参见本书《体例》），但是这种符号体系等同于在建构一种关于义征组合方式的语法，而没有提出研究征间关联的整体方案，也无法以此探查征间关联的宏观结构模式。如果把汉语析义元语言的义征视为由专家产生的提名条目，则义征共元关系网络是目前最具操作性的征间关联建模分析策略。

（二）分析内容

本章对语义网络的分析，仍然围绕本研究的基本问题：人脑是怎样表征和处理语义，从而实现快速、有效且稳定地交流？针对该问题，本研究主要探查语义网络效率性和稳健性所赖以存在的结构模式。通过对已知机制的模型进行比较，推测语义网络的结构机制。在本研究对方法论依据的论述中，已经描述了四种重要的复杂网络宏观结构模式：异质性、小世界性、点度相配性和模块性。本章将围绕这四种模式对义征共元网络进行分析，了解语义特征网络的宏观结构模式。同时，本研究将对一些可反映义征在网络中的重要性的参数（例如点度）进行分析。

（三）分析工具

借助C#语言自制共现关系分析器（Co-occurrence Analyzer），并以之构建复杂网络文件（.net格式）和词性分区文件（.clu格式）。以Pajek（de Nooy, Mrvar, & Batagelj, 2012）（64位3.14视窗版）和R软件平台（R-Core-Team, 2014）（使用*igraph*包）进行网络分析和可视化。在Python平台Canopy（版本号1.5.1.2730）完成点度分布拟合（使用powerlaw包1.3.1版）（Alstott,

Bullmore, & Plenz, 2014）。该工具包采用了克劳塞特（A. Clauset）、沙利茨（C.R. Shalizi）和纽曼（M.E. Newman）等提出新型分布模式分析法，可以为点度分布提供具有统计学意义的结果（Clauset, Shalizi, & Newman, 2009）。其中主要提供了五种备选分布模式，包括幂律分布、指数分布、广延指数分布、截尾幂律分布（truncated power law distribution）和对数正态分布（lognormal distribution）。以p值<0.05判断分布最适与否。

三、描述性指标分析结果

表7　义征共元网络：常规点线指标

持征词元类型	节点数	连线数	密度($\times 10^{-2}$)	节点数 / 词元数	密度 / 词元数（ $\times 10^{-2}$ ）
所有类型	2265	11502	0.4486	2.10	0.0004
动词	238	1113	3.9464	1.87	3.1074
副词	158	1040	8.3851	1.36	7.2285
量词	300	2122	4.7313	2.38	3.7550
名词	1295	5574	0.6653	2.70	0.1386
形容词	364	1663	2.5172	1.60	1.1040
名词 + 动词	1523	6687	0.5770	2.51	0.00095

如表7所示，除了对所有词元的义征网络进行计算以外，还按照词元词性分别计算相应义征网络的指标，即从整个网络中按照持征词元类型提取义征，并且删除无连线的孤立节点，得到各型词元所对应的义征共元网络。考虑到名词和动词是构成句子的主要词元类型，表7还展示了这两种词元所持义征共同形成的名动复合共元网络。由于持征词元数量不同（如表4所示），义征共元网络的常规点线指标无法直接相比，为此表7提供了用词元数量标化的节点和密度值。标化后的密度值越高，意味着在同样多的词元中，义征之间的语义联系越紧密，也就提示义征的语义区别性越低，在命名词元时可凭借的语义线索就越少。

从表7可见，整体共元网络的密度最低，名动复合共元网络的密度次之。在单型词元的义征共元网络中，副词义征共元网络密度最高，量词次之，名词最低。这提示，义征共元网络在整体上仍然提供了较多的词元命名线索，而且名词要比其他词元类型提供的线索更多。

四、网络可视化分析结果

图12（见文前）显示的是各义征共元网络的可视化结果。图中红色节点表示义征，蓝色连线表示义征共元关系。为清晰显示点线连接结构，连线粗细并未加权，但是节点的大小与其加权点度的大小呈正比。从图中可以发现，在每个网络中，总有一部分占据了大多数连线的节点存在。这种中央集权式的结构，在副词、形容词和量词中尤为明显。这提示义征共元网络的结构关系不均一，很可能符合异质性分布模式。

在义征共元网络中，虽然高点度顶点之间也存在相互联系，但是在可视化效果图上并未出现明显的“核心／周边”结构。由于“核心／周边”结构出现在点度同配性模式中（Newman，2003；Holme，2005），因此推测义征共元网络可能符合异配性模式。

从可视化效果图中还可以发现，多数网络还存在聚集成团的局部点线关系。例如，整体网络中大致可以分辨出左上和右下两个部分，其中左上部分自成一团，而右下部分还可以分辨出上、中、下等若干小团块。这提示义征共元网络可能存在模块化结构。可能例外的是动词网络，它基本上形成一个独立的团块。动名复合义征共元网络的团块间连线较为稀疏，由此可以提示，动词义征的加入并没有破坏名词义征共元网络原有的团块结构，相反，它还有强化这种结构的趋势。

五、宏观模式分析结果

（一）异质性模式

异质性模式在结构上关注的是点度差异，在功能上则与网络在稳健性有关。本章对义征共元网络的异质性模式的分析，也需要以考察义征的点度分布为基础。如果以占据连线（共元关系）的数量（点度或线值加权的点度，线值为两义征间共享词元数量）来衡量义征在网络中地位的重要性，那么因与很多其他义征有共元关系而携带多种语义线索的高连接性义征，就应当是具有语义概括性的共有层义征（相当于分类义征）。例如，在名词义征共元网络中，［+人类］的连接性最高（点度为183，加权点度为530），［+统称］次之（点度为146，加权点度为237）。低连接性的义征，因其共元关系较少，就应当是具有语义清晰性的独有层义征。例如，［+中医］和［+植物∨动物∨矿物］就是低连接性义征（点度和加权点度均为2，即只有两条线值为1的连线）。本节首先分析点度与独有度的关系，然后借助埃斯特拉达指数来考察义征网络的异质性程度，最后对具有异质性的义征网络进行点度分布模式拟合。

1. 点度与独有度关系探查

图13（见文前）显示了在整体义征共元网络中，义征的点度（加权与非加权）和独有度之间的关系。由于同一个义征在不同范畴中可能具有不同的范畴独有度，在整体义征共元网络中难以形成顶点与范畴独有度取值的一一对应关系，因此图中显示的是全局独有度，即整个析义元语言标记集中，持有靶义征的义位数的倒数。这相当于图9A双层网络中的下层义征所拥有的连线数的倒数。图13可以提示，点度越高，全局独有度就越低。这也就证实，在义征共元网络中，高连接性的义征往往是共有层义征。图14（见文前）显示了在不同词元类型的义征共元网络中，义征的点度（加权与非加权）和独有度之间的关系。在这种情况下，范畴独有度可以与点度形成一一对应，因此图中采用了改良加勒德范畴独有度。该图可以提示，范畴独有度与点度成反比，即高连接性义征往往是共有层义征。

2. 埃斯特拉达异质性指数

根据埃斯特拉达对52种现实网络进行分析的结果（Estrada，2010），自然界的网络可以分为两种类型：同质（异质性指数0.054～0.13）和异质（0.222～0.398）。后者又可以分为中度异质（0.233～0.305）和高度异质（0.372～0.516）。本研究计算了义征共元网络的埃斯特拉达异质性指数，结果如下（括号中显示持征词元类型）：0.2282（所有词类）、0.33（动词）、0.2551（副词）、0.2375（量词）、0.1541（名词）、0.3652（形容词）和

0.1798（动词＋名词）。可以发现，义征共元网络整体上属于中度异质性网络。形容词的义征共元网络的异质性最高，接近高度异质，而动词的义征共元网络与之相近。副词和量词的义征共元网络也都具有异质性，但都在中度范围内。名词的义征共元网络趋于同质。由此可以推断：

① 名词的义征在地位上较为平等，因占据大量词元共享关系而语义区别性偏低的义征较少，从而使得义征有助于提供较准确的词元识别线索；

② 形容词词元的义征在地位上较为悬殊，其高连接性义征不易准确提供词元识别线索；

③ 动词词元的义征共元网络异质性较高，但它一旦与名词合并，其复合义征共元网络与名词义征共元网络相似，趋于同质。

3. 点度分布模式

表8　义征共元网络：加权和非加权点度五种分布模式交叉比较

		截尾幂律	指数	广延指数	对数正态
非加权	幂律 vs.	-835.38(0.00)	-1477.53(1.33×10^{-108})	-150.38(0.88)	-2104.93(0.00)
	截尾幂律 vs.	—	-642.16(3.73×10^{-38})	684.99(0.48)	-1269.55(2.10×10^{-244})
	指数 vs.	—	—	1327.15(0.00)	-627.39(4.64×10^{-78})
	广延指数 vs.	—	—	—	-1954.54(0.04)
加权	幂律 vs.	-702.52(0.00)	-816.66(2.13×10^{-11})	-1079.68(3.04×10^{-119})	-1560.30(5.03×10^{-292})
	截尾幂律 vs..	—	-114.13(0.23)	-377.16(2.56×10^{-73})	-857.78(1.11×10^{-240})
	指数 vs.	—	—	-263.02(0.00)	-743.65(7.89×10^{-17})
	广延指数 vs.	—	—	—	-480.63(4.65×10^{-121})

横向比较，括号外为似然比，括号内为p值，$Degree_{min}$设为1。

表8显示了义征共元网络的点度分布模式。数据以“似然比（p值）”的形式展示。似然比用于表示两个模式之间的优劣。似然比的正负值表示前一模式要比后一模式更好（正值）或不如后一模式（负值）。似然比的绝对值越大，说明两者之间相差程度越大。p值用于判断这种优劣是否具有显著的统计学意义（以$p<0.05$为有显著性）。表8报道了横向比较的结果。例如，幂律分布与截尾幂律分布的比较结果为-835.38(0.00)，提示前者显著劣于后者。需要说明的是，该表中的曲线拟合是从最小值为1的加权和非加权点度开始进行的。之所以这样做，是因为最适的幂律拟合区间下界（最小非加权点度$Degree_{min}$）为11。非加

权点度最小为11的区间仅涵盖所有顶点中的24.42%。与此类似，加权点度获得的幂律拟合区间下界为27，在区间中仅涵盖12.63%的顶点。因此，在以下分析中，加权和非加权$Degree_{min}$都设置为1，以涵盖所有顶点。

表9　义征共元网络：加权和非加权点度的对数正态分布与其他四种分布模式比较

持征词元类型		vs. 幂律	vs. 截尾幂律	vs. 指数	vs. 广延指数
非加权	动词	213.10(1.04×10^{-22})	131.79(9.10×10^{-16})	78.12(1.54×10^{-18})	76.25(1.06×10^{-20})
	副词	173.86(4.84×10^{-49})	108.02(1.10×10^{-23})	46.29(7.94×10^{-14})	43.85(5.10×10^{-20})
	量词	342.79(3.65×10^{-64})	216.13(1.95×10^{-41})	97.23(7.3210^{-37})	95.76(6.53×10^{-22})
	名词	1261.82(0.00)	766.33(1.34×10^{-170})	336.37(3.87×10^{-93})	307.19(8.90×10^{-41})
	形容词	357.70(1.28×10^{-30})	232.79(4.5310^{-26})	148.45(1.36×10^{-18})	807.11(0.23)
	动词＋名词	1453.73(2.91×10^{-289})	882.22(3.18×10^{-168})	406.20(1.46×10^{-102})	392.86(5.60×10^{-58})
加权	动词	155.40(5.36×10^{-19})	91.62(2.5510^{-17})	105.57(2.61×10^{-5})	57.90(2.91×10^{-18})
	副词	116.79(6.63×10^{-53})	57.32(2.00×10^{-21})	39.56(2.81×10^{-13})	24.66(4.88×10^{-15})
	量词	263.16(8.74×10^{-67})	147.13(2.95×10^{-56})	83.95(5.4310^{-4})	67.11(9.25×10^{-17})
	名词	1028.51(1.46×10^{-260})	571.93(7.14×10^{-158})	278.44(1.77×10^{-19})	934.02(0.17)
	形容词	230.95(1.34×10^{-33})	135.47(3.65×10^{-36})	169.55(2.0010^{-4})	84.76(4.59×10^{-31})
	动词＋名词	1162.96(1.79×10^{-224})	653.33(7.16×10^{-165})	394.64(2.19×10^{-16})	346.01(2.70×10^{-62})

括号外为似然比，括号内为p值，$Degree_{min}$设为1。

从表8可以发现，义征共元网络非加权和加权点度都更符合对数正态分布模式。对各持征词元类型对应的义征共元网络进行分析（表9）也可以发现，它们的点度和加权点度k都符合对数正态分布模式（Clauset，Shalizi，& Newman，2009）。该模式遵循以下公式：

$$P(k) \sim \frac{1}{k} e^{[-\frac{(lnk-\mu)^2}{\sigma^2}]}$$

整个义征共元网络的点度分布μ=1.9037，σ=0.6197；加权点度分布μ=2.0466，σ=0.7983。另外，本研究还分析了在屏蔽首秩次义征的情况下，义征共元网络的点度和加权点度分布，发现上述对数正态分布模式仍然存在，提示该分布模式不受义征秩次影响。

（二）小世界模式

本研究对小世界模式的探查分为两步。第一步，为义征共元网络构建相同规模（同样数量的节点与连线数）的ER随机图模型共1000个[①]，计算这些网络的平均最短路径的均数和标准差，以及它们的网络云集系数置信区间的上界值。当义征共元网络的实测平均最短路径与ER随机网络的平均最短路径相近，而当网络云集系数实测值显著大于ER随机网络的置信区间95%上界值时（达到10倍以上）（林枫、刘云、江钟立，2012），可以认为义征共元网络具有小世界性。

第二步，在义征共元网络基础上，所有连线进行点度保守性随机重连，形成1000个重采样网络。计算这些网络的平均最短路径和网络云集系数，从而了解随机因素是否会破坏已有的小世界模式。主要分实测值和随机模拟值两方面来解读计算结果：

① 实测值是否位于随机模拟值的95%置信区间内（D与$D_{rewired95CI}$相比、C与$C_{rewired95CI}$相比）？如果不位于该区间，可以认为随机因素并不影响实测值本身的存在，从而可以推断实测网络的模式是不受随机因素影响的认知过程的固有产物。

② 随机模拟值是否仍符合小世界模式？如果随机重连网络的平均最短路径（$D_{rewired}$）与ER随机图模型的平均最短路径（D_{ER}）相近，而且随机重连网络的网络云集系数（$C_{rewired}$）显著大于ER随机网络的网络云集系数置信区间的95%上界（$C_{ER95UpCI}$），则可以判定随机重连网络符合小世界模式，由此认为随机操作难以破坏实测网络的小世界性，从而可以推断实测网络的小世界性是否稳健。

表10　义征共元网络：小世界模式探查

持征词元类型	D	D_{ER}（M ± SD）	C（10^{-2}）	$C_{ER95UpCI}$（× 10^{-2}）	C/ $C_{ER95UpCI}$	Γ（× 10^{-2}）
整体	3.6868	3.59 ± 0.0015	15.7827	0.4499	35.08	-14.29
动词	2.3067	2.68 ± 0.0051	13.7835	3.9477	3.49	-30.99
副词	2.1979	2.22 ± 0.0038	29.4127	8.4183	3.49	-34.32
量词	1.9527	2.44 ± 0.0020	19.1496	4.7443	4.04	-19.99
名词	4.0896	3.57 ± 0.0027	28.554	0.6677	42.76	-10.64
形容词	1.9748	2.90 ± 0.0045	9.2963	2.5338	3.67	-24.67
动词＋名词	4.2105	3.62 ± 0.0024	23.6635	0.5771	41.01	-13.78

① 由于ER随机图模型是非加权网络，因而采用非加权义征共元网络进行比较。对加权义征共元网络的分析则留待模块化模式分析部分进行。

计算义征共元网络和ER随机图的平均最短路径、网络云集系数和点度皮尔逊相关系数。ER随机图的顶点数和连线数都与相应义征共元网络相同。D：实测平均最短路径。D_{ER}：ER网络的平均最短路径。C：实测网络云集系数。$C_{ER95UpCI}$：ER网络的网络云集系数95%置信区间上界。Γ：实测点度皮尔逊相关系数。$C/C_{ER95UpCI}$：网络云集系数实测值与随机模拟所获95%置信区间上界的比值。

表11　义征共元网络：随机重连对小世界模式和点度相配模式的影响

持征词元类型	$D_{rewired}$	$D_{rewired95CI}$	$C_{rewired}$（$\times 10^{-2}$）	$C_{rewired95CI}$（$\times 10^{-2}$）	$\Gamma_{rewired}$（$\times 10^{-2}$）	$\Gamma_{rewired95CI}$（$\times 10^{-2}$）
整体	3.03 ± 0.0047	3.0252 ～ 3.0258	2.68 ± 0.0866	2.6775 ～ 2.6883	-9.76 ± 0.2510	-9.7785 ～ -9.7474
动词	2.10 ± 0.0129	2.0985 ～ 2.1001	9.43 ± 0.2058	9.4149 ～ 9.4405	-30.47 ± 0.1443	-30.4792 ～ -30.4613
副词	2.03 ± 0.0081	2.0305 ～ 2.0315	19.12 ± 0.4791	18.9827 ～ 19.0422	-29.34 ± 0.7245	-29.3885 ～ -29.2986
量词	1.9527		10.92 ± 0.1470	10.9141 ～ 10.9324	-19.54 ± 0.0855	-19.5427 ～ -19.5321
名词	3.23 ± 0.0062	3.2253 ～ 3.2261	2.36 ± 0.1180	2.3573 ～ 2.3719	-5.41 ± 0.6176	-5.4461 ～ -5.3694
形容词	1.9748		5.88 ± 0.1022	5.8774 ～ 5.8901	-24.12 ± 0.0492	-24.1226 ～ -24.1165
动词＋名词	3.19 ± 0.0057	3.1853 ～ 3.1860	2.47 ± 0.1171	2.4579 ～ 2.4725	-7.05 ± 0.5363	-7.0814 ～ -7.0148

显示均数 ± 标准差或置信区间下界值～上界值。$D_{rewired}$、$C_{rewired}$和$\Gamma_{rewired}$分别是重连网络的平均最短路径、网络云集系数和点度皮尔逊相关系数，$D_{rewired95CI}$、$C_{rewired95CI}$和$\Gamma_{rewired95CI}$是三者的95%置信区间。

表10主要显示义征共元网络及其相同规模随机网络的平均最短路径和网络云集系数。从中可以发现，平均最短路径实测值都接近ER随机网络模拟值，因此对小世界模式的考察主要集中于$C/C_{ER95UpCI}$。义征共元网络在整体上符合小世界模式（$C/C_{ER95UpCI}$=35.08），名词义征共元网络也符合该模式（$C/C_{ER95UpCI}$=42.76）。虽然动词义征共元网络本身云集系数并没有明显高于随机网络（$C/C_{ER95UpCI}$=3.49），但是名动复合义征共元网络的网络云集系数仍可以维持较高水平（$C/C_{ER95UpCI}$=41.01）。因此，可以认为，名词所持义征在语义网络的小世界模式形成机制中，起到了关键的作用。

表11显示了点度保守性随机重连对小世界模式的影响。该表的结果需要结合表10来考察。首先，对实测值的分析发现，量词和形容词的平均最短路径未发生改变，其余平均最短路径实测值（D）都没有落入重连网络的平均最短路径95%置信区间（$D_{rewired95CI}$）内。与此类似，义征共元网络的网络云集系数实测值（C）都没有落入重连模拟结果的95%置信区间（$C_{rewired95CI}$）内。因而可以推断，义征共元网络的平均最短路径和云集系数并非由随机过程导致，它们是建构网络认知过程的产物。

其次，对随机模拟值的分析发现，除了量词和形容词以外，随机重连通常会降低平均最短路径。之所以量词和形容词的平均最短路径不受影响，可能由于它们都存在与其他所有义征相连的“中央集权式”义征。这在量词中是［+类别］，在形容词中是［+性质］。网络云集系数也受到随机重连的影响而出现较大幅度的降低，从而使原本具有小世界性的整体义征共元网络、名词义征共元网络和名动复合义征共元网络丧失小世界性。

义征共元网络来自专家内省的义场建构和义征分析，可以预期其结构不由随机过程造成。上述结果一方面证实义征共元网络的小世界性并不是随机因素所造成的，另一方面还提示随机过程有可能破坏义征共元网络的小世界模式，从而提示析义元语言受到非随机过程的制约。这些非随机过程，应当就是义场建构和义征分析所遵循的认知过程。

（三）点度相配模式

对点度相配模式的分析遵循与小世界模式相似的处理方式，即把所有连线都进行点度保守性随机重连，并且计算重连网络的点度皮尔逊相关系数。与表10所显示的实测点度相关系数进行比较，表11所示重连网络的点度相关系数实测值（Γ）并未落入随机重连网络95%置信区间（$\Gamma_{rewired95CI}$）内，而且随机重连并不能改变网络的异配模式。因此可以认为，义征共元网络的异配模式并非来自随机过程，而是由义场建构和义征分析过程导致高连接性义征倾向于与低连接性义征相连。

（四）模块化模式

前文已经论及模块化模式的评测指标。本节进行的义征共元网络分析，关注的是网络的模块化程度，因而选取NG模块度作为指标。NG模块度的基础，是凭借连线介数来划分社团。这种社团划分是高介数连线的迭代性删除操作（Newman & Girvan，2004）。在获取了社团划分方案之后，以实测网络为种子，进行随机化重连，而保持社团划分方案不变，从而了解社团划分方案对随机过程的抵抗程度。模块度高并不意味着模块数多，而表示实测网络模块性的强弱。模块度越接近1，网络社团来自随机因素的可能性就越小。模块化网络的模块度通常要至少达到0.3（汪小帆、刘亚冰，2009）。本节所涉模块度是基于加权义征共元网络，采用R软件的igraph包完成分析。

表12　义征共元网络的模块度

持征词元类型	整体	动词	副词	量词	名词	形容词	动词＋名词
NG 模块度	0.7288	0.2526	0.4832	0.3414	0.7849	0.4184	0.7964

如表12所示，从单一词元类型来看，动词义征共元网络的模块度最低（0.2526），而名词则最高（0.7849）。有趣的是，当动词与名词联合时，形成的复合义征共元网络拥有最高模块度（0.7964）。它甚至超过了整体网络的模块度（0.7288）。这与前述对图12的可视化分析结果一致。其可能原因在于，名物概念本身具有较为清晰的概念语义组织，而动词的加入则有助于进一步形成明确的语义组织。如果单独考察动词，可以发现其义征共元结构在排除随机预期值之后，仅取得极小的模块度（<0.3）。这提示，在汉语析义元语言中，动词所持义征并不足以独立凭借共元关系而聚集成模块。

第五节　结果讨论：内省数据的解读与应用

（一）基于省力原则的先验性判断

从理论上来看，义征节点的高连接性意味着拥有大量词元共享关系。这种义征出现于多种背景或框架中，是具有分类区别作用的共有层义征。共有层义征的存在，虽然对特定范畴或领域的语义模块具有标记作用，但是它不足以形成清晰的语义表述，而独有层义征仅出现在少数语义背景或框架中，从而可以提供较为精准的语义线索。从语言交流的**省力原则**（principle of least effort）[①]来看，说者要最省力，那就用一个发音来表示所有概念（模糊性），省了找词的麻烦。听者要最省力，则需要所有概念都精准无疑（准确性），省了猜测的精力（Solé et al.，2010）。这种省力现象在临床言语治疗中很常见。例如，布洛卡报道的患者勒沃尔涅（Leborgne）就只能用“唐”（tan）来指称各种事物，而语音无法表达的部分就用各种手势来补充。虽然患者试图用语音加手势来表达一个完整的意思，但在纯然的言说交流上，患者语音上的省力带来的是听者的费力。在自然的言说交流中，为了满足听者所要求的准确性，说者必须费力地追求准确表达，但这种费力可以借助高效的语义通达得到缓解（效率性）。为适应说者带有的模糊性，听者必须费力地在自身语义储备中匹配语义线索，由此需要有稳定的语义结构可供参照（稳健性）。听者和说者的省力需求经过博弈，塑造出可供实际交流的语言结构。这种实用结构必须要在共有义征和独有义征这两种语义线索方面形成适宜的分布，从而使得无论是听者还是说者，都能高效通达网络中的义征，而且还能够维持网络在动态变化中的结构稳健性，不至于在义征增删的情况下崩溃为互不通达的碎片。因此，对效率性和稳健性的考察，针对的是网络结构，而这种结构要服务于语主在现实交流中对准确性和模糊性的需求。

从析义元语言的义场建构和义征分析操作来看，源自专家内省的义征库，追求表达的层次性和清晰性，而不是义征提名法所强调的义征重要性。也就是说，相比于常人义征提名而言，析义元语言更偏向于令说者（专家）费力，使听者（受众）省力。这就意味着对准确性的要求较高。由此从理论上推测，析义元语言应当以独有层义征占主导。本章有关位型、征型、范畴独有度和义征秩次的分析，可以支持这种推测（图10和图11）。在此基础上，本章对义征共

① 又称经济原则（economy principle），由齐普夫（G. K. Zipf）在语言学研究中首先明确提出，要求以最小代价换取最大收益。现在该原则也被广泛用于生物科学、社会科学甚至物理学研究。

元网络形成以下先验性判断：义征共元网络应该在结构上存在自上而下的、层层套叠的模块，并且表现出独有层义征占主导所应当具备的点度分布模式，服务于语义通达的效率性和语义结构的动态稳定性。

（二）对分析结果的归纳

本章分多个步骤对义征网络数据进行了分析，发现结果符合上述先验性判断。第一，分析了点度和独有度的关系，发现它们成反比（图13和图14），即高连接性义征是共有层义征，而且随着连接性的递减，义征的共有性下降，而独有性增加。由此提示，可以借助独有度来解读义征共元网络的点度分布，而后者是研究网络效率性和稳健性的基础。

第二，探查了点度分布的异质性模式。异质性意味着网络应当拥有少数高连接性节点，而多数节点的连接性较低。对义征共元网络的埃斯特拉达异质性指数分析结果表明，网络整体上具有中度异质性，但是这种异质性并非来源于名物义征，而是从动词以及其他词元类型获取。对动词而言，存在因占据大量语义联系而语义区别性偏低的义征，但是当把名词加入共元关系中时，义征的这种不平等性就被削弱。这也符合现实情况：动词与名词搭配用以形成清晰的语义表述。由此推测，名物词元更多地服务于听者省力，而动词和其他类型词元所起到的作用，可能是降低说者费力程度。

第三，检验了点度分布的异质性模式。结果表明，义征共元网络的点度分布模式既不支持幂律分布，也不符合广延指数分布。无论加权与否，义征共元网络在总体上都符合对数正态分布。分析结果还发现，只有10%～20%的高点度义征可供拟合幂律分布，而多数顶点都处于点度均等分布的状态。由此提示，义征共元网络虽然有异质性，但它难以用常见的异质性模型（如无标度分布或广延指数分布）来解释其产生机制，需要寻求其他解释（详见下文关于对数正态分布的讨论）。

第四，分析了小世界模式。结果发现，义征共元网络符合小世界模式，而对这种模式起关键作用的是名物义征。从平均最短路径（≈3.69）来看，从任意一个义征出发，通达网络中的任意其他义征，平均只需要经过3～4步跳转。这种小世界模式的存在，意味着在义征共元网络中，可以高效提取义征用于合成义位。

第五，分析了点度相配模式。在义征共元网络中，高连接性义征更有可能与低连接性义征直接相连，并且这种结构特征不受随机因素影响。可以从析义元语言的建构过程来理解这种模式。在义征表达式中，总要有共有义征来提示义位所属义场、领域或范畴，也总要有独有义征来把各个义位区分开来，因而共有义征总是会与独有义征出现在同一个义位中。不过，从点度相关系数的绝对值来看，这种相关性很弱。因而在整个网络中，仍然会有共有义征之间相连的情况。事实上，同一个义场可以解析出多种特征，这些特征可供该义场与其他多个不同义场进行区别，从而造成共有义征同时出现于相同义位，也就使共有义征之间出现直接相连。点度相配模式可以体现效率性和稳健性这两方面的协调。强调信息传递效率的网络需要异配性模式的支持（Tanizawa，2012）。如果网络的结构处于动态变化中，局部结构在干扰下的变动，在异配性模式的制约下难以在网络内传播，从而维护网络结构的动态稳定性（Brede & Sinha，2005）。

第六，探索了网络模块化强度。名词义征共元网络具有不受随机因素影响的高度模块性，而动词义征共元网络则不具备这种特性。当动词与名词的义征融合在一起时，不但没有稀释名词义征所固有的模块结构，反而使之更为稳固。这提示义征共元网络的整体模块度主要来自名物义征，而其他词元类型的作用是进一步加强名物义征原有的模块度。“模块”这一术语在操作性定义上是指，一群义征相互之间的内部联系密集程度，要高于它们与外部义征的联系。这种结构意味着，一群义征会共同出现在一个或多个词元中，但又较少出现在其他词元中，从而呈现离散化的词元分布。本章的模块度分析结果，与文森和维廖科的报道一致（Vinson & Vigliocco，2002），即名词词元存在范畴聚类，而动词词元则表现为梯度渐变。服务于清晰表述语义这一目的，义征共元网络整体上仍然呈现为偏向范畴聚类的模块化结构。

（三）关于对数正态分布的讨论

对数正态分布通常用乘积模型（multiplicative model）来模拟，即每一步变化都与之前成比例。这种模型可用于解释自然界发生的成比例增长的现象（Mitzenmacher，2004）。例如：生物发育、种群增长、网站成长或价格变化等。对幂律分布的解释也往往建立在以点线增长为前提的模型上，例如BA模型（Barabási & Albert，1999）。通过对幂律分布和对数正态分布的增长模型进行回顾，哈佛大学工程及应用科学院的米森马彻（M. Mitzenmacher）发现，乘积模型在设定合适的拟合区间下界时，会形成幂律分布，而未设定下界的乘积模型（相当于以最低值作为下界值），则形成对数正态分布（Mitzenmacher，2004）。本章在拟合点度分布模式时，将拟合区间下界设为1，这就相当于未设下界的乘积模型，其应当形成本章结果所示的对数正态分布。这与义征共元网络的情况相符：在高点度区域形成幂律分布，在完整点度区间则符合对数正态分布。考虑到幂律分布对网络结构稳健性的贡献，可以提示，极少数高连接性

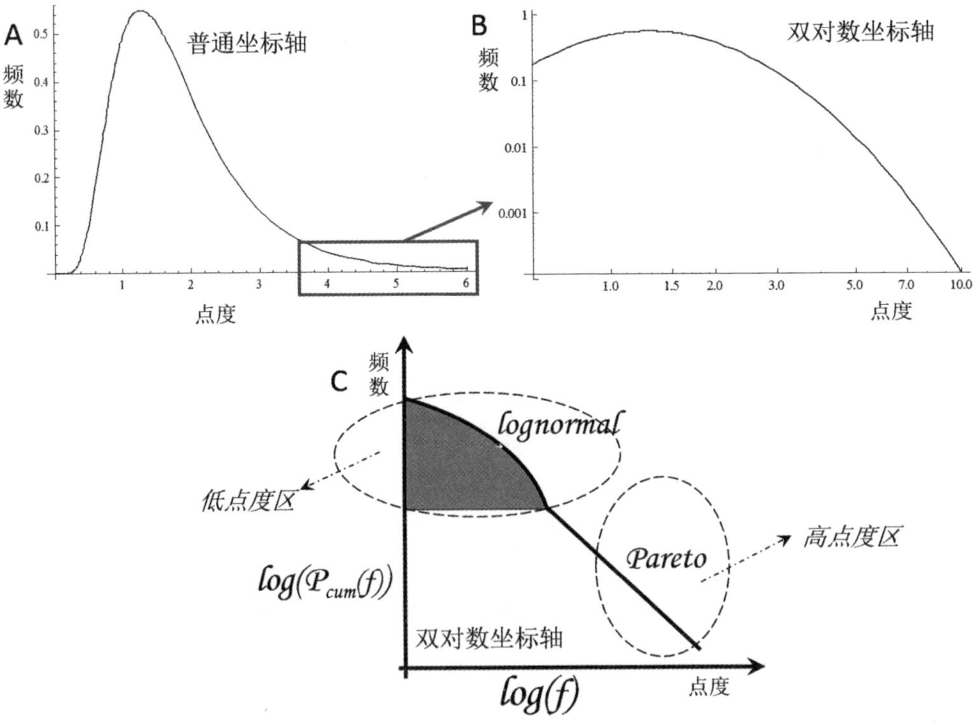

图15　对数正态分布和帕累托分布示意图

义征服务于语义结构的稳健性，而大多数义征则较为均等地分享语义联系。另外，从义征共元网络的动态建构过程来看，义征并非逐一添加到网络中，而是以语义背景、框架或场景（义位）为集成单位不断增长。因此，在旧有义征呈现在新增义位中时，这个新义位中的其他所有义征会同时接驳到该旧有义征，从而使义征的连线关系符合乘积模型。

另外，针对幂律分布模式和对数正态分布模式的讨论，还可以从意大利经济学家帕累托（V. Pareto，1848－1923）的研究得到启发。1897年，帕累托通过统计英国政府税收，研究了英国富有阶层的收入状况，发现约30%的富有阶层占有了约70%的总收入。此后对德国、法国和意大利的研究也都提示存在同样的收入分配模式。帕累托因发现收入分配模式符合幂律分布，而被认为是第一个发现幂律分布的人（Farmer，Smith，& Shubik，2005）。帕累托发现的幂律特征可以表述为：个人财富（f）在不小于某一值的区间内的累积概率$P_{cum}(f)$的大小，可以与f呈现负幂关系$P_{cum}(f)\sim f^{-(\alpha-1)}$。α称为帕累托指数（Pareto exponent），其范围通常在0～2之间。该指数越小，贫富差距越大。帕累托在统计多个国家和地区的收入数据后发现，收入分配α≈1.5。经济系统中符合这种特征的数据分布由此而被称为帕累托分布（Pareto distributions）。此后大量有关收入分布的调查都提示收入分配的帕累托指数在1.5～2之间。但是，受到数据来源和研究者兴趣的影响，帕累托指数的早期报道几乎都集中于对富有阶层（或贵族阶级）的数据分析。进入统计范围并进行幂律曲线拟合的人口只占到总人口的10%左右。此后进一步研究显示，其余90%的人口的收入往往更符合对数正态分布（Mitzenmacher，2004；Farmer，Smith，& Shubik，2005；Chatterjee，Sinha，& Chakrabarti，2007）。在普通坐标轴上，对数正态分布形成峰值偏左的钟型曲线（图15A）。在双对数坐标轴上，对数正态分布形成一条较直的斜尾（图15B）。整个“财富－人数”关系形成如图15C所示的形态。从对数正态分布向帕累托分布的切换点，随时间、税率以及各种目前尚不明确的原因而变化。总体来说，在世界各国和各个时期的财富分配中，富者更多地遵循帕累托发现的幂律分布特征（富者愈富），而贫者则相对比较均匀（贫者益均）

（Chatterjee，Sinha，& Chakrabarti，2007）。结合本研究结果考察上述帕累托分布，可以认为，虽然高点度区间的概念分类特征体系有助于维持语义结构的稳健性，但是在义征共元网络中占主导的，仍然是服务于效率性的语义关系结构。这种结构更倾向于均等地分配语义线索。今后在这个方面的研究，可能要着眼于对数正态分布和幂律分布之间的切换点：它在哪里？它是如何形成的？又在不同词类和语言中是如何变化的？对这些问题的研究，可能会解开概念结构从无序到有序的发展过程，也可能有助于改进义场建构和义征分析的具体操作技术。

（四）应用价值和局限性分析

本章经过四个步骤（原始资料整理→义征分型标注→量化指标计算→网络参数估算），对汉语析义元语言数据集进行了分析。可以从两个方面来考虑这部分研究的价值。

在属性数据研究方面，本研究发现析义元语言数据集可以反映义场建构和义征分析遵循的内省认知规律。例如，以义位语义大类为范畴计算改良加勒德范畴独有度，可以发现析义元语言主要含有的是独有义征。在秩次分布上，首位秩次显著高于预期值的征型，几乎都是*[指称]*，而且名词和动词在处理*[指称]*型义征时又有差异。前者优先处理独有义征，而后者则优先处理共有义征。整理和总结这些认知规律，一方面可以与人群提名构建的义征数据集进行比较，另一方面也有助于认识言语治疗师通过内省方式处理义征的规律。

在关系数据研究方面，本研究从异质性、小世界性、点度相配性和模块性四种宏观网络模式出发，探讨征间关系的结构特征。研究发现，义征共元网络的这些宏观网络模式是不受采样和分析过程中的随机因素影响的固有模式。对义征共元网络模式的分析，又符合从交流的省力原则出发所作出的预期假设。这些发现，一方面提示语义特征具有足以支持高效和稳健处理语义的交流需求，另外一方面也提示语义结构模型可以反映并服务于实际交流需求。

从临床应用角度来看，言语治疗的目标通常是矫正患者异常的认知处理过程，使之接近常人模式。如果以常人的义征共元网络作为参照，那么言语治疗要优先干预的靶点，就应当是常人模型中对效率性和稳健性有较大影响的节点，即前文所述的关键节点和核心节点。从义征被共同激活而合成义位来考虑，那么网络中的关键性义征会表现出三大特点：它们会连带激活许多义征，也会被许多义征所连带激活；其他义征之间如果要互通，往往需要频繁激活它们；它们很容易通过共元关系而激活其他义征。从网络分析的角度，这三种特点分别对应了点度、中介度和接近度。如果从义征受损而导致的网络连通性受损程度来衡量义征关键性，那么拉普拉斯度可以对此加以衡量。义征在网络中的核心性则可以用其云集系数来衡量。对网络一般特征的研究已经表明，上述网络参数取值较高的节点，也正是对网络稳健性和效率性影响较大的节点（Newman，2003；Rubinov & Sporns，2010）。因此，从理论上来说，有可能从不同干预角度对言语训练用的义征进行排序。

表13　名词范围内的义征量化指标和网络参数（以荷花义位为例）

含极义征	独有度	点度（非加权）	中介度（$\times 10^{-3}$）	接近度（$\times 10^{-2}$）	拉普拉斯度	云集系数
+花卉	0.9709	17	3.814	19.6447	550	0.2941
+叶↔圆形	1	5	0	18.8788	134	1.00
+花↔红色∨白色	1	5	0	18.8788	134	1.00
+瓣↔大	1	5	0	18.8788	134	1.00
+水面	0.9417	20	21.588	23.1016	654	0.2000
+象征→圣洁	1	5	0	18.8788	134	1.00

以荷花［+花卉］［+叶↔圆形］［+花↔红色∨白色］［+瓣↔大］［+水面］［+象征→圣洁］为例，表13显示了该义位所持义征的范畴独有度，以及这些义征在名词义征共元网络中的网络参数①。由于本研究是在义位语义大类范围内计算改良加勒德范畴独有度，因此该表格所示独有度实际上就是名词范围内的全局独有度。其中义征可以根据量化指标和网络参数分为三类。①［+花卉］。②［+水面］。③［+叶↔圆形］、［+花↔红色∨白色］、［+瓣↔大］和［+象征→圣洁］。前两类可以根据量化指标或网络参数排序，但是第三类义

① 有关为何选择名词而不是动词的义征共元网络进行分析的原因，详见下一章论述。

征的各个取值均相同，因而无从排序。如果从日常体验而不是语法词类角度来考察这些义征，就会发现第三类除了［+象征→圣洁］是百科知识以外，其余三个义征都是视觉信息。同时还可以发现，只需要第三类义征，就足以还原出这个义位。由此可以发现析义元语言的义征分析虽然能够提供义征量化指标和网络参数，但却不足以对可还原出义位的义征进行有效排序。虽然这种现象可以在临床上简单解释为第三类的这四个义征需要同时呈现，但是如果仔细观察就会发现它们类型不同，［+叶↔圆形］是形状信息，［+花↔红色∨白色］是颜色信息，［+瓣↔大］是尺寸信息。在析义元语言的义征质性分类中，这三个义征都属于*[描述]*大类下的*[性质]*子类，但缺少进一步的分类标准。这提示析义元语言所用的义征质性分类方案尚不足以支持其应用于言语治疗。

析义元语言数据集仅由一名专家内省构建，虽然在义场建构和义征分析方面具有严谨性，但它难以反映语言在人群中的实际使用情况。或者说，数据集本身反映的是建构者对语义层次清晰性和语义单位颗粒化的设计追求，而不是语言的实际使用者对语义表达的现实需求。由于其缺乏可供估计征间交联度的提名频次数据，只能使用最简单的义征共元关系建构网络模型，从而可能使网络指标不足以反映鲜活的义征关联结构。

总而言之，基于汉语析义元语言的研究表明，由原始数据整理→义征质性分类→量化指标计算→网络参数四个连贯要件构成的词汇语义特征分析方案有助于探索语义处理过程中的认知规律。同时也提示，仅凭专家内省形成的语义特征数据，不足以建立指导言语治疗实践的词汇语义分析方案。为克服内省进路的局限性，本研究拟进一步采用调查进路，借助义征提名法采集经验性义征数据集，并采用与本章研究相似的框架进行分析。

第五章

汉语词汇语义特征质性分类方案设计

前文在评介欧美语义特征质性分类方案时已经揭示，义征质性分类方案可以影响义征加工的颗粒化程度，从而影响义征数据集整理和量化指标计算。因此，在本研究目标所含四个要件中，义征质性分类方案是核心要件，会对整个研究过程产生根本影响。

如果单纯从语言学视野来设定义征质性分类方案，要优先考虑的往往是方案的严密性和完备性，而不是操作的简便易行性，因而可能选择高度细致的征型分类体系。但是，如果从言语治疗角度来考虑，过于精细的征型分类方案会带来两个困难。首先，会增加编码难度。如何确保从数十种征型中准确挑出所需的那一种呢？编码者要达到熟练操作，往往要经过长期训练。如果治疗师不能快速有效地掌握编码患者义征的方法，势必影响分类方案的临床应用。其次，会降低义征所承载的持征概念的语义信息量。如果把兔子【会吃萝卜】解析成<吃>[实体行为]和<萝卜>[相关实体]，颗粒化程度就显得过高，单独从其中任何一条义征推断持征概念的难度也随之加大。采取简化的义征分型方案可以降低颗粒度，但是如果过于简化，又会使语义特征分析沦为概念释义。因此，面向言语治疗的义征质性分类方案，既需要使编码简便易行，又不至于使义征承载的语义信息过多或过少。克服上述矛盾，设计和论证适于言语治疗使用的义征质性分类方案，是本研究的重点和难点所在。

勒巴尼和皮安塔制订的LP康复分类法为解决上述矛盾提供了思路：在设计中加入义征提示语，一方面用自然语言来引导编码者的编码和标注行为，从而降低编码难度，另一方面控制义征条目的语义信息含量，使之既有一定表意力度，又不乏颗粒度。如果观察WB知识分类法，就会发现义征提示语早已得到使用，但是没有形成完善的提示语体系。在借鉴LP康复分类法（Lebani，2012，123—126页）基础上，本研究专为汉语言语治疗设计了**汉语词汇语义特征康复分类法**（简称汉语康复分类法），用于对汉语经验性词汇语义特征数据进行质性分类。该分类还参考了CM脑区分类法（Cree & McRae，2003）和WB知识分类法（Wu & Barsalou，2009）。同时，也参考视知觉生态论的环境要素分类法（Gibson，1979，16—33页）和可供性理论（Gibson，1979，18—42页），以及近年来的神经心理学研究成果，包括镜像神经元理论（Kilner & Lemon，2013）和语义特征脑区地形图（Huth et al.，2012）。

本章是对汉语康复分类法的描述和论证。目前该分类法仅限于标注名物概念所持义征。之所以做出这种限定，主要出于三个方面的原因。首先，由于本研究的言语治疗导向性，该质性分类方案必须符合言语认知康复诊疗的实际应用需求。名物对象的复述或命名、领域或范畴归类、语义关系识认或归纳，是临床言语治疗的主要操作形式。动作事件、形容词或副词等概念，在临床实践中极少作为直接的治疗素材，而往往是作为靶概念的语义特征而进入训练。事实上，大部分处于临床环境中、愿意接受言语治疗的患者，都难以完成除名物概念以外的其他素材的治疗操作。即使是流畅性失语症患者，在治疗实施上，也主要以承载名物概念的媒介（如物品的图片）作为刺激引导。如果治疗难度过高，患者会因为反复出现错误而产生挫折感，最终放弃治疗。因此，从临床第一线的言语治疗实用价值来看，针对名物义征的征型分类方案，应当放在研发计划的第一位。

其次，即使从语言学基础研究出发来要求围绕动词考察语义组织，那么对动作事件概念的义征质性分类，也必然涉及论元以及论元结构，而对论元的解析仍然需要名物概念的义征质性分类方案。从名物概念入手设计义征质性分类方案，可以在今后不断调试和拓展，把动作事件概念纳入其中。

再次，患者交流能力的恢复，不仅需要其本身言说或示意能力的改善，还需要其交流对象（家属或亲友）对异常交流形式的适应。它符合省力原则：患者省力，而家属费力，从而完成交流。这种适应往往是通过患者说出名物概念并辅以手势而实现。设想一名患者指着嘴说“吃”，此时家属难以解析患者的交流意图：要吃什么呢？如果患者指着嘴说“苹果”，意思就非常清晰：要吃苹果。事实上，语义特征训练技术最初就是针对名物概念训练而研制的（祁冬晴、江钟立，2014），而勒巴尼和皮安塔制订的LP康复分类法针对的也就是英语名物概念的语义特征（Lebani & Pianta，2010b）。

汉语康复分类法由两个不同层面的方案组成：底层语言学分类方案和表层临床衔接方案。下文将分别描述和论证这两个层面。

第一节　底层语言学分类方案

如表14所示，底层语言学分类方案可供按照语言学思路进行义征标准化和征型标注。其中共有3个级别：初级、一级和二级。

初级类分为正常和异常两种，正常类有6个，异常类有3个。初级类不直接参与征型编码，其作用在于引导编码者锁定分类范围。需要编码的是一级类与二级类。正常类中共有23个一级类和20个二级类。如果正常类编码深入到二级类，则共有36类。

按照编码的深入程度，可分为粗类征型（仅含一级类）和细类征型（深入到二级类）。

征型的定义遵循固定模式：[征型]、义征提示语、定义、正向和反向检验句、举例。

表14　汉语康复分类法：底层语言学分类方案

『初级类』	[一级类]义征提示语	@二级类	『初级类』	[一级类]义征提示语	@二级类
『分类范畴』	[种类]是一种		『组织构成』	[部分]有组成部分	内部组件
	[并列]有同类概念				外部组件
	[特例]特例				成员
	[子类]有子类				分份
	[同义]有同义词				成分
	[反义]有反义词			[总体]归属于	整体
					集体
『内省特征』	[情绪]关于情绪		『感觉信息』	[视觉]眼观可知	颜色
	[客观特质]有客观特质				纹理
	[内省量]内省量				形状
					尺度
	[评判]带来评判	声称		[触觉]触摸可知	
		否认		[听觉]耳听可知	
				[味觉]品尝可知	
				[嗅觉]鼻嗅可知	
				[实体数]有数量	
				[共现]常共同出现	所在事件
					自然同在物
					人为配用物
『功能用途』	[用途]是用于		『杂类』	[百科知识]含百科知识	事件关系
	[用者]由谁用				空间关系
					来源关系
					联想关系
				[其他联系]难分类	
『异常』	[惯性]FX				
	[无反应]NR				
	#[病理]病理特征				

一、使用方法

使用表14时，需要依次经过三个阶段。

（一）粗粒标准化阶段

阶段目标：把原始反应条目转写为粗粒义征。

原始反应条目：受试者产生的、研究者完全没有加工过的条目（放于【实心方头括号】内）。

粗粒义征：原始反应条目经过研究者简单加工后形成的义征（放于<尖括号>内）。这种义征没有义征提示语，但应该基本保留最原始的形态。研究者的加工仅限于把原始反应条目中的某些书写格式进行统一。

粗粒加工的内容：

①数字标准化：条目中的数字，个位数的均用汉语数词一到九表示，超过个位数的，统一用阿拉伯数字书写。例如，骆驼【四条腿】转写成<四条腿>，手表【十二个小时】转写成<12个小时>。该操作有利于计算机处理时的义征条目匹配。

②说法标准化：原始反应条目中，往往会有出现用不同形式描述同一个概念的情况，要对此进行统一。例如，不同受试者对猴子产生了以下原始反应条目【喜欢吃香蕉】、【欢喜吃香蕉】、【喜爱吃香蕉】和【爱吃香蕉】。它们都可以统一转写成粗粒义征<喜欢吃香蕉>。但是，这种加工不允许删除或添加信息。例如，篮球【竞赛】、【竞技体育】、【比赛】、【用来比赛】和【在赛场上】不能统一成<用来比赛>，但可以把“竞赛”和“比赛”统一，转写成<竞赛>、<体育竞赛>、<用于竞赛>和<在赛场上>。

（二）细粒标准化和征型标注

阶段目标：从粗粒义征中提取中心词，嵌入义征提示语，形成细粒义征，并且为之标注征型，最终所得义征条目是中心词、义征提示语和征型这三者的复合体，可称之为**注型义征**。与之相应，义征中心词单独构成的义征条目可称为**裸征**，由义征提示语引导中心词而形成的二联义征条目可称为**含示义征**。

1. 义征中心词提取：需要综合考虑整个义征库，在意思相近时，采用统一的词条。例如，年糕【吃起来有弹性】和篮球【有弹性的】的中心词统一采用<有弹性的>。虽然它们的征型不同，前者是<品尝可知→有弹性的>[味觉]，后者是<触摸可知→有弹性的>[触觉]。

2. 义征提示语嵌入：嵌入细粒义征的义征提示语仅限于一级类。由于在汉语康复分类法中，义征提示语与一级义征是一一对应的，因此细粒标准化的同时，就可以顺利完成一级征型标注。如要继续标注二级征型，则在征型名称之间以阿罗巴符（arroba，@）分隔。对义征提示语的设置，有利于用自然语言引导标注者按照分类体系逐层进行准确标注。

3. 正向与反向检验：本分类法采用LP康复分类法的模式，为所有征型的定义提供了正向和反向检验句式。例如，[客观特质]的正向检验句是“甲有客观特质乙”，反向检验句是“乙是甲的客观特质”。其中甲和乙分别是样例词和细粒义征中心词。用该检验句来检验猴子的细粒义征，分别是正向的“猴子有客观特质<喜欢吃香蕉>”和反向的“<喜欢吃香蕉>是猴子的客观特质”。当检验句通过时，该细粒义征的二级征型也就得以标注。

注意事项：

① 在细粒标准化时，要尽量保持原貌。**这条原则是当出现难以拆分或合并的条目时，需要考虑的总则**。一方面要避免过细颗粒化而丧失信息。另一方面要避免从反应条目的相互参照中加入额外信息。例如，上述猴子的粗粒义征可以转写成三个注型义征：

<常共同出现→香蕉>[共现]@[自然同在物]、

<含百科知识→吃香蕉>[百科知识]@[事件关系]、

<有客观特质→喜欢吃香蕉>[客观特质]。

该原则在语言学研究中可能会使数据处理结果显得不够严谨，但是在言语治疗中却可以为治疗师提供更符合实际交流情况的可选条目。

② 只有一级义征才有义征提示语。这照顾了义征条目的可解读性，同时也避免因义征过细颗粒化而导致难以分析义征重叠关系。

（三）校验阶段

义征分类有两种校验手段。一种是三人表决法，即当编码者对条目产生异议时，遵循少数服从多数的原则进行表决。另一种是统计抽样法，招募其他持母语者对抽出的粗粒义征进行细粒标准化和征型标注，提供统计检验结果证实编码的一致性，降低随机因素和编码者个体的影响。虽然从理论上看来，统计抽样法要比三人表决法更可靠，但是要让非专业母语者应用汉语康复分类法，就必须对其加以培训，使其了解该分类法的原理和操作原则。这种培训必然影响统计抽样法的客观性。因此，在本研究中仍然采用三人表决法。有可能在今后数据量足够大时，可以实施基于算法的自动化标注。

二、设计思路

（一）未设置兼类编码

在本分类法中，出于三个原因，未设置兼类编码。第一，凡是涉及多种感觉信息综合分析的特征，都放到内省特征的某个一级类中。因为多感知模块的编码体现了人脑对直接感觉信息的综合加工，也就是需要通过内省机制而获取的认知加工结果。第二，在除感觉信息和内省特征以外的其他征型划分中，已经尽可能避免兼类出现。第三，由于该分类法是以指导康复治疗为目的，避免兼类有助于今后将征型与临床实用操作对接。

（二）异常类的设置

由于汉语康复分类法要适于标注患者义征，因此设立三个异常类：[惯性]、[无反应]和[病理]。

[惯性]的设立，是由于在临床操作中，可能会遇到病理性惯性现象，即虽然已经切换到下一个任务，但患者仍然持续不断地维持最近一次的反应。例如：骆驼<实体数→四只脚>的下一个样例是轮船，而患者对轮船的义征提名仍然是<实体数→四只脚>[惯性]。那么，骆驼相当于惯性发生时的0号概念，而轮船相当于1号概念。这种惯性往往会持续一段时间，以至于患者甚至会连续产出多个同样的义征。如果这种重复在同一个刺激概念中连续出现三次，就需要切换刺

激概念。如果连续切换了两次（从1号概念到2号概念，再到3号概念），到第三个概念时，患者仍然在重复0号概念时产出的那条义征，应当终止义征提名测试。休息一段时间之后（通常要求患者至少执行一到两个其他非语言的任务，间隔十分钟以上），再从0号概念开始重新进行义征提名。如果这种情况再次发生于切换到1号概念时，则完全终止该测试，直接进入到额叶执行功能等神经心理学量表评定阶段。

[无反应]的设立，主要是因为需要把零形式与有反应的形式区分开来。另外，它在本质上也符合病理性惯性的本质：保持上一状态或反应不变。但是，[无反应]既可以是患者出于病理原因保持无应答状态，也有可能是健康受试者对某个样例不熟悉，从而不回应或明确表示无法提名义征。

[病理]表示该义征虽然可以用常类来编码，但它是患者的病理表现。在汉语康复分类法中，[病理]是独立于一级和二级类以外附加类，用井字符来分隔它与常类。例如，轮船<有数量→有四只脚>[实体数]#[病理]。老鼠<带来评判→没有兄弟姐妹>[评判]@[否认]#[病理]。如果患者的义征无法归于任何已有的明确定义的常类，则标注为[其他联系]#[病理]。

值得注意的是，[病理]是该分类法中唯一一个既不属于一级类，也不属于二级类的特殊类。之所以特殊，是因为它可以后缀于任何一种常类之后，但又无须也不应与[无反应]和[惯性]搭配。也正是出于该原因，在接下来的临床衔接方案中，没有明确把[病理]这个征型纳入特定的脑功能分区。

（三）感觉信息分类

[视觉]是以吉布森的生态视知觉理论为指导。吉布森认为，从生态学角度来考察，可以把环境要素分为实质、介质和表面这三种类型（Gibson，1979，16—33页）。实质通常不透光、不传递气味、不允许人体或动物在其中活动。介质则允许活物在其中运动。因此，树木、岩石、家具、人体和动物身体等都是实质，而大气和水体则是介质。实质和介质相互接触形成界面。最常呈现于视觉观察之下的是固体和气体的界面。这种界面，为生活在生态环境中的人们提供了最熟悉的视觉信息，即视觉所观察到的界面布局信息。即使是果肉颜色

或胃黏膜病变这样的内部特征，也都需要通过切开果实或者插入胃镜等操作，形成呈现于视野中的界面（也就是吉布森生态视知觉意义上的“表面”）之后，才能得以查看。因此，在感觉信息这个初级类下，首先分出一级类[视觉]。它又可以分为四个二级类：

@[颜色]与光照所呈现的色素信息有关（明暗光泽和色彩灰度）；

@[纹理]与成分分布所呈现的纹理信息有关（精致细密、粗糙斑驳、均匀一致、杂乱无章、起伏凹凸、平坦光滑等）；

@[形状]与表面转折所呈现的形状信息有关（通过不同的点、线和面的关系而体现的三维形态）；

@[尺度]由大小比较所呈现的尺度信息有关（大小、长短、宽窄、高低、胖瘦等）。

[触觉]也参考了吉布森的理论。吉布森在“表面生态定律”（Gibson，1979，23—25页）中指出，任何界面对形变都有抵抗力。这种在力的作用下发生的形变，可以在形式上表现为运动中的碰撞，接触面的挤压，物体的坚硬不变、柔韧易塑或黏稠流变等。触摸，在本质上是关于接触面形变的体验（轻触觉）、对象相对于身体的位置变动的体验（振动觉、关节位置觉和运动觉），以及对接触面两侧热能差异信息的体验（温度觉）。从神经科学来看，它们有着明确的解剖和生理机制。从发育学来看，这种接触过程是人与环境的最直接和最原始的交互形式，是一切物品操作过程的初始阶段。人们需要通过接触来获取和验证物品的信息。幼儿时期，孩子们热衷于抛接、投掷、搅拌和泼洒等多种身体活动，并且在嬉戏中体察包括人、动物和物品在内的复杂环境信息。成年人在遇到视觉上令人迷惑的事物时，也需要调用这种过程。例如，面对以假乱真的纸花，人们会下意识地去触摸，以验证真伪。因此，一些成年人从视觉上可以直接判断的感受，在汉语康复分类法中仍然编码为触觉。例如，蜂蜜【黏稠的】在编码者能引发的心象往往是稠厚的且难以搅动的胶状质，其引发的视觉体验为倒出蜂蜜时的拉丝样表现。这似乎要编码为视觉。但是，如果从这种感受的源头来看，需要通过触觉体验过蜂蜜的这种质感，才能从视觉信息

再次判断蜂蜜的这种特征。因此，编码为蜂蜜<触摸可知→黏稠的>[触觉]。

[听觉]的分类较为容易，但[味觉]和[嗅觉]的分类会有一些问题。人们通常难以在感觉上把同时发生的味觉和嗅觉体验分离开来。虽然它们有着各自的物理和化学感受器，但在语义处理上，它往往融合在一起，例如【吃饭不香】、【味同嚼蜡】或【香甜】。尤其是嗅觉气味和食物味觉，在汉语中都以“味道”来词汇化。这虽然体现了味觉与嗅觉的相辅相成性，但也为义征标注带来困难。这种体验来自最基本的生存活动，它们往往不需要内省处理就能得到。汉语康复方案也就没有把进食引发的综合体验归入内省特征的[客观特质]，而是把食物进入口腔所引发任何感受，都统一归入[味觉]中。因此，以是否由食物进入口腔获取感觉信息特征为标准，对[味觉]、[嗅觉]和[客观特质]进行鉴别。

注意事项：

①有一些描述，例如【细腻】和【嚼起来有弹性】，其本身是指由机械力或热能传递所带来的触觉信息，但是由于它们在义征提名时与食物进入口腔后的体验有关，仍然要遵从[味觉]的定义。因此，就有可能出现同一个中心词用不同义征提示语标注不同征型。只有加入义征提示语之后，才能显示两者差异，以便机器处理。例如：

年糕【吃起来有弹性】<品尝可知→有弹性的>[味觉]。

篮球【有弹性的】<触摸可知→有弹性的>[触觉]。

②感觉信息的所有征型，都以客观的单种感知模块信息为准，如果涉及多种感觉信息的综合处理，则直接标注为内省特征中的[客观特质]或[评判]@[声称]（详见下文关于内省特征的这两种类型的辨析）。例如：

冰块<触摸可知→冷的>[触觉]。

菜刀<有客观特质→锋利的>[客观特质]

大衣<带来评判→温暖的>[评判]@[声称]。

（四）共现关系处理

之所以设置[共现]，有三个原因。

1. 考察了认知发展和学习过程。

在人类获取知识的过程中，最基本的有两类线索：空间线索和时间线索。空间线索主要是指共时信息，即某些对象在生活场景或语言背景中同时出现。例如，茶壶和茶杯、铅笔和橡皮、鲸鱼和大海、金鱼和鱼缸。时间线索主要是指历时信息，即某些事件在生活场景或语言背景中先后出现。例如：摁开关和亮灯、吹气和蜡烛熄灭、鸡鸣和天亮。但是，较长时间跨度的线索，往往需要更高级的观察、体验和分析，而在认知发育早期，以及脑损伤患者中，短时或即时线索才是最主要且最有实用价值的信息来源。例如，奶瓶和母亲同时出现、治疗师指向图片同时发出正确的语音、同时给予熊猫和竹子的图片提示语义关系。因此，对认知康复有重要价值的事件或对象，所携带的空间和时间线索往往是短时或即时性的。这两种线索可以合并为同一种关系：共同出现关系，即甲和乙共同出现在受试者日常体验到的同一个时间段或空间范围内。出于这种考虑，汉语康复分类法在感觉信息特征中，增加了一级分类[共现]，并且设立3个二级分类：[所在事件]、[自然同在物]和[人为配用物]。但是，共现类通常只说明了甲乙会共现，但并不说明两者如何共现。例如，金鱼【在鱼缸里】的义征<鱼缸>并不能直接表明金鱼与鱼缸的关系。要解释如何或怎样共同出现，往往需要带有生活经验的百科知识。为此，汉语康复方案在“百科知识”中增加[事件关系]、[空间关系]、[来源关系]和[联想关系]。由此，在标注[共现]的同时，还可以解析和标注[百科知识]。例如：

投影仪【在会场里】：

<常共同出现→会场>[共现]@[人为配用物]、

<含百科知识→在会场里>[百科知识]@[事件关系]。

金鱼【在鱼缸里】：

<常共同出现→鱼缸>[共现]@[人为配用物]、

<含百科知识→在鱼缸里>[百科知识]@[空间关系]。

2.借鉴了吉布森的可供性理论。

吉布森认为，可供性是对象所具备的任何可供使用者利用的性质（Gibson，1979，18—42页）。对一个生存在自然环境中的动物而言，任何事物都必须要置于它与环境的交互中才有意义。这种意义是动物从自身生态的角度赋予对象的意义。如果义征分类是以患者康复治疗为目的，那就必然要在分类中考虑可供性。也就是说，只有当观察者“在场”时，义征所传递的信息才有应用价值。

3.借鉴了镜像神经元理论。镜像神经元理论是指当观察者看到别人或别的动物实施某些行为动作时，对之加以模仿，或者自己实施这些行为动作时，都会激活同样一群神经元（Kilner & Lemon，2013）。无论是语义认知（Pulvermuller，2013），还是运动学习（Carr & Winkielman，2014），或是功能康复（Deconinck et al.， 2014），镜像神经元系统都在其中起着重要的作用。根据该理论，有必要把仅供观察的纯然的客观运动，与观察者可模仿或实施的动作区别开来。这符合临床治疗的实际情况：在言语治疗过程中，当视觉信息不足以引发患者对物品或事件的语义处理或命名时，就需要治疗师引导患者模仿动作，或者亲自接触物品和实施动作，从而强化治疗效果。

要注意辨析：[共现]@[所在事件]和[百科知识]@[事件关系]。

虽然两者都与动作事件有关，但是可根据“有没有人参与动作”这一点加以鉴别。

① [共现]@[所在事件]必须有人参与。它是指可供观察者模仿操作、亲身参与和身临其境的动作事件或场景。理论上来说，它所提供的语料可以在日常学习或言语治疗中借以调用镜像神经元系统。

香蕉【农民种的】：

<常共同出现→种植>[共现]@[所在事件]、

<常共同出现→农民>[共现]@[人为配用物]、

<含百科知识→农民种植>[百科知识]@[来源关系]。

② [百科知识]@[事件关系]是无须、也不受观察者干预的、纯然客观的动作事件场景或知识。它不需要观察者身临其境，也不需要观察者模仿操作，甚至完全没有观察者直接“在场”观察。例如：

细菌【在空气中漂浮】：

<含百科知识→漂浮>[百科知识]@[事件关系]、

<含百科知识→在空气中>[百科知识]@[空间关系]、

<常共同出现→空气>[共现]@[自然同在物]。

鱼【鱼鳔里有气】：

<含百科知识→鱼鳔储气>[百科知识]@[事件关系]、

<有组成部分→鱼鳔>[部分]@[内部组件]。

鱼【会游泳】：

<含百科知识→会游泳>[百科知识]@[事件关系]。

水【会蒸发】：

<含百科知识→会蒸发>[百科知识]@[事件关系]。

蜜蜂【能到处飞】：

<含百科知识→会飞行>[百科知识]@[事件关系]。

③ 两者往往有其他编码与之相配。例如：

菜刀【切西瓜】：

<常共同出现→切西瓜>[共现]@[所在事件]、

<常共同出现→西瓜>[共现]@[人为配用物]、

<是用于→切食物>[用途]。

苹果【从树上掉下来】：

<含百科知识→坠落>[百科知识]@[事件关系]、

<常共同出现→树>[共现]@[自然同在物]、

<含百科知识→在树上>[百科知识]@[空间关系]。

香蕉【猴子吃】：
<含百科知识→猴子吃>[百科知识]@[事件关系]、
<常共同出现→猴子>[共现]@[自然同在物]。
熊猫【吃竹子】：
<含百科知识→吃竹子>[百科知识]@[事件关系]、
<常共同出现→竹子>[共现]@[自然同在物]。

（五）关于把时间归于事件的说明

在本分类法中，有空间分类，但却没有为时间设立单独类型。这是因为，所有关于时间的义征都放到了事件类中。这包括有人参与的[共现]@[所在事件]和无人参与的[百科知识]@[事件关系]。这是因为，纯粹的时间定向虽然是认知评估的一项重要内容，但认知治疗所采用的时间线索往往是事件或事件序列。例如：

蜡烛【生日吹蜡烛】：
<常共同出现→生日>[共现]@[所在事件]、
<常共同出现→吹>[共现]@[所在事件]。

吉布森的知觉生态论明确指出：

> 物理学家们也许会关心抽象的、纯粹的时间流动，但对动物来说，这是毫不现实的东西。只有在环境中发生的变化才是值得研究的。事实上，与其谈论时间这样的抽象概念，倒不如多关心一下事物的变化、事件的发生与结束，以及先后出现的事件序列。我认为，人们直接感受到的不是时间，而是过程、变化或序列等可供提示时间流逝的线索。钟表作为计时工具，为全社会提供了统一的时间单位。人们对这种社会化时间的意识，不能等同于上述基于事件的时间感知。（Gibson，1979，12页）

（六）数与量标注

汉语康复分类法设置了感觉信息的[实体数]和内省特征的[内省量]，但取消了WB知识分类法中的情境量。如果是对情境内的实体的数量估计，属于[实体数]。如果是实体特征的程度，则归于[内省量]。这是因为程度通常需要内省估计，而不能直观计数。例如：

老虎【很多人怕】：

<内省量→很多人>[内省量]、

<关于情绪→害怕>[情绪]、

<带来评判→令人惧怕>[评判]@[声称]。

拐杖【是硬硬的】：

<触摸可知→硬的>[触觉]、

<内省量→硬硬的>[内省量]。

要注意辨析：

① 无论是[实体数]，还是[内省量]，除叠字形容词以外，都必须包括两个部分：一是数或程度，二是计量单位或被修饰单元。

i. 部分一在[实体数]一定是数词，而在[内省量]大多是程度词，少数在情境中情绪、特质和事件的估计可以是数词。

ii. 部分二在[实体数]一定是类别词，而在[内省量]可以是类别词，也可以是另一个程度词。

例如：

<四条腿>[实体数]：部分一是“四条”（数词），部分二是“腿”（类别词）。

<五个脚趾>[实体数]：部分一是“五个”（数词），部分二是“脚趾”（类别词）。

<很多人>[内省量]：部分一是“很多”（程度词），部分二是“人”（类别词）。

<大量水>[内省量]：部分一是“大量”（程度词），部分二是“水”（类别词）。

<很难看>[内省量]：部分一是“很”（程度词），部分二是“难看”（另一程度词）。

<很昂贵>[内省量]：部分一是“很”（程度词），部分二是“昂贵”（另一程度词）。

<甜甜的>[内省量]：部分一是“甜”（程度词素），部分二是“甜的”（程度词素）。

<一声吼叫>[内省量]：部分一是“一声”（数词），部分二是“吼叫”（情境事件）。

iii. 这两个部分可以先后次序颠倒。例如：

<人都有>[内省量]：部分二是“人”（类别词），部分一是“都有”（程度词）。

iv. 有些原始反应条目带有复合的程度判断，通常要保留原始说法，并且仍然归于[内省量]，而不是[评判]。例如：<每个人都有>[内省量]。

② 不能省略量词。这是汉语康复方案的鲜明特点。在英语WB分型中可以出现<four legs>，但汉语中的<五根手指>不能简化为<五指>，因为“根”体现了形貌信息。但是，如果在原始反应条目中没有量词，则遵循“要尽量保持原貌”的总则。例如【五指】就仍编码成<五指>，而不由编码者加上“根”这个量词。

③ 如果是对情境内的情绪、特质和事件的数量或程度的估计，也属于[内省量]。因为它需要受试者在内心综合处理场景信息。例如，一次野餐。

（七）内省特征考察

[客观特质]之所以是内省特征，是因为有些义征兼具多种感觉信息特征，是受试者对这些信息的综合认识。例如：

菜刀【锋利的】：<有客观特质→锋利的>[客观特质]。

牛【强壮的】：<有客观特质→强壮的>[客观特质]。

这两个义征需要把形状信息和动作体验结合起来才能解读。它们需要受试者借助内省活动，从直接的感觉信息中提取出来，因而是事物的客观特质。

要注意辨析：

① 一些由成年人可以用视觉来判断的信息，如果认为它的初始感受来自触觉，则编码为[触觉]，而不是[客观特质]。例如：

镜子【表面光滑】，既可以是视觉上的纹理信息，又可以通过触摸得知：

<触摸可知→光滑的>[触觉]、

<含百科知识→表面光滑>[百科知识]@[空间关系]。

篮球【有弹性的】，既可以是视觉的客体动作，又可以借助触摸而得知：

<触摸可知→有弹性的>[触觉]。

② 如果原始反应条目明确表示不是内省量，而是其他信息，则需要如实编码，并同时解析和标出相伴的征型。例如：

镜子【看起来表面光滑】：

<眼观可知→光滑的>[视觉]@[纹理]、

<带来评判→看起来表面光滑>[评判]@[声称]、

<含百科知识→表面光滑>[百科知识]@[空间关系]。

篮球【看得出很有弹性】：

<眼观可知→有弹性的>[视觉]@[形状]、

<内省量→很有弹性>[内省量]、

<带来评判→看得出很有弹性>[评判]@[声称]。

[评判]的设立，是因为临床经验显示，多数患者会产出以自我为中心的、带有主观性质的声称和断言，类似于“我感到”“我觉得”“我记得”“像……一样”“会觉得”或“很多人都……”等。这种加工通常呈现为回忆、比较、学习和表达看法或信念等。它往往会基于某种场景，并且涉及某些共现对象或

事件。因此，[评判]相当于WB知识分类法中的认知操作和表征态。例如：

西瓜【我记得一次野餐】：

<带来评判→我记得一次野餐>[评判]@[声称]、

<常共同出现→野餐>[共现]@[所在事件]。

轿车【我学过驾驶】：

<带来评判→我学过驾驶>[评判]@[声称]、

<常共同出现→驾驶>[共现]@[所在事件]。

要注意辨析：

① [评判]与[客观特质]的鉴别点：是以受试者自我为中心，还是以对象为中心。

[评判]需要调用已有的知识体系，是基于生活经验和个人阅历的宣称或论断。它往往以受试者自我为中心。

[客观特质]是在内心对来自各个感觉模块的信息进行处理后所得到的整体印象。它往往是以对象为中心。

两者往往会在原始反应条目中就有区分。例如：

牛【强壮的】和【我觉得很强壮】。前者为牛<有客观特质→强壮的>[客观特质]，后者为牛<带来评判→我觉得很强壮>[评判]@[声称]。

当两者鉴别困难时，标注者应该自问：这是主观评价还是客观事实？如果是主观评价，那就是[评判]。如果是客观事实，就是[客观特质]。

② 冷、热、痛、麻、酸、胀、痒等，经常出现于患者主诉中，描述的是内源性的主观感受，并且往往用“觉得……”和“感到……”这样的句式进行描述的体验，也编码在[评判]@[声称]中，而不是[客观特质]。例如：

衣服【穿上会热】：<带来评判→感觉热>[评判]@[声称]。

衣服【温暖的】：<带来评判→温暖的>[评判]@[声称]。

冰块【冰冷的】：<触摸可知→冷的>[触觉]。

③ 受试者往往会产出诸如“每个人都有”或“通常都在家里”等带有程度估计的反应条目，它同时带有程度估计和断言宣称含义。对于这种情况，优先标注[内省量]。因为整个条目是以程度估计为主，附加拆分出其他义征。例如：马桶【通常都在家里】<内省量→通常都在家里>[内省量]、<常共同出现→居所>[共现]@[人为配用物]、<含百科知识→在家里>[百科知识]@[空间关系]。是否在[内省量]基础上进一步拆分，取决于所做研究的语料加工精度要求。

@[否认]：凡是在反应条目中出现“没有”“不是”和“不”等否定词，一律标注为@[否认]。它之所以也是内省特征，是因为关于“没有或不是”的分析结果，都需要受试者在内心进行比较和分析才能得到。虽然它们也可以是百科知识，但由于直接涉及人对观察对象的回忆、比较和看法等综合的认知操作，因而其被置于内省特征之下，作为[评判]的二级类。

（八）如何处理隐喻

受试者在无法明确命名某些概念时，往往会采用明喻或隐喻进行描述。例如，蜜蜂【会跳舞】、鹦鹉【会说话】、老虎【森林之王】、骆驼【沙漠之舟】。此类信息通常会编码为[百科知识]。但是，为了提取语义信息供患者治疗，编码者要酌情提取比喻或隐喻中的感觉和功能信息。例如：

蜜蜂【会跳舞】：

<含百科知识→会飞行>[百科知识]@[事件关系]、

<含百科知识→会跳舞>[百科知识]@[联想关系]。

骆驼【沙漠之舟】：

<是用于→穿越沙漠>[用途]、

<含百科知识→沙漠之舟>[百科知识]@[联想关系]。

（九）征型缩写和中英文对照

为方便今后国际交流，该分类方案提供了中英文对照版（见本节末尾所附表15）。为方便科学制图和计算机自动化处理，该方案还提供了征型缩写。缩写原则上从初级类开始。分类范畴为c，组织构成为f，内省特征为i，感觉信息为p，功能用途为u，杂类为m，异常为a。在初级类和一级类，一级类和二级类的缩写之间，都用英文句点分隔。例如，f.cop.ext表示的是初级类组织构成（f）的一级类[部分]（component，cop）的@[内部组件]（external_component，ext）。

三、征型定义

（1）『**分类范畴**』

① [**种类**] 是一种：

定义：概念甲与其所属类别乙之间的类属关系。

正向：甲是一种乙。反向：乙是甲所属种类。

举例：香蕉<是一种→水果>[种类]。

② [**并列**] 有同类概念：

定义：甲乙两个概念并列于同一类别之下。

正向：甲有同类概念乙。反向：乙和甲同属一个类别。

举例：猫<有同类概念→狗>[并列]。

③ [**特例**] 特指：

定义：为概念甲指定一个特殊的例子乙。

正向：甲特指乙。反向：乙是甲的特例。

举例：宠物<特例→我家小黑>[特例]、房子<特例→邻居的房子>[特例]。

④ [**子类**] 有子类：

定义：概念甲所含类别是乙。

正向：甲有子类乙。反向：乙是甲所含子类。

举例：裤子<有子类→短裤>[子类]。

⑤ [**同义**] 有同义词：

定义：概念甲和概念乙是同义关系。

正向：甲有同义词乙。反向：乙是甲的同义词。

举例：番茄<有同义词→西红柿>[同义]。

⑥ [**反义**] 有反义词：

定义：概念甲和概念乙是反义关系。

正向：甲有反义词乙。反向：乙是甲的反义词。

举例：明亮<有反义词→黑暗>[反义]、战争<有反义词→和平>[反义]。

（2）『**组织构成**』

① [**部分**] 有组成部分：

定义：一个完整物体甲拥有组成部分乙。

正向：甲有组成部分乙。反向：乙是甲的组成部分。

@ [**内部组件**]

定义：完整物体甲所拥有的内部组件乙，要求乙完全包埋在甲闭合的表面以内。

正向：甲有内部组件乙。反向：乙是甲的内部组件。

举例：西瓜<有组成部分→瓜瓤>[部分]@[内部组件]、夹克衫<有组成部分→衬里>[部分]@[内部组件]、钟表<有组成部分→齿轮>[部分]@[内部组件]。

@ [**外部组件**]

定义：完整物体甲所拥有的外部组件乙，而且乙至少在某种程度上附着于甲表面。

正向：甲有外部组件乙。反向：乙是甲的外部组件。

举例：轿车<有组成部分→后视镜>[部分]@[外部组件]、树木<有组成部分→树叶>[部分]@[外部组件]、菜刀<有组成部分→刀柄>[部分]@[外部组件]、猫<有组成部分→尾巴>[部分]@[外部组件]。

@ [**成员**]

定义：一个群体甲拥有成员乙。

正向：甲有成员乙。反向：乙是甲的成员。

举例：军队<有组成部分→士兵>[部分]@[成员]。

@ [**分份**]

定义：一团整体甲可以分出一定份额的乙。

正向：甲可分出一份乙。反向：乙是从甲分出来的一份。

举例：面包<有组成部分→面包片>[部分]@[分份]。

@ [**成分**]

定义：物体甲含有材料或成分乙。

正向：甲含有材料或成分乙。反向：乙是甲的材料或成分。

举例：牙刷<有组成部分→塑料>[部分]@[成分]。

② [**总体**] 归属于：

定义：甲作为一个局部或个体，归属于某个整体乙。

正向：甲归属于乙。反向：乙作为整体，整合或容纳甲。

@ [**整体**]

定义：义征是持征概念构建而成的整体，但持征概念并非是义征的成员。

正向：甲作为组件，附属于乙。反向：乙是甲所附属的整体。

举例：窗户<归属于→房屋>[总体]@[整体]。

@ [**集体**]

定义：义征是持征概念的集体，而持征概念是义征中的个体。

正向：甲是隶属于乙的成员。反向：乙是甲所隶属的集体。

举例：士兵<归属于→军队>[总体]@[集体]、蜜蜂<归属于→蜂群>[总体]@[集体]、蚂蚁<归属于→蚁群>[总体]@[集体]。

（3）『**内省特征**』

① [**情绪**] 关于情绪：

定义：概念甲与情绪状态乙有关。

正向：甲关于情绪乙。反向：乙是与甲相关的情绪特点。

举例：蜘蛛<关于情绪→恐惧>[情绪]、足球<关于情绪→兴奋>[情绪]。

② [**客观特质**] 有客观特质：

定义：概念甲所固有的、无法直接通过单一的感觉信息直接获取的特征。这种特征不是分类范畴、组织构成，也不是内省的情绪情感。它以概念甲为中心，综合了多种感觉信息，带有提示性，可用于推测概念甲的情况，尤其是指在某些活动过程中的情况。

正向：甲有客观特质乙。反向：乙是甲的客观特质。

举例：飞机<有客观特质→快速的>[客观特质]、菜刀<有客观特质→锋利的>[客观特质]、牛<有客观特质→强壮的>[客观特质]。

③ [**内省量**] 内省量：

定义：受试者针对甲进行内省，获得关于[情绪]、[客观特质]或其他有关数目、频率或强度的结果。

正向：甲的内省量是乙。反向：乙是受试者对甲进行内省而得到的量化估计。

举例：信仰<内省量→一些信念>[内省量]、购物<内省量→很不满>[内省量]。蜘蛛<内省量→一阵恐惧>[内省量]、苹果<内省量→常见>[内省量]。

④ [**评判**] 带来评判：

定义：受试者以自我为中心的、带有声称和断言性质的认知加工结果。类似于“我感到”“我觉得”“我记得”“像……一样”“会觉得”或“很多人都……”等。这种加工通常需要既往经验的参与，呈现为回忆、比较、学习和表达看法或信念等。它往往会基于某种场景，并且涉及某些共现对象或事件。

正向：甲带来评判乙。反向：乙是从甲得到的评判。

@ [**声称**]

定义：甲被声称或断言存在乙这种情况。这种声称或断言，是由受试者内心通过对既往经验的回忆和比较，从而得到的带有自我看法或信念的结论。

举例：西瓜<带来评判→我记得一次野餐>[评判]@[声称]、轿车<带来评判→我学过驾驶>[评判]@[声称]。

@ [**否认**]

定义：受试者明确提到持征概念甲缺少或不是某些事物乙，通常受试者会在内心表征所缺或所否认的事物。

正向：甲没有或不是乙。反向：乙不是甲，或是甲所不具有的。

举例：轿车<带来评判→没有空调>[评判]@[否认]、苹果<带来评判→不是橙子>[评判]@[否认]、牙齿<带来评判→老年人没有>[评判]@[否认]。

（4）『**感觉信息**』

① [**视觉**]眼观可知：

定义：在观察者看来，概念甲的界面有着特征性的视觉信息。

正向：甲眼观可知是乙。反向：乙是甲眼观可知的特征。

@ [**颜色**]

定义：概念甲的界面有颜色乙。乙与光照所呈现的色素信息有关，包括明暗光泽和色彩灰度等。

正向：甲有乙这样的颜色。反向：乙是甲的颜色。

举例：草地<眼观可知→绿色>[视觉]@[颜色]、牛奶<眼观可知→乳白色>[视觉]@[颜色]、西瓜<眼观可知→红色瓜瓤>[视觉]@[颜色]。

@ [**纹理**]

定义：概念甲用概念乙来描述其成分所具有的表观纹理，包括精致细密、粗糙斑驳、均匀一致、杂乱无章、起伏凹凸，或平坦光滑等性质。

正向：甲眼观可知具有纹理特征乙。反向：乙是甲的眼观可知的纹理特征。

举例：镜子<眼观可知→光滑的>[视觉]@[纹理]。

@ [**形状**]

定义：概念甲具有形状乙。乙与表面转折所呈现的形状信息有关，即通过不同的点、线和面的关系而体现的几何形态。在某些情况下，形变有关的运动信息，在受试者声称为视觉信息时，也属于此型。

正向：甲眼观可知有形状乙。反向：乙是甲眼观可知的形状。

举例：轿车<眼观可知→圆形车轮>[视觉]@[形状]、老虎<眼观可知→方形尾巴>[视觉]@[形状]#[病理]、篮球【看得出很有弹性】<眼观可知→有弹性的>[视觉]@[形状]。

@ [**尺度**]

定义：概念甲用概念乙来描述大小尺度。乙与由大小比较所呈现的尺度信息有关，包括大小、长短、宽窄、高低或胖瘦等特征。

正向：甲的尺度特征眼观可知是乙。反向：乙是甲在尺度上眼观可知的特征。

举例：河马<眼观可知→庞大>[视觉]@[尺度]、海洋<眼观可知→辽阔>[视觉]@[大小]。

② [**触觉**] 触摸可知：

定义：概念甲在受试者触摸时能感到特征乙。

正向：触摸甲可以感到乙。反向：乙是触摸甲所感到的特征。

举例：蜂蜜<触摸可知→黏稠的>[触觉]、冰块<触摸可知→冷的>[触觉]、泥鳅<触摸可知→黏滑的>[触觉]。

③ [**听觉**] 耳听可知：

定义：概念甲耳听可知是乙。

正向：甲发出乙这样的声音。反向：乙是甲发出的声音。

举例：狮子<耳听可知→吼声>[听觉]、手表<耳听可知→滴答声>[听觉]。

④ [**味觉**] 品尝可知：

定义：概念甲尝起来的味道是概念乙。

正向：甲品尝可知味道是乙。反向：乙是甲尝起来的味道。

举例：蜂蜜<品尝可知→甜的>[味觉]。

⑤ [**嗅觉**] 鼻嗅可知：

定义：概念甲发出气味乙。

正向：甲发出乙这样的气味。反向：乙是甲发出的气味。

举例：饼干<鼻嗅可知→奶香的>[嗅觉]、茶叶<鼻嗅可知→清香的>[嗅觉]。

⑥ [**实体数**] 有数量：

定义：甲的实体特征是数量乙，通常要有具体的数目。

正向：甲有实体数乙。反向：乙是甲的实体特征的数量。

举例：猫<有数量→四条腿>[实体数]。

注意：如果是实体特征程度乙，则归于[内省量]，因为程度通常需要内省估计，而不能直观计数。

⑦ [**共现**] 常共同出现：

定义：甲出现的时候，常常有乙共同出现。这种共同出现可以是因为甲要搭配乙才能实现功能用途，也可以仅仅因为甲与乙在印象中经常共同出现在一个场景中，但不指并列同一范畴。乙必须要是指物品或事件，而不是视听味嗅触等感知特征。

正向：与甲常共同出现的是乙。乙经常与甲共同出现对象。

举例：金鱼<常共同出现→鱼缸>[共现]、鲸<常共同出现→大海>[共现]、岛屿<常共同出现→大海>[共现]、奶牛<常共同出现→牛奶>[共现]、木鱼<常共同出现→木槌>[共现]、茶壶<常共同出现→茶杯>[共现]。

@ [**所在事件**]

定义：甲经常发生在事件乙之中。

正向：甲常发生于事件乙。反向：事件乙中常会有甲出现。

举例：篮球<常共同出现→竞赛>[共现]@[所在事件]。鞭炮<常共同出现→节日>[共现]@[所在事件]。

@ [**自然同在物**]

定义：甲和乙常共同出现，但两者虽然在一起，却并不是搭配使用关系，而是由于自然规律。

正向：甲和乙自然在一起。反向：乙和甲自然在一起。

举例：河马<常共同出现→小鸟>[共现]@[自然同在物]、岛屿<常共同出现→大海>[共现]@[自然同在物]。

@ [**人为配用物**]

定义：甲和乙常共同出现，而且甲和乙共同使用，以配合完成某种人类活动。

正向：甲搭配乙使用。反向：乙搭配甲使用。

举例：木鱼<常共同出现→木槌>[共现]@[人为配用物]、茶壶【往茶杯里倒茶】<常共同出现→茶杯>[共现]@[人为配用物]、金鱼【在鱼缸里】<常共同出现→鱼缸>[共现]@[人为配用物]、杯子<常共同出现→水>[共现]@[人为配用物]。

（5）『**功能用途**』

① [**用途**] 是用于：

定义：概念甲是用于达到目标乙，或实施行为乙。

正向：甲是用来做乙的。反向：乙是甲的用途。

举例：杯子<是用于→喝水>[用途]。

注意：如果用途是隐喻性的，需要编码为标准化的用途描述，而隐喻性的说法本身可以编码为百科知识。例如：骆驼【沙漠之舟】编码为<是用于→穿越沙漠>[用途]和<含百科知识→沙漠之舟>[百科知识]@[联想关系]。

② [**用者**] 由谁用：

定义：概念甲是由主体乙使用。该条目表明了动作事件的施事。

正向：甲由乙使用。反向：乙使用甲。

举例：听诊器<由谁用→医生>[用者]、香蕉【猴子吃】<由谁用→猴子>[用者]。

（6）『**杂类**』

① [**百科知识**] 含百科知识：

定义：概念甲符合与其密切相关的百科知识乙。

正向：甲携带百科知识乙。反向：乙是甲携带的百科知识。

举例：西瓜<含百科知识→外面是绿色>[百科知识]、房屋<含百科知识→墙上有窗>[百科知识]。

@ **[事件关系]**

定义：概念甲符合与其密切相关的百科知识乙，而乙含有动作先后，时令、季节、日期或钟点等知识。这些知识是把时间信息涵盖在内的事件关系。它们可以是概念与义征之间的关系，也可以是义征与义征之间的关系。

正向：甲携带的百科知识乙含有事件关系知识。反向：百科知识乙反映了持有它的概念甲所含有的事件关系百科知识。

举例：荔枝<含百科知识→夏天成熟>[百科知识]@[事件关系]。

注意：与[共现]@[所在事件]鉴别。例如，板栗【秋天吃】<常共同出现→秋天吃>[共现]@[所在事件]。

@ **[空间关系]**

定义：概念甲符合与其密切相关的百科知识乙，而乙含有内外、上下、左右和前后等空间关系的知识。这种空间关系可以是概念与义征之间的关系，也可以是义征与义征之间的关系。

正向：甲持有的百科知识乙含有空间关系知识。反向：百科知识乙反映了持有它的概念甲所含有的空间关系百科知识。

举例：西瓜<含百科知识→外面是绿色>[百科知识]@[空间关系]、房屋<含百科知识→墙上有窗>[百科知识]@[空间关系]、金鱼<含百科知识→在鱼缸里>[百科知识]@[空间关系]、鲸鱼<含百科知识→在大海里>[百科知识]@[空间关系]、岛屿<含百科知识→在海上>[百科知识]@[空间关系]。

@ **[来源关系]**

定义：乙可以是甲的产出者、诞生地、成长处或源概念。

正向：甲源自乙。反向：从乙可以产生甲。

举例：松果<含百科知识→松树>[百科知识]@[来源关系]。豆腐<含百科知识→黄豆>[含百科知识]@[来源关系]。

@ [**联想关系**] 有联想关系：

定义：因生活经验而形成从甲联想到乙的联想关系。在军事、政治、文化、社会、生活环境乃至流行因素等多种条件的影响之下，这种联想关系的强度会不断发生变化。

正向：甲可以令人联想到乙。反向：乙可以从甲联想而来。

举例：荔枝<含百科知识→杨贵妃>[百科知识]@[联想关系]、苹果<含百科知识→手机>[百科知识]@[联想关系]、狮子<含百科知识→狮子座>[百科知识]@[联想关系]。

② [**其他联系**] 难分类：

定义：用本分类法中的其他正常类型都无法归类，或者与研究目的无关的关系。

正向：甲与乙关系未能分类。反向：乙未能明确提示与甲的关系类型。

举例：狗<难分类→蟋蟀>[其他联系]、餐桌<难分类→不累的>[其他联系]。

（7）『**异常**』

① [**惯性**] FX：

定义：受试者在任务已经切换之后，产生的仍然是前一任务的反应条目。

举例：前一任务（狮子【吃肉】）铅笔【吃肉】<FX→吃肉>[惯性]。

② [**无反应**] NR：

定义：受试者未能识别刺激概念，从而未能作出应答，或者声称无法解读。

举例：芦笋【没见过】<NR>[无反应]。

③ [**病理**] 病理特征：

定义：该类型仅限于受试者为脑损伤患者时使用，是指概念甲持有病理特征乙。所谓异常，是指由编码者判别它与常识不符。必须在上述分类标注的基础上实施该类型标注。它用井字符做前缀。

正向：甲持病理特征乙。反向：乙对甲来说是异常的特征。

举例：轮船<有数量→有四只脚>[实体数]#[病理]、老鼠<带来评判→没有兄弟姐妹>[评判]@[否认]#[病理]。

四、编码举例

（1）购物【我感到很不满】：

<内省量→很不满>[内省量]、

<关于情绪→不满>[情绪]、

<带来评判→我感到很不满>[评判]@[声称]。

（2）轿车【我学过驾驶】：

<常共同出现→驾驶>[共现]@[所在事件]、

<带来评判→我学过驾驶>[评判]@[声称]。

（3）轿车【长途旅行】：

<内省量→长途旅行>[内省量]、

<常共同出现→旅行>[共现]@[所在事件]。

（4）金鱼【在鱼缸里】：

<常共同出现→鱼缸>[共现]@[人为配用物]、

<含百科知识→在鱼缸里>[百科知识]@[空间关系]。

（5）鲸【在大海里】：

<常共同出现→大海>[共现]@[自然同在物]、

<含百科知识→在大海里>[百科知识]@[空间关系]。

（6）筷子【有一双】：

<有数量→一双>[实体数]。

（7）篮球【比赛】、【用来比赛】和【在赛场上】：

分别表示三种不同征型。应尽量保留反应条目的原始形式。

①【比赛】：<常共同出现→竞赛>[共现]@[所在事件]、

<含百科知识→竞赛>[百科知识]@[联想关系]。

②【用来比赛】：<是用于→竞赛>[用途]。

③【在赛场上】：<常共同出现→赛场>[共现]@[人为配用]、

<含百科知识→在赛场上>[百科知识]@[空间关系]。

（8）老虎【在动物园里】：

<常共同出现→动物园>[共现]@[人为配用物]、

<含百科知识→在动物园里>[百科知识]@[空间关系]。

（9）猫【有四条腿】：

<有数量→有四条腿>[实体数]、

<有组成部分→腿>[部分]@[外部组件]。

（10）梅花【在冬天开花】：

<含百科知识→在冬季开花>[百科知识]@[事件关系]

（11）蜜蜂【在蜂巢里】：

<常共同出现→蜂巢>[共现]@[自然同在物]、

<含百科知识→在蜂巢里>[百科知识]@[空间关系]。

（12）苹果【常见水果】：

<是一种→水果>[种类]、

<内省量→常见>[内省量]。

（13）投影仪【在会场里】：

<常共同出现→会场>[共现]@[人为配用物]、

<含百科知识→在会场里>[百科知识]@[空间关系]。

（14）西瓜【我记得一次野餐】：

<常共同出现→野餐>[共现]@[所在事件]、

<带来评判→我记得一次野餐>[评判]@[声称]、

<内省量→一次野餐>[内省量]。

（15）西瓜【汁是红的】：

<有组成部分→果汁>[部分]@[成分]

表15 汉语康复分类法中英文对照和缩写

『初级类』Primary Types	[一级类] Coarse Types（粗类）	@二级类 Subtypes	缩写 一级类（粗类）	缩写 二级类	缩写 Fine Types（细类）
『分类范畴』（c，taxonomic_categories）	[种类]superordinate		c.sup		c.sup
	[并列]coordinate		c.coo		c.coo
	[特例]individual		c.ind		c.ind
	[子类]subordinate		c.sub		c.sub
	[同义]synonym		c.syn		c.syn
	[反义]antonym		c.ant		c.ant
『组织构成』（f，structural_formation）	[部分]component	外部组件 external_component	f.cop	f.cop.ext	f.cop.ext
		内部组件 internal_component		f.cop.int	f.cop.int
		成员 members		f.cop.meb	f.cop.meb
		分份 portion		f.cop.pot	f.cop.pot
		成分 element		f.cop.elm	f.cop.elm
	[总体]global	整体 whole	f.glb	f.glb.whl	f.glb.whl
		集体 group		f.glb.grp	f.glb.grp
『内省特征』（i，introspection）	[情绪]emotion		i.emt		i.emt
	[客观特质]quality		i.qul		i.qul
	[内省量]quantity_of_introspection		i.qut		i.qut
	[评判]evaluation	声称 declare	i.eva	i.eva.dcl	i.eva.dcl
		否认 negation		i.eva.neg	i.eva.neg
『感觉信息』（p，perception）	[视觉]visual	颜色 color	p.vis	p.vis.clr	p.vis.clr
		纹理 texture		p.vis.tex	p.vis.tex
		形状 shape		p.vis.sap	p.vis.sap
		尺度 size		p.vis.siz	p.vis.siz
	[触觉]tactile		p.tac		p.tac
	[听觉]audition		p.aud		p.aud
	[味觉]taste		p.tas		p.tas
	[嗅觉]olfactory		p.olf		p.olf
	[实体数]quantity_of_entity		p.qut		p.qut
	[共现]cooccurrence	所在事件 events	p.coc	p.coc.evt	p.coc.evt
		自然同在物 nature_presence		p.coc.nat	p.coc.nat
		人为配用物 artificial_match		p.coc.art	p.coc.art
『功能用途』（u，usage）	[用途]function		u.fun		u.fun
	[用者]user		u.usr		u.usr
『杂类』（m，miscellaneous）	[百科知识]encyclopedic	事件关系 events_relation	m.ecy	m.ecy.evt	m.ecy.evt
		空间关系 spatial_relation		m.ecy.spa	m.ecy.spa
		来源关系 origin_relation		m.ecy.ori	m.ecy.ori
		联想关系 association_relation		m.ecy.aso	m.ecy.aso
	[其他联系]unclassified		m.unc		m.unc
『异常』（a，abnormal）	[惯性]fixation_or_inertness		a.fix		a.fix
	[无反应]non-response		a.nre		a.nre
	#[病理]pathology		a.pth		a.pth

<眼观可知→红色果汁>[视觉]@[颜色]。

（16）信仰【一些信念】：

<有同义词→信念>[同义词]、

<内省量→一些信念>[内省量]。

（17）蜘蛛【一阵恐惧】：

<关于情绪→恐惧>[情绪]、

<内省量→一阵恐惧>[内省量]。

第二节　表层临床衔接方案

表16　汉语康复分类法：表层临床衔接方案

（一区）额叶：执行功能	（二区）颞、顶、枕次级区和联合区：知觉处理
[种类]、[并列]、[子类] [同义]、[反义] [惯性]	[视觉]、[听觉]、[触觉] [部分]、[总体]、[实体数] [用途]、[用者]
（三区）边缘系统：情景记忆和情绪活动	（四区）颞叶—海马通路：语义记忆
[共现]、[评判]、[特例] [内省量] [情绪]、[味觉]、[嗅觉]	[百科知识] [客观特质]
（五区）未分类	（六区）程序 / 动作记忆
[无反应]、[其他联系]	为动词义征预留

一、设计思路

如表16所示。表层临床衔接方案并没有对底层语言学分类方案进行改动，而是提供了一个脑功能参照表。这种双层设计是为了能把语言学与临床言语治疗有效衔接起来。语言学研究比较关注理论建构，而言语治疗注重实际诊断和治疗。底层语言学分类方案偏向于语言学研究，它不仅可以用于言语治疗，也可以用于以语言为研究对象的心理、神经或认知基础研究。但是，如果要把标注好的语料与认知功能障碍患者的表现相联系，并进一步指导诊断和治疗，就不仅是要把征型归入分类范畴、内省特征、功能用途、组织构成、感觉信息和杂类等语言学类别，而是要根据临床认知功能评估的实际需求，对征型进行再分类，形成与认知功能模块对应的临床类别。表层临床衔接方案把这种临床类别称为康复分区。

目前共设六个康复分区。其中前四区分别对应执行功能（一区）、知觉处理（二区）、情景记忆与情绪活动（三区）和语义记忆（四区），并且提供解剖脑区参照。在底层语言学分类方案的常类中，除了[其他联系]以外，22个粗类征型均被分入前四区。另设未分类的第五区和为程序／动作记忆预留的第六区，从而使方案具有可拓展性。今后可以根据研究进展而加以修订。

这种双层可拓展设计，就好比是字和词的关系。底层语言学分类相当于字，它提供了合成功能模块的基础组件。表层临床衔接方案的分区相当于词，它由征型组成，但又可以根据需要而重新组合。

很显然，在上述设计思路中，最关键的问题是征型要按照什么标准纳入康复分区。这首先需要考察言语治疗实践中如何看待脑功能。本研究对大脑的功能分类采用了心理学家鲁利亚（Luria，1902－1977）的视角（Tesak & Code，2008，154—160页）。他把人脑分为三个层次，并把第二层和第三层分为初级、次级和高级三个级别。第一层是皮质下中枢和脑干，功能是控制肌张力和觉醒。第二层包括颞、顶和枕叶，功能上分别掌控听觉、躯体感觉和视觉。第三层是额叶，功能上负责智力活动。对第二和第三层单元来说，初级区域是接收周围神经的传入。次级区域是对传入的神经冲动信号进行预处理、合成和编码，产生专项知觉。高级区域又称第三皮质联合区，功能是整合各个模块的信息，产生综合知觉。

在进行基于语言学的义征标准化和征型标注之后，面向言语治疗的征型分区方案将使语言学词汇语义特征分析与脑高级功能康复的认知模块评定和脑区定位诊断衔接起来。言语治疗的评定和干预任务，包括命名、列名、聚类、词图匹配、色词干扰、词汇流畅性或动作执行等，都可以从表16中找到对应项。例如，视知觉检查中的视空间与形状辨别专项、实体辨别觉检查和失认症与失用症检查，都有较大可能与康复二区有关。

二、方案论证

（一）从康复医学考虑临床衔接方案的分区：日常生活活动功能

言语治疗是康复医学的三大专业领域之一。它在理论与实践上都符合康复医学的一般原则。作为一个新兴学科，现代康复医学诞生于20世纪40年代。世界卫生组织把康复医学作为人类医疗卫生事业体系中一个不可或缺的组成部分。我国卫生部规定三级甲等医院进行资质评审时，必须配备康复医学科，设立病床数不得少于总床位数的3%～5%，而且要求各级基层医院开展康复工作。之所以康复医学获得如此重要的地位，是因为它主要针对患者的“功能障碍”开展工作，形成不同于保健、预防，以及其他临床学科的独立的学科领域。这也使康复医学实践带有鲜明而且独特的功能理念和特色。从康复医学的角度来看，功能究其本质就是关系，是人体与内外环境构件之间的相互作用关系（江钟立，2008）。例如，手功能在本质上就是手的结构与被操控物之间的关系，手功能障碍就是这种关系发生异常。手功能康复的目标就是通过改善、代偿与替代的手段，重塑这种关系结构。

世界卫生组织建立的《国际功能、残疾和健康分类》，为测量和评估“功能”建立了规范的术语系统和参照体系。该分类包含“身体功能”“身体结构”“活动和参与”和“环境和个体因素”四个水平（Worrall & Hickson，2008；Worrall et al.，2011；林枫等，2012）。“活动和参与”水平是所有康复干预的目标所在。它具体落实为对患者日常生活活动功能的关注。也就是说，对患者的任何干预，首先都是从其日常生活活动功能出发开展工作。汉语康复分类法的临床衔接方案的设计，也是从日常生活活动功能出发，其中的一到四区都是日常活动所不可或缺的认知功能模块。

1. 执行功能

执行功能在运动方面体现为患者对序列和运动程序的安排能力，而在概念信息处理方面体现为对概念的有序操作。这种有序操作能力在概念范畴化检测任务中会得到更显著的体现。临床常用的额叶功能量表（frontal assessment battery，FAB）（Lezak，Howieson，& Loring，2006，634—635页），主要包括六种任务。①概念判断任务（概念相似性）。例如，郁金香、玫瑰和月季有什么相似的地方。②词汇列名任务（词汇流畅性和心理灵活性）。例如，要求尽可能多地说出“大”字开头的词语，一般要求一分钟内说出9个以上。③运动序列测试任务（程序性控制）。例如，让患者学做“拳－刀－掌”动作序列。④非一致指令反应任务（心理控制和抗干扰性）。例如，要求患者根据以下指令完成任务：“我拍一你拍二，我拍二你拍一。”⑤抑制性指令测试（心理抑制和避免惯性）。例如，要求患者根据以下指令完成任务：“我拍一你拍一，我拍二你不拍。”⑥抓握行为（环境自主性）。坐在患者前，使其双手掌向上放在膝盖上，检查者不说任何话或看着患者，用双手触摸患者手掌，观察患者是否自动抓握。如果有则重新试一次，说“现在请别抓我的手”，并再次观察患者是否自动抓握。如果反复出现自动抓握，说明患者无法控制在环境中的自主性。每种任务得3分，该量表总分为18分，如不满16分往往存在额叶功能异常。该量表提示，概念分类任务和惯性抑制功能是重要的日常活动功能，因此把汉语康复分类法中的分类范畴的[种类]、[并列]、[子类]、[同义]和[反义]，以及[惯性]放到临床衔接方案的一区。

2. 知觉处理功能

知觉处理功能是以感觉为基础的，对多种信息的关联、交互与整合。这种综合化处理通常可以辨别出以一种感觉模块为主，辅以其他信息来源的模式。另外，对于部分、总体和实体数的认知，虽然主要可以通过视知觉获取，但也不排除触觉和听觉模块。因此，部分、总体和实体数也置于知觉处理功能中。与这部分功能相关的临床康复评定，通常包括高级视知觉检查、实体辨别觉检查、韦氏智力量表中的知觉处理模块、简易智能状态检查表中的阅读和结构能力、蒙特利尔认知评估中的视觉结构评定检查等。因此，把汉语康复分类法中的[视觉]、[听觉]、[触觉]、[部分]、[总体]和[实体数]放到临床衔接方案的二区。关于[用途]和[用者]的分区，参见下节讨论。

3. 情景记忆与情绪处理功能

情景记忆与情绪处理功能，与受试者的个人生活体验密切相关。它所关涉的问题，通常与时间、地点、人物和个人自传体性质的事件有关。这些信息直接关系到有人参与的事件活动，因而与[共现]有着明确的联系，并且与必须要借助生活经验才能达成的内省活动密切相关。与这部分功能相关的临床康复评定，通常包括简易智能状态检查表和蒙特利尔认知评估这两种量表中的定向功能检查、阳性和阴性症状量表和日常生活活动能力评定等。因此，把[共现]、[评判]、 [特例]、[内省量]和[情绪]放到临床衔接方案三区。关于[味觉]和[嗅觉]的分区，参见下节讨论。

4. 语义记忆

语义记忆是独立于个人体验的百科全书式的世界知识。它强调的是一般化的、客观存在的知识，而不是受试者参与其中的特定时空场景下的记忆。也就是说，语义记忆不包括特殊的定向信息（时间、地点和自传信息）。语义记忆的结构，可以反映概念系统的表征结构。它不一定需要语言为之赋形，但又往往需要语言来表达。鉴于这种记忆的客观性，[百科知识]直接被划分为临床衔接方案的语义记忆类。另外，内省特征中的[客观特质]，其本身具有不以受试者为中心的相对客观性，因而也分配到临床衔接方案的四区。

5. 预留分区

临床衔接方案中预留了程序记忆的模块。本研究并没有把动作或活动事件纳入目前的康复分类法中，但正如前文所述，汉语康复分类法有望在今后分析动词义征时进一步修订。

（二）从神经心理学考虑临床衔接方案的分区：脑功能地形图

神经定位诊断仍然是目前脑损伤临床治疗的基本思路之一。它沿袭了解剖定位的原则，希望在功能障碍与脑损伤之间建立起有临床实践指导意义的联系。但是，这种联系并不意味着可以在损伤部位与功能表现之间进行一对一匹配。以电脑的数据运算为例，如果把内存条（用以保存正在运行中的数据信息，在功能上相当于人脑的工作记忆系统）取走，虽然掌控数据运算的芯片仍然完好，但是电脑却会无法运行或运行缓慢。很显然，并不能由此推断内存条的功能就是进行数据运算。人脑是一个复杂系统，其在多个水平上形成纵横交错的网络结构。任何一种结构损伤，其最终产生的功能表现，都是整个系统在损伤后发生适应性改变的结果（Park & Friston，2013）。因此，在认识论方面，脑高级功能的神经定位诊断，需要摒弃还原论，遵循整体论。在方法论方面，需要遵循网络思维的认知图式，在辨析属性和关系这两个范畴的基础上，建立脑结构和功能的网络模型，由此对损伤及其行为学表现之间的联系进行可持续改进的论证。

在汉语康复分类法中，上述思路体现为临床衔接方案的可持续修订性。该衔接方案只是提供一种基于现有证据的分区方案。汉语康复分类法的义征类型相对稳定，但临床衔接方案的每个分区所含征型并非固定不变，而是可以在临床实践中不断调整。目前所遵循的划分方案是以临床神经心理评估的脑功能地形图为指导（Lezak，Howieson，& Loring，2006，39—86页）。以下是对分区的脑功能解剖论证。

1. 额叶功能

额叶功能受损在临床上可以有五种主要行为障碍：启动障碍、终止障碍、切换障碍、自我觉知障碍和丧失远景规划能力（Lezak，Howieson，& Loring，2006，81—86页）。前三种行为障碍实质上是“保持上一状态不变”这种病理性惯性的三种不同形式。虽然偶有额叶受损患者可以保有高水平的概念运用能力，甚至对抽象概念的运用不受影响，但是大多数患者会自发使用具体概念，并且把自己的行为表现局限于身处的具体环境。因此可以预期，在实施语义分析任务时，额叶损伤患者更有可能会出现概念语义的范畴化分类异常和病理性惯性表现。

2. 颞－顶－枕次级区和联合区功能

在知觉处理方面，最主要的且最受关注的是视知觉。人类的视知觉主要可以分为两条通路，一条是枕叶通往颞叶的腹侧通路，另一条是从枕叶通往顶叶的背侧通路（Lezak，Howieson，& Loring，2006，68页）。腹侧通路主要负责处理对象的颜色和外形等结构特征，背侧通路主要处理对象的速度和方位等动态特征。从功能整体来考察，这两条通路相互之间并不独立。腹侧通路产生的是不受环境影响的纯粹的物体感知，而背侧通路则把物体置于三维的空间背景之中加以识别。这两条通路的信息在背侧通路的最终环节得到整合，形成完整的物体识认，并且在对物体的操作性应对行为中具有重要作用（Perry & Fallah，2014）。两条通路的结合部位就在鲁利亚所描述的颞－顶－枕次级区和联合区。在以中央沟为界划分出来的脑后部皮质中，这个颞－顶－枕交界区属于高次皮质。它紧邻初级感觉区，并且把这些初级感觉区联结到一起。初级躯体感觉投射到顶叶前端，初级听觉皮质投射到颞叶上部，初级视觉皮质位于枕叶。感觉信息在后部高次皮质进行超模块整合，形成对物体的综合认识（Lezak，Howieson，& Loring，2006，68—74页）。这个部位的损伤通常不会影响某种单一的感觉通路，但可能会围绕某一知觉模块，表现出某种日常功能受损。以视觉失认为例（Lezak，Howieson，& Loring，2006，66—67页），患者能感受到视觉刺激信息本身（能看到对象），却不能凭视觉信息辨认哪怕是熟悉的物品，只能通过听觉或触觉等其他感知通路的信息来帮助辨认。从物品识认机制来说，这种失认可能发生在对物品的视觉特征（形状、颜色和部件等局部或单一特征）进行统合的阶段（统觉性失认，apperceptive agnosia），也有可能发生在进一步把统合的物品印象与记忆中的熟悉物品进行联系对照的阶段（联结性失认，associative agnosia，又称视觉对象失认，即不能有效地把视觉信息与语义系统相联系）。后者往往能够较好地复制所看到的图形，但却不能准确说出这种图形所代表对象的名称，也不能说出它的现实意义和功能用途。从这方面来看，临床上往往根据能否表达出对象的功能用途，来区别失认症和命名障碍。命名障碍患者同样无法说出物品名称，却能正确描述或演示物品的功能用途。左侧后部高次皮质区的损伤，尤其是顶下小叶的角回（布罗德曼分区第39区）受损，可能会出现格斯特曼综合征（Gerstmann syndrome），其表现为失写、失算、手指失认和左右定向不能四联征（Lezak，Howieson，& Loring，2006，71页）。因此，在汉语康复分类法的临床衔接方案中，把上述位处颞－顶－枕交界区域的后部高次皮质单独列为第二区，并且预期在该区域受损时，将出现视、听和触觉通路的知觉信息相关义征的处理障碍，并且把[部分]和[总体]（基于统觉性失认的考虑）、[用途]和[用者]（基于联结性失认的考虑）和[实体数]（基于失算症的考虑）

纳入该区。

3. 情景记忆和语义记忆

临床衔接方案的第三区和第四区分别与情景记忆和语义记忆有关。这两个系统要合并考察。心理学家蓝珈纳斯（C. Ranganath）和芮奇（M. Ritchey）把记忆相关脑皮质分为两大系统和一个连接枢纽（Ranganath & Ritchey, 2012），分别是颞前部皮质系统和后内侧皮质系统。两者以海马结构为枢纽，包括海马体（CA1、CA2和CA3三个扇形区）、内嗅皮层、齿状回和下托。颞前部皮质系统包括三个部分：①前下部的颞极腹侧皮质（属于颞叶）；②前上部偏内的杏仁核（属于颞叶）和前上部偏外的眶额部皮质（属于额叶）；③下部的嗅周皮质。后内侧皮质系统包括四个部分：①前部的丘脑前核、乳头体、前下托和旁下托；②后方的胼胝体压部后皮质（压后皮质，即布罗德曼分区第29区和第30区，与情景记忆、位置导航和远景计划功能有关）（Vann, Aggleton, & Maguire, 2009）；③上部的脑默认网络结构（包括后扣带回、楔前叶、角回和距离较远的前额叶腹内侧皮质，该结构主要在冥想和内省任务时激活，用于维持清醒状态下的无关外务的脑活动）；④下部的海马旁回。

在蓝珈纳斯和芮奇的分类中，可以发现，海马结构、杏仁核、嗅周皮质、扣带回，以及丘脑前核、乳头体和眶额部皮质等，都是边缘系统的重要组成部分。蓝珈纳斯和芮奇论证了颞前皮质系统和后内侧皮质系统在记忆引导的人类行为中的作用，认为颞前部皮质系统主要与长期记忆中的固有知识有关，在物品、人员和事件的特征识认方面起到作用。后内侧皮质系统则与当下正在发生的、受试者身临其境的时间、空间和社交信息处理功能有关。单纯疱疹病毒性脑炎所致的范畴特异性语义损伤，责任病灶正处于颞前部皮质系统，也会波及海马结构，但不影响后内侧皮质系统（Ranganath & Ritchey, 2012）。语义痴呆的责任病灶往往也位于颞前部皮质系统，在行为学检测上主要表现为视、听、嗅和触等各模块的语义任务受损，但保留相对较好的情景记忆、视听信号处理和决策能力（Jefferies, 2013）。因此，在临床衔接方案中设立与语义记忆相关的第四区，并且将其与颞叶－海马通路对应。阿尔茨海默病在早期往往波及后内侧皮质系统，行为学上主要表现为情景记忆受损（Sperlin et al.，2010），但在疾病后期也会累及颞前部皮质系统（C. Ranganath & M. Ritchey，2012）。因此，在临床衔接方案设立与情景记忆有关的第三区，并且把边缘系统功能归于该区。

值得注意的是，嗅觉和味觉中枢的位置和功能联系较为特殊。嗅觉的一级神经元进入到额叶下方的嗅球中换元，随后与邻近的额颞叶结构形成嗅脑。这是一个与边缘系统难以区分的结构。嗅觉与情绪活动紧密关联，并且嗅觉记忆本身深刻且持久，易于形成似曾相识的体验，而嗅觉受损是阿尔茨海默病早期诊断的重要线索（Brazis，Masdeu，& Biller，2012，115—120页；Bille，Gruener，& Brazis，2013，292—296页）。味觉信息经过面神经传导，进入膝状神经节换元，其中枢纤维投射到岛叶和岛盖部皮质。味觉与嗅觉在感知上存在紧密互补关系，以至于人们往往会在嗅觉障碍时主诉味觉丧失（Bille，Gruener，& Brazis，2013，296—299页）。例如，在上呼吸道感染或鼻炎发作时，会主诉“吃饭不香”。因此，[味觉]和[嗅觉]归入第三区，以体现与边缘系统的相关性。

本章至此已经对汉语康复分类法的设计思路和具体内容进行了详细陈述和论证。从中可以发现，汉语康复分类法不仅是单纯的语义特征质性分类方法，而是经验性语义特征数据分析的关键环节。它决定了义征数据的整理方式，也直接影响语义特征的量化指标计算和网络参数估计。下文将首先采集汉语名物概念的义征提名数据，用汉语康复分类法进行数据整理和标注，并遵循前文对析义元语言进行分析时所建立的量化指标计算和网络参数估计方式，对经验性汉语名物义征数据进行分析，从而建立面向言语治疗的汉语词汇语义特征分析方案。下文还将通过分析患者的语义特征提名数据，论证分析方案的应用价值。

第六章

经验数据分析：基于义征提名任务的词汇语义表征

前文已经从原始数据整理、义征分型标注、量化指标计算和网络参数估算这四个步骤，分析了汉语析义元语言数据集，并论证了该内省数据集在言语治疗中的应用价值和局限性。一方面提出义征的内省研究进路需要经验性数据来验证其理论研究成果，另一方面指出内省数据集缺少以言语治疗为应用的义征质性分类方案。随后本研究借鉴欧美语言学研究在义征质性分类方面的成果，设计并论证了汉语康复分类法。本章将在该分类法的指导下，采集经验性义征数据并加以整理，用于量化指标分析和网络参数估计，从而深化对汉语词汇语义表征复杂网络的认识，建立以言语治疗应用为导向的汉语词汇语义特征分析方案。

第一节　原始数据采集：义征提名任务的设计与实施

一、数据采集

（一）选取刺激概念

前文已经说明为何首先针对名物概念设计义征质性分类方案，本章将采集并分析汉语名物概念数据集。为满足患者日常交流所需，该数据集最终应当涵盖日常生活活动所需的名物概念，从而形成汉语名物义征综合集。由于本研究并非以建立数据集为研究目标，而是希望建立一个贯穿原始数据整理→义征分型标注→量化指标计算→网络参数估算这四个要件的义征分析方案。在此研究目标下，小样本研究有利于探索数据管理和分析模式，以便拓展到大样本。因此，本研究选取60个样例（如表17所示）构建**汉语名物义征简单集**（下简称**义征简单集**）。

表17　义征简单集的样例词频

领域	范畴									
	身体类		禽鸟类		哺乳类		水果类		蔬菜类	
生物	耳朵	900	鸽子	665	猴子	527	苹果	2808	萝卜	673
	手掌	227	麻雀	333	狮子	716	香蕉	1330	土豆	765
	脚跟	483	燕子	481	兔子	420	葡萄	2753	白菜	608
	肩膀	536	白鹤	334	老虎	1112	甘蔗	2144	黄瓜	716
	牙齿	585	鹦鹉	184	老鼠	1272	柑橘	2347	韭菜	207
	鼻子	1070	孔雀	737	奶牛	2143	西瓜	2127	茄子	197
	交通类		建筑类		衣着类		家具类		器物类	
非生物	直升机	1112	桥梁	3251	衬衫	797	沙发	1105	扫帚	302
	火车	4036	寺庙	851	毛衣	356	板凳	301	雨伞	246
	轮船	1318	楼房	2624	棉袄	223	餐桌	537	剪刀	360
	卡车	1635	别墅	881	袜子	291	书架	444	牙刷	198
	轿车	3036	剧院	2090	围巾	149	马桶	96	拐杖	440
	摩托车	2078	隧道	1990	裤子	371	冰箱	1807	筷子	406

义征简单集所用60个样例主要分为两大领域（生物、非生物）和10个范畴（身体类、禽鸟类、哺乳类、水果类、蔬菜类、交通类、建筑类、衣着类、家具类、器物类）。各样例的词频分布如表17所示，参考北京语言大学汉语国际教育技术研发中心研制的汉语常用词频表。生物词频为980 ± 783.63（均数 ± 标准差，以下均采用此形式）。非生物词频为1111.03 ± 1059.11。实施Welch两独立样本t检验，比较领域间词频分布，结果无明显差异（p=0.5882）。本研究未要求词频满足范畴间无偏分布。除交通类用到两个三字词以外，简单集的用词均为双字词。

（二）制备调查手册

将上述60个样例进行随机排序，部分排序经手工调整，以避免相邻概念之间产生语义提示或干扰。经排序的样例按照每20个一组编制调查手册，共分为A、B和C三个册别。调查手册的第一页提供指导语，第二页和第三页提供两个例子，然后每页印制一个样例供实施义征提名。

如图16所示，左图的填表说明页采集了受试者的姓名、性别、年龄、受教育年数、方言和利手情况。在临床应用时，这部分指标可供选取与患者一般情况匹配的义征数据子集。右图除采集义征数据以外，还采用视觉模拟评分形式，采集受试者的概念熟悉度。概念熟悉度的测量以厘米为单位，精确到毫米级别，从而使其取值范围为0.0～10.0。

（三）实施义征提名

向受试者提供上述手册，要求详细阅读填表说明，并填写相应资料。部分受试者要求匿名填表，其姓名栏填入“匿名”，并在后续数据处理时加以编号。采用书面调查形式，并且个人资料均由受试者自己填写，故所采集资料均取得知情同意。

二、基线情况

（一）受试者人口学数据：性别、年龄、利手和方言

每册别共有40名受试者，男女各20名。同一受试者可以做不同册别，但不能在同一册别接受两次调查。最终共有82名受试者（女性40人，男性42人）完成120人次调查。年龄15～27（20.62 ± 1.97）岁。受教育年数为8～16（12.99 ± 1.49）年。所有受试者均为右利手。由于受试者并无语言学专业知识，因而以长期居住地来替代方言调查。受试者主要来自江苏（徐州12人、连云港7人、盐城6人、淮安5人、扬州1人、南通11人、泰州7人、无锡24人、苏州2人），另外还有安徽6人，山东1人。受试者日常交流均使用汉语普通话。

以性别分组实施Welch两独立样本t检验显示，男女各组的年龄（p=0.2577）和受教育年数（p=0.2082）均无显著性别差异。对方言地域分布进行皮尔逊卡

填表说明

设想有一群外星人来旅游，发现这里有一些他们没遇到过的东西。比方说某种动物或工具。这些外星人会说汉语，于是问：这是什么？ 怎样才能既简明扼要，又准确无误地解释呢？您愿意提供帮助吗？

=============请先填写以下信息资料：

姓名：_____ **性别：**_____ **出生年月：**________年______月

受教育年数（从小学一年级算起）：______年

方言（小时候长期居住的城市）：_______

利手（平时用右手还是左手拿筷子/或写字）：________

=============接下来请帮忙解释一些概念，要求如下：

- ☐ 每张纸上有 1 个概念，一共 20 个概念，请一张张填写。
- ☐ 先估计这个概念熟悉度。提供一条横线，左端为 0，表示完全不熟悉，右端为 10，表示十分熟悉。从左到右，熟悉程度逐渐增加。请在合适位置画竖线。例如，遇到十分熟悉的概念，在最右端划一竖线。
- ☐ 平均解释一个概念只有一分钟，所以要用尽量简短的词句。
- ☐ 每行只写一条，至少写四行。
- ☐ 解释角度可以不同，但请尽量罗列看得见、摸得着的特征。例如：
  - **具有**什么（形状、颜色、材质、部件、结构）？
  - **用于**什么（用途）？
  - **属于**什么（种类、类别）？
  - **位于**什么（场所、地方）？
  - **让人想起**什么？
  - **会做**什么（动作）？
- ☐ 提供两个例子。没有标准答案，结果不分对错，请不用担心做错。

熊猫

熟悉度：

0 ——————|—— 10

解释：

1. 吃竹子
2. 有黑色和白色的毛
3. 很胖
4. 会爬树
5. 脚掌很厚
6. 有四条腿
7. 头很大
8. 脖子很短
9. 行动缓慢

- ● 在动物园见到
- ○ 像是戴了墨镜的松狮犬
- ● ……
- ○
- ●

图16 汉语名物义征简单集采集手册（填表说明和举例）

方检验显示两组无显著性别差异（χ^2=12.7935，p=0.2354），进一步实施Fisher精确检验显示同样结果（p=0.2451）。

（二）样例的基线数据：受试者人数和熟悉度分布

平均每个样例的受试者人数为女性19.78 ± 0.61人，男性19.55 ± 0.75人。有少数样例的受试者人数不足40人。这是因为受试者可能会漏填个别样例的熟悉度，或者直接漏掉某一页。因而进行性别分组的皮尔逊卡方检验，显示两组人数无明显差异（χ^2=1.2448，p=1.00）。

样例熟悉度为7.58 ± 1.02，其中女性组为7.60 ± 1.09，男性组为7.57 ± 0.88。分别计算各样例的男女熟悉度均值，实施配对t检验，结果显示样例熟悉度无明显性别差异（p=0.7168）。

以性别和领域为分组因素，进行熟悉度的双因素方差分析，发现性别（$F_{1,116}$=0.027，p=0.869）、领域（$F_{1,116}$=0.244，p=0.622），以及两者的交互效应（$F_{1,116}$=0.875，p=0.352）均对熟悉度无显著影响。

以性别和范畴为分组因素，进行熟悉度的双因素方差分析，发现范畴分组对熟悉度有显著影响（$F_{9,180}$=14.401，p<0.001），而性别（$F_{1,180}$= 0.056，p=0.813）和两因素的交互效应（$F_{9,180}$=1.109，p=0.364）对熟悉度无显著影响。进一步对不同性别组的熟悉度范畴分布实施Tukey HSD事后检验发现，在女性组，**禽鸟类**的熟悉度显著低于**身体类**（p<0.001）、**水果类**（p<0.001）、**蔬菜类**（p<0.001）、**衣着类**（p<0.001）、**家具类**（p<0.01）和**器物类**（p<0.001）。**建筑类**的熟悉度显著低于**身体类**（p<0.001）、**衣着类**（p<0.001）、**器物类**（p<0.01）、**蔬菜类**（p<0.01）、**水果类**（p<0.01）、**家具类**（p<0.01）。**交通类**的熟悉度显著低于**身体类**（p<0.05）和**衣着类**（p<0.05）。在男性组，**禽鸟类**的熟悉度要显著低于**身体类**（p<0.001）、**水果类**（p<0.001）、**蔬菜类**（p<0.05）、**交通类**（p<0.001）、**衣着类**（p<0.001）、**家具类**（p<0.01）和**器物类**（p<0.001）。**建筑类**的熟悉度要显著低于**身体类**（p<0.001）、**衣着类**（p<0.01）、**器物类**（p<0.01）、**家具类**（p<0.05）、**交通类**（p<0.01）和**水果类**（p<0.01）。结合上述结果，观察图17（见文前）可知，熟悉度的范畴

分布不均衡，其中以**禽鸟类**和**建筑类**的熟悉度尤为偏低（其熟悉度均值都小于7.0），而**身体类**、**衣着类**、**家具类**和**器物类**则一致偏高（其熟悉度均值都≥8.0）。另外，**蔬菜类**和**交通类**的熟悉度在性别间分布不一致。女性更熟悉**蔬菜类**，而男性则更熟悉**交通类**。这可能与社会文化环境中的两性话题关注程度有关。

第二节　义征分型标注：汉语康复分类法的应用与统计

受试者共提名产生原始反应条目13341次。原始反应条目的秩次最高为13，即最多可为一个概念提名13个原始反应条目。采用汉语康复分类法进行义征分型，所有原始反应条目均经过粗粒标准化和细粒标准化阶段，最终形成既带有义征提示语，又带有征型标注的注型义征。该过程由一名专业言语康复治疗人员完成，并由另外两名专员人员参与校验，采用三人表决法对有争议的结果进行甄选。最终产生注型义征18213次，其中非重复条目6585条，共包括初级类6个，深入到一级类的粗类22个，深入到二级类的细类35个。始终未出现的征型是[反义]和[部分]@[成员]。

如果剥除征型标注，仅观察含示义征，则共有非重复含示义征条目6549条。之所以注型义征多于含示义征，是因为同样的含示义征在不同样例中可能标注为不同的注型义征。这尤其在[部分]的二级征型为多见。例如，<有组成部分→座椅>对轿车是[部分]@[内部组件]，对沙发是<有组成部分→座椅>[部分]@[外部组件]。

由于存在上述注型义征和含示义征的差异，采用“样例－义征”对照的形式管理数据。在基于这种关系进行量化指标计算时，以含示义征为基础。在分析征型分布时，如果不深入到细类义征，也仍以含示义征为基础。这主要有两方面原因。其一，在同一样例中，并不会出现同一含示义征标注两种征型的情况，而只会有征型颗粒化程度的差异。其二，过高的义征颗粒化程度反而不利于研究样例间的义征重叠关系。例如，上述轿车和沙发都有<有组成部分→座椅>

这种含示征型，但却不能说在<有组成部分→座椅>[部分]@[内部组件]和<有组成部分→座椅>[部分]@[外部组件]这两种注型义征上存在重叠。

第三节　量化指标计算：义征提名任务的认知处理模式探索

义征分型标注所形成的“样例－含示义征”关系型数据，已经可供进一步计算量化指标。

（一）样例的量化指标

样例量化指标的计算，主要基于三方面数据：样例所持含示义征的单提名优势度、样例持征总数（样例所持的含示义征数）和征间交联度（含示义征之间的征间交联度）。由此形成六个量化指标。本书附件列出了部分样例指标，分别是持征均优度、持征总数、持耦量、持耦率和征间交联密度均值（见附件一：概念指标简表）。

（二）义征的量化指标

本研究主要根据前文对方法论的整理结果选取义征量化指标，可以分为三个方面（如表18所示）。本书附件列出了部分义征指标的计算结果（见附件二：义征量化指标简表）。

表18　义征量化指标概要

数据基础	指标种类	指标名称	意义
持征概念数	独有度*	简化范畴独有度 简化领域独有度	在一定概念范围内，义征为某概念所独有的程度。
提名频次	线索度*	范畴线索度 全局线索度	在一定人群以及概念范围内，义征为某概念所独有的程度。
	优势度*	单提名优势度	在为某个样例实施义征提名的所有受试者中，提名靶义征的人数所占的比例。
	示意度☯	示意度	义征在多大程度上与持征概念的核心含义相关。它涵盖了**独有度**和**优势度**的信息。
	交联度§	单交联度	持征概念内，**靶义征**与其**耦合义征**的总体相关程度。
	关联度§	单关联度	持征概念内，靶义征与其耦合义征的平均相关程度。

续表

数据基础	指标种类	指标名称	意义
提名秩次	优先度	单提名秩率	对于某个样例而言，靶义征在每个受试者中的提名秩次所占百分位数的平均值。它表示义征在提名次序上的优先程度。
	可达度☯	可达度	在某样例的所有受试者中，靶义征的易提取程度。可达度高意味着两种可能：**优势度**高（许多人提名靶义征）或**优先度高**（少数人优先提名靶义征）。
	显著度☯	语义显著度	义征在多大程度上能够显著提示相应概念的意义。它涵盖了**独有度**、**优势度**和**优先度**的信息。

基于样例-义征关系的指标：✱表示原生指标，☯表示衍生指标。

§表示基于征间关系的指标。

（三）相关说明

在拆分和标注方面，汉语义征数据集的处理与欧美义征库不完全相同。例如，同一个义征可能会在相同靶义征的不同反应条目中重复析出，从而增加其出现频次。另外，在义征库的量化指标计算方面，各研究报道也并不一致，需要有选择地借鉴。因此，本研究在欧美义征库的计算方法基础上，根据言语治疗的实际需求，结合汉语自身特色，进行了筛选和调整。

1. **独有度**：采用简化方式计算，即计算范畴或领域内持有靶义征的概念数量的倒数，得到简化范畴独有度或简化领域独有度。由于在义征简单集中，每个范畴所含样例数相等（均为6个），每个领域也含有同样数目的样例数（均为30个），因而该算法的结果具有范畴间或领域间可比性。

2. **孤提名秩率**：计算方法有所修订。观察孤提名秩率定义，可以发现它是衡量在受试者为靶概念产出的所有义征中，靶义征所处的百分位次。观察欧美义征库，可以发现通常一个反应条目只析出一条义征，从而使概念持征数实际上就是反应条目数，也就是义征最大秩次。但是，在汉语义征简单集中，同一个人可以在不同秩次的反应条目中析出同样的义征。例如：受试者周某某对白菜的反应条目拆解：

秩次1　【吃的蔬菜】：<是一种→蔬菜>[种类]和<是用于→食用>[用途]。

秩次2　【圆圆的】：<眼观可知→圆形的>[视觉]@[形状]和<内省量→圆圆的>[内省量]。

秩次3　【可以吃】：<是用于→食用>[用途]。

秩次4　【韩国泡菜用的】：<是用于→制作韩国泡菜>[用途]。

秩次5　【腌菜】：<含百科知识→腌菜>[百科知识]@[联想关系]。

秩次6　【兔子爱吃】：<由谁用→兔子>[用者]和<含百科知识→兔子吃>[百科知识]@[事件关系]。

从中可以发现，<是用于→食用>[用途]共析出两次，首次析出时的反应条目秩次是1，第二次析出时的反应条目秩次是3。这种情况的存在，意味着靶义征可能会有多个秩次数据与之对应，从而导致计算该指标时不知道该选取哪个秩次来作为分子。本研究为此设定，同一受试者如果析出多个相同义征，那么该义征最早析出于哪个反应条目中，就以该反应条目的秩次作为该靶义征的孤提名秩次。

另外，计算孤提名秩率所用分母，原本为受试者的概念持征数。但是，同样由于不同反应条目可能析出相同义征，从而导致概念持征数不仅有可能大于靶义征的秩次，也有可能小于靶义征的秩次。如果是后一种情况，有可能导致算出的孤提名秩率值小于0。本研究为此设定，用反应条目数，即义征可能取得的最大秩次值，做计算时的分母。

孤提名秩率的算法由此修正为：以靶义征的最早提名秩次减去1，再除以受试者为靶概念产出的反应条目数，获取比值之后，用1减去该比值，最终得到孤提名秩率。以此考察上述例子，<是用于→食用>[用途]的孤提名秩率就是1-(1-1)/6=1，表示该义征是在受试者为白菜提名的所有义征中，处于第一位顺序。<由谁用→兔子>[用者]的孤提名秩率是1-(6-1)/6≈0.1667。

3. **交联度和关联度**：在剔除属概量≤2的义征之后（Lenci et al.，2013；Montefinese et al.，2013），再计算征间交联度。以征间交联度＞5.5%来认定义征之间显著相关，从而确定征耦。关联度计算也受此限制，只涉及属概量＞2的义征。

4. **截断值选择**：除关联度和交联度的计算要求按照属概量提取数据子集以外，其他量化指标计算以及质性分类比较，除非特别注明，否则都是以整个数据集为基础。有一些报道是根据提名优势度来进行数据截选。加勒德等要求义征的单提名优势度≥0.1方可纳入最终的义征库（Garrard et al.，2001）。蒙特菲尼斯等需要以0.155为单提名优势度截断值（Montefinese et al.，2013）。本研究之所以未设立相应的截断值，主是由于义征析出方法有差异。在欧美义征库，义征从反应条目中析出之后，需要先经过截选，删除仅为少数人持有的特殊义征，然后才对剩下的义征进行征型标注。汉语义征简单集直接析出注型义征。由于受试者往往会在同一个概念的不同反应条目中反复析出相同义征。这种在操作方法上的特殊性，使汉语义征简单集的每个注型义征都有提名频次和析出频次这两种数据，而且析出频次往往大于提名频次。是按照提名频次还是析出频次来进行截选？这个问题尚未获得统一的认识，而截选与否又影响到后续以频次为基础的指标的计算。因此，在本研究未针对提名频次或单提名优势度设立截断值，而是尽可能地保留数据原貌，以供今后根据不同研究目的，进一步截选数据。但是，最终供网络分析的义征仍以交联度和关联度的计算条件为准，即要求属概量＞2（Lenci et al.，2013；Montefinese et al.，2013）。

（四）义征的概念领域和提名秩次分布：对领域独有度的考察

图18（见文前）的每个分图表示，在各领域水平（纵轴）相应初级征型（横轴）的义征秩次与简化领域独有度的分布情况。箱线图的中央横线代表独有度的中位数，红点表示独有度均值，箱的上下两边表示四分位数，须线两端表示1.5倍四分位距，图上的黑点表示超出置信范围的极端值。图中省略了秩次在10以上的数据，着重显示前几位秩次的分布情况。从中考察义征独有度秩次（先后）和取值高低（主次），可以获得以下几点发现。

① 对情景和语义记忆的调用，以提取独有层义征为主。依据是『内省特征』和『杂类』的独有度均大于0.5，且位于0.75左右。

② 知觉信息的调用，如果涉及部件构造，以共有层义征为先，而如果涉及

感觉模块，则以独有层义征为主。依据是『组织构成』在生物中的独有度均低于0.5，而在非生物中则起于0.5之下，逐渐跨越该界线向上走行。『感觉信息』的独有度整体上处于0.5之上，但基本位于0.5－0.75之间。

③ 对生物的功能评估和对非生物的分类，以识别或生成独有层义征为主。依据是当涉及生物的『功能用途』时，前三位秩次的义征通常偏向于独有层义征，而涉及非生物的『分类范畴』时，主要以独有层义征为主。

④ 生物优先提取分类信息的共有层义征：生物『分类范畴』前三秩次独有度都低于0.5。

（五）义征的概念范畴和提名秩次分布：对范畴独有度的考察

计算范畴独有度，并绘制各范畴的独有度秩次分布（如图19所示，见文前），获得以下发现：

① 与上述领域独有度的发现一致。在所有范畴中，对情景和语义记忆的调用，都以提取独有层义征为主。其依据在于『内省特征』和『杂类』的独有度均大于0.5，而且基本位于0.75以上。

② 无论是从概念归类，还是知觉处理，水果和蔬菜这两个范畴都很相似。依据：**水果类**和**蔬菜类**在『分类范畴』和『感觉信息』方面的独有度分布，无论是前后走向，还是数值高低，都十分相似。这也符合实际情况：在汉语中，往往用“果蔬”一词来统称这两个语义范畴。这两个范畴的区别可能主要在于，对**水果类**部件构造信息（『组织构成』）的提取，更偏向于共有层义征。

③ 除了『分类范畴』以外，**禽鸟类**和**哺乳类**在其他所有征型上都有着相似的独有度取值与秩次分布。在汉语中往往以“鸟兽”来统称这两个范畴。

④ 除了『功能用途』以外，非生物的五个范畴都在其他五种初级征型上有着相似的独有度分布。**交通类**和**衣着类**的『功能用途』都偏向共有层，而**建筑类**、**家具类**和**器物类**的『功能用途』则偏向独有层。**家具类**和**器物类**即使在『组织构成』的高秩次区域有所不同，但其前几位秩次的义征独有度都在0.5左右。

综合以上发现可以提示，不同范畴之间的差异不在于某些征型的缺失，而在于存在特异性的征型分布模式。这种分布模式在上述箱线图中表现为独有度的秩次分布形态，即在某些范畴之间比较，一些特定征型有着高度相似的独有度秩次分布模式。这一方面可以推测，在基于义征重叠的语义聚类中，如果有范畴在各征型上的独有度秩次分布模式相似，那么它们可能会有更近的聚类关系。另一方面也可以提示，在不同范畴中，各征型上的频次分布模式可能也会体现出范畴特异性差异，而对此还需要下文进一步分析。

（六）基于义征重叠的概念聚类和范畴聚类

由于余弦距离法在预测范畴内典型度、范畴内生成频次和范畴分类反应时间等指标方面，要优于欧氏距离法和城市区块距离法（Dry & Storms，2009）。因此本研究以义征重叠关系为基础，计算概念间余弦距离，绘制概念聚类树。如图20所示，可以得到两方面启示。

首先，基于义征重叠关系的语义聚类，可以获得与人工经验性分类相似的结果。几乎所有的范畴都可以从聚类树中分辨出来。

其次，范畴也有距离之分。从下往上观察，可以发现“鸟兽”和“果蔬”这两个大类。衣着类和家具类则汇集在第三个大类下。第四个大类是身体类。第五个大类是建筑类。在最上方，交通类和器物类位于同一个大类中。这提示在生物中，独有度取值的秩次分布的相似性，将会对范畴聚类产生影响。但是，在非生物中，这种相似性所预示的范畴聚类规律并未得到体现。进一步对范畴聚类的研究，有可能需要关注生物的『分类范畴』特征和非生物的『功能用途』特征。另外，由于箱线图无法体现义征的频次信息，因而需要进一步把这些信息纳入考察范围。为此，本研究使用马赛克图来显示义征简单集的初级征型、范畴和义征秩次的三因素比较结果。

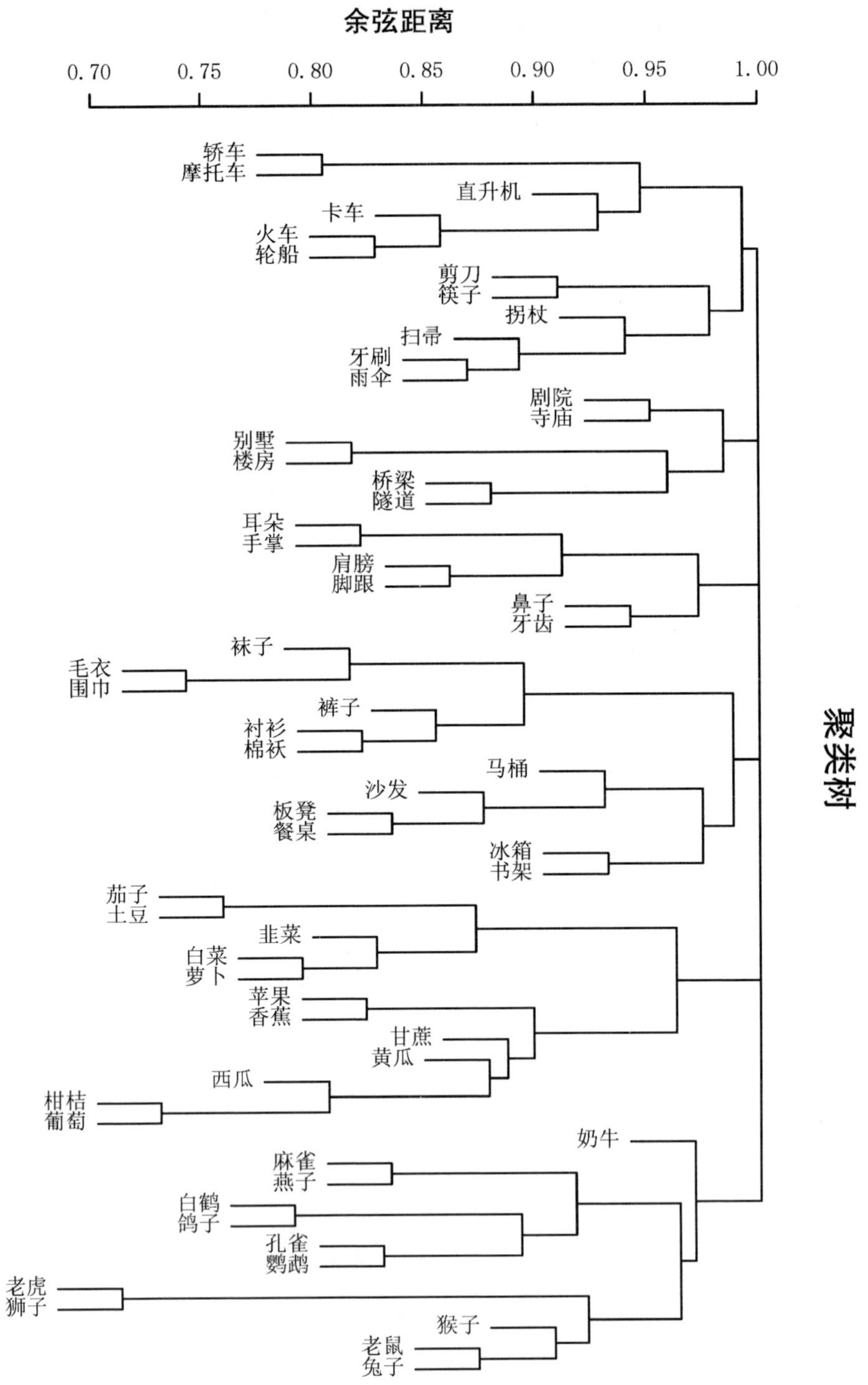

图20　基于义征重叠的概念聚类树

（七）义征的概念范畴和提名秩次分布：对征型频次的考察

义征提名任务反映了受试者对靶概念的语义解析过程。位列第一的义征代表了解析出来的最重要的语义特征。这种义征理论上应当在语义特征训练中优先选用。图21（见文前）把义征秩次这个因素分为两个水平加以考察：首秩次、其他秩次。对该图可以进行如下解读：

第一，图右下方是三因素的独立性检验的p值。当p值<0.05时，拒绝独立性假设，提示三因素相关，也意味着实测值的分布并非由随机因素所致。

第二，征型配比结果（方块面积）显示，在『组织构成』中，**蔬菜类**和**建筑类**的配比较小。在『功能用途』中，**禽鸟类**和**哺乳类**的配比最少。在『杂类』中，**衣着类**和**器物类**配比最少。总体上征型配比顺序基本上遵循『感觉信息』>『内省特征』>『组织构成』>『功能用途』>『杂类』>『分类范畴』。这提示感觉信息在名物概念义征处理中占据较大比例。

第三，皮尔逊残差分布结果（方块颜色）显示，**禽鸟类**、**哺乳类**、**水果类**、**蔬菜类**、**交通类**和**衣着类**在『分类范畴』上的首秩次义征显著偏高（$p<0.0001$）。在该初级征型上，**身体类**、**建筑类**和**器物类**的首秩次义征也较高（$p<0.05$）。**身体类**的首秩次义征在『组织构成』上显著偏高（$p<0.0001$）。**蔬菜类**的首秩次义征在『感觉信息』上较高（$p<0.05$）。在『功能用途』方面，**建筑类**、**衣着类**、**家具类**和**器物类**的首秩次义征显著偏高（$p<0.0001$），**交通类**偏低（$p<0.05$）。这提示，多数人在对名物概念进行语义解析时，在所有范畴中都优先提取其分类特征，但对非生命概念的处理，也可能首先提取其功能用途特征。

综合对图21的上述解读，可以认为，在汉语名物概念处理中，感觉信息并不是首选提取的语义特征，人们也并不优先使用情景记忆和语义记忆来解析语义，而是倾向于从概念分类和功能用途信息入手展开语义解析过程。

图22（见文前）不考虑秩次因素，而仅仅考虑完整解析概念所需的义征类型，从中可以发现：

首先，图右下角的p值拒绝独立性假设，提示双因素相关。其次，配比分析的结果应当与图21相同，感觉信息占据较大比例。再次，考察皮尔逊残差分布。如果以p<0.0001水平（深蓝色）来看，对征型的横向分析可知，**禽鸟类**显著依靠『分类范畴』，**身体类**和**器物类**显著依靠『组织构成』，**水果类**和**蔬菜类**显著依靠『感觉信息』，**建筑类**、**衣着类**、**家具类**和**器物类**显著依靠『功能用途』，**禽鸟类**和**哺乳类**显著依靠『杂类』。对范畴的纵向分布观察可知，每个范畴都有特征性的征型表达谱（特有的面积和颜色组合）。

综合对图21和图22的分析结果，可以认为，对汉语名物概念的解析首先以分类和功用信息为切入点，后者尤适于非生物。但是，对语义的完整解析，则具有范畴特异性的征型表达谱。这种表达谱既体现差异，又反映相似之处。例如，“鸟兽类”中，**禽鸟类**和**哺乳类**都依赖『分类范畴』和『杂类』，而且也都缺少『功能用途』。又如，“果蔬类”中，虽然两个范畴都显著依靠『感觉信息』，但『组织构成』在**水果类**偏多，在**蔬菜类**的偏少，而『杂类』的情况正好相反。因此，在认知治疗中，如果从概念出发选取义征素材，应当考虑领域、范畴和秩次因素。事实上，义征的量化指标已经可以提供与上述认识相适应的选材依据。另外，如果从构建义征网络角度来考虑，上述认识还意味着，义征网络存在领域或范畴水平的层次嵌套，并且有可能需要考虑义征秩次作为其行为效度指标。

（八）义征量化指标间相关性分析

表18（见文前）已经显示，独有度、线索度、优势度和优先度等是原生指标。它们的复合衍生指标是示意度、可达度和显著度。图23（见文前）显示了六种指标相关分析的散点图矩阵，其中独有度采用简化范畴独有度，线索度采用范畴线索度，优势度采用单提名优势度，优先度采用单提名秩率。其中所有指标都正相关。除独有度与线索度之间几乎完全相关以外，原生指标之间的其他相关关系的相关程度都不高，而衍生指标之间则呈现较高程度的相关。相比于独有度和线索度而言，优势度（单提名优势度）和优先度（单提名秩率）更与衍生指标相关。

蒙特菲尼斯等（Montefinese et al.，2013）对可达度的设定，是因为在他们构建的意大利语义征数据集中，优势度（单提名优势度）与优先度（单提名秩率）呈正相关（皮尔逊相关系数=0.27），而且相关关系检验具有显著性（$p<0.0001$）。在本研究中同样在优势度和优先度之间进行了相关性检验，发现皮尔逊相关系数为0.13。进一步相关显著性检验发现，这种相关性具有显著性（$p<0.0001$）。该结果提示，优势度高的义征，其优先度也高，因而也可以为汉语义征简单集配备可达度指标。

本研究还对示意度、可达度和语义显著度也进行了两两间相关显著性检验，发现存在显著正相关：示意度与可达度（皮尔逊相关系数=0.61，$p<0.0001$）、示意度与语义显著度（皮尔逊相关系数=0.49，$p<0.0001$）、可达度与语义显著度（皮尔逊相关系数=0.76，$p<0.0001$）。这意味着那些可以高度反映靶概念的核心含义的义征，也能高度提示靶概念的意义，同时又易于提取。如果从言语治疗角度来考察这种关系，那么进一步研究需要首先关注的是可达度与行为学检测结果（例如语义启动任务）之间的关系，从而对训练素材在认知过程中的提取难易程度进行排序，指导治疗过程中的义征素材选取。

（九）量化指标分析小结

概念范畴聚类可以建立在义征重叠关系的基础上。无论是生物还是非生物概念，名物概念的语义解析通常都从分类特征入手。非生命概念的语义解析也有可能从功能用途开始。对概念语义的完整解析则呈现为范畴特异性的征型表达谱。在表达谱形态上接近的范畴，通常在语义上也靠近，甚至可以归并为更高水平的范畴。就名物概念的语义处理从概念分类开始这一发现而言，它符合语义语法学要求优先提取聚合义征的思想。就非生命概念的语义解析有可能从功能用途入手这一发现而言，它符合生态心理学的可供性理论。对义征量化指标的分析提示，示意度、可达度和语义显著度虽然从不同角度衡量义征在持征概念所含语义中的地位，但是这几个指标互相之间有着显著相关关系。

第四节　网络参数估算：征联网络的宏观模式探析

一、语义网络建模方案

汉语义征简单集是来自受试者群体的样本，其中含有提名频次数据。该数据使研究者可以深入探讨义征间的相关关系（Malt & Smith，1984；McRae，De Sa，& Seidenberg，1997）。从网络建模来看，这意味着可以用义征为点，征间相关关系为线，相关系数为连线的权重，构建征间相关网络。与义征共元网络相比，征间相关网络的两点间连线，同样关注的是两个义征的概念共现关系。但是，征间相关网络为概念共现关系附加了经验性的人群分布信息，有助于为言语治疗提供可对照的常人模型。参照欧美经验性义征库的分析方法，本研究选择带有统计力度的征间相关关系，而不是义征在样例中的直接共现关系，来进一步构建汉语经验性名物义征网络模型并加以分析。

在欧美义征库中，征间相关关系的计算，首先排除了属概量≤2的义征。这是由于在义征库中有大量的仅出现于1～2个概念的义征（如图23左上角所示）。这些义征具有较高独有度，但这种独有度伴随的提名频次不一定高。较低提名频次的高独有度义征，有可能是来自少数人出于自身经验、喜好或其他随机因素而生成的干扰数据。例如：雨伞<含百科知识→雨神萧敬腾>[百科知识]@[联想关系]和<是一种→装饰品>[种类]，其属概量和单提名频次均为1。因此，在对义征简单集的网络分析中，首先排除的不是属概量≤2的义征，而是单提名频次与总提名频次均为1～2的义征，即不但在数据集全范围内不止2人提名，而且对每个持征概念而言，其至少有3人提名。经过该筛选过程，义征简单集共提取1297对“样例－义征”关系，其中包括816条含示义征。

与析义元语言采用严谨的专家建构方式不同，汉语义征简单集从本质上来说是一个便利样本，因而其难以避免人群采样的随机误差。当初步构建征间交联关系网络之后（816个顶点和10173条连线），本研究还采用方法论依据章节提到的岛屿截选技术，以清除随机因素带来的细节，提取网络的骨架结构（de

Nooy，Mrvar，& Batageli，2012，147—155页）。设置最小岛屿规模为2个顶点，最大岛屿规模为816个顶点，最终截选出一个含816个顶点和8335条连线的岛屿结构。它可以代表征间交联关系网络，供进一步分析。下文所述征联网络均指该岛屿结构。

二、语义网络分析方案

本研究对经验性义征数据集的语义网络分析，仍然围绕本研究的原始问题：人脑是怎样表征和处理语义，从而实现快速、有效且稳定地交流？与对内省数据集的分析相似，研究路径以探查语义网络效率性和稳健性所赖以存在的结构模式为主，比较四种结构模式（异质性、小世界性、点度相配性和模块性），推测语义网络的结构机制。以Pajek（de Nooy，Mrvar，& Batageli，2012）（64位3.14视窗版）和R软件平台（R-Core-Team，2014）（使用igraph包）进行网络建模、分析和可视化，以Python语言的Canopy平台（版本号1.5.1.2730）完成点度分布拟合（使用powerlaw包1.3.1版）（Alstott，Bullmore，& Plenz，2014）。

三、描述性指标和可视化分析结果

征联网络含816个节点，8335条连线，密度为0.025。

图24（见文前）显示了征联网络的可视化效果图。图中顶点越大，表示其点度越大。顶点颜色代表其所属康复分区。从图中可以发现，征联网络带有许多义征子群（例如正下方云框所示顶点群），子群与子群之间以少数高连接性顶点相连。由于征间交联关系衡量的是义征在概念内的共现关系，义征凝聚而成的子群可以反映义征围绕概念的聚合情况。例如，图24下方云框所示子群包含的是雨伞的义征：<是用于→防水>、<有组成部分→防水布>、<带来评判→像蘑菇>、<有子类→天堂伞>、<常共同出现→晴天用>、<常共同出现→雨天用>、<常共同出现→折叠>、<是用于→挡雨>、<是用于→遮阳>。

由于义征围绕概念聚合为子群，因而介导子群间信息传递的义征，也就是概念之间的重叠义征。为显示跨子群的中介性顶点的情况，右下角虚框中还显示了以顶点表示介数大小的可视化图。为突出展示高介数顶点，该虚框图以灰色来呈现连线。观察该虚框图可以有两方面发现。首先，高介数顶点多数属于二区（草绿色，知觉处理）和三区（红色，情景记忆和情绪活动）。其次，高介数顶点往往存在直接连线。如果观察图24左上角的点度与介数关系图，可以发现，高介数顶点同样有着高点度，由此可以推断，高连接性顶点相互连接。这可以提示征联网络可能符合同配模式（Newman，2002）。

如果结合征型分布的结果（图21和图22，征型配比最高的两个征型是『感觉信息』和『内省特征』），来考察高介数义征以康复二区和三区为主这一发现，那么可以认为，知觉信息和情景记忆在维持常人征联网络的完整性方面具有重要意义。如果再观察图24右下部虚框图，还可以发现，除了草绿色和红色以外，较多的是黄色顶点（康复一区），即与分类有关的义征也往往会担任子群的中介。因而可以提示，感觉信息、情景记忆与分类信息往往担负着概念间信息传递的作用。如果从概念形成过程来考虑这个问题，那么可以发现，这三种主要信息分别对应于人们在认知发展过程中的具身体验、个体经历和概念抽象。以日常体验为例，当人们面对物品对象时，首先需要提取该对象的感觉信息（看到/听到/触到/尝到/嗅到），随之从情景记忆中检索该物品（想起）。对物品进行归类则是常见的信息整理方式（是/不是什么）。它们提供了对整个意义之网的检索框架。

四、宏观模式分析结果

（一）异质性模式

征联网络的埃斯特拉达异质性指数为0.0287。按照埃斯特拉达的标准（Estrada，2010），征联网络属于同质性网络。与义征共元网络的名词子网（其异质性指数为0.1541，也趋于同质）相比，名物义征简单集所含义征在地位上更平等。埃斯特拉达异质性指数越接近0，网络越近乎于规则网络。观察图24可以发现，网络中存在大量的内部高度凝聚的义征子群。可以推测，这些子群为征联网络的同质性提供了基础，每个子群内部的义征都平等地互联，体现出多个义征在同一个概念内的共现关系。

表19　征联网络：加权和非加权点度五种分布模式交叉比较

		截尾幂律	指数	广延指数	对数正态
非加权	幂律 vs.	-193.4970(0.00)	-300.8255(0.00)	$-428.2133(6.9396 \times 10^{-117})$	$-489.8146(7.4363 \times 10^{-143})$
	截尾幂律 vs.	—	$-107.3284(5.6444 \times 10^{-249})$	$-234.7162(1.5118 \times 10^{-48})$	$-296.3175(1.6437 \times 10^{-70})$
	指数 vs.	—	—	-127.3877(0.00)	$-188.9891(1.0833 \times 10^{-40})$
	广延指数 vs.	—	—	—	$-61.6013(2.3899 \times 10^{-15})$
加权	幂律 vs.	-202.6323(0.00)	-319.1095(0.00)	$-549.9833(3.5213 \times 10^{-164})$	$-573.5986(5.4671 \times 10^{-128})$
	截尾幂律 vs.	—	-116.4772(0.00)	$-347.3510(8.7205 \times 10^{-87})$	$-370.9664(5.6637 \times 10^{-68})$
	指数 vs.	—	—	-230.8738(0.00)	$-254.4891(4.2374 \times 10^{-42})$
	广延指数 vs.	—	—	—	$-23.6153(6.9839 \times 10^{-3})$

横向比较，括号外为似然比，括号内为p值，$Degree_{min}$设为1。

与对义征共元网络的分析相似，征联网络的点度拟合是从加权和非加权点度最小值开始。这是因为曲线拟合程序选择的最适幂律拟合区间下界$Degree_{min}$，在非加权点度为37，在加权点度为13.7614。非加权征联网络的点度范围为7～69，置于拟合区间内的顶点（非加权点度>37）仅占6.74%。加权征联网络的点度范围为4.5657～27.3362，置于拟合区间内的顶点（加权点度>13.7614）仅占45.95%。因此，在进行拟合时，通过指定拟合区间下界取值的方式来要求以全数据范围进行点度拟合。从表19可以发现，与义征共元网络相似，征联网络的点度分布更符合对数正态分布模式。非加权点度分布的参数为$\mu=2.9353$，$\sigma = 0.3906$。加权点度分布参数为$\mu = 2.5636$，$\sigma = 0.3432$。

（二）小世界模式

采用与义征共元网络相似的小世界模式分析方法，如表20所示，征联网络的平均最短路径实测值与ER随机网络模拟值相近（未显示数量级差异），而网络云集系数则远高于随机网络模拟值（$C/ C_{ER95UpCI}=29.40$），从而符合小世界模式。这与名词义征共元网络的分析结果一致。

表20　征联网络：小世界模式探查

D	D_{ER}（M±SD）	C（$\times10^{-2}$）	$C_{ER95UpCI}$（$\times10^{-2}$）	C/ $C_{ER95UpCI}$	Γ（$\times10^{-2}$）
4.81	2.56±0.0007	73.76	2.51	29.40	13.88

计算征联网络和ER随机图的平均最短路径、网络云集系数和点度皮尔逊相关系数。ER随机图的顶点数和连线数都与相应的征联网络相同。D：实测平均最短路径。D_{ER}：ER网络的平均最短路径。C：实测网络云集系数。$C_{ER95UpCI}$：ER网络的网络云集系数95%置信区间上界。Γ：实测点度皮尔逊相关系数。$C/C_{ER95UpCI}$：网络云集系数实测值与随机模拟所获95%置信区间上界的比值。

本研究也探查了点度保守性随机重连对征联网络的小世界模式的影响。如表21所示，结合表20进行两方面考察：

首先，实测值是否位于随机模拟值的95%置信区间内？

征联网络平均最短路径（D）和云集系数（C）实测值并未落入重连模拟结果的95%置信区间（$D_{rewired95CI}$和$C_{rewired95CI}$）。因而可以推断，征联网络的平均最短路径和云集系数并非由随机过程导致，它们是认知过程的固有产物。

其次，随机模拟值是否仍符合小世界模式？

随机重连会大幅降低征联网络的平均最短路径（从4.81降至2.55，接近D_{ER}）和网络云集系数（从0.7376降至0.0348，接近ER随机网络模拟值0.0251），从而使征联网络丧失小世界性，提示征联网络的小世界性易受随机因素干扰。

表21　征联网络：随机重连对小世界模式和点度相配模式的影响

$D_{rewired}$	$D_{rewired95CI}$	$C_{rewired}$、（$\times10^{-2}$）	$C_{rewired95CI}$（$\times10^{-2}$）	$\Gamma_{rewired}$（$\times10^{-2}$）	$\Gamma_{rewired95CI}$（$\times10^{-2}$）
2.55±0.0011	2.5482~2.5483	3.4788±0.0723	3.4743~3.4833	1.2006±1.02	1.1373~1.2639

显示均数±标准差，95%置信区间标注下界值~上界值。$D_{rewired}$、$C_{rewired}$和$\Gamma_{rewired}$分别表示重连网络的平均最短路径、网络云集系数和点度皮尔逊相关系数。$D_{rewired95CI}$、$C_{rewired95CI}$和$\Gamma_{rewired95CI}$是三个指标的95%置信区间。

综合上述结果可以提示，名物义征的征间交联网络具有小世界性，并且这种性质并不是随机因素所造成，但随机过程却有可能破坏这种结构模式。这进一步提示，存在某种维护征间交联结构的非随机过程，通过观察交联结构，有可能建立模拟认知发展和病理过程的数学模型。

（三）点度相配模式

与征联网络的可视化分析所预期的结果一致，表20显示，征联网络符合同配模式（Γ>0），即高连接性义征倾向于直接相连。与实测点度相关系数相比，表21所示重连网络的点度相关系数仍然大于0。这提示随机重连并不能改变网络的同配模式。同时，由于表20所示的实测值并未落入随机重连网络的95%置信区间内，因此可以认为，不能用随机过程来解释征联网络同配模式的成因，可能需要从语义的认知处理过程来考察这种模式的形成机制。这可以结合义征共元网络的异配模式来考察（详见下文讨论部分）。

（四）模块化模式

征联网络的NG模块度是0.8843。该模块度的计算基于加权征联网络。根据对模块化网络的模块度设定（汪小帆、刘亚冰，2009），可以认为征联网络属于模块化网络，并且由随机因素造成其网络社团的可能性很小。这种性质与名词义征共元网络相似（NG模块度0.7849），与网络可视化分析的推论一致。

第五节　结果讨论：经验数据的解读与应用

（一）征联网络与义征共元网络的比较

在研究中，名物概念的征联网络在异质性指数、点度分布模式、小世界性和模块性方面，显示出与名词义征共元网络相似的特征。但是，名物征联网络在点度相配模式上，与名物义征共元网络正好相反。前者符合同配性，后者则是异配性的。两者间的相似性提示，义征分析在范式层面上可以把握语义结构的基本特征和基础模式。两者间的差异性则有可能反映了义征分析在操作层面上的不同。

义征共元网络的数据，是专家严格按照义场建构和义征分析原则进行整理的结果。征联网络的受试者在事先并未预设义场建构程序。或者可以这样认为，研究者并未要求受试者首先对概念进行范畴归类，然后再进行对照解析，而是用可表意的反应条目对概念语义进行独立于语境的解释。编码者最终对义征条目的析取，也并不能从本质上改变义征提名法的这种特点。从两者操作的差异可以看出，析义元语言的义场建构过程力求形成严谨的义位排布，由此形成的义征表达式需要更多地关注义征的语义区别性，从而使高连接性的共有义征倾向于与低连接性的独有义征出现共元关系（详见析义元语言分析的结果讨论部分）。经验性义征的采集过程，则更强调义征的语义构成性。受试者提名的是心目中认为重要的语义特征。同一受试者可能会从不同层面和角度进行反复强调，不同受试者也可能从不同层面或角度提名自己认为重要的语义特征类型。例如，老虎<含百科知识→森林之王>[百科知识]@[联想关系]和<含百科知识→百兽之王>[百科知识]@[联想关系]，就是从不同角度强调了同一类型的语义知识。这在析义元语言中往往会归并成统一的条目，而经验性义征数据集则基本保留了提名条目的原始形态，从而使高连接性的共有义征更有可能形成征间交联关系。值得注意的是，无论是同配性还是异配性，都只表示点度相关的倾向，而不是绝对的规则，而且实际计算出来的相关性都很弱。如果用相关性强度的“拇指法则”（de Nooy，Mrvar，& Batagelj，2012，70页）来判断，无论是名词义征共元网络还是名物概念征联网络，其点度都只是弱相关。由于此前未有征间关系网络的点度相配性的研究报道，因而对义征共元网络和征联网络的点度相配模式的实际意义，仍有待进一步探讨。

从已有文献报道来看，异配性模式的支持信息传递的效率性（Tanizawa，2012）。网络的局部结构可以在干扰下发生变动，并由此对相邻结构产生影响。但是在异配性模式的制约下，这种局部结构扰动将难以扩散，从而维护网络结构的动态稳定性（Brede & Sinha，2005）。同配模式通常意味着可以在网络中划分出核心和周边结构。它支持静态结构在随机损伤下的稳健性和信息传递的高效性，但难以抵抗动态扩布性毁损（Boccaletti et al.，2006；Costa，Rodrigues，& Travieso，2007；D’Agostino et al.，2011）。这种现象也可以从其他现实网络中看到。例如，社会网络是同配性的（Newman，2002）。它往往形成富人俱乐部这样的结构，显示出传播的高效性，并且对少数人员的加入和退出表现出稳定性。句法网络是异配性的（Ferrer i Cancho，Solé，

& Köhler，2004），其中高连接性的动元支配低连接性的论元，而动元之间则不形成联系，在语言变化发展过程中保持较高的结构稳健性。如果把义征共元网络视为动态结构，那么它所表现出的点度异配性可以提示，坚实的义场建构和义征分析过程使得整个义征共元网络即使经历义场调整，仍然可以保持结构的稳定。如果把征联网络视为从人群调查结果中提取出来的静态结构，把信息检索视为运行于其上的动态过程，那么可以发现，异配性所带来的核心结构有可能限制信息检索的活性。因为任何信息流动都会迅速纳入到核心之中而无法分化，而任何异常信息都会迅速扩布到核心之中造成广泛影响，从而确保能从网络中高效调用义征，用以合成概念。从言语治疗来看，在一定人群范围内以征间交联关系为指导，建构静态网络结构，并对其加以分析，可能更有可操作性。

（二）基于省力原则的先验性判断

从交流的省力原则看，名词义征共元网络的义征本身并不注重表义性，而只强调区别性，从而要求说者（专家）费力，而听者（受众）省力。对该特点的分析，已经在前文有所讨论。征联网络中的义征，则天然地遵从受试者“说出靶概念的意思”这一测试动机。因此，它强调令说者（受试者）省力，使听者（受众）费力。这就意味着对抽象性的要求较高。在实际操作中，直接说出笼统的上位概念，是说者省力的最直接表现形式。对图21的解读可以支持该推论：受试者在解析名物概念时，优先提取的是分类特征。从另一个侧面来看，“分类”可能是概念解读过程中的天然诉求，也可能是语义发展过程中，随着对典型事物的识认而培养起来的直觉性概念操作方式。无论是两者中的哪一种情况，它都可以提示，在临床治疗中，在没有任何其他辅助材料的情况下，对概念分类信息的提醒与引导，可能是语义特征训练首先可以采取的方式。事实上，在现有的语义特征训练图卡中，“范畴/分类”是六个备选线索中的第一条（Massaro & Tompkins，1994）。

虽然分类特征倾向于优先提取，但是在名物义征简单集中，独有度的秩次分布在不同征型、领域或范畴上未能表现出一致的规律（图18和图19），而是从整体上呈现为范畴特异性的征型表达谱（图21和图22）。事实上，本研究未能在征联网络中发现独有层义征占主导的点度分布模式，并且未能在点度与示意度、可达度和语义显著度中找到明确的线性拟合关系。在针对义征共元网络进行分析时，以与点度成反比的全局独有度来作为分析各种网络结构模式的立足点。这虽然有助于理解网络结构模式，但也带来了分析上的不确定性。也就是说，义场建构越完善，义征分析越细致，义征就越不可能在全局得到分布，从而把大量义征归于独有层，导致有可能过高估计独有度在义征网络结构中的贡献。结合对义征量化指标间的相关性分析结果（图23），可以认为，独有度、优势度、优先度，以及它们衍生的示意度、可达度和语义显著度，是从单个概念指向义征，展示的是义征对特定概念的语义展现作用，并且这些指标间存在明确的相关关系。征间交联结构则是从义征指向多个概念，其网络参数（例如点度或介数等）展示的是义征在多个概念之间的意义传递、扩散或限制功能。在义征量化指标和网络参数之间存在本质上的差异，从而难以建立直接的一一对应关系。义征量化指标是对“概念－义征”关系的考察，面对的是概念层面的组织结构问题，即概念的义征重叠关系（如图20所示）。网络参数是对“义征－义征”关系的考察，面对的是关于义征层面的组织结构问题，即义征的概念共现关系（如图24所示）。

以上述对义征共元网络与征联网络建构方式的辨析为基础，并根据上述对于义征量化指标和义征网络参数之间异同的考察，可以借鉴并修正前文关于析义元语言网络建模的先验性判断，用于构建基于经验性义征数据的语义网络结构观：征间关系的网络结构，存在自上而下的、层层套叠的模块，服务于语义通达的效率性和语义结构的稳定性。

（三）对分析结果的归纳

从以上认识出发，本研究对名物义征简单集的分析结果，主要有以下三个方面的提示：

第一，征联网络具有模块性。无论是可视化分析所发现的凝聚子群，还是点度分布检验所发现的对数正态分布性，都提示网络在高点度区域具备异质性的层次支配模式，而在完整的分布区间中则显示出较为同质的模块结构。

第二，征联网络具有同配性。由于这种模式易于形成“核心－周边”之分（Newman，2003；Holme，2005），并且主要维护静态网络结构的稳健性（Tanizawa，2012），因此可以认为，征联网络在其高点度区域形成了稳定的征间关系结构。这种义征结构应当与一些基础的、原始的或典型的概念有关。这些义征及其相应概念应当是义征训练重视的对象。例如，征联网络点度最高的义征（见附件三：义征网络参数简表）包括：<是一种→交通工具>、<是用于→乘坐>、<是一种→哺乳动物>、<是一种→建筑>、<眼观可知→灰色的>和<有组成部分→毛>。这些义征的拉普拉斯中心度同样处于最高水平，即它们的缺失不仅对局部结构，而且对网络整体稳健性的影响也是最大（Qi et al.，2013）。但是，这些义征显然不是独有层义征。对特定概念而言，它们显然也不具备很强的示意度、可达度和语义显著度。如果仅依据义征量化指标来选材，往往不会选取这些义征进行训练。但是从维护语义网络整体稳健性的角度，这些核心义征需要纳入训练计划之中。因此，需要设计一种可两者兼顾的言语治疗策略，而这正是面向言语治疗的语义特征分析方案的应用价值所在。

第三，征联网络具有小世界性。研究结果表明任意两个义征相连的平均最短路径约为4～5。这符合目前对语义网络平均最短路径的认识（Solé et al.，2010）。这种结构模式有利于实现高效语义通达，从而使语义容易从核心义征传向周边。以物品识认机制为例，人们必须要把对象的基本特征与记忆中的内容进行对照（Steyvers，Griffiths，& Dennis，2006）。如果记忆中的内容相距很远，检索操作势必效率低下。小世界结构模式恰恰提供了紧凑的特征组织形式，有助于提高检索效率。如果结合征联网络同配性和模块性来考虑，那么静态的、稳定的核心结构，加上易于通达的、模块化的周边结构，就会形成既带有层级套叠，但又随时可在局部实现扁平化压缩的义征组合结构，从而适应语义在使用中不断发生的变化。从核心义征出发，如何借助最短路径来选取训练中需要搭配的周边义征？这可能需要借助“概念－义征”关系所提供的范畴特异性征型表达谱和义征量化分析指标。因此，本研究所建立的由原始数据整理、义征分型标注、量化指标计算和网络参数估算这四个要件构成的医用语义分析方案，就成为进一步开发言语治疗手段的基础。

（四）言语治疗应用：对功能评定和治疗操作的探讨

从功能评定角度来看，以健康人的征型分布（如图21所示）为参考，在治疗前后评估语义特征的征型频次在范畴和秩次上的分布，一方面有助于解释患者的恢复机制，另一方面也可以有针对性地选取受损的义征类型进行训练。另外，根据汉语康复分类法的表层临床衔接方案，了解患者的征型在康复分区中的分布情况，又有助于指导选择特定的功能评定量表（例如额叶功能量表或高级视知觉评定量表等），从而提高评定的针对性和准确性。

从治疗操作角度来看，对经验性语义特征数据集的应用有两种策略可选。策略一是从概念水平出发，根据“概念－义征”关系，以义征量化分析和质性分类为指导，选取靶义征实施训练。这条策略是目前语义特征训练技术所采取的模式。但是，它至少有两方面局限性。首先是概念排序的局限性。在认知治疗中，需要为单个概念内的多个靶义征进行排序，以指导这些义征的呈现或提示顺序。值得注意的是，每次治疗不是仅有一个靶概念。那么，对于一系列靶概念，它们应当如何选取？需要选同范畴／领域，还是异范畴／领域的样例？选取后又应当如何排序？策略一不能为此提供指导，从而带来更深层次的局限性，即缺乏基于语义组织结构的选材理论。

策略二是从“义征－义征”关系出发，对义征在整个征联结构中的地位进行（基于网络参数的）评价和筛选，筛选对语义网络的效率性和稳健性有重要作用的靶义征，继而在概念层面选取与靶义征有关的一个或多个概念，从而做到依据靶义征（的量化指标）来选取需要训练的概念，以及需要与之同时训练的其他义征，最终在概念层和义征层对训练素材进行排序。该策略实施的前提与优势，必然与它对语义组织结构进行建模和分析的理论视角有关。

在临床实践中，诊断和治疗是相辅相成的关系。确立诊断相当于确立研究的本体论立场。它起着对观察、研究或干预对象的确认作用。对疾病机制的探索和干预，属于认识论和方法论。它讲求根据实证依据来佐证和检验疾病发生和发展的内在规律，认识患者当下所处的疾病状态，从而寻求治疗和干预措施。在康复医学中，功能评定和治疗也是相辅相成的关系，而言语治疗遵循的正是"功能评定－治疗－再评定"的实践路线。

从上述有关功能评估和治疗操作应用的探讨可知，基于经验性义征数据处理的医用语义分析方案，可以贯穿整个言语治疗的实践过程。从临床研究伦理来看，这种方案首先应当用于功能评定，而不是治疗操作。本书的最后一章，将提供医用语义分析方案评估患者的实例。由于治疗操作还涉及其他与疗效相关的行为学数据采集，并且在医学研究中不能使用同一套材料既做评估又做干预，因此本研究开发的医用语义分析方案，有待在完善义征数据集之后进行疗效验证。但是，目前已经可以在名物义征简单集的基础上，从理论上探讨如何择优选取治疗操作方式。以白菜的经验性义征数据为例（数据详见附件二和附件三）①，进行以下分析：

表22　经验性义征量化指标和网络参数（以白菜概念为例）

义征	量化指标					网络参数		
	示意度	可达度	显著度	独有度	线索度	点度	拉普拉斯度	云集系数
是一种→蔬菜	12.6642	0.6576	15.1418	0.1667	0.2500	22	1474	0.1353
含百科知识→北方	3.4012	0.2999	10.2017	1.0000	1.0000	9	478	0.1268
常共同出现→土地	4.8340	0.3962	8.5112	0.2000	0.1837	40	3616	0.3166
含百科知识→在地里	2.3026	0.3382	7.7868	0.2000	0.2105	46	4264	0.3027
含百科知识→长在地里	1.7269	0.3025	6.9655	0.2000	0.2727	45	4126	0.3004
带来评判→便宜	2.4849	0.2762	6.8643	1.0000	1.0000	9	478	0.1268
是用于→食用	5.7677	0.6164	6.7721	0.1667	0.1780	19	1586	0.1208
眼观可知→白色的	4.7292	0.5286	6.6667	0.5000	0.4286	36	2572	0.1565
是一种→植物	1.6964	0.3575	6.0647	0.1667	0.2222	21	1278	0.1275
带来评判→好吃	1.4553	0.3395	4.9408	0.1667	0.1667	30	2264	0.1359
有客观特质→有营养	1.7918	0.2755	4.9370	0.2000	0.2667	27	2084	0.1984

① 附件二显示的是注型义征，但所有指标都是用含示义征计算而得。含示义征实际上与标注到一级类的粗类征型一一对应。在本节讨论中，展示的是含示义征。它可以在附件三中查找网络参数。值得注意的是，含示义征 < 常共同出现 → 土地 > 有两种注型义征：[共现]@[自然同在物] 和 [共现]@[人为配用物]。之所以会出现这种差异，是因为原始反应条目不同。前者是【 长在土里 】。后者是【 种在地里 】。在网络建模时使用含示义征而不是注型义征，具体理据在本章义征分型标注一节已有论证。

首先，与析义元语言进行比较：［+作物］［+蔬菜］［-蔓生］［+叶↔扇形∧黄色］［+多层］［+包心］。可以发现，专家内省建构的义征数据，并不能反映人群的实际概念解析情况。但是，专家内省数据由于其具有精确简练的优势，可以在言语治疗中作为参考。

然后，观察量化指标。如果以独有度为标准来选材，表22中的义征可以从高到低分为四个级别：第一级是独有度为1.0的<含百科知识→北方>和<带来评判→便宜>，第二级是独有度为0.5的<眼观可知→白色的>，第三极是独有度为0.2的<常共同出现→土地>、<含百科知识→在地里>、<含百科知识→长在地里>和<有客观特质→有营养>，第四级是<是一种→蔬菜>、<是用于→食用>、<是一种→植物>和<带来评判→好吃>。从中可以发现，要训练到独有度第三级，方能合成白菜的概念，而且同级别义征尚待排序。如果按照衍生指标（示意度、可达度和显著度）来由高到低排列义征，由于三个指标显著正相关，因而其顺序正如表格从上到下所示。从中可以发现，直到<眼观可知→白色的>，才能较清晰地合成白菜的概念。相比之下，根据线索度可能更有效，而且易于按数值由高到低排序：先是<含百科知识→北方>和<带来评判→便宜>，接下来依次是<眼观可知→白色的>、<含百科知识→长在地里>、<有客观特质→有营养>，到<是一种→蔬菜>已基本上能清晰提示持征概念。因此，线索度可能是一个较好的义征选择和排序指标。但是，仅凭线索度来指导言语治疗又有一定的局限性。

上述根据义征识认或合成概念的训练称为**义征统合训练**。除此以外，勒巴尼和皮安塔等还提出义征解析和概念辨析两种治疗方式（Lebani & Pianta，2010a）。**义征解析训练**可以是义征提名，也可以是义征识认。如果是后者，那么示意度、可达度和显著度这三个衍生指标可能更有对比和参考价值。就**概念辨析训练**而言，它必然面临两个问题：要选取哪些相互关联的概念？如何控制概念相关程度？本研究已经揭示，借助义征重叠关系可以实现概念的范畴聚类，而且具有相似征型表达谱的范畴在语义关系上较为接近。因此，理论上的确可以用义征重叠程度来控制概念相关程度。但是，这条思路并没有提示要按照什么标准来控制概念相关程度。本研究为此提供了另一条思路，即从维系征联网络结构完整性的角度，借鉴有关效率性和稳健性的网络模型，按照网络参数来选择义征，继而选取持征概念。该思路需要结合义征解析来实现。例如，当选择白菜实施义征解析，得到患者的原始反应条目【白色的】、【人喜欢吃】和【小兔子喜欢吃】（具体分析详见下一章），通过提取义征条目并与常人义征数据集比对，发现拉普拉斯度最高的<含百科知识→在地里>未能得到提名，则可以从附件二中选出包含该义征的萝卜和土豆进一步训练。

值得注意的是，对治疗方式的上述辨析，对于言语治疗的基础研究而言，固然有一定的指导价值，即解决“哪种方式更有效”的问题。但是，对言语治疗如何服务患者而言，目前仍然强调的是综合治疗。在本研究确立医用语义分析方案之前，综合治疗是纯粹的经验治疗。一旦配备了经验性义征数据集和专家内省数据集，就可以在每种治疗方式中，遵循义征量化指标和网络参数进行选材和排序。义征统合训练、义征解析训练（产出、识认或混合方式）和概念辨析训练也就成为按照语言学依据，从不同角度对患者的语义系统施加刺激的多种备选方式。当然，必须要开发一个软件平台来帮助实现上述操作。这正是医用语义分析方案的主要发展前景之一。

（五）研究的应用价值及其局限性

本研究主要存在三方面局限性。第一，从研究的阶段性成果而言，目前采集的义征数据集的持征概念量较小。研究者在选取简单集所含的60个概念时，对词频和范畴等进行了设计，但仍不足以涵盖日常生活活动的基本表达需求。从研究设计来看，实际上本阶段的主要成果不是名物义征简单集，而是包括了原始数据采集和整理→义征质性分类标注→义征量化指标计算→网络参数估计在内的，一整套面向言语治疗的词汇语义分析方案。它为今后拓展数据集奠定了基础。进一步工作将按照总体设计，建立汉语名物义征综合集。

第二个局限性在于，受试者年龄未分层。临床认知治疗的对象往往是中老年群体，但是本研究的受试者主要来自青年群体，其是否普遍适用，或者能否拓展到中老年群体，仍然未知。雷奇等的意大利语失明者义征库研究可以对此提供一些解释（Lenci et al.，2013）。由于先天失明在意大利已经得到有效预防，因而该失明者义征库纳入的患者，平均年龄为42.7岁。雷奇等用盲明义征库中的常人数据（受试者平均年龄为45.1岁）与2011版德意双语对照义征库中的意大利语受试者数据（平均年龄为16.8岁）（Kremer & Baroni，2011）进行比较。这两个数据库纳入了11个相同概念。针对这些概念的义征比较结果发现，有66%的“概念－义征”关系同时被两个数据库收录，而且这些义征的单提名频次在两库间的相关系数高达0.84。因此，可以认为，采集年轻人群的经验性义征数据，对整个人群具有一定的代表性。当然，语义研究任重而道远，坚实的结论还需要真正具有年龄分层的实测数据来加以支持。由于本研究已经建立医用语义分析方案，该局限性同样可以通过拓展该方案的人群调查范围而克服。

第三个局限性来自研究方法本身。无论是义征提名法还是专家内省，所获义征材料都只是义征解析的结果。必须认识到，人脑对词汇语义的“在线”处理过程，不能等同于言说或书写形式的“线下”解析过程。也就是说，在语言学理论指导下建构而成的语义特征数据集，虽然有其“现实性”，但不一定符合患者或常人在真实交流环境中处理概念的“现时性”。这也正是言语治疗必须以“人－人”而不是“人－机”交流形式实施的主要原因。本研究并不以研发一台可以独立治疗患者的机器为目的，而是希望从语言学理论出发，为言语治疗师提供一个可发掘实证依据，而且可持续改进的工具。

综上所述，本章报道了采自义征提名法的汉语名物义征简单集，开发了面向言语治疗的经验性汉语词汇语义特征分析方案。在此基础上，分析了名物义征简单集，发现仅凭义征重叠关系，就能构建出符合日常认知的概念组织结构。另外，还发现经验性义征数据集既有助于揭示范畴特异性的征型表达谱，又有助于揭示名物义征解析所特有的认知过程及其特点，还可以为义征对持征概念的语义贡献程度进行量化评估。借助征联网络建模与分析，本研究还为汉语名物概念在义征水平上的组织结构建立了网络模型，并且发现其具有可支持信息传递效率性和语义结构稳定性的宏观网络结构模式。本研究还以征联网络为基础，论证了基于义征数据集的义征治疗策略。至此，本研究确立并展示了基于复杂网络模型的临床应用型汉语词汇语义分析方案。该方案主要包括四个要件：原始数据采集和整理→义征分型标注→量化指标计算→网络参数估算。它可以生成面向言语治疗的义征数据集，提供定性定量指标，指导言语治疗实践。这种实践应当包括功能评估和治疗操作两方面。本章已经对治疗操作进行了论述，而下一章将报道一例患者在治疗前后应用医用语义分析方案进行功能评估的结果，从而为本方案的实际应用价值提供证据。

第七章

词汇语义表征分析方案的临床应用实例

本研究已经建立了面向言语治疗的医用语义分析方案，并且在健康人群中运用该方案制备了汉语名物义征简单集。但是，该方案是否能够处理患者产出的词汇语义特征，尚有待验证。本章将以一例患者在认知治疗前后的义征提名资料为基础，运用医用语义分析方案整理原始数据、标注义征类型、计算量化指标和建立网络模型，从而为方案提供临床应用实例。这是一例视觉对象失认症伴失用症患者。之所以选择该病例而不是失语症患者，除了因为失认和失用也是言语治疗的适应症以外，还有两个主要原因。一是该患者言语交流无明显障碍，可以完成义征提名任务，而且能产出丰富的反应条目。相比之下，非流畅型失语症患者难以实施义征提名任务。流畅型失语症患者，一部分因听理解有障碍（例如韦尼克失语症和经皮质感觉性失语）而配合度欠佳，另一些听理解良好的患者即使能够实施义征提名，也只能产出少量反应条目。几乎所有类型的失语症患者都会在交流中产出错语、新造词或杂乱语，而且往往会用不同的新词来表述相同的意义，从而使研究者难以处理失语症患者的义征提名结果。因此，对失语症患者而言，更适合使用义征识认而不是提名任务。但是，义征识认显然不足以体现本研究设计的义征质性分类方案在处理患者语料方面的价值。第二个原因来自对命名性失语和视觉对象失认症的认知机制的考察。在本书论证义征汉语康复分类法的表层临床衔接方案时，已经对两者进行了比较。命名性失语症从理论上而言只是呼名障碍，但却又因为呼名障碍而影响到检查者从语言本身获知其语义通达情况。相比之下，选择言语表达良好的视觉对象失认症患者进行分析，有助于体现医用语义分析方案对语义系统的评估价值。

第一节 数据采集：失认症伴失用症患者一例

一、患者病情概要

患者Z.YW，女性，17岁，因“物体识别困难、穿衣困难两月余”，于2014年06月10日至康复医学科就诊。患者于2014年04月08日无明显诱因下突发心搏呼吸骤停，予急诊心肺复苏和气管插管，半小时后恢复自主呼吸。脑磁共振成像检查显示：双侧脑室周围白质，双侧顶叶及额叶异常信号影。疾病诊断为“缺血缺氧性脑病”。予高压氧、促醒、营养脑细胞等对症治疗一月后，患者意识转清。至康复科就诊时，患者肢体运动功能良好，可流畅交流，但存在物品识别困难和穿衣困难，影响日常生活活动功能。予神经心理学评估发现：

① 无明显偏盲或偏侧忽略；

② 标准高级视知觉检查提示患者在视知觉基本功能、物品和画像认知、相貌识别、色彩识别、符号认知、视空间识别和操作，以及地理方位感等分项均受损；

③ 标准高级动作检查发现患者物品使用动作受损，右侧不及物动作和模仿动作受损尤为明显；穿衣动作无法完成。

康复医学专科功能诊断为：视觉对象失认症、失用症（穿衣失用、结构失用和观念运动性失用）。患者入院后接受言语治疗两个疗程：每日2次，每次30分钟，每周治疗5天，共20天。以穿衣、看图描述、搭积木、临摹和实物（日常生活用品）识别任务为主。

治疗前后，标准高级视知觉检查的子项得分均改善（得分越高，能力越差），其中视知觉基本功能改善12/48分（分子为前后得分差值，分母为项目最高分），物体与画像认知改善39/104分，人脸识别改善5/74分，色彩识别改善19/78分，符号识别改善3/114分，视空间识别改善108/228分，地理方位改善1/26分。

治疗前后，标准高级动作检查发现，指令引导下左右上肢的及物动作（梳头、刷牙、锯木和敲钉）和习惯性动作（招手、军礼、石头剪刀布）错误率均降低。

二、义征数据采集和分型标注

在治疗前后，提供汉语名物义征简单集的60个样例作为刺激概念，实施义征提名，采集原始反应条目。提名任务由治疗师引导，在1天内分3组实施，每组完成20个样例。每组任务实施前，先向患者解释如何描述概念的语义特征。然后，治疗师以口语形式向患者提供刺激词，并要求患者以口语进行应答，即描述刺激词的义征。提名任务全程采用多媒体摄录。所有任务完成后，将录音转写为文本。在此基础上，采用汉语康复分类法进行义征标准化转写和征型标注。使用R软件(R-Core-Team，2014)进行统计分析和数据可视化。其中，以proxy包计算概念间基于义征共享的余弦语义距离供聚类分析使用，以vcd包实现分类数据可视化，绘制马赛克图。

第二节　数据分析：从量化指标计算到网络参数估计

一、一般情况

治疗前后分别有原始反应条目260条和245条。治疗前每个概念产出反应条目3.26 ± 2.21条，最高秩次为14。治疗后则为2.99 ± 1.88条，最高秩次为10。治疗前后分别析出非病理型含示义征357条和352条，病理型含示义征则分别为20条和10条。

二、基于义征重叠的概念聚类

图25提供了治疗前后基于义征重叠的概念聚类分析结果。德瑞等（Dry &

Storms，2009）研究发现，用余弦距离法计算概念聚类，在预测范畴内典型度、范畴内生成频次和范畴分类反应时间等指标上，优于欧氏距离法和城市区块距离法。因此，图25采用余弦距离法进行概念聚类。图上方刻度显示余弦距离值。值为0时，表示两个概念向量（概念所含义征的序列）方向一致，即两概念相似。余弦距离值为1时，表示两个概念向量垂直，即两者语义无关。每个聚类树从右往左切分，可以切出越来越多的类。例如，在图25（治疗后聚类树）中，桥梁和隧道在余弦距离0.6以上开始聚成一类。为完整地反映患者义征提名的自然状态，在聚类时仍把病理征型纳入其中。从图中可以发现，治疗前存在一些不合理的分类。例如黄瓜和马桶、鼻子和轿车、鸽子和老鼠、棉袄和沙发、剪刀和牙齿。治疗后，这些不合理细节消失。另外，虽然比治疗前有更多的概念未能聚集成类（余弦距离1.0水平的概念数量在治疗后增多），但治疗后聚集出的类别都符合日常体验。

三、独有度的征型分布

如果以改良加勒德范畴独有度取值0.5为界，对图26和图27（见文前）进行观察，可以发现，生物和非生物的『分类范畴』、『感觉信息』、『内省特征』、『杂类』和『组织构成』这五种征型的范畴独有度都偏高（全都大于0.5，并且多数超过0.75）。参照汉语析义元语言的义征秩次分析结果，可以认为，患者Z.YW也表现为独有义征优先的名物概念处理模式。生物的『功能用途』范畴独有度在治疗前偏低（从秩次3开始均为0.5以下），而在治疗后则偏高（除秩次3以外，其他均达到0.5或以上）。非生物的『功能用途』范畴独有度在治疗前较为均等地分布0.5～0.75之间，而治疗后则从第4秩次开始全部为1。对于失用症患者而言，『功能用途』，尤其是非生物概念的这种征型，有着重要意义。它反映了患者对此类信息的调用情况。言语治疗使『功能用途』的范畴独有度得到提高，可以提示患者对名物功用的认知得到改善。这与患者的标准高级动作检查结果相符。

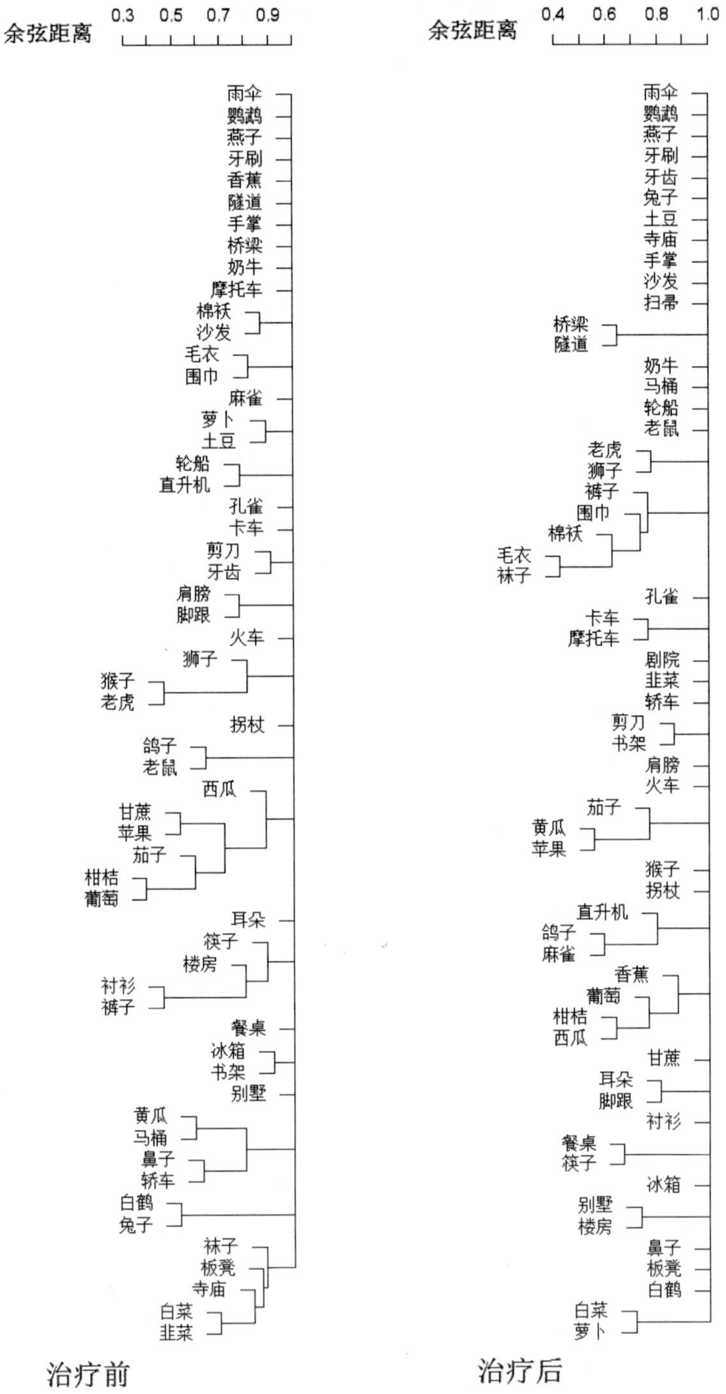

图25　患者Z.YW治疗前后的概念聚类树状图

语义距离计算采用基于义征重叠的余弦法。

四、义征康复分区的领域和范畴分布

图28（见文前）显示的是患者Z.YW所产义征的三因素分布马赛克图。主要展示的是认知治疗前后，征型的康复分区在其所属概念领域中的频数分布情况。图中每个格子对应于各个因素的相应水平，其取值是义征频数。对该图的解读如下：

第一，右下角p值为8.7×10^{-5}，可以拒绝独立性假设，认为三因素有相关关系。

第二，观察各方块的颜色，判断其与随机预期值的差异大小。图中显示在治疗前生物义征的二区显著低，而非生物则是四区显著低，但两者在治疗后都没有显著低于预期值，提示治疗对生物的知觉处理功能有改善，并且非生物的语义记忆也得到了优化。治疗后，生物的一区和四区显著高于预期值，这提示生物的执行功能和语义记忆得到了改善。综合来看，无论是生物还是非生物，语义记忆系统都可以通过言语治疗得到改善，而生物对应的额叶和颞顶枕联合区的高次皮质功能也得到改善。

第三，观察各方块的面积，以了解特定水平在所有水平中所占比例大小。图28显示所有概念的义征，均以二区和三区为多，并且这种比例在治疗前后变化不明显。但是如果不同领域之间相比，则二区和三区在非生物中的比例要大于生物，一区和四区则反之。这提示，Z.YW在解析名物概念语义时，更多地调用知觉系统（二区）和情景记忆（三区），而且这种情况在非生物更明显。结合对方块颜色的认识，可以发现除了生物的知觉系统以外，二区和三区的其他部分都没有明显受到治疗影响。

图29（见文前）同样显示生物和非生物的比例差异（用虚线进行分隔），但它提供了更多细节。它同样是一张三因素分布马赛克图。与前图所不同的是，它显示了义征的概念范畴分布，可供对领域内的变化进行细致考察。第一，右侧图例的p值提示拒绝独立性假设，认为三因素相关。第二，皮尔逊残差图例显示，该图含有$p<0.0001$显著性水平的皮尔逊残差取值方格（深蓝色），并且含有$p<0.05$水平的方格（浅蓝色和浅红色）。第三，对方块颜色（皮尔逊残

差分布）的观察提示，在治疗前，**哺乳类**的二区和**禽鸟类**的三区显著偏低，**器物类**的二区、**家具类**的三区和**禽鸟类**的四区显著偏高。治疗后，**水果类**的一区和**禽鸟类**的四区强烈偏高，**身体类**的二区和**哺乳类**的四区显著偏高。这提示，治疗改善了Z.YW对身体部位和哺乳类动物的知觉系统。尤其是**身体类**二区的改善，对于穿衣失用的患者而言意义重大。另外还提示，在**生物**领域内的治疗后四区改善，主要是由于患者对**禽鸟类**和**哺乳类**的语义记忆提高。结合对三区治疗前后的观察，可以推测，对于有生命名物概念的情景记忆和语义记忆而言，言语治疗对语义记忆更有效。

第四，对块面积（征型配比）的观察提示，在治疗之后，一区是**水果类**比例增加，二区的**身体类**、**哺乳类**和**建筑类**义征比例都增加，三区是**禽鸟类**显著增加和**交通类**轻微增加，四区则是**器物类**比例增高。但是，在各区之间的配比来看，结论应当与图28一致，即患者主要通过处理知觉信息和情景记忆信息来解析概念语义。

综合来看，患者的**家具类**在治疗前康复三区的皮尔逊残差显著偏高，治疗后这种显著性消失。**器物类**治疗前二区显著偏高，治疗后这种显著性消失。与两者的这种变化相伴的是其征型配比在治疗后减小。同时还出现的是治疗后**身体类**的皮尔逊残差和征型配比都增加。这可能是代偿机制的体现。尤其值得注意的是，**衣着类**在所有康复分区中都没有显著差异。考虑到治疗后的标准高级动作评估结果证实患者失用症得到改善，可以推测，相对于服装和器具用品的识认训练而言，失用症患者可能首先从针对身体本身的知觉处理训练中获益。

五、网络建模和分析

图30（见文前）显示了Z.YW治疗前后义征在持征概念间共现关系的网络结构（下简称**义征共现网络**）。其中顶点表示义征，连线表示其两端义征在≥2个以上概念中共同出现，顶点大小与点度呈正比，顶点颜色对应于康复分区。

治疗前的义征共现网络共含86个义征，密度为0.0528，共含5个互不相连的子网络，其中最大的内部连通子网络含71个义征。治疗后的义征共现网络共含

110个义征，密度为0.0622，共含3个互不相连的子网络，其中最大的内部连通子网络含105个义征。由此可知，治疗后形成了更大的具有内部连通性的征间关系结构，可以提示，虽然治疗后原始反应条目减少（原始反应条目数为治疗前每概念3.26 ± 2.21条，治疗后每概念2.99 ± 1.88条），析出义征也减少，但却形成更紧密的征间关系，从而更易完成概念合成。

图30还显示，治疗前后都以二区（草绿色）和三区（红色）为主，与前文对马赛克图的分析结果一致。观察该图还可以发现，点度分布在康复分区中分布不均，存在某些掌控大量连线关系的义征。例如，在二区中，拥有最多概念共现关系的义征，在治疗前是<由谁用→人>[用者]，治疗后则是<眼观可知→长方形的>[视觉]@[形状]。这提示患者经过治疗后，在知觉信息处理方面，更多地围绕知觉信息而不是功能用途来构建整体概念表征。康复三区点度最大的义征在治疗前后都是<常共同出现→居所>[共现]@[人为配用物]。这提示，与情景记忆有关的概念表征始终围绕家庭环境来组织。因此，使用本研究开发的征型标注及其康复分区方案，配合网络建模和关系分析，将有助于跳出词频研究范式，从义征组织结构的层面了解词汇语义表征的变化。

第三节　小结和展望

本研究选取一例失认症伴失用症患者，一方面在言语治疗前后进行视知觉和高级动作检查，从而提供效度证据。另一方面用医用词汇语义分析方案来处理治疗前后的义征提名数据，从而对分析方案加以验证。研究结果发现，在患者的实测功能改善的同时，可以观察到基于义征重叠的概念聚类也发生改善，同时还可以发现患者对身体部位的知觉信息得到改善，以及义征相互之间形成更紧密的网络结构。由此提示，本研究建立的医用词汇语义分析方案有助于揭示患者的功能变化，从而可以作为言语治疗的功能评估辅助手段。

除了视觉对象失认症以外，病例研究的可选病种主要还有两个：一是针对失语症患者，从名物义征数据集中抽取“概念—义征”数据，进行义征识认测试，分析失语症患者的征型分布特征。这方面可能首先选择一种特定类型的失语症（例如命名性失语症），开展患者群体（10例以上）研究，获得有统计学意义的结果，而后逐渐拓展到其他失语症类型。二是针对老年痴呆患者，进行义征提名测试。老年痴呆患者可能伴有认知功能各模块的全面受损，因此可能首先要选择轻度认知功能障碍人群，而且必须为之配备健康老年人群的义征提名数据集用于对照。

一旦医用词汇语义分析方案在上述各病种确立功能评估的有效性，就可以开始在医疗伦理允许的前提下，把该分析方案植入治疗操作中。目前可预期的前景是建立和完善由义征数据库驱动的计算机辅助汉语言语治疗系统，帮助言语治疗师及患者家属在治疗过程中进行功能评估、方案制订、方案调整和数据管理。就语言学本身而言，本研究建立的医用词汇语义分析方案，提供了从语义网络理论和语义特征分析技术通向言语治疗实践的桥梁。源自言语治疗实践的患者义征数据在不断积累后，将为语言学理论研究的发展提供充足的实证依据。

结　语

如本书导论所述，开展本研究的原始动机，是出于言语康复治疗的语料选编和诊疗机制方面的需求。但是，本研究没有把选编好的语料作为预期研究成果，而是致力于为言语治疗建立语言学视角的词汇语义分析方案。这是因为言语治疗需要在实施过程中随时调整方案。与其制订固定不变的训练脚本，不如设计可持续改进的语料选择和编排策略。很显然，定性和定量分析是做到有据可选和有序可编的前提。因此，本研究重点考察了已有的义征质性分类方案和量化分析指标，以及随之发展的经验性义征数据库。值得注意的是，即使有了定性定量方法，也不足以完整反映语义系统的组织结构。这是由于，已有的质性分类和量化指标都只针对单个义征（例如独有度或熟悉度），没有考虑义征之间的关系。这种征间关联虽然也可以量化，但是，它不能归于单个义征，而是属于成对义征。在义征数据库的发展过程中，质性分类、量化分析和征间关联是三大主题，而它们在网络思维中可以划分为属性数据和关系数据。前两者是属性数据，后者是关系数据。复杂网络建模正是与后者相适应的研究工具。对模型的分析可以提供网络参数，衡量义征在整个义征网络中所处的地位。因此，本研究提出，采集数据资料、设计分类方案、计算量化指标和估算网络参数这四个方面是医用词汇语义分析的四大要件。语义特征分析的理论和方法则是这一切得以实现的基础。

语义特征分析有两条研究进路。它们对应着两种不同的数据获取手段：调查法和内省法。欧美语言研究从词汇语义的构成性出发，采取调查法进路，在受试者中实施义征提名任务，提取语义特征，建立经验性义征数据库，并且为之发展了相应的义征质性分类方案和量化分析指标。汉语研究则从词汇语义的特征性出发，采取内省法进路，由专家实施义场建构和义征分析，建构了汉语析义元语言，并且发展了相应的语义语法学理论。两条进路互为表里，相辅相成。前者需要寻求认知解释，而后者需要增补实证依据。前者可以为后者提供定性定量分析工具，而后者则可以为前者提供语言理论支点。基于这种认识，本研究一方面选择基于内省法的汉语析义元数据集，另一方面采用调查法制备经验性汉语名物义征简单集。从质性分类、量化指标和网络参数三个方面，对这两个数据集进行了分析。

通过上述回顾可以发现，本研究涉及多个学科的理论与技术。这可能带来创新，但更可能引发异议。语言学的描写、内省和考据，可能在自然科学研究看来是缺乏统计力度的自说自话。某些数理方法的应用，又可能在语言学看来是缺乏理论依据的生搬硬套。因此，本研究的难点在于学科融合。新学科和新技术的引入，原则上应该先从思维模式的转换开始。但是，思维模式往往受到术语系统的制约。因此，本研究重视术语译名的系统性。同时要注意的是，本研究对认知神经科学和网络科学的借鉴，主要是方法论手段上的借鉴，引入的是操作方法，而不是观念原则。在引入认知神经科学的操作方法（例如设计汉语康复分区）时，避免在“应该怎样来分析和干预脑功能”和“脑怎样行使功能”这两者之间发生认识上的混淆。前者是带有建构性质的、操作层面的语言学技术设计，后者则是带有发掘性质的、描述层面的神经科学研究。在引入网络科学的操作方法（网络建模和分析）时，认识到模型是建构而成，是处理语义的工具，而不是语义系统本身。正是出于对语言本身的关注，本研究才定位为面向言语治疗的语言学研究。

由于是面向言语治疗，因而要从医学需求出发，以服务患者作为贯穿研究的指导原则。由于是语言学研究，也就意味着它本质上不是医学研究，因而仍然要围绕语言现象，提出语言学问题，推动语言理论的发展。本研究关注的语言现象是：常人能快速、有效且稳定地交流。本研究提出的语言学问题是：语义网络有哪些可支持适应性存储和快速提取信息的组织模式？通过对义征网络的建模和分析，本研究从异质性、小世界性、点度相配性和模块性四个方面，对上述问题进行了探讨。由于许多网络参数可以评价义征在整个网络中的地位，并且可以测算如果一个义征被删除或受到特别训练，对整个网络的结构有多大影响（例如拉普拉斯中心度），因此建构网络，研究网络的模式，并且测算义征的网络参数，就可以为言语治疗选取义征素材提供理据。另外，本研究还通过对义征秩次、征型、位型（析义元语言）或范畴（经验性义征库）之间的频数关系进行统计分析，试图揭示隐藏在义场建构、义征分析和义征提名任务背后的认知规律。

本研究借鉴了析义元语言的义征缠绕理论，借助义征类型和量化指标数据，分析了“概念－义征－概念”的数据结构，发现仅凭义征重叠关系就可以构建符合日常体验的概念范畴分类。研究还发现，人们通常从范畴分类和功用信息开始解析概念语义，但最终会为每个概念生成范畴特异性的征型表达谱。在针对经验性义征数据集的分析中，本研究分析了独有度、线索度、优势度、优先度等使用单一种类数据来源（例如频次或秩次）的原生指标，也分析了示意度、可达度和显著度等复合了多种数据的衍生指标，并且发现三个衍生指标相互间有显著较高的相关性。由于汉语析义元语言无法提供计算衍生指标的提名频次数据，在对汉语析义元语言进行的探索性分析中，本研究使用的是一部分量化指标（独有度和秩次）。分析发现，义场建构和义征分析所遵循的一些认知规律，可以体现在析义元语言的数据结构中。结合对析义元语言数据集和经验性义征数据集的属性数据分析结果，可以提示，义征分析可以通过探索概念内部的语义组织结构，揭示人脑在词汇语义处理过程中遵循的认知规律。这有助于指导言语治疗，借助语义处理规律来选取和编排语义素材。

本研究还继承了欧美义征分析对征间关系的关注，从“义征在同一概念内共同出现”这一特征出发，分析了“义征－概念－义征”的数据结构。结果发现，无论是汉语析义元语言，还是经验性义征数据集，其义征的概念共现关系结构都具有许多相似的复杂网络模式。这些模式是网络的效率性和稳健性的基础。对异质性模式的分析发现，两个数据集都体现出高连接性节点区域的无标度性和整体上的趋于同质性。两个数据集都符合小世界性和模块性，而且这两种特性并不是随机因素所造成。汉语析义元语言配备了多种词元类型。经验性汉语义征数据集目前仅针对少量名物概念。前者缺少人群频数材料，而后者覆盖面较窄，因而需要辩证地看待两者的分析结果。根据目前证据，可以就征间关系结构得出以下认识：

1. 就词元类型而言，名物义征网络趋于同质，但又含有趋向于异质性的核心义征，动作义征网络则趋于异质性。

2. 就义征类型而言，在维护名物义征网络整体性、实现征间信息传递时，知觉信息和情景记忆最重要，分类知识次之。三者分别对应于认知发展过程中的具身体验、个体经历和概念抽象。

3. 人脑快速表征和稳定存储语义的能力，可以用征间关系的复杂网络结构得到部分解释。虽然义征网络符合效率性和稳健性模式，但是这些模式本身却易受随机因素扰动。这提示在复杂多变的语言应用环境中，必然有某些基本的认知活动过程在维护义征网络的基本结构模式，使之免受随机扰动的破坏。

4. 义征网络参数（例如点度和拉普拉斯中心度）与基于“概念－义征”关系的义征量化指标（例如示意度和可达度）之间，不具有简单的线性拟合关系。它们之间的关系，还需要进一步深入分析。但是，无论是量化指标，还是网络参数，都从不同侧面反映了义征在错综复杂的语义网络中的地位。虽然这些指标和参数在言语治疗中的实际使用价值，还需要根据实测证据（例如检测拉普拉斯度和患者在义征提示下命名错误率的关系）进行评判。但是，这些指标和参数，以及它们所基于的背景观念（例如语义网络需要在增删节点的情况下维持结构完整性），已经为言语治疗提供了可参照的语义选材和编排依据。

本研究最具特色之处，在于设计并验证了面向言语治疗的汉语义征质性分类方案。这个方案分为两个层次：底层语言学分类方案和表层临床衔接方案。前者包括36个二级常类和3个异常类；后者则把底层语言学分类方案提出的征型按照脑高级功能模块分为六个区。这种双层设计使语言学的建构和标注工作能够与脑高级功能障碍诊疗相结合。本研究为该方案提供了理据论证、类型定义、操作流程、分型举例和病例验证。该方案目前的局限性在于仅针对名物概念，但是它保留了向动作事件概念拓展的接口。也就是说，这是一个有言语治疗应用前景，并且又可以随语言学研究进展而不断修订的分类方案。

本研究的另一鲜明特色是，在征间关联基础上构建了网络模型，估算了网络参数，验证了网络的宏观结构模式。在词汇语义学的研究源流中（Geeraerts，2013），无论是结构主义语义学对词汇属性和语义关系的描写，还是生成主义语义学对语言能力如何自动生成词汇属性和语义关系的关注，或是新结构主义语义学把语义分解法和关系语义学方法相结合，从而实现语义表征形式化和可计算化的意图，都是以词项或概念作为节点来构建语义网络。它们都没有明确关注征间关系结构，更没有分析征间关系结构的宏观网络模式。但是，征间关系却又是经验性义征数据库发展过程中反复受到关注的主题。本研究借助复杂适应性系统的理论成果和网络科学的技术手段，为词汇语义研究提供了一种新的视角，从语义网络的底层结构本身来看待语言能力在常人中的涌现和在患者中的受损。由此为语义特征的网络参数赋予可供言语治疗借鉴的实际意义，即参数取值体现的是语义特征维护语义系统整体性、效率性和稳健性的作用。本研究初步探讨了要采用什么样的策略才能将这些参数有效应用于言语治疗实践中。这些讨论可以为医用词汇语义分析方案的进一步发展提供思路。

总而言之，通过介绍语义特征分析在言语治疗中的应用情况，并且梳理相关学术进展，本研究认识到语义特征分析在汉语言语治疗学科发展中具有重要的应用价值，提出要建立面向言语治疗的语义分析方案，并且对该方案的四大组成要件进行了考察，确立了研究的认知论基础和方法论依据。通过介绍自罗希的概念范畴化研究以来的义征建库发展历程，本研究提出，义征数据库的发展与语义特征分析理论的发展有着相辅相成的关系。同时，义征数据库的发展推动了义征质性分类方案和量化分析指标的不断发展。本研究还注意到，目前缺少专为汉语设计的语义特征质性分类方案，而且欧美研究者开发的量化分析指标也没有在汉语研究领域引起关注。因此，本研究着重评介了多种欧美义征质性分类方案，并且对量化分析指标的汉语译名、定义、计算方法和实际意义进行了发掘和整理。在此基础上，本研究设计了汉语义征质性分类方案。本研究还借助义征提名任务，采集了经验性的汉语名物义征简单集，并利用汉语义征质性分类方案进行征型标注，继而为数据集配备义征量化指标和网络参数。由此确立了贯通“原始数据采集和整理→义征质性分类标注→义征量化指标计算→网络参数估计”这四个要件的词汇语义分析方案。同时，本研究还利用该方案为一例视觉对象失认症伴失用症患者进行了言语治疗前后的义征评估，确立了该方案对处理患者语义特征资料的实用型和适用性。

今后工作将在三个方向上同步进行。一是扩大经验性义征数据集的概念数量和种类，并随之进一步完善义征质性分类方案，使之向动作事件义征拓展。二是推动临床研究，建立患者的病理义征数据集，并验证常人义征数据集对患者的应用价值。三是发挥语言学研究的理论优势，深化对语义、语法和语用的认识，把基于经验数据的义征分析实证研究贯彻到语言研究的更多方面。

补　遗

有两种力量贯穿本研究全过程：医学的实践需要和语言学的理论追求。在"集语言学之法、解医学之需"和"鉴医学之用、求语言学之理"之间，存在其自身的矛盾。前者要求在现实条件下，进行虽不完美但却可行的治疗操作；后者希望在理论设想下，提供严谨且具有解释性的论证依据。这种跨越领域的融合，除了提供新的研究起点以外，也必然附带争议、误解与质疑。出于博士论文的体量控制、主题聚焦、学科归属和体例规范，本书原稿在预答辩后，酌情删减了一些篇幅较大的内容。这些被删减的内容在很大程度上体现了最初对上述融合问题的考虑，同时也可以解释关于本研究的一些疑问。其中主要有两个部分。

第一，是关于言语治疗的医学源流及其语言学转向的讨论。设置这部分内容的原意，是希望通过对历史发展过程的梳理指出现有治疗手段对语言素材关注不足，从医学治疗角度强调"选取和编排训练素材"这一问题的基本性，并由此阐发从语言学角度进行"面向言语治疗"的语义研究的必要性。第二，是基于英语联想词库的词汇语义网络分析。"刺激–反应"这种基本的行为检测任务所得数据，可以建立两种类型的网络，包括"刺激→反应"网络（甲型网络）和"反应–反应"网络（乙型网络）。前者所含刺激词由研究者主观挑选，而后者所含节点完全由受试者产出。本研究采用内省数据构建的汉语"义征共元网络"，以及用经验数据构建的汉语"征联网络"，都相当于乙型网络。由于在本研究之前，尚未有任何语种的研究报道过乙型网络的四种宏观结构模式（异质性、小世界、点度相配和模块化），因而在初稿中采用两个大型英语联想词库资源（佛罗里达和爱丁堡）进行了网络建模分析，论证乙型网络存在与适应性存储和快速提取有关的四种模式，从而为跨语言研究提供更多的理据。

在本书获选“语言学前沿丛书”之前，上述删减的内容已经分别经过修改付梓。关于言语治疗发展历史的内容，收录于《失语症康复治疗技术》（卫冬洁、江钟立主编，人民卫生出版社）。关于英语联想词库的四种网络模式的内容，发表于复杂网络研究期刊（Lin，Jiang，& He，2016）。考虑到本书不只是博士论文的复制出版，而是在论文基础上修订形成学术著作，因而此处采用补遗形式，对前文内容加以进一步说明，包括增补缺失内容、介绍研究进展和完善评议者建议。

一、言语治疗的“人－人”交流原则

如果在言语治疗中没有自然人作为患者的交流对象，既不符合患者的现实生活需求，也违反了言语治疗追求人性化的基本伦理要求。如果设想可以脱离人（治疗师或其他自然人作为交流对象）的参与，仅凭机器与患者交流就恢复患者的言语功能，那么这种设想的另一个版本也许会更令人难以接受：仅凭与机器互动而使幼儿掌握语言。因此，面向言语治疗的语言学研究设计，在可见的未来仍然必须服务于患者与人的交流互动。以此为出发点，此处研究的词汇语义表征必然是治疗者使用的工具，即治疗者实施评估（施加刺激以了解病情）和治疗（给予刺激以提高功能）的媒介。它不涉及自然语言机器处理的“人－机”交互，更不涉及计算机之间通讯的“机－机”交互。这就决定了，本书选择的认识论基础、方法论依据和基本数据资源，不同于目前自然语言机器处理背景下的词汇语义表征研究。但是，关于词汇网络的研究仍然有必要提及一些较为广泛应用的数据资源。

普林斯顿词网（WordNet©）是国际上最富影响的英语词网资源。在

WordNet中，词形不同但有同义关系的词聚合成同义词集（synset），这些词所共享的同一个词义（word sense）就构成了一个概念。概念之间又可以存在反义、上位－下位、部分－整体、继承－蕴含等关系。WordNet的构建过程不涉及语义特征分析。虽然可以从中提取特征，但目前没有统一的特征分类方案，需要事后归纳（Barbu，2015）。许多汉语资源采用了与WordNet兼容的设计思路，简体中文方面有代表性的是中文概念词典（Chinese Concept Dictionary，CCD）（昝红英、俞士汶，2003）。繁体中文方面，是中国台湾学者建立的中文词网（Chinese WordNet，CWN）和中英双语知识本体词网（Sinica BOW）（黄居仁等，2010）。与WordNet不同，董振东等提出一套"知识数据描述语言"（Knowledge Database Mark-up Language，KDML）来标注汉语及其英语对等词所表述的概念，并把所建立的知识描述系统称为知网（HowNet）（董振东、董强、郝长伶，2007）。HowNet研制者把意义的基本单位称为义原（sememe）。研制者从数千个常用汉字中提取义项，继而从这些义项中提取两千余个义原。当一个义原进入到特定概念中时，会扮演特定的语义角色（semantic roles），并且与这个概念中的其他义原存在复杂的层次关系。每个概念都可以写成一个KDML语义表达式，其中包括义原、语义角色和义原间关系（Dong，Dong，& Hao，2010）。WordNet的研制者米勒认为，WordNet是一种用于程序处理的在线词汇库，它可以把传统的词典信息与现代计算技术更高效地结合在一起（Miller，1995）。董振东也明确提出，开发HowNet是为了建设自然语言处理平台（Dong，Dong，& Hao，2010）。

通过回顾包括WordNet、CCD和HowNet等在内的语言知识工程，李葆嘉（2013）认为已有的词网研究缺少深度的词汇语义特征分析作为支撑。巴尔布（E. Barbu）和珀修（M. Poesio）发现，在加勒德义征库（Garrard et al.，2001）和2005版英语名物义征库（McRae et al.，2005）中，分别有30%和22%的"概念－义征"关系可以从普林斯顿WordNet2.1版中提取到（Barbu & Poesio，2008）。通过与WB知识分类法比较，他们还发现WordNet所能提取的征型不足，例如缺少“评价”。因此，他们提出，WordNet和经验性义征库需要互相借鉴。勒巴尼和皮安塔则从言语治疗实践出发，提出用义征库来改造WordNet，使之适应语义治疗的需要，即义征需要符合直觉，保持稳定，而且经得起考据和检验（Lebani，2012；Lebani & Pianta，2012）。以WordNet和HowNet为代表的计算资源库，今后应当与经验性义征库结合，推动语义治疗数据集的发展。但是，是先从计算资源库入手，还是先构造经验性义征库，往往取决于学者的研究视角。理论语言学研究者更关注如何完善计算资源库，即关心机器如何处理语言。认知语言学和言语治疗研究者可能更希望从经验性义征库着手开展研究，即关心人如何处理语言。两者的结合之处在于语义特征，两者的区别之处也在于如何对待语义特征。关于义征在词汇语义网络中的基础地位的认识，本研究的直接理论来源是李葆嘉提出的语义语法学。本研究在操作手段的选择上，遵循言语治疗服务于“人－人”交流的原则，把经验性义征分析作为主要操作手段。

二、隐含假设与本体研究

从医学的治疗实践角度来看，“在实施过程中随时调整方案”是治疗师所遵循的一种不言而喻的行为准则。它还可以有许多其他表述方式，诸如“提供个性化治疗”“根据病程进展调整治疗”“采用综合措施进行治疗”等。但是，从语言学的理论研究角度来看，这种表述隐含两个假设。首先，它假设患者的词汇语义网络处于动态变化过程之中。日常生活活动、疾病发展变化和治疗行为干预等因素都在不断影响和塑造个体的语义网络。其次，它假设对方案的任何“调整”都有依据。对于这种依据的探究可能会给理论研究者带来困惑：如果损伤可逆，是否要以恢复常人状态为治疗目标？如果损伤不可逆，是否要重塑一个与常人不同，但又可供有效沟通的词汇语义网络？对常人状态/常模的假定，又涉及是否存在超越个体、地域、文化、方言或语种的知识表达系统这一基本问题。这里有两个方面需要稍加讨论。

首先，是关于**知识本体**（ontologies）的考察。知识本体通常是指针对概念模型（conceptuation）进行的规范化（specification）的说明（Prévot et al., 2010）。概念模型建立在经验、观察和内省基础上，属于非形式化的知识。在特定范围或领域内共享的知识，在经过形式化和规范化改造后，可以构成知识本体，相当于特定领域的知识库。本研究隐含的常态/常模假设，一方面提示，需要开发针对言语治疗的语义特征分类本体（**治疗用征型本体**），即所有语义特征类型都可以得到概念化和规范化。另一方面还提示，需要开发可供言语治疗应用的语义知识本体（**治疗用语义本体**），即从常人中获取的关于世界的百科知识的规范化描述。汉语词汇语义特征康复分类法是治疗用征型本体。无论是经验性义征数据，还是从计算资源库提取的常识内容，都需要经过医用语义分析方案的规范化处理，才能成为治疗用语义本体。本研究论证了医用语义分析方案的认识论基础和方法论依据，同时借助义征提名任务，获取经验数据用于调试治疗用征型本体。如何借助WordNet和HowNet等计算资源库的成果，进一步拓展义征库和开发治疗用语义本体，是今后需要完善的工作内容之一。

其次，是义征数据库驱动的计算机辅助汉语言语治疗系统的设计。本研究设计的医用语义分析方案，已经纳入到江钟立提出的语义导航训练法（孙丽等，2010；高敏行等，2011；孙丽等，2011；高敏行 & 林枫，2015），并且初步构建了语义导航治疗系统（江钟立，2016）。这种训练方法的出发点在于，语义知识是一切语言活动的枢纽与基础。如果用自然存在的山川地形来比喻语义知识，那么人类共享的具身体验就构成了山川地形的稳定结构。语言学研究者所建构的词汇语义网络，就如同导航地图。它来自但又不完全等同语义知识。开车过程中既要看导航仪，又需要观察实时路况，随时做出调整。与此类似，凭借词汇语义网络进行言语治疗，并不能替代患者本身的具身体验。言语治疗过程中，词形、图像、实物和语音，都是治疗师选用的语义承载者或赋形物。要选哪些语义知识？用什么来承载和赋形？如何在训练时排序？这些在治疗过程中必须直面的问题，就相当于询问如何在地图上找到路径并走到目的地。从常人语料采集而来的治疗用语义本体，相当于一张通用地图。患者自己的具身认知就如同旅途经历，表现为运转于地形结构之上的功能过程。这种过程又有可能对结构产生修饰与改造，产生新的路径。患者的最终恢复虽然并不一定是要导正到常模，但常模是治疗师探查患者损伤情况、制订治疗方案和比较治疗效果的参照工具。早期的语义导航治疗借助的是词汇联想关系。义征数据集的开发可以拓展网络所含的语义关系类型，从而使治疗师可以有更多选择。这类似于从仅能步行到有了多种交通出行方式。在诸多的定性、定量和关系指标中，哪些指标指导言语治疗有更好的疗效，或者不同类型的患者应当各自选用什么指标，这些都是今后需要进一步细化的研究方向。我本人在完成语言学博士学位研究之后，又开始攻读脑高级功能障碍康复方向的康复医学博士，在两个课题内容方面延续语义网络研究。一方面是在会话层面，建立汉语为母语的常人和失语症患者会话语料库。初期成果已经收录于国际失语症语料库AphasiaBank（详见https://aphasia.talkbank.org/access/Protocol.html，2020-12-02，分别有Mandarin-Aphasia和Mandarin-Control入口）。在完善会话语料库的基础上，将为其中的概念接入义征数据集，争取为言语治疗提供从词汇水平到会话水平的完整语义训练方案。另一方面，采用功能影像学研究方法，探索语义治疗的脑网络机制。目前正在采用脑磁图技术开展研究（林枫等，2017），将使用本书所述语义特征数据集作为素材，探索其中的定性、定量和关系指标可能对脑的语义处理过程的影响。

三、经验性义征库建设研究进展

至本小节撰写完成时（2018年10月），本书作为博士论文的内容完成已有三年余。就经验性义征库建设方面，笔者认为至少有以下四个方面需要增补介绍。

（一）英语：2014版英语名物义征库（CSLB义征库或Devereux义征库）

剑桥大学言语、语言和脑研究中心（The Centre for Speech, Language and

the Brain，CSLB）在2013年在线发布了CSLB英语名物义征库（Devereux et al.，2014）（http://www.csl.psychol.cam.ac.uk/propertynorms/，2020-12-02）。德弗罗（B. J. Devereux）等研制者表示，为了拓展英语名物义征库的规模，他们仿照麦克雷和克里团队的2005版英语名物义征库建立CSLB义征库。所含生物和非生物样例数从McRae义征库的541个，扩增至CSLB义征库的638个，其中有415个样例同时存在。两者选词存在英式和美式英语的差异。McRae义征库主要在美国和加拿大采集，CSLB义征库则在英国采集。

目前在线下载的CSLB义征表单中，征型标注较为简单，仅有五种征型：分类（taxonomic）、百科知识（encyclopaedic）、功能用途（functional）、视觉（visual perceptual）和其他感觉（other perceputal）。除了纳入更多概念以外，CSLB义征库也做了以下改进。

1. 采用在线分方式采集数据。受试者不再往纸质问卷上填写义征提名结果。在线上调查界面中，受试者会看到提示语，例如“斑马的特征是……？”在问题下方每一样，受试者要提供两栏结果。第一栏是义征提示语，例如“是”（is）、“有”（has）、“会做”（does）等。第二栏是对特征的具体表达，例如“条纹”。研究者在义征提示语一栏提供了备选列表，受试者可以点击下拉列表框选择提示语，也可以自己直接填入提示语。这实际上是在采集阶段就力争把原始反应条目变成含示义征，包括第一栏的义征提示符和第二栏的裸征。虽然最后仍要研究者手工处理原始反应条目，但是这样采集的数据要比传统的义征提名方法更结构化，易于提高数据采集效率和降低后期处理难度。

2. 提名频次的截断值设置为2。与McRae义征库一样，CSLB义征库的每个样例都有30名受试者参与提名任务。但是，McRae最终要求至少被5人提名的义征才能入库。CSLB义征库把标准放低，要求≥2个提名者即可入库。用户于是就有机会自己设置截断值。通过把截断值都设置成5，提取两个义征库共有的415个样例的义征数据，研究者进行比较之后认为CSLB义征库和McRae义征库高度相似。

3. 保留了义征变体。一些原本在粗粒标准化阶段就要处理归并的语言变异（linguistic variation），在CSLB义征库中得到了保留，安置在同一个义征名下，并在数据表单中给出一个单独字段“义征变体”（feature alternatives）。不同变体之间用英文分号分隔。这种变体通常包括同义词和句法变异。例如奶酪，<其他感觉→美味>的同义词变体包括“好吃”“美味”“香甜”，<功能用途→给人吃>的句法变异包括“给人吃”“用来充饥”“供食用”。研制者认为，在计算语言学家研究用机器自动提取语义特征的算法时，这些义征变体可以提供丰富的数据集用于训练或验证算法。笔者认为，在较为粗糙的征型分类方案下标注的义征变体，在更细致的征型分类方案中有可能标注为不同的义征。但是，现有的汉语康复分类法，的确没有在粗粒标准化阶段考虑保留同义词变体。实际治疗时，当一种说法不能奏效，除了改变提示语以外，治疗师通常还会换个同义词或者句式来表述正确答案。因此，今后的工作可以参考该思路，在数据集中提供可选的变体。

（二）西班牙语：2017版西班牙语名物义征库（Vivas义征库）

维瓦斯（J. Vivas）等2016年在线发布了西班牙语名物义征库，含有400个生物和非生物样例（Vivas et al.，2017）。该库参照McRae义征库的采集方案构建：每个概念有30名受试者实施义征提名；义征提名频次截断值设置为≥5人；采用WB知识分类法。不同的是，在征间交联度的计算方面，Vivas义征库以$p \leqslant 0.05$作为两个义征之间相关性的显著性检验界值，对应于相关系数$|r|>0.164$，而以r^2计算而得的征间交联度以大于2.7%为显著。

（三）汉语：名物义征简单集建设进展

汉语义征库研究是一项持续的工程。在完成2015版汉语名物义征简单集并提交博士论文之后，研究团队继续扩增义征数据集。部分数据在初步整理后，由向伟华与笔者见刊于《中国康复医学杂志》（向伟华、林枫、江钟立，2015）。此后，至2018年09月为止，经过三年的扩增和修订，已经纳入173名受试者数据。其中女性89名，男性84名；年龄18～28岁；受教育年数为9－18年。每个样例的受试者人数增加到70人以上。目前的2018扩增版汉语名物义征简单集，结果与2015版相似，但细节更为丰富。例如，图31（见文前）与图17相比有着相似的概念熟悉度分布。又如图32（见文前）与图19相比，也有相似的独有度分布模式。值得注意的是，图32用了改良加勒德独有度进行绘图，以适应今后拓展每个范畴内的样例数。图33与图20相比，聚集出了相同的范畴。虽然在细节上有所不同，但仔细观察会发现，丰富的义征数据使聚类结果在细节上可以获得更符合日常经验的结果。例如，**身体类**中的样例更多地与**器物类**和**家具类**中的样例使用有关，从而相互靠近。今后可能要在丰富数据集的基础上，通过自举法等重采样技术，建立更稳定的分析结果，从而为各个指标给出具有统计效力的置信区间。

（四）汉语：动词义征简单集

高婧、林枫和江钟立等采用与本研究相同的义征采集方法和征型标注方案，对30个日常生活常用的动词进行分析，初步构建了汉语动词义征简单集（高婧等，2016）。每个动词有15名男性和15名女性参与义征提名。通过初步分析数据集，高婧等发现『功能用途』是动词处于首位秩次的语义特征类型，『内省特征』在一论元结构动词较多（高婧等，2016）。例如，飞<带来评判→人类不会>[评判]@[声称]。

至2018年9月，动词已增加至100个，但尚未完善标注。已有的30个动词，也在进一步深入分析中获得一些新发现。如图34，如果以动作实施者自己身体的视角来考察，该聚类树从上往下分别可以识别出三个模块，包括情绪类（“吹”以下分出的模块与情绪有关）、身体移位类（“飞”以下分出的模块与躯干移位有关）和定位操作类（“点”以下的模块与躯干支点位置不变为前提而实施的动作有关）。当然，经验性义征在动词语义分类方面的应用价值还有待今后研究探讨。

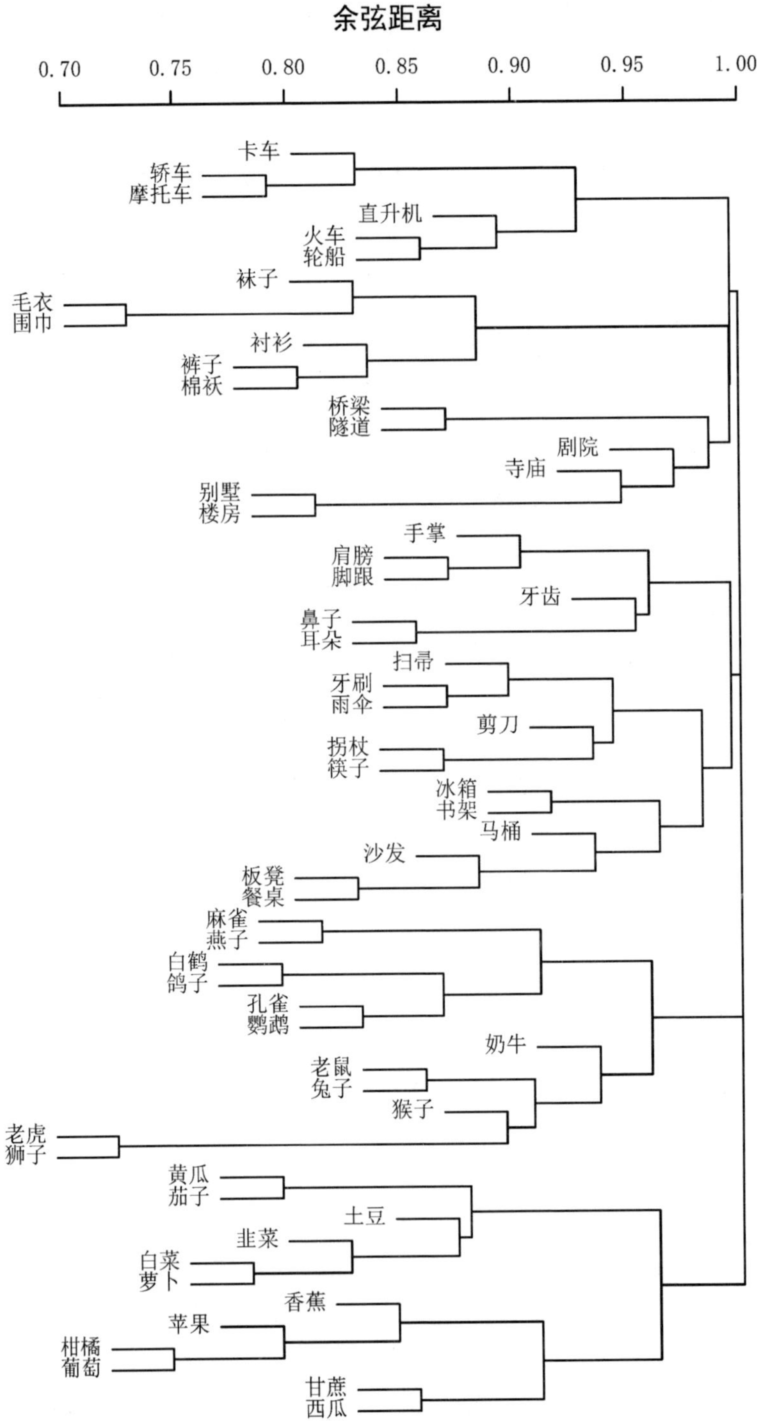

图33　基于义征重叠的概念聚类树（2018扩增版名物义征简单集）

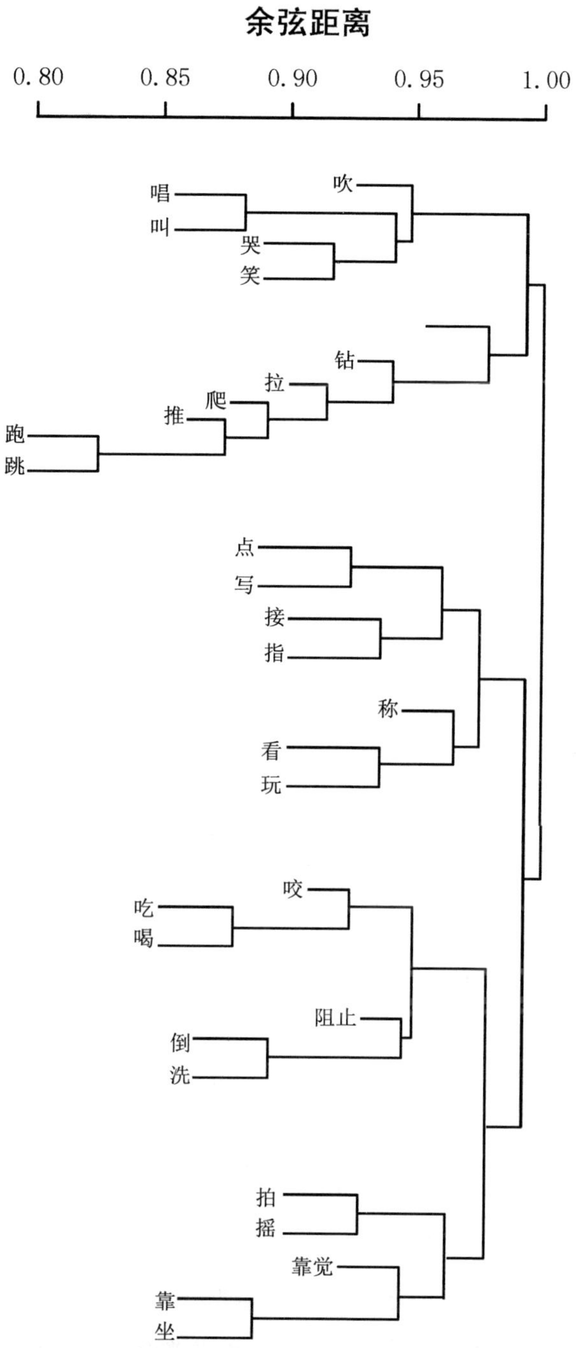

图34　基于义征重叠的概念聚类树（汉语动词义征简单集）

林枫　2018年10月9日于金陵书室

（2020年12月30日修订）

参考文献

Alstott, J., Bullmore, E., & Plenz, D. (2014) Powerlaw: a Python package for analysis of heavy-tailed distributions. *PLOS ONE* 9(1): e85777.

Amsel, B. D., Urbach, T. P., & Kutas, M. (2012) Perceptual and motor attribute ratings for 559 object concepts. *Behav Res Methods* 44(4): 1028—1041.

Antonucci, S. M. & Alt, M. (2011) A lifespan perspective on semantic processing of concrete concepts: does a sensory/motor model have the potential to bridge the gap? *Cognitive Affective & Behavioral Neuroscience* 11(4):551—572.

Ardila, A. (2012) Interaction between lexical and grammatical language systems in the brain. *Physics of Life Reviews* 9(2): 198—214.

Bales, M. E. & Johnson, S. B. (2006) Graph theoretic modeling of large-scale semantic networks. *Journal of Biomedical Informatics* 39(4): 451—464.

Barabási, A. L. & Albert, R. (1999) Emergence of scaling in random networks. *Science* 1999(286): 509—512.

Barbu, E. (2015) Property type distribution in Wordnet, corpora and Wikipedia. *Expert Systems with Applications* 42(7): 3501—3507.

Barbu, E. & Poesio, M. (2008) A comparison of Wordnet and feature norms. *Proceedings of GWC* 2008: 56—73.

Barrett, N. F. (2011) Radical embodied cognitive science. *Religion, Brain & Behavior* 1(3): 252—255.

Barsalou, L. W. (1992) Frames, concepts, and conceptual fields. In A. Lehrer & E. F. Kittay (eds.), *Frames, Fields and Contrasts. New Essays in Semantic and Lexical Organization,*21—74. Hillsdale, New Jersey: Erlbaum.

Barsalou, L. W. (1999) Perceptual symbol systems. *Behavioral and Brain Sciences* 22(04): 577—660.

Barsalou, L. W. (2010) Grounded cognition: past, present, and future. *Topics in Cognitive Science* 2(4): 716—724.

Biller, J., Gruener, G., &Brazis, P. (2013) *DeMyer's The Neurologic Examination:A Programmed Text.* 中译本：《DeMyer神经系统检查（原书第六版）》，李晓光等译，2013，北京：科学出版社。

Boccaletti, S., Latora, V., Moreno, Y., Chavez, M., & Hwang, D. U. (2006) Complex networks: structure and dynamics. *Physics Reports* 424(4-5): 175—308.

Borge-Holthoefer, J. & Arenas, A. (2008) A computational model to disentangle semantic information embedded in word association norms. *arXiv preprint arXiv:*0812.3070.

Borge-Holthoefer, J. & Arenas, A. (2010) Semantic networks: structure and dynamics. *Entropy* 12(5): 1264—1302.

Borge-Holthoefer, J., Moreno, Y., & Arenas, A. (2011) Modeling abnormal priming in Alzheimer's patients with a free association network. *PLoS One* 6(8): e22651.

Boyle, M. (2010) Semantic feature analysis treatment for aphasic word retrieval impairments: what's in a name? *Top Stroke Rehabil* 17(6): 411—422.

Boyle, M. & Coelho, C. A. (1995) Application of semantic feature analysis as a treatment for aphasic dysnomia. *American Journal of Speech-Language Pathology* 4(4): 94—98.

Brazis, P. W., Masdeu, J. C., & Biller, J. (2011) *Localization in Clinical Neurology*. 中译本：《临床神经病学定位（汉译第二版，原书第六版）》，王维治、王化冰等译，2012，北京：人民卫生出版社。

Brede, M. & Sinha, S. (2005) Assortative mixing by degree makes a network more unstable. Retrieved from http://arxiv.org/pdf/cond-mat/0507710v1, 2020-11-03.

Caiani, S. Z. (2011) Anthony Chemero - Radical Embodied Cognitive Science. [Book Review]. *Humana Mente, 4(15)*: 307—311.

Caldarelli, G. (2007) *Scale-Free Networks: Complex Webs in Natural, Technological and Social Sciences*. New York: Oxford Finance.

Caplan, D. (1987) *Neurolinguistics and Linguistic Aphasiology: An Introduction*. Cambridge: Cambridge University Press.

Caramazza, A., Hillis, A. E., Rapp, B. C., & Romani, C. (1990) The multiple semantics hypothesis: multiple confusions? *Cognitive Neuropsychology* 7(3): 161—189.

Caramazza, A. & Shelton, J. (1998) Domain-specific knowledge systems in the brain: the animate-inanimate distinction. *Journal of Cognitive Neuroscience* 10(1): 1—34.

Carr, E. W. & Winkielman, P. (2014) When mirroring is both simple and "smart": how mimicry can be embodied, adaptive, and non-representational. [Mini Review]. *Frontiers in Human Neuroscience, 8:505*.

Chan, K. Y. & Vitevitch, M. S. (2010) Network structure influences speech production. *Cognitive Science* 34(4): 685—697.

Chang, K. M., Mitchell, T. & Just, M. A. (2011) Quantitative modeling of the neural representation of objects: how semantic feature norms can account for fMRI activation. *Neuroimage* 56(2): 716—727.

Chatterjee, A., Sinha, S., & Chakrabarti, B. K. (2007) Economic inequality: is it natural? *Current Science* 92: 1383—1389.

Chemero, A. (2003) An outline of a theory of affordances. *Ecological psychology* 15(2): 181—195.

Chemero, A. (2009) *Radical Embodied Cognitive Science*. Cambridge, MA: MIT Press.

Clauset, A., Shalizi, C. R., & Newman, M. E. (2009) Power-law distributions in empirical data. *SIAM Review* 51(4): 661—703.

Collins, A. M. & Loftus, E. F. (1975) A spreading activation theory of semantic memory. *Psychological Review* 82(6): 407—428.

Collins, A. M. & Quillian, M. R. (1969) Retrieval time from semantic memory. *Journal of Verbal Learning and Verbal Behavior* 8(2): 240—247.

Connolly, A. C., Gleitman, L. R., & Thompson-Schill, S. L. (2007) Effect of congenital blindness on the semantic representation of some everyday concepts. *Proc Natl Acad Sci U S A* 104(20): 8241—8246.

Corominas-Murtra, B., Valverde, S., & Solé, R. V. (2009) The ontogeny of scale-free syntax networks through language acquisition. *Advances in Complex Systems (ACS)* 12(03): 371—392.

Costa, L. F., Rodrigues, F. A., & Travieso, G. (2007) Characterization of complex networks: a survey of measurements. *Advances in Physics* 56(1): 167—242.

Cree, G. S., McNorgan, C., & McRae, K. (2006) Distinctive features hold a privileged status in the computation of word meaning: implications for theories of semantic memory. *Journal of Experimental Psychology: Learning, Memory, and Cognition* 32(4): 643.

Cree, G. S. & McRae, K. (2003) Analyzing the factors underlying the structure and computation of the meaning of chipmunk, cherry, chisel, cheese, and cello (and many other such concrete nouns). *Journal of Experimental Psychology: General* 132(2): 163—201.

Curran-Everett, D. (2009) Explorations in statistics: the bootstrap. *Adv Physiol Educ* 33(4): 286—292.

D'Agostino, G., Scala, A., Zlatić, V., & Caldarelli, G. (2011) Assortativity effects on diffusion-like processes in scale-free networks. Retrieved from http://arxiv.org/abs/1105.3574v2, 2020-11-03.

Deconinck, F. J., Smorenburg, A. R., Benham, A., Ledebt, A., Feltham, M. G., & Savelsbergh, G. J. (2014) Reflections on mirror therapy: a systematic review of the effect of mirror visual feedback on the brain. *Neurorehabil Neural Repair* 29(4): 349—361.

De Deyne, S. & Storms, G. (2008) Word associations: network and semantic properties. *Behav Res Methods* 40(1): 213—231.

De Deyne, S., Verheyen, S., Ameel, E., Vanpaemel, W., Dry, M., Voorspoels, W., & Storms, G. (2008) Exemplar by feature applicability matrices and other Dutch normative data for semantic concepts. *Behavior Research Methods* 40(4): 1030—1048.

Deijfen, M. (2010) Random networks with preferential growth and vertex death. *Journal of Applied Probability* 47(4): 1150—1163.

de Nooy, W., Mrvar, A. & Batagelj, V. (2011) *Exploratory Social Network Analysis with Pajek (Revised and Expended Second Edition).*中译本：《蜘蛛：社会网络分析技术》，林枫译，2012，北京：世界图书出版公司。

Devereux, B. J., Tyler, L. K., Geertzen, J., & Randall, B. (2014) The Centre for Speech, Language and the Brain (CSLB) concept property norms. *Behavior Research Methods* 46(4): 1119—1127.

Devlin, J. T., Gonnerman, L. M., Andersen, E. S., & Seidenberg, M. S. (1998) category-specific semantic deficits in focal and widespread brain damage: a computational account. *J. Cognitive Neuroscience* 10(1): 77—94.

Dong, Z., Dong, Q. & Hao, C. (2010) *Hownet and its computation of meaning.* Paper presented at the 23rd International Conference on Computational Linguistics, Beijing, China.

Dorogovtsev, S. N. & Mendes, J. F. F. (2002) Evolution of networks. *Advances in Physics* 51(4): 1079—1187.

Dry, M. & Storms, G. (2009) Similar but not the same: A comparison of the utility of directly rated and feature-based similarity measures for generating spatial models of conceptual data. *Behavior Research Methods* 41(3): 889—900.

Erdös, P. & Rényi, A. (1959) On random graphs. *Publicationes Mathematicae* 6: 290—297.

Erdös, P. & Rényi, A. (1960) On the evolution of random graphs. *Publ. Math. Inst. Hung. Acad. Sci.* 5: 17—60.

Estrada, E. (2010) Quantifying network heterogeneity. *Physical Review E* 82(6): 066102.

Farah, M. J. & McClelland, J. L. (1991) A computational model of semantic memory impairment: modality specificity and emergent category specificity. *J Exp Psychol Gen* 120(4): 339—357.

Farmer, J. D., Smith, D. E., & Shubik, M. (2005) Is economics the next physical science? *Physics Today* 58(9): 37—42.

Feng, L. & Zhongli, J. (2011) *Mapping and Comparing Concept Network Structures in Individuals with Aphasia.* Paper presented at the Academy of Aphasia 2011, Montreal, Canada.

Ferreira, A. A. A., Corso, G., Piuvezam, G., & Alves, M. S. C. F. (2006) A scale-free network of evoked words. *Brazilian Journal of Physics* 36(3a): 755—758.

Ferrer i Cancho, R. & Solé, R. V. (2001) The small world of human language. *Proc R Soc Lond B* 268(7): 2261—2265.

Ferrer i Cancho, R., Solé, R. V., & Köhler, R. (2004) Patterns in syntactic dependency networks. *PhysRevE* 69(5): 051915.

Forde, E. M. E. & Humphreys, G. W. (2002) *Category Specificity in Brain and Mind.*中译本：《脑与心智的范畴特异性》，张航等译，2007，北京：商务印书馆。

Freeman, L. C. (2004) *The Development of Social Network Analysis: A Study in the Sociology of Science.* Vancouver: Empirical Press.

Gabel, A. & Redner, S. (2013) Sublinear but never superlinear preferential attachment by local network growth. *Journal of Statistical Mechanics: Theory and Experiment* 2013(02): P02043.

Garrard, P., Lambon Ralph, M. A., Patterson, K., Pratt, K. H., & Hodges, J. R. (2005) Semantic feature knowledge and picture naming in dementia of Alzheimer's type: a new approach. *Brain Lang* 93(1): 79—94.

Garrard, P., Ralph, M. A., Hodges, J. R., & Patterson, K. (2001) Prototypicality, distinctiveness, and intercorrelation: analyses of the semantic attributes of living and nonliving concepts. *Cogn Neuropsychol* 18(2): 125—174.

Geeraerts, D. (2010) *Theories of Lexical Semantics.*中译本：《欧美词汇语义学理论》，李葆嘉、司联合、李炯英译，2013，北京：世界图书出版公司。

Gibson, J. J. (1979) *An Ecological Approach to Visual Perception*. Hillsdale, New Jersey: Lawrence Erlbaum Associates, Inc. Publishers.

Glenberg, A. M. (1997) What memory is for: creating meaning in the service of action. *Behavioral and Brain Sciences* 20(01): 41—50.

Gravino, P., Servedio, V. D. P., Barrat, A., & Loreto, V. (2012) Complex structures and semantics in free word association. *Advances in Complex Systems* 15(3-4): 1250054.

Grix, J. (2004) *The Foundations of Research*. London: Palgrave Macmillan.

Hills, T. T., Maouene, J., Riordan, B., & Smith, L. B. (2010) The associative structure of language: contextual diversity in early word learning. *Mem Lang* 63(3): 259—273.

Hills, T. T., Maouene, M., Maouene, J., Sheya, A., & Smith, L. (2009) Longitudinal analysis of early semantic networks : preferential attachment or preferential acquisition? *Psychological Science* 20(6): 729—739.

Holme, P. (2005) Core-periphery organization of complex networks[J/OL]. *Phys. Rev. E, 72*, 046111. Retrieved from http://arxiv.org/pdf/physics/0506035v1, 2020-11-03.

Hudson, R. (2007) *Language Networks: The New Word Grammar*. New York: Oxford University Press.

Humphreys, G. W. & Forde, E. M. (2001) Hierarchies, similarity, and interactivity in object recognition: "category-specific" neuropsychological deficits. *Behavioral and Brain Sciences* 24(3): 453—476; discussion 476—509.

Hutchison, K. A. (2003) Is semantic priming due to association strength or feature overlap? A microanalytic review. *Psychon Bull Rev* 10(4): 785—813.

Huth, A. G., Nishimoto, S., Vu, A. T., & Gallant, J. L. (2012) A continuous semantic space describes the representation of thousands of object and action categories across the human brain. *Neuron* 76(6): 1210—1224.

Jefferies, E. (2013) The neural basis of semantic cognition: converging evidence from neuropsychology, neuroimaging and TMS. *Cortex* 49(3): 611—625.

Jefferies, E. & Lambon Ralph, M. A. (2006) Semantic impairment in stroke aphasia versus semantic dementia: a case-series comparison. *Brain* 129(Pt 8): 2132—2147.

Jenkins, H. S. (2008) Gibson's "affordances": evolution of a pivotal concept. *Journal of Scientific Psychology*, (December): 34—45.

Jeong, H., Néda, Z., & Barabási, A.L. (2003) Measuring preferential attachment in evolving networks. *EPL (Europhysics Letters)* 61(4): 567.

Jinyun, K. (2007) Complex networks and human language. Retrieved from http://arxiv.org/ftp/cs/papers/0701/0701135.pdf, 2020-11-03.

Jinyun, K. & Yao, Y. (2008) Analysing language development from a network approach. *Journal of Quantitative Linguistics* 15(1): 70—99.

Kilner, J. M. & Lemon, R. N. (2013) What we know currently about mirror neurons. *Current Biology* 23(23): R1057—R1062.

Krapivsky, P. L. & Redner, S. (2001) Organization of growing random networks. *Physical Review E* 63(6): 066123.

Kremer, G. & Baroni, M. (2011) A set of semantic norms for German and Italian. *Behav Res Methods* 43(1): 97—109.

Lebani, G. E. (2012) *STaRS.sys: designing and building a commonsense-knowledge enriched wordnet for therapeutic purposes.* Ph.D Doctoral dissertation, University of Trento. Retrieved from http://eprints-phd.biblio.unitn.it/827/1/lebani_thesis.pdf, 2020-11-03.

Lebani, G. E. & Pianta, E. (2010a) *Exploiting Lexical Resources for Therapeutic Purposes: the Case of WordNet and STaRS. sys.* Paper presented at the 23rd International Conference on Computational Linguistics, Beijing, China.

Lebani, G. E. & Pianta, E. (2010b) *A Feature Type Classification for Therapeutic Purposes: A Preliminary Evaluation with Non-Expert Speakers.* Paper presented at the Proceedings of the Fourth Linguistic

Annotation Workshop, Uppsala,Sweden.

Lebani, G. E. & Pianta, E. (2012) *Encoding commonsense lexical knowledge into WordNet.* Paper presented at the Global WordNet Conference.

Lenci, A., Baroni, M., Cazzolli, G., & Marotta, G. (2013) BLIND: a set of semantic feature norms from the congenitally blind. *Behav Res Methods* 45(4): 1218—1233.

Lewis, T. G. (2009) *Network Science:Theory and Practice.* Hoboken, New Jersey: John Wiley & Sons, Inc.

Lezak, M. D., Howieson, D. B., & Loring, D. W. (2006) *Neuropsychological Assessment (Gravure).* Beijing: Beijing World Publishing Corporation.

Li, J. & Zhou, J. (2007) Chinese character structure analysis based on complex networks. *Physica A: Statistical Mechanics and its Applications* 380: 629—638.

Liang, W., Shi, Y., Tse, C. K., Liu, J., Wang, Y., & Cui, X. (2009) Comparison of co-occurrence networks of the Chinese and English languages. *Physica A: Statistical Mechanics and Its Applications* 388(23): 4901—4909.

Lin, F., He, D., Jin, Y., Tao, Y., & Jiang, Z. (2013) Mapping the central structure core in social representation of pain. *Journal of Applied Social Psychology* 43(9): 1931—1945.

Lin, F., Jiang, Z., & He, D. (2016) Patterns of quick retrieval and adaptive storage in semantic memory: evidences from complex word association networks. *Journal of Complex Networks* 4(3): 407—425.

Liu, H. (2009) Statistical properties of Chinese semantic networks. *Chinese Science Bulletin* 54(16): 2781—2785.

Liu, H. & Li, W. (2010) Language clusters based on linguistic complex networks. *Chinese Science Bulletin* 55(30): 3458—3465.

Lynott, D. & Connell, L. (2009) Modality exclusivity norms for 423 object properties. *Behav Res Methods* 41(2): 558—564.

Lynott, D. & Connell, L. (2013) Modality exclusivity norms for 400 nouns: the relationship between perceptual experience and surface word form. *Behav Res Methods* 45(2): 516—526.

Mahon, B. Z. & Caramazza, A. (2009) Concepts and categories: a cognitive neuropsychological perspective. *Annual Review of Psychology* 60: 27—51.

Malt, B. C. & Smith, E. E. (1984) Correlated properties in natural categories. *Journal of Verbal Learning and Verbal Behavior* 23(2): 250—269.

Martin, A. (2007) Neural foundations for conceptual representations: Evidence from functional brain imaging. In J. Hart. & M. A. Kraut (eds.), *Neural Basis of Semantic Memory,* 302—330. New York: Cambridge University Press.

Mason-Baughman, M. B. & Wallace, S. E. (2013) The role of commonality, distinctiveness and importance of semantic features in persons with aphasia. *Brain Inj* 27(4): 399—407.

Massaro, M. & Tompkins, C. A. (1994) Feature analysis for treatment of communication disorders in traumatically brain-injured patients: An efficacy study. *Clinical Aphasiology* 22: 245—256.

McRae, K. & Cree, G. S. (2002) Factors underlying category-specific semantic deficits *Category Specificity in Brain and Mind,* 211—249.

McRae, K., Cree, G. S., Seidenberg, M. S., & McNorgan, C. (2005) Semantic feature production norms for a large set of living and nonliving things. *Behavior Research Methods* 37(4): 547—559.

McRae, K., Cree, G. S., Westmacott, R., & De Sa, V. R. (1999) Further evidence for feature correlations in semantic memory. *Canadian Journal of Experimental Psychology: Special Issue on Models of Word Recognition* 53(4): 360—373.

McRae, K., De Sa, V. R., & Seidenberg, M. S. (1997) On the nature and scope of featural representations of word meaning. *Journal of Experimental Psychology: General* 126(2): 99—130.

Meunier, D., Lambiotte, R., & Bullmore, E. T. (2010) Modular and hierarchically modular organization of brain networks. *Front Neurosci* 10.3389/fnins.2010.00200.

Michaels, C. F. (2003) Affordances: Four points of debate. *Ecological Psychology* 15(2): 135—148.

Milgram, S. (1967) The Small World Problem. *Psychology Today* 2: 60—67.

Miller, G. A. (1995) WordNet: a lexical database for English. *Communications of the ACM* 38(11): 39—41.

Mitchell, T. M., Shinkareva, S. V., Carlson, A., Chang, K. M., Malave, V. L., Mason, R. A., & Just, M. A. (2008) Predicting human brain activity associated with the meanings of nouns. *Science* 320(5880): 1191—1195.

Mitzenmacher, M. (2004) A brief history of generative models for power law and lognormal distributions. *Internet Mathematics* 1(2): 226—251.

Montefinese, M., Ambrosini, E., Fairfield, B., & Mammarella, N. (2013) Semantic memory: a feature-based analysis and new norms for Italian. *Behav Res Methods* 45(2): 440—461.

Montesano, L., Lopes, M., Bernardino, A., & Santos-Victor, J. (2008) Learning object affordances: from sensory—motor coordination to imitation. *Robotics, IEEE Transactions on* 24(1): 15—26.

Morais, A. S., Olsson, H., & Schooler, L. J. (2013) Mapping the structure of semantic memory. *Cogn Sci* 37(1): 125—145.

Newman, M. E. J. (2002) Assortative mixing in networks. *Physical Review Letters* 89(20): 208701.

Newman, M. E. J. (2003) The structure and function of complex networks. *SIAM Review* 45(2): 167—256.

Newman, M. E. & Girvan, M. (2004) Finding and evaluating community structure in networks. *Phys Rev E Stat Nonlin Soft Matter Phys* 69(2 Pt 2): 026113.

Noppeney, U. (2007) The neural systems processing tool and action semantics. In J. Hart. & M. A. Kraut (eds.), *Neural Basis of Semantic Memory,* 182—204. New York: Cambridge University Press.

Norman, D. A. (1999) Affordance, conventions, and design. *Interactions* 6(3): 38—43.

Park, H.-J. & Friston, K. (2013) Structural and functional brain networks: from connections to cognition. *Science* 342(6158): 1238411.

Pellegrino, F., Coupé, C., & Marsico, E. (2011) Across-language perspective on speech information rate. *Language* 87(3): 539—558.

Pereira, F., Botvinick, M., & Detre, G. (2013) Using Wikipedia to learn semantic feature representations of concrete concepts in neuroimaging experiments. *Artificial Intelligence* 194: 240—252.

Perri, R., Zannino, G., Caltagirone, C., & Carlesimo, G. A. (2012) Alzheimer's disease and semantic deficits: a feature-listing study. *Neuropsychology* 26(5): 652—663.

Perry, C. J. & Fallah, M. (2014) Feature integration and object representations along the dorsal stream visual hierarchy. *Front Comput Neurosci* 8: 84.

Prévot, L., Huang, C.-R., Calzolari, N., Gangemi, A., Lenci, A., & Oltramari, A. (2010) Ontology and the lexicon: a multidisciplinary perspective. In C.-R. Huang (eds.)*Ontology and the Lexicon: A Natural Language Processing Perspective,* 3—24. New York: Cambridge University Press.

Pulvermuller, F. (2013) Semantic embodiment, disembodiment or misembodiment? In search of meaning in modules and neuron circuits. *Brain Lang* 127(1): 86—103.

Qi, X., Duval, R., Christensen, K., Fuller, E., Spahiu, A., Wu, Q., Wu, Y., Tang, W., & Zhang, C. (2013)

Terrorist networks, network energy and node removal: a new measure of centrality based on laplacian energy. *Social Networking,* 2: 19—31.

Quillian, M. R. (1968) Semantic memory. In M. Minsky (eds.) *Semantic Information Processing,* 216—270. Cambridge: MIT Press.

R-Core-Team. (2014) R: a language and environment for statistical computing. Vienna, Austria: R Foundation for Statistical Computing. Retrieved from http://www.R-project.org/, 2020-11-03.

Ranganath, C. & Ritchey, M. (2012) Two cortical systems for memory-guided behaviour. *Nat Rev Neurosci* 13(10): 713—726.

Reilly, J., Peelle, J. E., Antonucci, S. M., & Grossman, M. (2011) Anomia as a marker of distinct semantic memory impairments in alzheimer's disease and semantic dementia. *Neuropsychology* 25(4): 413—426.

Rein, J. R., Love, B. C., & Markman, A. B. (2007) *Feature relations and feature salience in natural categories.* Paper presented at the Twenty-Ninth Annual Conference of the Cognitive Science Society, Austin, TX.

Richens, R. H. (1956) Preprogramming for mechanical translation. *Mechanical Translation* 3(1): 20—25.

Riese, W. (1947) The early history of aphasia. *Bull Hist Med* 21(3): 322—334.

Robins, R.H. (1997) *A Short History of Linguistics.*中译本：《简明语言学史》，许德宝、胡明亮、冯建明译，1997，北京：中国社会科学出版社。

Rogers, T. T. & Plaut, D. C. (2002) Connectionist perspectives on category-specific deficits. *Category Specificity in Brain and Mind,* 251—289.

Rosch, E. & Mervis, C. B. (1975) Family resemblances: studies in the internal structure of categories. *Cognitive Psychology,* 7(4): 573—605.

Rosch, E., Mervis, C. B., Gray, W. D., Johnson, D. M., & Boyes-Braem, P. (1976) Basic objects in natural categories. *Cognitive Psychology* 8(3): 382—439.

Rubinov, M. & Sporns, O. (2010) Complex network measures of brain connectivity: uses and interpretations. *Neuroimage* 52(3): 1059—1069.

Ruts, W., De Deyne, S., Ameel, E., Vanpaemel, W., Verbeemen, T., & Storms, G. (2004) Dutch norm data for 13 semantic categories and 338 exemplars. *Behavior Research Methods, Instruments, & Computers*

36(3): 506—515.

Snodgrass, J. G. & Vanderwart, M. (1980) A standardized set of 260 pictures: norms for name agreement, image agreement, familiarity, and visual complexity. *J Exp Psychol Hum Learn* 6(2): 174—215.

Solé, R. V. (2008) On networks and monsters: the possible and the actual in complex systems. *Leonardo* 41(3): 253—258

Solé, R. V., Corominas-Murtra, B., Valverde, S., & Steels, L. (2010) Language networks: their structure, function, and evolution. *Complexity* 15(6): 20—26.

Solé, R. V., Corominas, B., & Valverde, S. (2005) Language networks: their structure, function and evolution. Retrieved from www.santafe.edu/research/results/working-papers/language-networks-their-structure-function-and-evo, 2020-11-03.

Sperling, R. A., Dickerson, B. C., Pihlajamaki, M., Vannini, P., LaViolette, P. S., Vitolo, O. V., Hedden, T., Becker, J. A., Rentz, D. M., Selkoe, D. J., & Johnson, K. A. (2010) Functional alterations in memory networks in early Alzheimer's disease. *Neuromolecular Med* 12(1): 27—43.

Steyvers, M., Griffiths, T. L., & Dennis, S. (2006) Probabilistic inference in human semantic memory. *Trends Cogn Sci* 10(7): 327—334.

Steyvers, M. & Tenenbaum, J. B. (2005) The large-scale structure of semantic networks: statistical analyses and a model of semantic growth. *Cogn Sci* 29(1): 41—78.

Tang, L., Zhang, Y., & Fu, X. (2006) Structures of semantic networks: how do we learn semantic knowledge. *Journal of Southeast University (English Edition)* 22(3): 413—417.

Tanizawa, T. (2012) Structural robustness and transport efficiency of complex networks with degree correlation. *arXiv preprint arXiv:1209.4897*.

Taylor, K. I., Devereux, B. J., Acres, K., Randall, B., & Tyler, L. K. (2012) Contrasting effects of feature-based statistics on the categorisation and basic-level identification of visual objects. *Cognition* 122(3): 363—374.

Taylor, K. I., Salamoura, A., Randall, B., Moss, H., & Tyler, L. K. (2008) Clarifying the nature of the distinctiveness by domain interaction in conceptual structure: comment on Cree, McNorgan, and McRae (2006). *J Exp Psychol Learn Mem Cogn* 34(3): 719—725.

Tesak, J. & Code, C. (2008) *Milestones in the History of Aphasia: Theories and Protagonists*. New York:

Psychology Press.

Thagard, P. (2012) Cognitive Science. In E. N. Zalta (eds.) *The Stanford Encyclopedia of Philosophy*, Retrieved from http://plato.stanford.edu/archives/fall2012/entries/cognitive-science/, 2020-11-03.

The "Five Graces Group", Beckner, C., Blythe, R., Bybee, J., Christiansen, M. H., Croft, W., Ellis, N. C., Holland, J., Ke, J., Larsen-Freeman, D., & Schoenemann, T. (2009) Language is a complex adaptive system: position paper. *Language Learning* 59(Supplement s1): 1—26.

Trousseau, A. (1864) De l'aphasie, maladie décrite récemment sous le nom impropre d'aphémie. *Gazette des Hôpitaux* 37: 35—36.

Tyler, L. K. & Moss, H. E. (2001) Towards a distributed account of conceptual knowledge. *Trends Cogn Sci* 5(6): 244—252.

van Dantzig, S., Cowell, R. A., Zeelenberg, R., & Pecher, D. (2011) A sharp image or a sharp knife: norms for the modality-exclusivity of 774 concept-property items. *Behav Res Methods* 43(1): 145—154.

Vann, S. D., Aggleton, J. P., & Maguire, E. A. (2009) What does the retrosplenial cortex do? *Nat Rev Neurosci* 10(11): 792—802.

Vigliocco, G., & Vinson, D. P. (2007) Semantic representation. In G. M. Gaskell (eds.) *The Oxford Handbook of Psycholinguistics,* 195—215. New York: Oxford University Press.

Vigliocco, G., Vinson, D. P., Lewis, W., & Garrett, M. F. (2004) Representing the meanings of object and action words: the featural and unitary semantic space hypothesis. *Cogn Psychol* 48(4): 422—488.

Vinson, D. P., & Vigliocco, G. (2002) A semantic analysis of grammatical class impairments: semantic representations of object nouns, action nouns and action verbs. *Journal of Neurolinguistics* 15(3): 317—351.

Vinson, D. P. & Vigliocco, G. (2008) Semantic feature production norms for a large set of objects and events. *Behavior Research Methods* 40(1): 183—190.

Vinson, D. P., Vigliocco, G., Cappa, S., & Siri, S. (2003) The breakdown of semantic knowledge: insights from a statistical model of meaning representation. *Brain Lang* 86(3): 347—365.

Vivas, J., Vivas, L., Comesaña, A., Coni, A. G., & Vorano, A. (2017) Spanish semantic feature production norms for 400 concrete concepts. *Behavior Research Methods* 49(3): 1095—1106.

Wambaugh, J. L. & Ferguson, M. (2007) Application of semantic feature analysis to retrieval of action names in aphasia. *J Rehabil Res Dev* 44(3): 381—394.

Wang, D., Wang, R., & Cai, X. (2010) Comparisons of the English and Chinese language networks: many similarities and few differences. *Commun. Comput. Phys.* 8 (3): 690—700.

Warrington, E. K. & Shallice, T. (1984) Category specific semantic impairments. *Brain* 107(3): 829—853.

Watts, D. J. & Strogatz, S. H. (1998) Collective dynamics of "small-world" networks. [10.1038/30918]. *Nature* 393(6684): 440—442.

Wittgenstein, L. J. J. (1953) *Philosophische Untersuchungen.*中译本：《哲学研究》，李步楼译，2000，北京：商务印书馆。

Worrall, L., Sherratt, S., Rogers, P., Howe, T., Hersh, D., Ferguson, A., & Davidson, B. (2011) What people with aphasia want: their goals according to the ICF. *Aphasiology* 25(3), 309—322.

Worrall, L. E. & Hickson, L. (2008) The use of the ICF in speech-language pathology research: Towards a research agenda. *International Journal of Speech-Language Pathology* 10(1-2): 72—77.

Wu, L. L. & Barsalou, L. W. (2009) Perceptual simulation in conceptual combination: evidence from property generation. *Acta Psychol (Amst)* 132(2): 173—189.

Yürüten, O., Sahin, E., & Kalkan, S. (2013) The learning of adjectives and nouns from affordance and appearance features. *Adaptive Behavior—Animals, Animats, Software Agents, Robots, Adaptive Systems* 21(6): 437—451.

Ylvisaker, M. & Szekeres, S. (1985) *Cognitive-language intervention with brain-injured adolescents and adults.* Paper presented at the Annual Convention of the Illinois speech-Language-Hearing Association, Chicago, Illinois.

Yu, S., Liu, H., & Xu, C. (2011) Statistical properties of Chinese phonemic networks. *Physica A: Statistical Mechanics and its Applications* 390(7): 1370—1380.

Zhou, S., Hu, G., Zhang, Z., & Guan, J. (2008) An empirical study of Chinese language networks. *Physica A: Statistical Mechanics and its Applications* 387(12): 3039—3047.

曹震宇、林枫、王蓓蓓 (2012) 不同性别对“残疾”的社会表征，《中国康复》，第5期，397—400页。

陈帆(2012) 具身认知研究的历史起源和发展，《绵阳师范学院学报》，第12期，130—132页。

董振东、董强、郝长伶 (2007) 知网的理论发现，《中文信息学报》，第4期，3—9页。

高婧、林枫、江钟立、卢红建 (2016) 汉语动词语义特征建模与分析，《中国康复医学杂志》，第4期，381—387页。

高敏行、江钟立、林枫、孙丽、田智慧、吴雏燕 (2011) 家属实施语义导航训练法改善失语症患者言语功能的疗效观察，《中国康复医学杂志》，第5期，419—423页。

高敏行、林枫 (2015) 语义导航训练法，载励建安主编《康复治疗技术新进展》，221—228页，北京：人民军医出版社。

官群 (2007) 具身认知观对语言理解的新诠释—心理模拟：语言理解的一种手段，《心理科学》，第5期，1252—1256页。

何静 (2007) 具身认知的两种进路，《自然辩证法通讯》，第3期，30—35页。

黄居仁、谢舒凯、洪嘉馡、陈韵竹、苏依莉、陈永祥、黄胜伟 (2010) 中文词汇网络：跨语言知识处理基础架构的设计理念与实践，《中文信息学报》，第2期，14—23页。

江钟立 (2008) 脑高级功能的网络观与康复实践，《中国康复医学杂志》，第4期，289—290页。

江钟立 (2016) 语义导航治疗系统（1.0版），南京，软件著作权：2016SR370391。

李葆嘉 (2003) 汉语的词语搭配和义征的提取辨析，《兰州大学学报》，第6期，1—9页。

李葆嘉 (2007a)《语义语法学导论：基于汉语个性和语言共性的建构》，北京：中华书局。

李葆嘉 (2007b)《中国转型语法学——基于欧美模板与汉语类型的沉思》，南京：南京师范大学出版社。

李葆嘉 (2013)《现代汉语析义元语言研究》，北京：世界图书出版公司北京公司。

李炯英、李葆嘉 (2007) NSM理论的研究目标、原则和方法，《当代语言学》，第1期，68—77页。

李胜利 (2004)《言语治疗学》，北京：华夏出版社。

林枫 (2013) 网络科学方法论探索，载郝立新主编、中国人民大学哲学院编《哲学家》，192—204页，北京：人民出版社。

林枫、贺丹军、江钟立 (2009) 适应性存储和快速提取的记忆结构模式分析，《复杂系统与复杂性科学》，第2期，40—49页。

林枫、贺丹军、江钟立 (2011) 教学对社会表征的塑造：对词汇网络的研究，《复杂系统与复杂性科学》，第3期，19—28页。

林枫、江钟立 (2008) 词汇联想网络分析在言语康复治疗中的应用前景，《中国康复医学杂志》，第4期，378—381页。

林枫、江钟立 (2011a) 点与线：结构视角初探，《系统科学学报》，第4期，66—70页。

林枫、江钟立 (2011b) 网络思维：基于点线符号的认知图式和复杂性范式，《自然辩证法通讯》，第1期，29—35页。

林枫、江钟立、程少强、祁冬晴、吴婷、向伟华、高婧 (2017) 非流畅性失语症脑功能网络分析，《中国康复医学杂志》，第3期，269—274页。

林枫、江钟立、吴亚文、李红卫、王萍、田智慧、程少强 (2012) 糖尿病ICF综合核心组套的图建模，《中国康复医学杂志》，第4期，308—314页。

林枫、江钟立、周亮、李淑景、金怡、何一然、陶冶 (2008a) 青年和老年人群认知联系网络的局部结构特征分析，《中国康复医学杂志》，第6期，505—509页。

林枫、江钟立、周亮、李淑景、金怡、何一然、陶冶 (2008b) 青年人和老年人认知联系网络的整体结构分析，《中国康复医学杂志》，第4期，291—296页。

林枫、刘云、江钟立 (2012) 汉字网络的历时性模式探析，《复杂系统与复杂性科学》，第3期，50—61页。

刘海涛 (2007) 汉语句法网络的复杂性研究，《复杂系统与复杂性科学》，第4期，38—44页。

刘海涛 (2011) 语言网络：隐喻，还是利器？，《浙江大学学报（人文社会科学版）》，第2期，169—180页。

刘宇红 (2007)《语言的神经基础》，北京：中国社会科学出版社。

刘知远、孙茂松 (2007) 汉语词同现网络的小世界效应和无标度特性，《中文信息学报》，第6期，52—58页。

祁冬晴、江钟立 (2014) 语义特征分析在失语症治疗中的应用进展，《中国康复医学杂志》，第3期，282—285页。

孙丽、江钟立、林枫、高敏行 (2011) 语义导航策略训练对失语症患者词汇命名泛化效应的影响，《中华物理医学与康复杂志》，第11期，830—833页。

孙丽、江钟立、林枫、高敏行、过克方、于美霞 (2010) 语义导航策略改善失语症患者命名能力的研究，《中国康复医学杂志》，第5期，415—419页。

汪小帆、刘亚冰 (2009) 复杂网络中的社团结构算法综述，《电子科技大学学报》，第5期，534—543页。

王瑞明、莫雷、李莹 (2005) 知识表征的新观点—知觉符号理论，《心理科学》，第3期，738—

740页。

王寅 (2004) 中西学者对体验哲学的论述对比初探，《外语与外语教学》，第10期，35—40页。

王寅 (2010) 体验哲学探源，《外国语文》第6期，45—50页。

韦洛霞、李勇、康世勇、罗诗裕 (2005) 汉语词组网的组织结构与无标度特性，《科学通报》，第15期，1575—1579页。

韦洛霞、李勇、李伟、邵明珠、罗诗裕 (2004) 汉字网络的3度分隔与小世界效应，《科学通报》第24期，2615—2616页。

向伟华、林枫、江钟立 (2015) 汉语名词语义特征建模与分析，《中国康复医学杂志》，第11期，1118—1124页。

谢久书、张常青、王瑞明、陆直 (2011) 知觉符号理论及其研究范式，《心理科学进展》，第9期，1293—1305页。

许振国 (2011)《语义加工中汉语概念特征的差异性效应》，硕士学位论文，河南大学。

杨洁、舒华 (2011) 心理模拟在语言理解中的作用，《心理科学》，第1期，71—76页。

俞建梁、陈先梅 (2013) 语义范畴特异性损伤研究三十年，《外语研究》，第4期，49—53页。

昝红英、俞士汶 (2003) CCD及其应用，《广西师范大学学报（自然科学版）》，第1期，98—103页。

张恩涛、方杰、林文毅、罗俊龙 (2013) 抽象概念表征的具身认知观，《心理科学进展》，第3期，429—436页。

郑航月 (2009)《汉语概念的特征结构初探》，硕士学位论文，河南大学。

后　记

本书完稿时，我浏览了一下备份文件夹，发现已有历史版本206个。从埋头研究中抬起头来，听到窗外农历新年的爆竹声声，发现博士求学生涯已接近尾声。从一名“纯粹的”医学研究者，到一窥语言学门径的博士，伴随这种转变过程的，既有学科思想间的冲突与交融，也有研究范式的借鉴与超越。这种磨砺所带来的是学术视野的拓展与学术思想的升华。其间许多细节已逐渐淡去，但有一些让我发生转变的“事件”，却深刻在脑海之中。

记得三年前，李葆嘉老师把吉布森的《视知觉生态论》交到我的手上，让我好好研读和翻译。我翻看了一下刊印时间。1979年！“这是多么老旧的一本书啊！”我当时心里想。这是一名医学研究者几乎出于本能的反应。因为在生物医学研究领域，通常要求引用近三年的文献。在论著中出现五年以前的引文，已属罕见。研究三十多年前的书，这是我在当时难以接受、也不可想象的事情。虽然经历了博士入学考试和入学初期的一些课程学习，但我当时还不能理解为什么总要在故纸堆里翻找材料。反复告诫自己既然到文科领域求学，须得放下成见，从头开始。仔细研读之下，不禁大吃一惊！原来在认知科学和康复工程学等许多领域，吉布森的思想都产生着深远的影响。由于我入学前还在从事科学技术哲学研究，吉布森的“可供性”理论对我产生了很大的启发。以此为契机，我自学了从知觉生态论和具身认知论的许多著作。这方面的收获也最终反映在我的博士论文中。

记得去年春天，我去李老师办公室，汇报学习和研究的进度。其间谈到苦恼之事。我在研究计划中，想要为近千个概念建立义征数据集。当时已经采集了所有的录音数据，但转写与后期精加工的工作量巨大，即使按照每秒钟处理一条义征计算，也要花费几年时间。李老师耐心听取我的汇报后，指出我的分析模式还没有成型，在一开始就试图完成如此巨大的“工程”，是很不明智的做法。他建议我从一些典型的概念开始，先加工小型数据集，由此不断改进分析模式。“研究过程是不断建构和不断完善的过程，不要一开始就想把所有工作都做完”，他语重心长地告诫我。在这次谈话之后，有几天我心境颇为不佳。在医学领域从事多年实验研究之后，我往往会把研究瓶颈归结为工作量问题，也就从直觉上觉得应该召集一些人手来帮忙完成这些“体力”劳动。一周以后，我自己静下心来手工处理了其中一部分数据，发现正如李老师所指出的那样，如果不形成完善的分析模式，将会出现反复加工初期数据的情况。此后，李老师关于需要不断“建构”的观点，不断提醒我，科学探究不是蛮力破解，需要眼观全局，攻其一点。

能够不局限于医学学科，进入综合类院校深造，是我长久以来的梦想。从医科到文科的跨度，也让我体会到一些更普遍的求真之理。从五年前我初识李老师，到三年来接受他悉心指导，我逐渐从李老师的言传身教中体会到一些治学原则：返本溯源、求真务实、博采众长、勇于建构。这将会是留给我一辈子的精神财富！

在完成本书的过程中，得到了许多朋友的帮助。首先要感谢的是南京医科大学第一临床医学院的师妹向伟华和高婧，没有她们的帮助，我不可能完成患者数据的采集和标注。本研究提出的义征质性分类方案，是我们三人小组反复讨论完成。遵循国际上约定俗成的义征质性分类方法命名原则，义征的汉语康复分类法应当以我们三人的姓名首字母缩写命名为“LXG康复分类法”。本书最后一章报道的汉语名物义征简单集，其义征质性分类标注，也参照欧美经验性义征库的三人表决法，由我们三人小组讨论完成。这部分工作量是巨大的。向伟华在此期间还忙碌于临床学习和医学硕士论文撰写。与君共勉！

还要感谢南京师范大学的硕士师妹李云芳、张霞和张洋梵。她们协助整理了李老师的汉语析义元语言数据集，对语义词类进行了标注。在此基础上，我才能完成析义元语言的网络建模与分析。感谢南京医科大学的卞宁、卜珊珊、耿宝峰、胡端端、姜雨佑、李俊、鲁薛芳、钱雨倩、任雨晴、夏露露、徐玲玲、徐娜、许娟、许小能、姚钰、于海奇、张逸舒、章云枫、周霭、朱瑜凯和冯纯，南京中医药大学的王正，他们有的帮助我采集了汉语义征数据集，有的通读了我的论文，指出了许多细节上的问题。在此对诸位的热心帮助表示由衷的感谢！

在三年的学习期间，还要感谢南京师范大学的陈小荷教授，他的计算语言学课程使我进一步完善了自己的知识结构，能够应用计算机技术进行语言学研究。感谢顾文涛教授，他的语音学课程给我很大启发，虽然在我博士研究阶段未进行语音学方面研究，但他的课程启发我开始了吞咽声学的探索，而这将成为我临床研究的另一个方向。感谢刘宇红教授，他惠赐我神经认知语言学的专业图书，使我得以开阔理论视野。感谢师姐邱雪玫博士，她惠赐的论文成为我学习文科论文的范本。感谢梁丹丹教授、孙道功师兄、陈玮师妹和李斌老师审读我的论文，提供宝贵意见。感谢刘云帮助编写代码，初步实现数字化管理汉语语义康复方案。

还要特别感谢南京医科大学第一附属医院康复医学科的江钟立教授，没有他的理解与支持，我不可能完成一个医生想要攻读语言学博士的梦想。

感谢我的家人！他们的等待和希望，一直是我坚强的后盾。他们的理解和支持，永远是我前行的动力。

经过攻读博士学位的磨练，我深刻地体会到，要建构符合现代汉语特色和一般语言特征的语义特征数据集，并使之能够服务于临床应用，是一项复杂而艰巨的多学科、跨领域任务。但是，学问一道必知难而进，其作始也简，将毕也巨！

林枫　2015年2月于龙城玉龙书室

术语和关键词索引

关键词按拼音排序。页码按照如下原则编制：优先标注概念定义所在页码；如果在书中无定义，则仅标注首次出现页码。义征指标定义可见112—122页和216页。

2－模网络：126

BA图模型：130

ER随机图模型：128

NG模块度：136

埃斯特拉达异质性指数：131

靶义征： 112

边：125

病理性惯性：175

产征者：112

城市区块距离：122

持耦量：119

持耦率：119

持征概念：45

持征量：33

词元：73

单关联度：120

单交联度：119

单交联度均值：120

单均提名秩次：114

单提名频次：112

单提名优势度：113

单提名秩率：115

岛屿截选：137

典型理论：32

点度：123

点度保守性重连：137

点偶：126

点耦：126

顶点：125

顶点云集系数：127

独有层义征：45

独有度：116

对数正态分布： 164

额叶功能量表：203

二层邻点：126

范畴：24

范畴独有度：45

范畴特异性语义损伤：24

范畴线索度：117

方格线距离：122

非极义征：142

分层云集性：65

复杂适应性系统：90

改良加勒德范畴独有度：116

概念：24

概念辨析训练：96

概念持征量：121

概念的范畴典型度：121

概念典型度：42，121

概念反应条目总数：42、121

概念熟悉度：42、121

概念提名频次：39

概念提示性：46、48

感觉—功用理论：24

感觉—运动模型：77

共有层义征：45

孤提名秩次：114

孤提名秩率：114

关联度：46、48

关系数据：63

观测点：126

广延指数分布：130

含极义征：141

含示义征：173

汉语康复分类法：170

核心—关键要素假说：89

弧：126

加勒德范畴独有度：45、116

简化范畴独有度：117

交互关联性：46

交联度：41

接近度：124

介数：124

镜像神经元理论：180

具身认知：77、81

绝对值距离：121

康复分区：202

可达度：115

可供性：80

扩散激活模型：18

拉普拉斯度：127

联结性失认：207

联征型表征：39

邻点：126

领域：24

裸征：173

曼哈顿距离：122

蒙特卡洛模拟：136

命名障碍：207
欧氏距离：122
耦合义征：35
耦合义征量：35
耦合征偶量：35
配征量：47
平均交联度：46
平均最短路径长度：128
情景记忆：204
区别性义征：23
全局独有度：45
全局线索度：48
认知心理学：31
认知语义学：31
散征型表征：39
社团结构：128
神经定位诊断：205
示意度：118
视觉对象失认：207
视知觉：206
首层邻点：126
属概量：33
属概配征量：120
属性数据：63
提名频次：39
统觉性失认：207
图模型：126
瓦兹—斯多葛斯图模型：133
网络传递性：128
网络规模：128
网络科学：90
网络密度：128
网络云集系数：128
网络直径：128
位型：145
无标度性：130
线索度：48
线值：124、126
小世界：132
信息度：44
修正范畴独有度：116
样例：24、112
义征缠绕：73
义征产出疗法：21
义征典型度：42
义征共元网络：150
义征含符数：42
义征间关系：34
义征解析训练： 96
义征匹配潜伏期：42
义征上位范畴典型度：42
义征识认疗法：21
义征提名频次：41
义征提示语：38

义征统合训练：96

义征秩次：41

异配性：65

异质性：129

优势度：44

余弦距离：121

语义缠绕：150

语义痴呆：27

语义记忆：205

语义距离：121

语义耦合：150

语义失语：28

语义网络：8

语义显著度：118

语义相似度：54、121

云集系数：124

征基型语义表征：54

征间交联度：119

征间交联密度：120

征偶：35

征偶量：35

执行功能：203

秩率：60

中心度：123

注型义征：173

自举法随机重采样：136

总提名频次：113

总提名优势度：112

最短路径长度：126

附录一：概念指标简表

概念	范畴	熟悉度	持征均优度	持征总数	持耦量	持耦率	征间交联密度均值
裤子	衣着类	8.8242	0.1410	173	323	0.0217	0.5838
袜子	衣着类	8.4489	0.2254	154	176	0.0149	0.4520
毛衣	衣着类	8.4451	0.2118	150	261	0.0234	0.4349
围巾	衣着类	8.4037	0.2304	137	233	0.0250	0.4253
衬衫	衣着类	7.8167	0.0932	189	177	0.0100	0.5419
棉袄	衣着类	7.5830	0.1855	121	206	0.0284	0.4579
牙刷	器物类	8.7700	0.1889	136	223	0.0243	0.7835
筷子	器物类	8.7645	0.2033	138	191	0.0202	0.6270
雨伞	器物类	8.2837	0.1023	157	128	0.0105	0.6655
扫帚	器物类	8.2536	0.1473	143	176	0.0173	0.5757
剪刀	器物类	8.1107	0.1633	153	103	0.0089	0.7266
拐杖	器物类	6.6163	0.1652	127	80	0.0100	0.5694
轿车	交通类	8.6452	0.1674	242	347	0.0119	0.4260
火车	交通类	7.6466	0.1561	152	238	0.0207	0.3819
摩托车	交通类	7.4044	0.2121	133	306	0.0349	0.5437
卡车	交通类	7.1572	0.2075	188	315	0.0179	0.3905
轮船	交通类	6.7655	0.1699	151	313	0.0276	0.4011
直升机	交通类	6.5607	0.1460	151	125	0.0110	0.4883
楼房	建筑类	7.8178	0.1963	131	178	0.0209	0.4720
桥梁	建筑类	7.3086	0.0900	206	186	0.0088	0.4659
别墅	建筑类	6.3783	0.1443	143	283	0.0279	0.5509
寺庙	建筑类	6.2317	0.0937	153	176	0.0151	0.7260
隧道	建筑类	5.5106	0.1310	149	128	0.0116	0.5437

续表

概念	范畴	熟悉度	特征均优度	特征总数	特耦量	特耦率	征间交联密度均值
剧院	建筑类	5.2476	0.0848	178	228	0.0145	0.6293
板凳	家具类	8.5939	0.2560	129	125	0.0151	0.3788
沙发	家具类	8.0706	0.2060	111	158	0.0259	0.5629
冰箱	家具类	8.0097	0.1603	141	180	0.0182	0.9503
餐桌	家具类	7.9023	0.1976	150	153	0.0137	0.4618
马桶	家具类	7.7788	0.1281	130	184	0.0219	0.6218
书架	家具类	7.5661	0.3521	124	104	0.0136	0.6757
香蕉	水果类	8.8132	0.2188	158	363	0.0293	0.3515
苹果	水果类	8.7115	0.1837	158	230	0.0185	0.3079
西瓜	水果类	8.4657	0.2126	158	417	0.0336	0.4332
葡萄	水果类	8.0557	0.2000	122	241	0.0327	0.3172
柑橘	水果类	7.1427	0.1844	122	336	0.0455	0.2995
甘蔗	水果类	7.0581	0.2085	144	223	0.0217	0.3720
黄瓜	蔬菜类	8.5632	0.2082	138	214	0.0226	0.2954
白菜	蔬菜类	8.2218	0.1546	161	238	0.0185	0.3171
土豆	蔬菜类	7.9022	0.1319	137	506	0.0543	0.5091
萝卜	蔬菜类	7.8407	0.1834	169	419	0.0295	0.3501
韭菜	蔬菜类	7.6540	0.1931	145	185	0.0177	0.3555
茄子	蔬菜类	7.5231	0.2083	136	198	0.0216	0.3110
鼻子	身体类	8.7493	0.2071	148	415	0.0382	0.7247
手掌	身体类	8.3707	0.0918	143	199	0.0196	0.4721
牙齿	身体类	8.3406	0.1751	130	201	0.0240	0.6461
耳朵	身体类	8.3404	0.2164	126	212	0.0269	0.5377
肩膀	身体类	8.1977	0.0881	147	281	0.0262	0.5999
脚跟	身体类	8.0365	0.1399	128	152	0.0187	0.5393
燕子	禽鸟类	7.2828	0.2330	119	179	0.0255	0.4019
麻雀	禽鸟类	6.8112	0.1767	134	221	0.0248	0.4353
鹦鹉	禽鸟类	6.4376	0.2637	122	200	0.0271	0.4502

续表

概念	范畴	熟悉度	持征均优度	持征总数	持耦量	持耦率	征间交联密度均值
鸽子	禽鸟类	6.2087	0.2316	139	280	0.0292	0.4129
孔雀	禽鸟类	5.5997	0.1913	150	265	0.0237	0.4786
白鹤	禽鸟类	4.7797	0.1757	137	282	0.0303	0.3577
兔子	哺乳类	7.5477	0.2098	158	658	0.0531	0.6432
猴子	哺乳类	7.3616	0.2002	126	301	0.0382	0.5359
老虎	哺乳类	7.3174	0.1368	204	519	0.0251	0.4590
老鼠	哺乳类	7.3099	0.1031	207	426	0.0200	0.6220
狮子	哺乳类	7.2041	0.1462	124	443	0.0581	0.3955
奶牛	哺乳类	6.7590	0.2644	146	170	0.0161	0.6743

附录二：义征量化指标简表

从汉语名物义征简单集中，选取单提名频次和总提名频次均大于2、单提名秩率大于0.5、属概配征量大于2的义征，共807条。为方便查阅征型，下表展示的是注型义征，但所有量化指标均根据含示义征计算而得。下表按照持征概念拼音顺序排列。同一概念所持义征则按照含示义征的语义显著度从大到小排列。

注型义征	持征概念	示意度	可达度	语义显著度	简化范畴独有度	范畴线索度	单提名优势度	单提名秩率	单交联度	单关联度	属概量	属概配征量
<是一种→蔬菜>[种类]	白菜	12.6642	0.6576	15.1418	0.1667	0.2500	0.5500	0.8212	3.2305	0.5410	6	10
<含百科知识→北方>[百科知识]@[空间关系]	白菜	3.4012	0.2999	10.2017	1.0000	1.0000	0.1000	0.5875	4.9402	0.6091	2	11
<常共同出现→土地>[共现]@[自然同在物]	白菜	4.8340	0.3962	8.5112	0.2000	0.1837	0.2250	0.6414	7.3883	0.5671	7	20
<常共同出现→土地>[共现]@[人为配用物]	白菜	4.8340	0.3962	8.5112	0.2000	0.1837	0.2250	0.6414	7.3883	0.5671	7	20
<含百科知识→在地里>[百科知识]@[空间关系]	白菜	2.3026	0.3382	7.7868	0.2000	0.2105	0.1000	0.7431	5.9354	0.5699	6	16
<含百科知识→长在地里>[百科知识]@[来源关系]	白菜	1.7269	0.3025	6.9655	0.2000	0.2727	0.0750	0.6574	4.3781	0.5650	6	13
<带来评判→便宜>[评判]@[声称]	白菜	2.4849	0.2762	6.8643	1.0000	1.0000	0.1000	0.5125	6.0020	0.6115	5	13
<是用于→食用>[用途]	白菜	5.7677	0.6164	6.7721	0.1667	0.1780	0.5250	0.7380	1.6040	0.3681	20	11
<眼观可知→白色的>[视觉]@[颜色]	白菜	4.7292	0.5286	6.6667	0.5000	0.4286	0.3750	0.7681	0.4157	0.3146	17	4
<是一种→植物>[种类]	白菜	1.6964	0.3575	6.0647	0.1667	0.2222	0.1000	0.8750	1.9030	0.5089	11	7
<带来评判→好吃>[评判]@[声称]	白菜	1.4553	0.3395	4.9408	0.1667	0.1667	0.1000	0.7500	3.7282	0.4168	14	19
<有客观特质→有营养>[客观特质]	白菜	1.7918	0.2755	4.9370	0.2000	0.2667	0.1000	0.5104	0.4992	0.3864	10	3
<眼观可知→腿长>[视觉]@[尺度]	白鹤	7.3488	0.3654	14.9618	1.0000	1.0000	0.1795	0.6365	3.7526	0.6291	1	8
<是一种→鸟类>[种类]	白鹤	11.2177	0.6241	14.3713	0.1667	0.1484	0.4872	0.8602	3.1881	0.4285	6	15
<是一种→保护动物>[种类]	白鹤	3.1495	0.2668	10.9251	1.0000	1.0000	0.0769	0.5278	7.0657	0.6782	1	13
<含百科知识→会飞行>[百科知识]@[事件关系]	白鹤	8.8141	0.5011	10.7654	0.1667	0.1667	0.4103	0.6127	3.4227	0.4169	7	17
<由谁用→仙人>[用者]	白鹤	3.1495	0.2577	10.5504	1.0000	1.0000	0.0769	0.5000	1.7526	0.5055	1	6

续表

注型义征	持征概念	示意度	可达度	语义显著度	简化范畴独有度	范畴线索度	单提名优势度	单提名秩率	单交联度	单关联度	属概量	属概配征量
<有组成部分→羽毛>[部分]@[外部组件]	白鹤	6.4945	0.4461	10.2730	0.1667	0.1571	0.2821	0.6869	0.6687	0.4585	6	3
<眼观可知→白色的>[视觉]@[颜色]	白鹤	8.0842	0.7168	9.0401	0.3333	0.5000	0.6410	0.8225	1.7674	0.3776	17	12
<有组成部分→脖子>[部分]@[外部组件]	白鹤	2.3044	0.2668	7.9936	0.5000	0.4286	0.0769	0.5278	1.0899	0.4047	3	6
<有组成部分→翅膀>[部分]@[外部组件]	白鹤	2.5486	0.3080	7.6537	0.2000	0.1600	0.1026	0.6097	0.8391	0.4942	5	3
<内省量→体型较大>[内省量]	白鹤	1.9115	0.2917	7.2491	0.5000	0.7500	0.0769	0.6111	9.0657	0.7211	5	15
<是一种→动物>[种类]	白鹤	3.1372	0.4330	6.6220	0.1667	0.2222	0.2051	0.8941	1.6256	0.3417	13	12
<是用于→坐>[用途]	板凳	21.5795	0.8533	21.2035	0.3333	0.6346	0.8684	0.8396	3.4518	0.6756	5	7
<是用于→休息>[用途]	板凳	9.4602	0.4504	13.4928	0.5000	0.7500	0.3158	0.6313	5.0250	0.7639	3	8
<有数量→四个脚>[实体数]	板凳	2.6852	0.3419	11.6297	0.5000	0.7500	0.0789	0.8667	2.5982	0.6116	2	6
<有数量→四条腿>[实体数]	板凳	7.3499	0.4963	10.6630	0.5000	0.6842	0.3421	0.7269	1.7241	0.6240	7	4
<是一种→家具>[种类]	板凳	3.0297	0.3379	7.7813	0.2000	0.2000	0.1316	0.6500	1.6147	0.4278	6	8
<是用于→呼吸>[用途]	鼻子	28.3455	0.6767	27.7084	1.0000	1.0000	0.6923	0.6619	10.9046	0.9350	1	12
<是用于→嗅>[用途]	鼻子	15.7475	0.5004	20.4895	1.0000	1.0000	0.3846	0.6530	9.9046	0.9291	1	11
<含百科知识→在脸上>[百科知识]@[空间关系]	鼻子	12.5980	0.4968	20.3416	1.0000	1.0000	0.3077	0.8354	13.5144	0.9334	1	15
<常共同出现→脸>[共现]@[自然同在物]	鼻子	13.8265	0.5739	17.1933	0.5000	0.8182	0.4615	0.7296	18.4267	0.8716	3	23
<鼻嗅可知→气味>[嗅觉]	鼻子	9.4485	0.3980	16.2955	1.0000	1.0000	0.2308	0.6352	23.6579	0.8954	1	28

续表

注型义征	持征概念	示意度	可达度	语义显著度	简化范畴独有度	范畴线索度	单提名优势度	单提名秩率	单交联度	单关联度	属概量	属概配征量
<有数量→两个孔>[实体数]	鼻子	10.4652	0.4774	16.2385	1.0000	1.0000	0.3077	0.7414	6.9046	0.9026	2	8
<有数量→两个鼻孔>[实体数]	鼻子	7.3488	0.3589	14.6946	1.0000	1.0000	0.1795	0.6143	8.9046	0.9221	1	10
<有组成部分→鼻孔>[部分]@[外部组件]	鼻子	9.5931	0.4120	14.0114	1.0000	1.0000	0.2821	0.5803	3.7973	0.9732	2	4
<有数量→两孔>[实体数]	鼻子	3.1495	0.3321	13.5990	1.0000	1.0000	0.0769	0.8000	5.9046	0.8886	1	7
<是一种→器官>[种类]	鼻子	8.3325	0.4898	13.2629	0.2500	0.4800	0.3077	0.7965	7.7088	0.7353	4	14
<常共同出现→眼睛>[共现]@[自然同在物]	鼻子	3.4884	0.3551	12.0776	0.5000	0.8000	0.1026	0.8375	16.7053	0.8617	2	21
<有数量→两个洞>[实体数]	鼻子	5.5550	0.4327	11.7189	0.5000	0.8889	0.2051	0.8917	7.9046	0.9134	4	9
<归属于→五官>[总体]@[整体]	鼻子	2.6163	0.3335	11.3442	0.5000	0.5000	0.0769	0.8095	9.1899	0.7115	2	18
<归属于→人>[总体]@[整体]	鼻子	7.0849	0.4876	11.2263	0.1667	0.2791	0.3077	0.7857	8.5864	0.6300	6	21
<有同类概念→眼睛>[并列]	鼻子	2.6163	0.3295	11.2085	0.5000	0.7500	0.0769	0.7833	4.9046	0.8701	2	6
<常共同出现→嘴>[共现]@[自然同在物]	鼻子	3.8407	0.3303	9.8957	0.5000	0.3125	0.1282	0.6300	4.3075	0.4420	3	20
<有同类概念→嘴>[并列]	鼻子	3.4884	0.2861	9.7309	0.5000	0.2667	0.1026	0.5375	0.5106	0.3191	2	5
<内省量→每个人都有>[内省量]	鼻子	1.7712	0.3446	7.9354	0.2500	0.5000	0.0769	0.9167	12.5144	0.9287	6	14
<归属于→人体>[总体]@[整体]	鼻子	1.7712	0.2764	6.3648	0.1667	0.1500	0.0769	0.5583	2.8666	0.3713	6	20
<有客观特质→豪华>[客观特质]	别墅	9.2123	0.4203	17.2100	1.0000	1.0000	0.2250	0.7328	2.0143	0.8043	1	3
<由谁用→有钱人>[用者]	别墅	9.2123	0.4183	17.1265	1.0000	1.0000	0.2250	0.7241	3.0143	0.8532	1	4
<是用于→居住>[用途]	别墅	13.5403	0.6042	16.3630	0.2500	0.3448	0.5000	0.7485	5.2197	0.6330	4	12
<是一种→住宅>[种类]	别墅	3.0708	0.3433	14.0550	1.0000	1.0000	0.0750	0.9167	6.7688	0.7910	1	10
<含百科知识→土豪>[百科知识]@[联想关系]	别墅	3.0708	0.3374	13.8136	1.0000	1.0000	0.0750	0.8500	11.9305	0.8068	1	17

续表

注型义征	持征概念	示意度	可达度	语义显著度	简化范畴独有度	范畴线索度	单提名优势度	单提名秩率	单交联度	单关联度	属概量	属概配征量
<是一种→房子>[种类]	别墅	6.7404	0.4452	13.3376	0.3333	0.7500	0.2250	0.8778	8.9353	0.7937	3	13
<带来评判→环境好>[评判]@[声称]	别墅	4.0943	0.3203	13.1154	1.0000	1.0000	0.1000	0.6625	14.4075	0.8203	1	20
<常共同出现→郊区>[共现]@[人为配用物]	别墅	5.1179	0.3197	13.0895	1.0000	1.0000	0.1250	0.6000	16.2032	0.8317	1	22
<含百科知识→在郊区>[百科知识]@[空间关系]	别墅	5.1179	0.3197	13.0895	1.0000	1.0000	0.1250	0.6000	10.9305	0.7947	1	16
<眼观可知→面积大>[视觉]@[尺度]	别墅	5.1018	0.3380	11.4956	0.5000	0.8571	0.1500	0.6075	4.0143	0.8826	2	5
<是一种→建筑物>[种类]	别墅	2.2468	0.3433	10.2837	0.3333	0.6000	0.0750	0.9167	7.7688	0.8100	3	11
<有数量→两层>[实体数]	别墅	2.9957	0.3244	9.7175	0.5000	0.5714	0.1000	0.6792	2.2688	0.7365	3	4
<带来评判→贵>[评判]@[声称]	别墅	7.0522	0.4586	9.2394	0.5000	0.7368	0.3500	0.5952	14.0784	0.7339	8	24
<内省量→很贵>[内省量]	别墅	2.9957	0.2762	8.2754	0.5000	0.8000	0.1000	0.5125	6.2910	0.6113	3	15
<是一种→建筑>[种类]	别墅	1.7269	0.3459	7.9652	0.1667	0.1765	0.0750	1.0000	4.0456	0.5017	6	15
<内省量→很大>[内省量]	别墅	2.6876	0.3925	7.0326	0.3333	0.5455	0.1500	0.8750	4.7575	0.5052	10	17
<带来评判→漂亮>[评判]@[声称]	别墅	3.5261	0.3434	6.9191	0.5000	0.7778	0.1750	0.5738	6.8623	0.5631	8	20
<眼观可知→大>[视觉]@[尺度]	别墅	2.4770	0.5079	3.8709	0.2500	0.5000	0.3250	0.8306	1.5449	0.4052	28	9
<由谁用→人>[用者]	别墅	0.9088	0.3106	2.2583	0.1667	0.0980	0.1250	0.5700	0.6672	0.4056	29	4
<是用于→储存食物>[用途]	冰箱	17.8471	0.5535	22.6612	1.0000	1.0000	0.4359	0.7162	9.0000	1.0000	1	9
<是一种→家用电器>[种类]	冰箱	11.5482	0.4900	20.0643	1.0000	1.0000	0.2821	0.9318	12.0000	1.0000	1	12
<是用于→保鲜>[用途]	冰箱	11.5482	0.4087	16.7329	1.0000	1.0000	0.2821	0.5712	10.0000	1.0000	1	10
<常共同出现→食物>[共现]@[人为配用物]	冰箱	14.6546	0.6510	16.1773	0.5000	0.9200	0.5897	0.7257	13.9185	0.8793	5	18

续表

注型义征	持征概念	示意度	可达度	语义显著度	简化范畴独有度	范畴线索度	单提名优势度	单提名秩率	单交联度	单关联度	属概量	属概配征量
<是用于→冷藏>[用途]	冰箱	9.4485	0.3863	15.8174	1.0000	1.0000	0.2308	0.5981	7.0000	1.0000	1	7
<是用于→保存食物>[用途]	冰箱	5.2492	0.3503	14.3440	1.0000	1.0000	0.1282	0.7100	11.0000	1.0000	1	11
<是用于→冷藏食物>[用途]	冰箱	4.1993	0.3472	14.2149	1.0000	1.0000	0.1026	0.7833	6.0000	1.0000	1	6
<是用于→冷冻>[用途]	冰箱	8.3987	0.3368	13.7886	1.0000	1.0000	0.2051	0.5021	5.0000	1.0000	1	5
<含百科知识→耗电>[百科知识]@[事件关系]	冰箱	6.2990	0.3367	13.7876	1.0000	1.0000	0.1538	0.5952	16.0000	1.0000	1	16
<是用于→制冷>[用途]	冰箱	4.1993	0.3156	12.9219	1.0000	1.0000	0.1026	0.6375	4.0000	1.0000	1	4
<含百科知识→冷>[百科知识]@[联想关系]	冰箱	3.1495	0.2991	12.2469	1.0000	1.0000	0.0769	0.6389	15.0000	1.0000	1	15
<触摸可知→冰的>[触觉]	冰箱	3.1495	0.2871	11.7535	1.0000	1.0000	0.0769	0.5944	17.0000	1.0000	1	17
<是用于→存放食物>[用途]	冰箱	3.1495	0.2839	11.6226	1.0000	1.0000	0.0769	0.5833	8.0000	1.0000	1	8
<眼观可知→长方体形的>[视觉]@[形状]	冰箱	3.4884	0.3280	11.1575	1.0000	1.0000	0.1026	0.6875	3.0000	1.0000	2	3
<是用于→吃饭>[用途]	餐桌	22.4680	0.7707	23.0872	0.5000	0.9677	0.7500	0.7934	2.8368	0.5580	3	8
<有子类→圆桌>[子类]	餐桌	5.1179	0.3292	13.4767	1.0000	1.0000	0.1250	0.6333	1.3006	0.5891	1	3
<常共同出现→菜>[共现]@[人为配用物]	餐桌	3.0708	0.3048	12.4776	1.0000	1.0000	0.0750	0.6667	10.1628	0.7824	1	15
<含百科知识→在餐厅里>[百科知识]@[空间关系]	餐桌	4.0943	0.2885	11.8117	1.0000	1.0000	0.1000	0.5500	7.7194	0.7558	1	12
<是一种→桌子>[种类]	餐桌	3.0708	0.2756	11.2821	1.0000	1.0000	0.0750	0.5595	5.2760	0.7115	1	9
<内省量→家中必备>[内省量]	餐桌	3.4012	0.3005	10.2196	1.0000	1.0000	0.1000	0.5893	6.2760	0.7404	2	10
<眼观可知→方形的>[视觉]@[形状]	餐桌	6.5484	0.4603	9.2737	0.1667	0.6500	0.3250	0.6436	3.7122	0.6647	8	7

续表

注型义征	持征概念	示意度	可达度	语义显著度	简化范畴独有度	范畴线索度	单提名优势度	单提名秩率	单交联度	单关联度	属概量	属概配征量
<眼观可知→长方形的>[视觉]@[形状]	餐桌	3.3851	0.3075	8.3262	0.5000	0.8333	0.1250	0.5600	2.4191	0.6223	4	5
<是一种→家具>[种类]	餐桌	1.7269	0.3193	7.3519	0.2000	0.1200	0.0750	0.7333	1.0031	0.4225	6	5
<眼观可知→圆形的>[视觉]@[形状]	餐桌	5.8211	0.4907	7.1412	0.2500	0.8000	0.4000	0.6016	0.8791	0.5413	14	3
<有数量→四条腿>[实体数]	餐桌	3.2227	0.3280	7.0472	0.5000	0.3158	0.1500	0.5750	1.3427	0.4796	7	5
<有子类→短袖>[子类]	衬衫	6.1415	0.3481	14.2508	1.0000	1.0000	0.1500	0.6429	5.3278	0.8249	1	7
<有子类→长袖>[子类]	衬衫	6.1415	0.3481	14.2508	1.0000	1.0000	0.1500	0.6429	4.3278	0.7957	1	6
<有组成部分→领子>[部分]@[外部组件]	衬衫	6.8024	0.3777	12.8473	0.5000	0.8889	0.2000	0.6333	2.0723	0.7563	2	3
<常共同出现→夏季穿戴>[共现]@[所在事件]	衬衫	3.0708	0.3113	12.7473	1.0000	1.0000	0.0750	0.6952	9.8063	0.8209	1	13
<是用于→穿戴>[用途]	衬衫	8.0590	0.5135	11.8246	0.1667	0.1228	0.3500	0.7746	2.0548	0.3879	6	11
<是一种→衣服>[种类]	衬衫	7.5195	0.5381	11.5597	0.1667	0.2917	0.3500	0.9345	5.5341	0.6211	7	14
<是一种→正装>[种类]	衬衫	3.0708	0.2794	11.4383	1.0000	1.0000	0.0750	0.5722	7.3928	0.8029	1	10
<是一种→上衣>[种类]	衬衫	2.9957	0.3603	10.7940	0.3333	0.5714	0.1000	0.9083	8.8063	0.8060	3	12
<有组成部分→布>[部分]@[成分]	衬衫	3.7598	0.3832	8.2326	0.2000	0.3500	0.1750	0.7167	1.2534	0.5006	7	5
<是用于→听>[用途]	耳朵	34.8019	0.7748	31.7228	1.0000	1.0000	0.8500	0.7190	1.9917	0.7959	1	3
<耳听可知→声音>[听觉]	耳朵	15.7276	0.5997	17.9660	1.0000	1.0000	0.5250	0.6921	10.1406	0.7762	3	15
<归属于→头>[总体]@[整体]	耳朵	7.1651	0.3832	15.6892	1.0000	1.0000	0.1750	0.7167	8.8184	0.8789	1	11
<含百科知识→在头的两侧>[百科知识]@[空间关系]	耳朵	5.1179	0.3603	14.7504	1.0000	1.0000	0.1250	0.7700	4.3269	0.8278	1	6
<是一种→器官>[种类]	耳朵	6.0931	0.4474	12.1171	0.2500	0.3600	0.2250	0.9000	3.0068	0.5944	4	8

续表

注型义征	持征概念	示意度	可达度	语义显著度	简化范畴独有度	范畴线索度	单提名优势度	单提名秩率	单交联度	单关联度	属概量	属概配征量
<含百科知识→在脸的两侧>[百科知识]@[空间关系]	耳朵	3.0708	0.2874	11.7668	1.0000	1.0000	0.0750	0.6000	5.3269	0.8524	1	7
<归属于→五官>[总体]@[整体]	耳朵	2.5509	0.3459	11.7656	0.5000	0.5000	0.0750	1.0000	6.2117	0.6804	2	13
<有数量→两个>[实体数]	耳朵	4.6052	0.4319	9.9447	0.2500	0.4706	0.2000	0.9259	1.4606	0.5887	6	4
<归属于→人>[总体]@[整体]	耳朵	4.0295	0.4117	9.4806	0.1667	0.1628	0.1750	0.8929	5.3517	0.5033	6	19
<常共同出现→脸>[共现]@[自然同在物]	耳朵	2.9957	0.3139	9.4043	0.5000	0.1818	0.1000	0.6375	5.7923	0.8318	3	8
<归属于→身体>[总体]@[整体]	耳朵	2.0310	0.3459	9.3679	0.2500	0.1579	0.0750	1.0000	2.2373	0.3932	4	11
<归属于→人体>[总体]@[整体]	耳朵	1.7269	0.3459	7.9652	0.1667	0.1500	0.0750	1.0000	3.1885	0.4060	6	18
<是一种→人体器官>[种类]	耳朵	2.3026	0.3199	7.3656	0.1667	0.4000	0.1000	0.6607	2.9917	0.8469	6	4
<触摸可知→柔软的>[触觉]	耳朵	1.7269	0.2791	6.4273	0.5000	0.6000	0.0750	0.5714	4.2674	0.5407	6	14
<品尝可知→甜的>[味觉]	甘蔗	14.1043	0.7417	14.9452	0.1667	0.2745	0.7000	0.7917	4.2806	0.5642	8	12
<眼观可知→分节>[视觉]@[形状]	甘蔗	10.4851	0.4324	12.9545	0.5000	0.9333	0.3500	0.5291	1.2748	0.5449	3	4
<触摸可知→皮是硬的>[触觉]	甘蔗	3.4012	0.3508	11.9323	0.5000	0.8000	0.1000	0.8188	9.0312	0.7378	2	15
<常共同出现→嚼>[共现]@[所在事件]	甘蔗	3.0708	0.2842	11.6376	1.0000	1.0000	0.0750	0.5889	10.0312	0.7541	1	16
<内省量→一节一节的>[内省量]	甘蔗	5.9521	0.3281	11.1597	1.0000	1.0000	0.1750	0.5286	7.1323	0.7782	2	11
<内省量→很甜>[内省量]	甘蔗	2.3026	0.3310	7.6220	0.1667	0.3077	0.1000	0.7083	7.4550	0.6782	6	15
<是一种→水果>[种类]	甘蔗	2.5186	0.3734	7.5239	0.1667	0.0505	0.1250	0.8600	1.3798	0.4916	8	5
<内省量→长长的>[内省量]	甘蔗	2.8457	0.3685	6.9917	1.0000	1.0000	0.1500	0.7262	3.4259	0.4707	9	14
<内省量→很长>[内省量]	甘蔗	1.6113	0.2993	6.4296	1.0000	1.0000	0.0750	0.6444	1.3588	0.3785	7	8
<眼观可知→长>[视觉]@[尺度]	甘蔗	5.0340	0.6038	5.7892	0.5000	0.9130	0.5250	0.7027	0.3774	0.3513	23	3
<是用于→食用>[用途]	甘蔗	4.3944	0.4716	5.1814	0.1667	0.1798	0.4000	0.5546	1.1385	0.3591	20	8

续表

注型义征	持征概念	示意度	可达度	语义显著度	简化范畴独有度	范畴线索度	单提名优势度	单提名秩率	单交联度	单关联度	属概量	属概配征量
<眼观可知→瓣状>[视觉]@[形状]	柑橘	8.1887	0.3828	15.6731	1.0000	1.0000	0.2000	0.6509	4.0515	0.6455	1	8
<有同义词→橘子>[同义]	柑橘	5.1179	0.3459	14.1634	1.0000	1.0000	0.1250	0.7000	0.7234	0.4606	1	3
<内省量→好多瓣>[内省量]	柑橘	3.0708	0.3124	12.7902	1.0000	1.0000	0.0750	0.7000	6.6133	0.6508	1	13
<眼观可知→橙黄色的>[视觉]@[颜色]	柑橘	3.0708	0.3124	12.7902	1.0000	1.0000	0.0750	0.7000	3.0515	0.5948	1	7
<是一种→水果>[种类]	柑橘	10.0745	0.5891	11.8692	0.1667	0.2020	0.5000	0.7038	4.0462	0.4995	8	15
<品尝可知→甜的>[味觉]	柑橘	9.5708	0.5675	11.4349	0.1667	0.1863	0.4750	0.6862	5.4330	0.5252	8	18
<品尝可知→酸的>[味觉]	柑橘	2.9957	0.3263	9.7760	0.3333	0.1538	0.1000	0.6875	2.3792	0.5429	3	7
<品尝可知→酸甜的>[味觉]	柑橘	2.9957	0.2957	8.8576	0.3333	0.2857	0.1000	0.5732	2.7811	0.4425	3	13
<眼观可知→黄色的>[视觉]@[颜色]	柑橘	7.2425	0.5404	8.6978	0.3333	0.3750	0.4500	0.6537	1.4382	0.4039	12	8
<常共同出现→剥皮>[共现]@[所在事件]	柑橘	2.7081	0.2804	7.5936	0.3333	0.3636	0.1000	0.5250	5.5490	0.5162	4	19
<有组成部分→皮>[部分]@[外部组件]	柑橘	5.6175	0.5041	6.6625	0.1667	0.1717	0.4250	0.5984	1.2401	0.5538	16	4
<是一种→食物>[种类]	柑橘	1.4228	0.3459	6.5626	0.5000	0.4286	0.0750	1.0000	1.0813	0.4060	9	6
<眼观可知→圆形的>[视觉]@[形状]	柑橘	3.2744	0.3623	5.2729	0.2500	0.2045	0.2250	0.5389	1.8643	0.4437	14	9
<带来评判→好吃>[评判]@[声称]	柑橘	1.4553	0.3517	5.1180	0.1667	0.1667	0.1000	0.8250	5.4991	0.4098	14	29
<是用于→食用>[用途]	柑橘	2.7465	0.3954	4.3434	0.1667	0.1124	0.2500	0.5893	1.8510	0.3764	20	12
<含百科知识→会飞行>[百科知识]@[事件关系]	鸽子	16.1133	0.7234	15.5410	0.1667	0.3125	0.7500	0.6991	5.5660	0.5053	7	20

续表

注型义征	持征概念	示意度	可达度	语义显著度	简化范畴独有度	范畴线索度	单提名优势度	单提名秩率	单交联度	单关联度	属概量	属概配征量
<有客观特质→代表和平>[客观特质]	鸽子	4.0943	0.3418	13.9952	1.0000	1.0000	0.1000	0.7625	3.3278	0.7854	1	5
<是用于→送信>[用途]	鸽子	8.1887	0.3338	13.6672	1.0000	1.0000	0.2000	0.5024	5.6406	0.7462	1	9
<是一种→鸟类>[种类]	鸽子	9.7860	0.5615	12.9284	0.1667	0.1328	0.4250	0.7676	2.9607	0.3944	6	16
<含百科知识→会下蛋>[百科知识]@[事件关系]	鸽子	4.0943	0.3077	12.5985	1.0000	1.0000	0.1000	0.6146	8.7285	0.7701	1	13
<眼观可知→白色羽毛>[视觉]@[颜色]	鸽子	2.5509	0.3459	11.7656	0.5000	0.7500	0.0750	1.0000	4.4581	0.7555	2	7
<有客观特质→象征和平>[客观特质]	鸽子	4.0943	0.2744	11.2360	1.0000	1.0000	0.1000	0.5071	1.3278	0.6424	1	3
<常共同出现→蛋>[共现]@[自然同在物]	鸽子	2.5509	0.3014	10.2499	0.5000	0.7500	0.0750	0.6528	12.1655	0.7721	2	18
<有组成部分→翅膀>[部分]@[外部组件]	鸽子	5.5910	0.3803	9.4495	0.2000	0.3600	0.2250	0.5907	0.8391	0.4942	5	3
<眼观可知→白色的>[视觉]@[颜色]	鸽子	7.5668	0.6888	8.6863	0.3333	0.4800	0.6000	0.8163	1.7130	0.3722	17	12
<眼观可知→灰色的>[视觉]@[颜色]	鸽子	2.8782	0.2946	6.7840	0.5000	0.3846	0.1250	0.5210	0.8560	0.3720	6	6
<是一种→动物>[种类]	鸽子	2.2941	0.3518	5.3804	0.1667	0.1667	0.1500	0.6567	1.5721	0.3654	13	11
<是用于→辅助步行>[用途]	拐杖	10.4983	0.4460	18.2619	1.0000	1.0000	0.2564	0.7533	7.3307	0.8638	1	9
<由谁用→残疾人>[用者]	拐杖	9.4485	0.4157	17.0199	1.0000	1.0000	0.2308	0.6981	4.3307	0.7956	1	6
<含百科知识→老人>[百科知识]@[联想关系]	拐杖	4.1993	0.3309	13.5482	1.0000	1.0000	0.1026	0.7000	8.5034	0.8354	1	11

续表

注型义征	持征概念	示意度	可达度	语义显著度	简化范畴独有度	范畴线索度	单提名优势度	单提名秩率	单交联度	单关联度	属概量	属概配征量
<由谁用→行走不便者>[用者]	拐杖	4.1993	0.3280	13.4313	1.0000	1.0000	0.1026	0.6875	3.3307	0.7548	1	5
<是用于→支撑>[用途]	拐杖	5.2326	0.3920	13.3328	1.0000	1.0000	0.1538	0.8472	5.3307	0.8248	2	7
<由谁用→老人>[用者]	拐杖	8.9202	0.4967	12.3413	1.0000	1.0000	0.3590	0.6905	1.3307	0.5913	5	3
<由谁用→老年人>[用者]	拐杖	5.3770	0.3905	11.6970	1.0000	1.0000	0.1795	0.7357	2.3307	0.6934	3	4
<是用于→辅助行走>[用途]	拐杖	3.1495	0.2686	10.9980	1.0000	1.0000	0.0769	0.5333	6.3307	0.8467	1	8
<内省量→长长的>[内省量]	拐杖	1.9458	0.3280	6.2234	0.5000	0.8000	0.1026	0.6875	1.7828	0.4398	9	9
<含百科知识→会爬树>[百科知识]@[事件关系]	猴子	15.3538	0.4422	18.1059	1.0000	1.0000	0.3750	0.5187	11.9559	0.7842	1	17
<含百科知识→孙悟空>[百科知识]@[联想关系]	猴子	10.2359	0.3833	15.6955	1.0000	1.0000	0.2500	0.5550	10.9559	0.7707	1	16
<有客观特质→聪明的>[客观特质]	猴子	13.6048	0.4489	15.2684	1.0000	1.0000	0.4000	0.5026	4.9335	0.7993	2	7
<是一种→灵长类动物>[种类]	猴子	6.1415	0.3683	15.0789	1.0000	1.0000	0.1500	0.7250	8.3215	0.8189	1	11
<带来评判→像人>[评判]@[声称]	猴子	6.1415	0.3626	14.8470	1.0000	1.0000	0.1500	0.7000	14.9559	0.8165	1	20
<有同类概念→人类>[并列]	猴子	8.9872	0.4692	14.0565	1.0000	1.0000	0.3000	0.7290	1.3499	0.6018	3	3
<含百科知识→花果山>[百科知识]@[联想关系]	猴子	4.0943	0.3033	12.4167	1.0000	1.0000	0.1000	0.5989	12.9559	0.7961	1	18
<是一种→动物>[种类]	猴子	7.2646	0.6287	9.6146	0.1667	0.2794	0.4750	0.9868	4.2188	0.5145	13	15
<有客观特质→灵活>[客观特质]	猴子	3.3851	0.3255	8.8135	1.0000	1.0000	0.1250	0.6200	4.3499	0.8009	4	6
<内省量→很聪明>[内省量]	猴子	2.5509	0.2565	8.7236	1.0000	1.0000	0.0750	0.5000	9.8863	0.7905	2	14
<眼观可知→长尾巴>[视觉]@[尺度]	猴子	2.0310	0.3204	8.6779	0.2500	0.4286	0.0750	0.7393	6.3215	0.7786	4	9
<常共同出现→树>[共现]@[自然同在物]	猴子	7.5885	0.4486	8.5106	0.5000	0.9412	0.4000	0.5019	9.3648	0.6869	9	19

续表

注型义征	持征概念	示意度	可达度	语义显著度	简化范畴独有度	范畴线索度	单提名优势度	单提名秩率	单交联度	单关联度	属概量	属概配征量
<有客观特质→可爱的>[客观特质]	猴子	2.0310	0.3048	8.2529	0.5000	0.2143	0.0750	0.6667	1.6010	0.3795	4	8
<常共同出现→动物园>[共现]@[人为配用物]	猴子	3.2227	0.3633	7.8047	0.2500	0.2857	0.1500	0.7028	2.9228	0.3338	7	21
<含百科知识→在动物园里>[百科知识]@[空间关系]	猴子	3.2227	0.3633	7.8047	0.2500	0.2857	0.1500	0.7028	1.3893	0.3143	7	13
<是一种→哺乳动物>[种类]	猴子	2.1484	0.2997	6.4380	0.1667	0.2353	0.1000	0.5865	3.4945	0.5153	7	13
<有组成部分→毛>[部分]@[外部组件]	猴子	4.0987	0.4236	5.3425	0.2000	0.2826	0.3250	0.5431	0.5684	0.4312	17	3
<常共同出现→凉拌>[共现]@[所在事件]	黄瓜	5.9521	0.3780	12.8573	0.5000	0.8750	0.1750	0.6949	7.1345	0.6262	2	15
<品尝可知→爽口的>[味觉]	黄瓜	3.0708	0.2920	11.9549	1.0000	1.0000	0.0750	0.6167	4.1769	0.5703	1	10
<是一种→蔬菜>[种类]	黄瓜	8.0590	0.5086	11.7114	0.1667	0.1591	0.3500	0.7542	2.6235	0.4795	6	10
<触摸可知→粗糙的>[触觉]	黄瓜	4.0943	0.2804	11.4809	1.0000	1.0000	0.1000	0.5250	5.7544	0.5982	1	13
<是用于→减肥>[用途]	黄瓜	3.0708	0.2726	11.1625	1.0000	1.0000	0.0750	0.5500	2.8364	0.6169	1	6
<是一种→水果>[种类]	黄瓜	2.5186	0.3773	7.6013	0.5000	0.8333	0.1250	0.9000	2.8082	0.5755	8	8
<是一种→食物>[种类]	黄瓜	1.8971	0.3461	6.5660	0.1667	0.1481	0.1000	0.7875	1.6598	0.3851	9	10
<是用于→食用>[用途]	黄瓜	5.4931	0.5406	5.9395	0.1667	0.1695	0.5000	0.5852	2.0439	0.3799	20	13
<是一种→植物>[种类]	黄瓜	1.2723	0.3308	5.6121	0.1667	0.1667	0.0750	0.8000	1.6637	0.4701	11	7
<带来评判→好吃>[评判]@[声称]	黄瓜	1.0915	0.3308	4.8143	0.1667	0.1250	0.0750	0.8000	3.9070	0.4741	14	16
<眼观可知→长>[视觉]@[尺度]	黄瓜	2.6368	0.4500	4.3146	0.2000	0.4783	0.2750	0.7182	0.3419	0.3300	23	3
<常共同出现→铁轨>[共现]@[人为配用物]	火车	11.0658	0.4177	17.1037	1.0000	1.0000	0.2703	0.6185	9.5486	0.6489	1	19

续表

注型义征	持征概念	示意度	可达度	语义显著度	简化范畴独有度	范畴线索度	单提名优势度	单提名秩率	单交联度	单关联度	属概量	属概配征量
<含百科知识→在铁轨上>[百科知识]@[空间关系]	火车	9.9592	0.4132	16.9179	1.0000	1.0000	0.2432	0.6594	5.0753	0.5459	1	14
<内省量→很多车厢>[内省量]	火车	3.3197	0.3364	13.7739	1.0000	1.0000	0.0811	0.8095	4.0753	0.5109	1	13
<内省量→一节一节的车厢>[内省量]	火车	3.3197	0.3152	12.9073	1.0000	1.0000	0.0811	0.6944	2.7366	0.4600	1	11
<眼观可知→分节>[视觉]@[形状]	火车	7.2869	0.4137	12.3929	1.0000	1.0000	0.2432	0.6611	0.7069	0.4705	3	3
<含百科知识→运行>[百科知识]@[事件关系]	火车	3.6770	0.3462	11.7734	0.5000	0.8000	0.1081	0.7560	7.0753	0.6026	2	16
<是用于→运输货物>[用途]	火车	5.6676	0.3904	11.6959	0.3333	0.2000	0.1892	0.7071	2.2013	0.4766	3	8
<是一种→交通工具>[种类]	火车	8.1685	0.5743	11.5713	0.1667	0.1829	0.4054	0.9056	4.0564	0.6073	8	10
<是用于→载人>[用途]	火车	6.0444	0.4190	10.4122	0.2000	0.2045	0.2432	0.6800	1.7383	0.5823	5	5
<耳听可知→噪音大>[听觉]	火车	3.2386	0.3450	10.3362	0.3333	0.5000	0.1081	0.7500	8.5486	0.6294	3	18
<常共同出现→货物>[共现]@[人为配用物]	火车	5.1233	0.3807	10.3109	0.2500	0.1228	0.1892	0.6690	4.6237	0.5681	4	12
<内省量→很长>[内省量]	火车	3.4839	0.3885	8.3464	0.5000	0.8571	0.1622	0.7857	1.7496	0.4692	7	7
<由谁用→人>[用者]	火车	2.3580	0.4478	3.2554	0.1667	0.1765	0.3243	0.6083	0.8415	0.4052	29	5
<是用于→靠>[用途]	肩膀	5.1179	0.3584	14.6753	1.0000	1.0000	0.1250	0.7600	6.9150	0.8473	1	9
<是用于→依靠>[用途]	肩膀	6.1415	0.3544	14.5102	1.0000	1.0000	0.1500	0.6667	5.9150	0.8282	1	8
<是用于→背东西>[用途]	肩膀	4.0943	0.3499	14.3277	1.0000	1.0000	0.1000	0.8125	8.9150	0.8751	1	11
<是用于→扛东西>[用途]	肩膀	4.0943	0.3440	14.0853	1.0000	1.0000	0.1000	0.7750	7.9150	0.8626	1	10
<有同类概念→脖子>[并列]	肩膀	6.1415	0.3298	13.5017	1.0000	1.0000	0.1500	0.5806	3.4028	0.9087	1	4
<含百科知识→依靠>[百科知识]@[联想关系]	肩膀	6.1415	0.3237	13.2532	1.0000	1.0000	0.1500	0.5615	11.2646	0.8726	1	14

续表

注型义征	持征概念	示意度	可达度	语义显著度	简化范畴独有度	范畴线索度	单提名优势度	单提名秩率	单交联度	单关联度	属概量	属概配征量
<常共同出现→脖子>[共现]@[自然同在物]	肩膀	6.8024	0.3629	12.3418	1.0000	1.0000	0.2000	0.5854	2.0478	0.3578	2	16
<归属于→女性>[总体]@[整体]	肩膀	3.0708	0.2874	11.7668	1.0000	1.0000	0.0750	0.6000	14.2027	0.8341	1	19
<含百科知识→在脖子两边>[百科知识]@[空间关系]	肩膀	4.0943	0.2790	11.4244	1.0000	1.0000	0.1000	0.5208	10.2646	0.8629	1	13
<归属于→身体>[总体]@[整体]	肩膀	4.7391	0.4145	11.2236	0.2500	0.3684	0.1750	0.9286	8.0055	0.6714	4	17
<有数量→一部分>[实体数]	肩膀	6.9824	0.5185	11.1397	0.2000	0.3171	0.3250	0.9103	2.2109	0.6551	7	5
<含百科知识→和胳膊连在一起>[百科知识]@[空间关系]	肩膀	3.0708	0.2565	10.5014	1.0000	1.0000	0.0750	0.5000	12.2646	0.8811	1	15
<是一种→身体部位>[种类]	肩膀	2.2468	0.3459	10.3630	0.3333	0.3750	0.0750	1.0000	4.5474	0.6351	3	11
<眼观可知→宽>[视觉]@[尺度]	肩膀	2.2468	0.3382	10.1307	1.0000	1.0000	0.0750	0.8571	4.9150	0.8037	3	7
<归属于→人>[总体]@[整体]	肩膀	4.0295	0.3973	9.1477	0.1667	0.1628	0.1750	0.7857	4.2762	0.4432	6	20
<归属于→人体>[总体]@[整体]	肩膀	2.8782	0.3741	8.6149	0.1667	0.2500	0.1250	0.8667	5.9325	0.5501	6	19
<有数量→两个>[实体数]	肩膀	2.3026	0.3203	7.3758	0.2500	0.2353	0.1000	0.6625	1.0878	0.4234	6	6
<是用于→剪>[用途]	剪刀	24.5661	0.6667	27.2952	1.0000	1.0000	0.6000	0.7505	5.9987	0.8895	1	7
<有客观特质→锋利的>[客观特质]	剪刀	23.5425	0.6357	26.0284	1.0000	1.0000	0.5750	0.7088	1.9987	0.7421	1	3
<是用于→裁>[用途]	剪刀	7.1651	0.3757	15.3806	1.0000	1.0000	0.1750	0.6854	6.9987	0.9033	1	8
<常共同出现→纸>[共现]@[人为配用物]	剪刀	5.1179	0.3511	14.3748	1.0000	1.0000	0.1250	0.7233	10.3987	0.9049	1	12
<常共同出现→剪纸>[共现]@[所在事件]	剪刀	4.0943	0.3403	13.9327	1.0000	1.0000	0.1000	0.7542	11.3987	0.9122	1	13
<内省量→很锋利>[内省量]	剪刀	5.9521	0.3826	13.0145	1.0000	1.0000	0.1750	0.7143	8.3987	0.8859	2	10

续表

注型义征	持征概念	示意度	可达度	语义显著度	简化范畴独有度	范畴线索度	单提名优势度	单提名秩率	单交联度	单关联度	属概量	属概配征量
<眼观可知→X形的>[视觉]@[形状]	剪刀	4.0943	0.2790	11.4244	1.0000	1.0000	0.1000	0.5208	4.9987	0.8710	1	6
<内省量→比较锋利>[内省量]	剪刀	3.0708	0.2565	10.5014	1.0000	1.0000	0.0750	0.5000	9.3987	0.8962	1	11
<眼观可知→银色的>[视觉]@[颜色]	剪刀	3.0708	0.2565	10.5014	1.0000	1.0000	0.0750	0.5000	2.9987	0.8066	1	4
<是一种→工具>[种类]	剪刀	1.9117	0.3787	5.7918	0.1667	0.2632	0.1250	0.9200	3.1678	0.6292	13	8
<归属于→脚>[总体]@[整体]	脚跟	21.6090	0.6590	26.9829	1.0000	1.0000	0.5278	0.9024	10.3466	0.8293	1	14
<含百科知识→在脚后部>[百科知识]@[空间关系]	脚跟	6.8239	0.4078	16.6970	1.0000	1.0000	0.1667	0.9167	8.8055	0.8760	1	11
<是用于→走路>[用途]	脚跟	8.5030	0.4089	13.9090	1.0000	1.0000	0.2500	0.6310	3.1714	0.7680	2	5
<是一种→着力点>[种类]	脚跟	3.4120	0.3103	12.7045	1.0000	1.0000	0.0833	0.6667	7.1714	0.8711	1	9
<常共同出现→小腿>[共现]@[自然同在物]	脚跟	3.4120	0.2997	12.2698	1.0000	1.0000	0.0833	0.6250	11.4256	0.8057	1	16
<是用于→支撑站立>[用途]	脚跟	3.4120	0.2880	11.7917	1.0000	1.0000	0.0833	0.5833	4.1714	0.8066	1	6
<有数量→一部分>[实体数]	脚跟	8.9518	0.5474	11.7614	0.2000	0.3659	0.4167	0.7367	1.7460	0.7577	7	3
<是一种→身体部位>[种类]	脚跟	3.3286	0.3715	11.1280	0.3333	0.5000	0.1111	1.0000	6.1435	0.7789	3	10
<是用于→支撑身体>[用途]	脚跟	3.7791	0.3178	10.8096	1.0000	1.0000	0.1111	0.6250	5.1714	0.8343	2	7
<归属于→身体>[总体]@[整体]	脚跟	5.2657	0.3956	10.7136	0.2500	0.3684	0.1944	0.7143	6.4190	0.6565	4	14
<是用于→承重>[用途]	脚跟	2.8343	0.2880	9.7954	1.0000	1.0000	0.0833	0.5833	6.1714	0.8550	2	8
<归属于→人>[总体]@[整体]	脚跟	3.8376	0.4048	9.3200	0.1667	0.1395	0.1667	0.8810	3.0297	0.4208	6	15
<触摸可知→硬的>[触觉]	脚跟	1.6993	0.3337	5.1043	0.3333	0.2353	0.1111	0.6875	0.9950	0.2983	13	11
<有数量→四个轮子>[实体数]	轿车	20.0583	0.6913	23.5141	0.5000	0.7188	0.5897	0.8509	3.8574	0.6441	2	8

续表

注型义征	持征概念	示意度	可达度	语义显著度	简化范畴独有度	范畴线索度	单提名优势度	单提名秩率	单交联度	单关联度	属概量	属概配征量
<眼观可知→流线型>[视觉]@[形状]	轿车	3.1495	0.3464	14.1836	1.0000	1.0000	0.0769	0.9524	6.2588	0.7467	1	10
<是一种→代步工具>[种类]	轿车	5.2326	0.3838	13.0542	0.5000	0.8571	0.1538	0.7917	7.7604	0.6923	2	14
<有数量→四轮>[实体数]	轿车	2.6163	0.3426	11.6516	0.5000	0.7500	0.0769	0.8889	2.9182	0.7229	2	5
<是一种→交通工具>[种类]	轿车	8.2663	0.5637	11.3577	0.1667	0.1951	0.4103	0.8185	5.3279	0.5507	8	16
<有组成部分→发动机>[部分]@[内部组件]	轿车	4.6088	0.3665	10.9809	0.3333	0.7500	0.1538	0.7058	1.5380	0.6660	3	3
<含百科知识→行驶>[百科知识]@[事件关系]	轿车	5.7344	0.3992	9.9204	0.2000	0.2195	0.2308	0.6392	5.4737	0.5287	5	18
<有客观特质→速度比自行车快>[客观特质]	轿车	2.6163	0.2764	9.4015	0.5000	0.6000	0.0769	0.5583	5.1667	0.7705	2	8
<有同类概念→自行车>[并列]	轿车	3.0725	0.3105	9.3026	0.3333	0.4000	0.1026	0.6188	2.1203	0.7199	3	4
<是用于→载人>[用途]	轿车	5.0972	0.3474	8.6329	0.2000	0.1818	0.2051	0.5311	2.9738	0.4477	5	14
<有客观特质→速度快>[客观特质]	轿车	6.1901	0.4897	7.8819	0.2000	0.3409	0.3846	0.6231	2.6565	0.5618	12	8
<内省量→很快>[内省量]	轿车	2.9520	0.3077	7.0840	0.2000	0.4167	0.1282	0.5543	8.7604	0.7128	6	15
<带来评判→贵>[评判]@[声称]	轿车	2.5832	0.2894	5.8303	0.5000	0.8333	0.1282	0.5000	2.1685	0.3695	8	13
<是用于→乘坐>[用途]	轿车	1.4593	0.2804	5.3189	0.1667	0.1765	0.0769	0.5714	3.2574	0.4867	9	13
<由谁用→人>[用者]	轿车	2.4235	0.4406	3.2033	0.1667	0.1912	0.3333	0.5741	1.5612	0.3407	29	13
<常共同出现→饺子>[共现]@[人为配用物]	韭菜	4.1993	0.3321	13.5969	1.0000	1.0000	0.1026	0.7054	4.5127	0.6538	1	9
<常共同出现→包饺子>[共现]@[所在事件]	韭菜	3.1495	0.3116	12.7567	1.0000	1.0000	0.0769	0.6905	6.6519	0.6881	1	12
<是一种→蔬菜>[种类]	韭菜	8.2657	0.5144	11.8442	0.1667	0.1591	0.3590	0.7536	2.7389	0.6111	6	7

续表

注型义征	持征概念	示意度	可达度	语义显著度	简化范畴独有度	范畴线索度	单提名优势度	单提名秩率	单交联度	单关联度	属概量	属概配征量
<常共同出现→炒>[共现]@[所在事件]	韭菜	1.7712	0.2900	6.6768	0.1667	0.1765	0.0769	0.6048	4.7581	0.4975	6	18
<是用于→食用>[用途]	韭菜	5.6339	0.5957	6.5446	0.1667	0.1695	0.5128	0.7008	0.8301	0.3557	20	6
<是一种→植物>[种类]	韭菜	2.1749	0.3303	5.6038	0.1667	0.2778	0.1282	0.6300	1.7638	0.5315	11	6
<带来评判→好吃>[评判]@[声称]	韭菜	2.2389	0.3450	5.0205	0.1667	0.2500	0.1538	0.6230	2.8524	0.4227	14	14
<是用于→看戏>[用途]	剧院	7.1651	0.3787	15.5048	1.0000	1.0000	0.1750	0.6976	3.0350	0.7034	1	5
<是用于→表演>[用途]	剧院	5.1179	0.3723	15.2414	1.0000	1.0000	0.1250	0.8500	5.0350	0.7881	1	7
<常共同出现→戏剧>[共现]@[人为配用物]	剧院	5.1179	0.3653	14.9577	1.0000	1.0000	0.1250	0.8000	12.8447	0.8244	1	17
<含百科知识→唱歌>[百科知识]@[联想关系]	剧院	4.0943	0.3634	14.8771	1.0000	1.0000	0.1000	0.9750	10.8447	0.8010	1	15
<常共同出现→门票>[共现]@[人为配用物]	剧院	6.1415	0.3379	13.8335	1.0000	1.0000	0.1500	0.6071	13.8447	0.8342	1	18
<是用于→看电影>[用途]	剧院	6.1415	0.3366	13.7802	1.0000	1.0000	0.1500	0.6028	4.0350	0.7528	1	6
<含百科知识→歌剧>[百科知识]@[联想关系]	剧院	5.1179	0.3362	13.7657	1.0000	1.0000	0.1250	0.5600	9.8447	0.7868	1	14
<含百科知识→舞台>[百科知识]@[联想关系]	剧院	3.0708	0.3254	13.3245	1.0000	1.0000	0.0750	0.7667	8.8447	0.7704	1	13
<常共同出现→电影>[共现]@[人为配用物]	剧院	6.1415	0.3236	13.2479	1.0000	1.0000	0.1500	0.5611	15.8447	0.8508	1	20
<常共同出现→话剧>[共现]@[人为配用物]	剧院	3.0708	0.3225	13.2026	1.0000	1.0000	0.0750	0.7500	14.8447	0.8429	1	19
<内省量→座位多>[内省量]	剧院	3.0708	0.3087	12.6376	1.0000	1.0000	0.0750	0.6833	6.6931	0.7626	1	10

续表

注型义征	持征概念	示意度	可达度	语义显著度	简化范畴独有度	范畴线索度	单提名优势度	单提名秩率	单交联度	单关联度	属概量	属概配征量
<含百科知识→表演>[百科知识]@[联想关系]	剧院	3.4012	0.3575	12.1591	1.0000	1.0000	0.1000	0.8750	11.8447	0.8135	2	16
<内省量→很多人>[内省量]	剧院	2.5509	0.3354	11.4074	1.0000	1.0000	0.0750	0.8333	7.6931	0.7842	2	11
<是一种→场所>[种类]	剧院	4.3486	0.4071	10.1154	0.2000	0.4118	0.1750	0.8500	3.9965	0.6101	5	10
<是一种→建筑>[种类]	剧院	1.7269	0.3193	7.3519	0.1667	0.1765	0.0750	0.7333	1.9713	0.4200	6	11
<内省量→很大>[内省量]	剧院	1.7918	0.2804	5.0242	0.3333	0.3636	0.1000	0.5250	3.5690	0.4503	10	16
<眼观可知→大>[视觉]@[尺度]	剧院	1.7148	0.3886	2.9618	0.2500	0.3462	0.2250	0.6167	0.8369	0.3640	28	6
<常共同出现→货物>[共现]@[人为配用物]	卡车	23.6954	0.8304	22.4875	0.2500	0.6140	0.8750	0.7953	10.0863	0.6643	4	20
<是用于→运输货物>[用途]	卡车	15.7276	0.6054	18.1373	0.3333	0.6000	0.5250	0.7072	6.3135	0.6444	3	13
<是用于→装载货物>[用途]	卡车	8.8012	0.5035	13.6338	0.2500	0.5652	0.3250	0.8064	5.0829	0.6316	4	11
<有数量→四个轮子>[实体数]	卡车	7.6527	0.3954	13.4491	0.5000	0.2813	0.2250	0.6389	3.2376	0.5470	2	9
<有组成部分→车轮>[部分]@[外部组件]	卡车	4.2515	0.3653	12.4254	0.5000	0.7143	0.1250	0.8000	2.2013	0.8162	2	3
<眼观可知→比轿车大>[视觉]@[尺度]	卡车	3.0708	0.2942	12.0464	1.0000	1.0000	0.0750	0.6250	4.5609	0.6859	1	8
<有同类概念→轿车>[并列]	卡车	3.0708	0.2942	12.0464	1.0000	1.0000	0.0750	0.6250	3.2013	0.8622	1	4
<是用于→运输>[用途]	卡车	4.4936	0.3805	11.3995	0.3333	0.3158	0.1500	0.7879	4.7757	0.5533	3	14
<是一种→交通工具>[种类]	卡车	2.5186	0.3459	6.9701	0.1667	0.0610	0.1250	0.7000	4.6218	0.5168	8	16
<带来评判→重>[评判]@[声称]	卡车	1.8637	0.2802	6.9625	0.3333	0.6000	0.0750	0.5750	7.8135	0.6881	5	14
<内省量→很大>[内省量]	卡车	1.3438	0.3459	6.1982	0.5000	0.3333	0.0750	1.0000	2.8774	0.4094	10	15
<眼观可知→大>[视觉]@[尺度]	卡车	1.9054	0.4202	3.2025	0.2500	0.3704	0.2500	0.6686	1.0745	0.3599	28	8

续表

注型义征	持征概念	示意度	可达度	语义显著度	简化范畴独有度	范畴线索度	单提名优势度	单提名秩率	单交联度	单关联度	属概量	属概配征量
<含百科知识→会开屏>[百科知识]@[事件关系]	孔雀	19.9468	0.5792	23.7154	1.0000	1.0000	0.4872	0.6981	10.0475	0.8082	1	14
<含百科知识→雄性会开屏>[百科知识]@[事件关系]	孔雀	6.2990	0.3988	16.3276	1.0000	1.0000	0.1538	0.9167	9.0475	0.7934	1	13
<有子类→雄性>[子类]	孔雀	11.1099	0.5643	15.2822	0.5000	0.9412	0.4103	0.8216	1.0714	0.5671	4	3
<带来评判→开屏时漂亮>[评判]@[声称]	孔雀	3.1495	0.3473	14.2191	1.0000	1.0000	0.0769	1.0000	12.3930	0.8178	1	17
<带来评判→羽毛漂亮>[评判]@[声称]	孔雀	6.1047	0.4021	13.6773	0.5000	0.8750	0.1795	0.7959	11.0475	0.8210	2	15
<是一种→鸟类>[种类]	孔雀	10.0369	0.5580	12.8486	0.1667	0.1328	0.4359	0.7307	2.5025	0.4162	6	12
<内省量→羽毛很漂亮>[内省量]	孔雀	3.1495	0.3116	12.7567	1.0000	1.0000	0.0769	0.6905	5.4677	0.7281	1	9
<常共同出现→动物园>[共现]@[人为配用物]	孔雀	8.8141	0.4800	10.3128	0.3333	0.7273	0.4103	0.5607	10.3434	0.6641	7	22
<含百科知识→在动物园里>[百科知识]@[空间关系]	孔雀	8.8141	0.4800	10.3128	0.3333	0.7273	0.4103	0.5607	5.6309	0.6114	7	14
<有客观特质→高贵>[客观特质]	孔雀	2.6163	0.2873	9.7714	0.5000	0.6000	0.0769	0.5952	2.3799	0.6514	2	5
<有组成部分→翅膀>[部分]@[外部组件]	孔雀	1.9115	0.3399	8.4472	0.2000	0.1200	0.0769	0.8611	0.6466	0.4249	5	3
<有子类→雌性>[子类]	孔雀	2.7775	0.3064	8.2983	0.5000	0.8000	0.1026	0.6042	0.8203	0.3905	4	5
<带来评判→漂亮>[评判]@[声称]	孔雀	3.0999	0.3433	6.9163	0.3333	0.5000	0.1538	0.6171	4.4046	0.5344	8	15
<内省量→很漂亮>[内省量]	孔雀	1.9115	0.2756	6.8476	0.5000	0.7500	0.0769	0.5556	6.4677	0.7553	5	10
<是一种→动物>[种类]	孔雀	2.7451	0.4093	6.2593	0.1667	0.1944	0.1795	0.8429	1.7258	0.3862	13	10
<有数量→两个裤管>[实体数]	裤子	6.1415	0.3982	16.3052	1.0000	1.0000	0.1500	0.9583	6.4123	0.8565	1	8

续表

注型义征	持征概念	示意度	可达度	语义显著度	简化范畴独有度	范畴线索度	单提名优势度	单提名秩率	单交联度	单关联度	属概量	属概配征量
<是用于→穿戴>[用途]	裤子	14.3912	0.6857	15.7898	0.1667	0.2193	0.6250	0.7615	3.9031	0.5180	6	14
<有子类→牛仔裤>[子类]	裤子	5.1179	0.3414	13.9795	1.0000	1.0000	0.1250	0.6810	3.4123	0.7704	1	5
<含百科知识→在腿上>[百科知识]@[空间关系]	裤子	3.0708	0.3354	13.7322	1.0000	1.0000	0.0750	0.8333	12.1308	0.8095	1	17
<有数量→两条裤腿>[实体数]	裤子	4.0943	0.3106	12.7158	1.0000	1.0000	0.1000	0.6250	5.4123	0.8360	1	7
<常共同出现→腿>[共现]@[人为配用物]	裤子	2.5509	0.3354	11.4074	1.0000	1.0000	0.0750	0.8333	15.7650	0.8361	2	21
<是用于→保暖>[用途]	裤子	5.5910	0.3984	9.8996	0.2000	0.1084	0.2250	0.6489	2.0212	0.5075	5	7
<是一种→衣物>[种类]	裤子	2.0310	0.3412	9.2405	0.2500	0.3333	0.0750	0.8889	5.6941	0.6285	4	14
<是一种→衣服>[种类]	裤子	4.8340	0.4129	8.8712	0.1667	0.1875	0.2250	0.7022	4.0076	0.4673	7	17
<有组成部分→布>[部分]@[成分]	裤子	4.2969	0.3727	8.0078	0.2000	0.4000	0.2000	0.6167	1.2512	0.5575	7	4
<眼观可知→短>[视觉]@[尺度]	裤子	4.2411	0.4205	7.1342	0.3333	0.6667	0.2500	0.6698	7.2137	0.8353	11	10
<有数量→两条腿>[实体数]	裤子	1.6113	0.3301	7.0909	1.0000	1.0000	0.0750	0.7950	4.4123	0.8087	7	6
<内省量→款式多样>[内省量]	裤子	1.8637	0.2842	7.0630	0.3333	0.6000	0.0750	0.5889	10.6393	0.8041	5	15
<眼观可知→各种颜色>[视觉]@[颜色]	裤子	1.6113	0.2912	6.2561	0.2500	0.3333	0.0750	0.6138	4.4040	0.6969	7	9
<内省量→各种颜色>[内省量]	裤子	1.4228	0.2912	5.5243	0.2500	0.3333	0.0750	0.6138	8.1106	0.6733	9	17
<有数量→两根>[实体数]	筷子	13.3066	0.5011	20.5162	1.0000	1.0000	0.3250	0.7946	4.2528	0.8105	1	6
<是用于→吃饭>[用途]	筷子	19.4723	0.6838	20.4839	1.0000	1.0000	0.6500	0.7216	5.4749	0.5690	3	16
<由谁用→中国人>[用者]	筷子	11.2594	0.4651	19.0427	1.0000	1.0000	0.2750	0.7841	6.2528	0.8579	1	8
<带来评判→要合用>[评判]@[声称]	筷子	7.6527	0.4404	14.9777	1.0000	1.0000	0.2250	0.8395	14.2555	0.8985	2	17
<有数量→两支>[实体数]	筷子	4.0943	0.3541	14.4974	1.0000	1.0000	0.1000	0.8438	3.2528	0.7726	1	5

续表

注型义征	持征概念	示意度	可达度	语义显著度	简化范畴独有度	范畴线索度	单提名优势度	单提名秩率	单交联度	单关联度	属概量	属概配征量
<是用于→夹东西>[用途]	筷子	5.1179	0.3208	13.1352	1.0000	1.0000	0.1250	0.6038	10.2528	0.9053	1	12
<有数量→一双>[实体数]	筷子	4.2515	0.3731	12.6895	1.0000	1.0000	0.1250	0.8571	1.9241	0.7633	2	3
<是用于→夹取食物>[用途]	筷子	3.0708	0.2826	11.5719	1.0000	1.0000	0.0750	0.5833	9.2528	0.8967	1	11
<有组成部分→木头>[部分]@[成分]	筷子	10.3026	0.6239	11.1793	0.2500	0.4423	0.5750	0.6803	0.4619	0.3911	10	3
<是一种→餐具>[种类]	筷子	3.0708	0.2565	10.5014	1.0000	1.0000	0.0750	0.5000	13.2555	0.8922	1	16
<有数量→两只>[实体数]	筷子	3.7274	0.3837	9.5357	1.0000	1.0000	0.1500	0.8075	0.8885	0.5425	5	3
<有数量→成对>[实体数]	筷子	2.0310	0.3354	9.0826	1.0000	1.0000	0.0750	0.8333	5.2528	0.8376	4	7
<常共同出现→食物>[共现]@[人为配用物]	筷子	1.8637	0.2826	7.0231	1.0000	1.0000	0.0750	0.5833	0.5507	0.4276	5	3
<是一种→工具>[种类]	筷子	2.2941	0.3881	5.9361	0.1667	0.3158	0.1500	0.8380	7.7169	0.6796	13	16
<常共同出现→王字>[共现]@[自然同在物]	老虎	19.4481	0.5446	22.2963	1.0000	1.0000	0.4750	0.6269	16.9066	0.7766	1	26
<有客观特质→凶猛的>[客观特质]	老虎	15.3054	0.5734	19.5030	0.5000	0.4615	0.4500	0.7521	3.5252	0.5621	2	10
<是一种→猫科动物>[种类]	老虎	11.9042	0.4933	16.7767	0.5000	0.6667	0.3500	0.6982	10.5547	0.7234	2	18
<含百科知识→头上有王字>[百科知识]@[空间关系]	老虎	8.1887	0.3973	16.2688	1.0000	1.0000	0.2000	0.7061	11.9028	0.7602	1	19
<眼观可知→有条纹>[视觉]@[纹理]	老虎	6.8024	0.4164	14.1614	1.0000	1.0000	0.2000	0.7969	5.8200	0.6896	2	11
<有组成部分→额头>[部分]@[外部组件]	老虎	6.1415	0.3286	13.4557	1.0000	1.0000	0.1500	0.5770	2.6997	0.8084	1	4
<含百科知识→森林之王>[百科知识]@[联想关系]	老虎	5.1018	0.3655	12.4317	0.5000	0.4615	0.1500	0.7125	11.1685	0.6585	2	23

续表

注型义征	持征概念	示意度	可达度	语义显著度	简化范畴独有度	范畴线索度	单提名优势度	单提名秩率	单交联度	单关联度	属概量	属概配征量
<含百科知识→百兽之王>[百科知识]@[联想关系]	老虎	5.1018	0.3646	12.3994	0.5000	0.6667	0.1500	0.7083	17.0608	0.7250	2	29
<有客观特质→牙齿尖利>[客观特质]	老虎	3.0708	0.2944	12.0536	1.0000	1.0000	0.0750	0.6257	4.8182	0.7969	1	7
<含百科知识→吃肉>[百科知识]@[事件关系]	老虎	4.2515	0.3529	12.0036	0.5000	0.5556	0.1250	0.7321	14.9598	0.7090	2	27
<是一种→肉食性动物>[种类]	老虎	5.1018	0.3520	11.9738	0.5000	0.6667	0.1500	0.6577	9.5547	0.7072	2	17
<是一种→食肉动物>[种类]	老虎	6.8024	0.3503	11.9158	0.5000	0.5714	0.2000	0.5482	7.7085	0.6849	2	15
<有客观特质→爪子锋利>[客观特质]	老虎	2.5509	0.3267	11.1102	0.5000	0.7500	0.0750	0.7738	3.8182	0.7630	2	6
<内省量→很凶猛>[内省量]	老虎	4.2515	0.3226	10.9725	0.5000	0.5556	0.1250	0.6100	11.0749	0.7094	2	20
<含百科知识→会捕猎>[百科知识]@[事件关系]	老虎	3.0708	0.2616	10.7119	1.0000	1.0000	0.0750	0.5155	13.3167	0.7661	1	21
<有组成部分→皮毛>[部分]@[外部组件]	老虎	3.0708	0.2591	10.6100	1.0000	1.0000	0.0750	0.5079	1.6997	0.7446	1	3
<常共同出现→肉>[共现]@[自然同在物]	老虎	3.7447	0.3529	10.5727	0.5000	0.5556	0.1250	0.7321	18.1211	0.7314	3	31
<常共同出现→野外>[共现]@[自然同在物]	老虎	2.5509	0.2777	9.4455	0.5000	0.7500	0.0750	0.5667	15.9066	0.7677	2	25
<常共同出现→动物园>[共现]@[人为配用物]	老虎	5.9082	0.3777	8.1156	0.2500	0.5238	0.2750	0.5012	7.5457	0.4746	7	31
<含百科知识→在动物园里>[百科知识]@[空间关系]	老虎	5.9082	0.3777	8.1156	0.2500	0.5238	0.2750	0.5012	4.4828	0.4491	7	21

续表

注型义征	持征概念	示意度	可达度	语义显著度	简化范畴独有度	范畴线索度	单提名优势度	单提名秩率	单交联度	单关联度	属概量	属概配征量
<有客观特质→危险的>[客观特质]	老虎	1.7269	0.2899	6.6758	0.5000	0.7500	0.0750	0.6091	2.1009	0.5029	6	8
<是一种→动物>[种类]	老虎	3.0588	0.4339	6.6358	0.1667	0.1176	0.2000	0.9688	2.1870	0.4244	13	11
<常共同出现→人>[共现]@[自然同在物]	老虎	1.3438	0.2605	4.6667	0.2000	0.3333	0.0750	0.5119	8.8372	0.5679	10	26
<常共同出现→猫>[共现]@[自然同在物]	老鼠	15.3538	0.4615	18.8939	1.0000	1.0000	0.3750	0.5648	19.4713	0.8691	1	24
<常共同出现→粮食>[共现]@[自然同在物]	老鼠	7.1651	0.3460	14.1651	1.0000	1.0000	0.1750	0.5818	20.4713	0.8743	1	25
<是一种→啮齿类动物>[种类]	老鼠	3.0708	0.3454	14.1420	1.0000	1.0000	0.0750	0.9630	4.7204	0.7060	1	8
<含百科知识→怕猫>[百科知识]@[事件关系]	老鼠	7.1651	0.3285	13.4511	1.0000	1.0000	0.1750	0.5298	6.7204	0.7648	1	10
<耳听可知→吱吱声>[听觉]	老鼠	5.1179	0.3053	12.5012	1.0000	1.0000	0.1250	0.5533	17.4713	0.8572	1	22
<含百科知识→会打洞>[百科知识]@[事件关系]	老鼠	5.1018	0.3613	12.2887	0.5000	0.8571	0.1500	0.6944	12.9798	0.8328	2	17
<含百科知识→磨牙>[百科知识]@[事件关系]	老鼠	4.0943	0.2987	12.2303	1.0000	1.0000	0.1000	0.5833	7.7204	0.7862	1	11
<含百科知识→会传播疾病>[百科知识]@[事件关系]	老鼠	3.0708	0.2845	11.6500	1.0000	1.0000	0.0750	0.5899	13.9798	0.8421	1	18
<带来评判→有害>[评判]@[声称]	老鼠	3.0708	0.2826	11.5719	1.0000	1.0000	0.0750	0.5833	18.4713	0.8634	1	23
<含百科知识→会偷东西>[百科知识]@[事件关系]	老鼠	4.0943	0.2803	11.4782	1.0000	1.0000	0.1000	0.5248	8.7204	0.8040	1	12
<是用于→做实验>[用途]	老鼠	3.4012	0.3366	11.4489	0.5000	0.8000	0.1000	0.7351	3.7204	0.6640	2	7

续表

注型义征	持征概念	示意度	可达度	语义显著度	简化范畴独有度	范畴线索度	单提名优势度	单提名秩率	单交联度	单关联度	属概量	属概配征量
<含百科知识→吃粮食>[百科知识]@[事件关系]	老鼠	3.0708	0.2611	10.6906	1.0000	1.0000	0.0750	0.5139	15.4713	0.8429	1	20
<含百科知识→会繁殖>[百科知识]@[事件关系]	老鼠	5.1018	0.3034	10.3190	0.5000	0.8571	0.1500	0.5020	10.9798	0.8105	2	15
<关于情绪→讨厌>[情绪]	老鼠	2.5509	0.2954	10.0486	1.0000	1.0000	0.0750	0.6296	16.4713	0.8504	2	21
<眼观可知→尾巴长>[视觉]@[尺度]	老鼠	3.7447	0.3127	9.3669	0.3333	0.6250	0.1250	0.5767	2.4658	0.7402	3	4
<眼观可知→灰色的>[视觉]@[颜色]	老鼠	3.4539	0.3556	8.1876	0.3333	0.4286	0.1500	0.6713	1.9981	0.4491	6	9
<含百科知识→动画片>[百科知识]@[联想关系]	老鼠	2.2468	0.2609	7.8155	0.5000	0.5000	0.0750	0.5132	7.9490	0.5778	3	22
<眼观可知→黑色的>[视觉]@[颜色]	老鼠	2.6876	0.3771	6.7562	0.5000	0.7500	0.1500	0.7685	0.6449	0.3551	10	4
<含百科知识→会叫>[百科知识]@[事件关系]	老鼠	2.5186	0.3053	6.1521	0.3333	0.6250	0.1250	0.5533	5.2565	0.5309	8	17
<是一种→动物>[种类]	老鼠	2.2941	0.3547	5.4248	0.1667	0.0882	0.1500	0.6679	1.7528	0.4115	13	9
<眼观可知→小>[视觉]@[尺度]	老鼠	3.4119	0.4921	5.1663	0.5000	0.9286	0.3250	0.7545	1.2303	0.6248	21	3
<有组成部分→毛>[部分]@[外部组件]	老鼠	1.2611	0.3263	4.1155	0.2000	0.0870	0.1000	0.6875	0.6150	0.3856	17	4
<是用于→居住>[用途]	楼房	17.6023	0.6716	18.1862	0.2500	0.4483	0.6500	0.6946	5.9342	0.6835	4	12
<眼观可知→分层>[视觉]@[形状]	楼房	10.8322	0.5167	13.9916	0.5000	0.5714	0.4000	0.6725	3.6224	0.5516	4	11
<有组成部分→楼层>[部分]@[内部组件]	楼房	3.0708	0.3386	13.8632	1.0000	1.0000	0.0750	0.8611	2.6169	0.9285	1	3

续表

注型义征	持征概念	示意度	可达度	语义显著度	简化范畴独有度	范畴线索度	单提名优势度	单提名秩率	单交联度	单关联度	属概量	属概配征量
<内省量→很高>[内省量]	楼房	5.1018	0.3735	12.7035	0.5000	0.8571	0.1500	0.7500	8.7488	0.7668	2	14
<有组成部分→钢筋>[部分]@[成分]	楼房	5.1018	0.3606	12.2660	0.5000	0.4615	0.1500	0.6917	3.7654	0.7769	2	6
<有组成部分→混凝土>[部分]@[成分]	楼房	2.5509	0.3390	11.5313	0.5000	0.4286	0.0750	0.8654	2.6114	0.7067	2	5
<眼观可知→高>[视觉]@[尺度]	楼房	9.4856	0.5994	11.3722	0.3333	0.9091	0.5000	0.7338	6.3683	0.7729	9	10
<有组成部分→房间>[部分]@[内部组件]	楼房	3.7447	0.3369	10.0939	0.5000	0.5556	0.1250	0.6629	2.6184	0.6459	3	6
<有数量→两层>[实体数]	楼房	2.2468	0.3179	9.5226	0.5000	0.4286	0.0750	0.7262	2.7928	0.5620	3	8
<有组成部分→窗户>[部分]@[外部组件]	楼房	2.2468	0.2939	8.8046	0.5000	0.7500	0.0750	0.6238	4.9837	0.8281	3	7
<是一种→建筑>[种类]	楼房	2.3026	0.3395	7.8175	0.1667	0.2353	0.1000	0.7500	4.0583	0.5417	6	13
<带来评判→贵>[评判]@[声称]	楼房	2.5186	0.3545	7.1437	0.5000	0.2632	0.1250	0.7400	5.2578	0.5390	8	15
<由谁用→人>[用者]	楼房	3.2717	0.5416	3.9380	0.1667	0.3529	0.4500	0.6570	1.5056	0.4067	29	9
<含百科知识→在水中>[百科知识]@[空间关系]	轮船	5.3873	0.3853	15.7748	1.0000	1.0000	0.1316	0.9600	6.1631	0.6206	1	14
<常共同出现→水>[共现]@[人为配用物]	轮船	12.1150	0.5810	15.7344	1.0000	1.0000	0.4474	0.7863	10.2419	0.6347	4	22
<含百科知识→在水上>[百科知识]@[空间关系]	轮船	8.0555	0.4415	15.0154	1.0000	1.0000	0.2368	0.7963	6.3712	0.6054	2	15
<是一种→水上交通工具>[种类]	轮船	3.2324	0.3461	14.1688	1.0000	1.0000	0.0789	0.9167	3.6072	0.5646	1	10
<常共同出现→大海>[共现]@[人为配用物]	轮船	7.8835	0.4466	13.3780	1.0000	1.0000	0.2632	0.7361	12.1666	0.6971	3	22

续表

注型义征	持征概念	示意度	可达度	语义显著度	简化范畴独有度	范畴线索度	单提名优势度	单提名秩率	单交联度	单关联度	属概量	属概配征量
<含百科知识→在海上>[百科知识]@[空间关系]	轮船	4.3098	0.3265	13.3699	1.0000	1.0000	0.1053	0.6736	8.9961	0.6824	1	17
<含百科知识→航行>[百科知识]@[事件关系]	轮船	3.2324	0.3096	12.6752	1.0000	1.0000	0.0789	0.6759	9.9961	0.7000	1	18
<特例→泰坦尼克号>[特例]	轮船	5.3873	0.3057	12.5146	1.0000	1.0000	0.1316	0.5417	1.5731	0.6058	1	4
<常共同出现→货物>[共现]@[人为配用物]	轮船	9.9770	0.4598	12.4503	0.2500	0.2456	0.3684	0.5701	6.5997	0.4959	4	22
<是一种→交通工具>[种类]	轮船	8.4838	0.5882	11.8525	0.1667	0.1951	0.4211	0.9375	4.1319	0.5278	8	13
<含百科知识→在水里>[百科知识]@[空间关系]	轮船	3.2324	0.2859	11.7044	1.0000	1.0000	0.0789	0.5857	7.9961	0.6626	1	16
<含百科知识→行驶>[百科知识]@[事件关系]	轮船	6.5392	0.4633	11.5124	0.2000	0.2439	0.2632	0.8179	6.7503	0.5273	5	22
<常共同出现→河>[共现]@[人为配用物]	轮船	2.6852	0.3197	10.8751	1.0000	1.0000	0.0789	0.7222	3.2975	0.7927	2	5
<是用于→运输货物>[用途]	轮船	5.5185	0.3467	10.3864	0.3333	0.2000	0.1842	0.5663	1.9794	0.4786	3	7
<是用于→载人>[用途]	轮船	7.1932	0.4163	10.3440	0.2000	0.2500	0.2895	0.5797	1.8364	0.4960	5	7
<是用于→运输>[用途]	轮船	4.7301	0.3399	10.1835	0.3333	0.3158	0.1579	0.5972	3.3023	0.5676	3	9
<是用于→装载货物>[用途]	轮船	4.9885	0.3492	9.4558	0.2500	0.3043	0.1842	0.5738	1.3462	0.4527	4	6
<内省量→很大>[内省量]	轮船	2.8291	0.3577	6.4094	0.5000	0.6667	0.1579	0.6595	3.5167	0.4970	10	13
<是用于→乘坐>[用途]	轮船	1.4977	0.2943	5.5841	0.1667	0.1765	0.0789	0.6159	3.8893	0.5431	9	12
<由谁用→人>[用者]	轮船	3.0613	0.4892	3.5564	0.1667	0.2353	0.4211	0.5679	0.6354	0.3923	29	4
<眼观可知→大>[视觉]@[尺度]	轮船	2.8079	0.4379	3.3376	0.2500	0.5185	0.3684	0.5173	0.4937	0.3943	28	3
<含百科知识→兔子吃>[百科知识]@[事件关系]	萝卜	11.0539	0.4511	15.3430	0.5000	0.9286	0.3250	0.6167	9.6392	0.6863	2	18

续表

注型义征	持征概念	示意度	可达度	语义显著度	简化范畴独有度	范畴线索度	单提名优势度	单提名秩率	单交联度	单关联度	属概量	属概配征量
<由谁用→兔子>[用者]	萝卜	11.0539	0.4511	15.3430	0.5000	0.9286	0.3250	0.6167	3.6708	0.8311	2	5
<有子类→白萝卜>[子类]	萝卜	5.1179	0.3552	14.5436	1.0000	1.0000	0.1250	0.7433	2.3802	0.8722	1	3
<眼观可知→红色的>[视觉]@[颜色]	萝卜	8.6347	0.5403	12.4404	1.0000	1.0000	0.3750	0.8210	2.5364	0.5833	6	7
<眼观可知→橙色的>[视觉]@[颜色]	萝卜	2.5509	0.3392	11.5357	1.0000	1.0000	0.0750	0.8667	4.9981	0.8183	2	7
<常共同出现→土地>[共现]@[自然同在物]	萝卜	8.5937	0.5277	11.3380	0.2000	0.3265	0.4000	0.7066	10.7083	0.6044	7	27
<常共同出现→土地>[共现]@[人为配用物]	萝卜	8.5937	0.5277	11.3380	0.2000	0.3265	0.4000	0.7066	10.7083	0.6044	7	27
<内省量→富含维生素C>[内省量]	萝卜	2.5509	0.3144	10.6926	0.5000	0.7500	0.0750	0.7093	6.7185	0.6612	2	13
<是一种→蔬菜>[种类]	萝卜	6.9078	0.4455	10.2589	0.1667	0.1364	0.3000	0.6466	3.1134	0.4337	6	14
<含百科知识→在土里>[百科知识]@[空间关系]	萝卜	4.7391	0.3495	9.4637	0.2500	0.4375	0.1750	0.5929	6.7104	0.6159	4	16
<含百科知识→长在土里>[百科知识]@[来源关系]	萝卜	3.7447	0.3043	9.1146	0.3333	0.4545	0.1250	0.5500	4.6335	0.5271	3	15
<含百科知识→在地里>[百科知识]@[空间关系]	萝卜	4.0295	0.3919	9.0235	0.2000	0.3684	0.1750	0.7571	8.8895	0.6045	6	22
<常共同出现→生吃>[共现]@[所在事件]	萝卜	3.3851	0.3059	8.2832	0.3333	0.5000	0.1250	0.5550	8.1229	0.5679	4	23
<眼观可知→白色的>[视觉]@[颜色]	萝卜	6.3057	0.6376	8.0407	0.5000	0.5714	0.5000	0.8873	0.8992	0.3311	17	8
<是一种→食物>[种类]	萝卜	3.3200	0.4088	7.7554	0.1667	0.2593	0.1750	0.8643	2.7100	0.4412	9	13

续表

注型义征	持征概念	示意度	可达度	语义显著度	简化范畴独有度	范畴线索度	单提名优势度	单提名秩率	单交联度	单关联度	属概量	属概配征量
<含百科知识→长在地里>[百科知识]@[来源关系]	萝卜	1.7269	0.3007	6.9232	0.2000	0.2727	0.0750	0.6500	5.7611	0.5513	6	18
<品尝可知→脆的>[味觉]	萝卜	2.4849	0.2734	6.7941	0.3333	0.3636	0.1000	0.5042	2.7160	0.4281	5	13
<是用于→食用>[用途]	萝卜	6.5917	0.5883	6.4635	0.1667	0.2034	0.6000	0.5770	2.0559	0.3494	20	16
<有客观特质→有营养>[客观特质]	萝卜	3.1356	0.3433	6.1505	0.2000	0.4667	0.1750	0.5734	1.3712	0.4628	10	6
<是一种→鸟类>[种类]	麻雀	14.3912	0.6992	16.1001	0.1667	0.1953	0.6250	0.7992	2.1124	0.4725	6	8
<含百科知识→麻雀虽小五脏俱全>[百科知识]@[联想关系]	麻雀	3.0708	0.3433	14.0550	1.0000	1.0000	0.0750	0.9167	5.2435	0.8396	1	7
<含百科知识→五脏俱全>[百科知识]@[联想关系]	麻雀	3.0708	0.3364	13.7720	1.0000	1.0000	0.0750	0.8413	4.2435	0.8129	1	6
<耳听可知→叽叽喳喳声>[听觉]	麻雀	3.0708	0.3207	13.1314	1.0000	1.0000	0.0750	0.7407	9.0114	0.8031	1	13
<含百科知识→会飞行>[百科知识]@[事件关系]	麻雀	9.6680	0.5278	11.3386	0.1667	0.1875	0.4500	0.6212	3.2904	0.4441	7	15
<内省量→很小>[内省量]	麻雀	2.7081	0.3128	8.4712	0.5000	0.8000	0.1000	0.6333	3.2435	0.7755	4	5
<有组成部分→翅膀>[部分]@[外部组件]	麻雀	1.8637	0.2964	7.3656	0.2000	0.1200	0.0750	0.6333	0.8391	0.4942	5	3
<常共同出现→虫>[共现]@[自然同在物]	麻雀	2.8782	0.3180	7.3213	0.1667	0.3571	0.1250	0.5941	9.6719	0.6435	6	22
<含百科知识→会叫>[百科知识]@[事件关系]	麻雀	3.5261	0.3613	7.2790	0.2000	0.4667	0.1750	0.6321	4.9291	0.6124	8	12
<含百科知识→吃虫>[百科知识]@[事件关系]	麻雀	2.3026	0.3086	7.1048	0.1667	0.3333	0.1000	0.6177	6.9050	0.6172	6	17
<耳听可知→叫声>[听觉]	麻雀	1.8637	0.2756	6.8473	0.2500	0.3333	0.0750	0.5595	5.3526	0.5818	5	15

续表

注型义征	持征概念	示意度	可达度	语义显著度	简化范畴独有度	范畴线索度	单提名优势度	单提名秩率	单交联度	单关联度	属概量	属概配征量
<是一种→动物>[种类]	麻雀	1.9117	0.3741	5.7221	0.1667	0.1389	0.1250	0.8667	1.3467	0.3815	13	8
<常共同出现→坐>[共现]@[所在事件]	马桶	14.3302	0.4355	17.8327	1.0000	1.0000	0.3500	0.5366	11.1320	0.8856	1	13
<是用于→上厕所>[用途]	马桶	11.2594	0.4128	16.8995	1.0000	1.0000	0.2750	0.5949	2.0718	0.7560	1	3
<常共同出现→冲水>[共现]@[所在事件]	马桶	11.2594	0.4089	16.7399	1.0000	1.0000	0.2750	0.5837	13.1922	0.8599	1	16
<是用于→大小便>[用途]	马桶	5.1179	0.3637	14.8916	1.0000	1.0000	0.1250	0.7900	3.0718	0.8170	1	4
<是用于→大便>[用途]	马桶	4.0943	0.3421	14.0055	1.0000	1.0000	0.1000	0.7639	4.0718	0.8536	1	5
<含百科知识→在厕所里>[百科知识]@[空间关系]	马桶	6.8024	0.4060	13.8090	1.0000	1.0000	0.2000	0.7438	7.1320	0.8348	2	9
<常共同出现→厕所>[共现]@[人为配用物]	马桶	5.9521	0.4020	13.6741	1.0000	1.0000	0.1750	0.8143	14.1922	0.8682	2	17
<常共同出现→卫生间>[共现]@[人为配用物]	马桶	5.9521	0.3945	13.4166	1.0000	1.0000	0.1750	0.7704	12.1320	0.8938	2	14
<含百科知识→在卫生间>[百科知识]@[空间关系]	马桶	5.9521	0.3945	13.4166	1.0000	1.0000	0.1750	0.7704	6.0718	0.8954	2	7
<含百科知识→陶瓷>[百科知识]@[联想关系]	马桶	3.0708	0.3225	13.2026	1.0000	1.0000	0.0750	0.7500	9.1320	0.8649	1	11
<鼻嗅可知→臭的>[嗅觉]	马桶	1.8637	0.2602	6.4655	1.0000	1.0000	0.0750	0.5111	2.1738	0.3807	5	15
<常共同出现→居所>[共现]@[人为配用物]	马桶	1.6094	0.3636	5.8520	0.2000	0.1818	0.1000	1.0000	2.7840	0.3307	12	19
<含百科知识→在家里>[百科知识]@[空间关系]	马桶	1.6094	0.3636	5.8520	0.2000	0.1818	0.1000	1.0000	1.4229	0.3177	12	12

续表

注型义征	持征概念	示意度	可达度	语义显著度	简化范畴独有度	范畴线索度	单提名优势度	单提名秩率	单交联度	单关联度	属概量	属概配征量
<常共同出现→织>[共现]@[所在事件]	毛衣	13.8265	0.5810	17.4063	0.3333	0.4865	0.4615	0.7528	5.3558	0.6152	3	13
<是用于→穿戴>[用途]	毛衣	14.7602	0.6990	16.0944	0.1667	0.2193	0.6410	0.7711	2.6980	0.4992	6	10
<常共同出现→冬季穿戴>[共现]@[所在事件]	毛衣	11.8043	0.5631	15.2490	0.2500	0.4474	0.4359	0.7479	10.0720	0.6924	4	20
<常共同出现→秋季穿戴>[共现]@[所在事件]	毛衣	8.7210	0.4402	14.9705	0.5000	0.8333	0.2564	0.7281	8.7030	0.6985	2	16
<是用于→保暖>[用途]	毛衣	11.4688	0.5470	13.5921	0.2000	0.2169	0.4615	0.6529	3.8597	0.5666	5	11
<常共同出现→编织>[共现]@[所在事件]	毛衣	6.1451	0.3692	11.0612	0.5000	0.7273	0.2051	0.5951	10.6524	0.6978	3	20
<是用于→御寒>[用途]	毛衣	2.3044	0.3446	10.3242	0.3333	0.3000	0.0769	0.9167	2.6079	0.5993	3	7
<是一种→衣服>[种类]	毛衣	5.5088	0.4718	10.1359	0.1667	0.2083	0.2564	0.9286	3.6277	0.5099	7	13
<带来评判→暖和>[评判]@[声称]	毛衣	4.1662	0.3448	9.3361	0.2500	0.4000	0.1538	0.6222	6.2952	0.6590	4	14
<是一种→衣物>[种类]	毛衣	2.0831	0.3353	9.0799	0.2500	0.3333	0.0769	0.8222	2.7912	0.5754	4	8
<是用于→御寒保暖>[用途]	毛衣	3.1858	0.3597	8.9374	0.2000	0.4545	0.1282	0.7550	2.6448	0.7529	5	4
<内省量→很保暖>[内省量]	毛衣	2.0831	0.3276	8.8708	0.2500	0.5000	0.0769	0.7714	5.0208	0.6591	4	10
<是用于→保暖>[用途]	棉袄	14.6546	0.6735	16.7348	0.2000	0.2771	0.5897	0.7880	3.2005	0.6134	5	8
<常共同出现→冬季穿戴>[共现]@[所在事件]	棉袄	11.1099	0.5637	15.2663	0.2500	0.4211	0.4103	0.8188	9.5506	0.6914	4	19
<是用于→穿戴>[用途]	棉袄	11.2177	0.6033	13.8915	0.1667	0.1667	0.4872	0.7725	2.2012	0.4215	6	11
<眼观可知→厚>[视觉]@[尺度]	棉袄	7.6381	0.4375	11.8472	0.3333	0.7333	0.2821	0.6574	2.8544	0.7865	4	4
<内省量→很厚实>[内省量]	棉袄	3.1495	0.2577	10.5504	1.0000	1.0000	0.0769	0.5000	5.0461	0.6886	1	9

续表

注型义征	持征概念	示意度	可达度	语义显著度	简化范畴独有度	范畴线索度	单提名优势度	单提名秩率	单交联度	单关联度	属概量	属概配征量
<含百科知识→冬天>[百科知识]@[联想关系]	棉袄	2.3044	0.3367	10.0876	0.5000	0.7500	0.0769	0.8333	7.0461	0.7452	3	11
<含百科知识→冬季>[百科知识]@[事件关系]	棉袄	4.1662	0.3658	9.9071	0.3333	0.7500	0.1538	0.7028	8.0461	0.7665	4	12
<带来评判→暖和>[评判]@[声称]	棉袄	4.1662	0.3639	9.8536	0.2500	0.4000	0.1538	0.6944	7.4915	0.6751	4	16
<是用于→御寒>[用途]	棉袄	3.0725	0.3261	9.7686	0.3333	0.4000	0.1026	0.6792	2.2655	0.6667	3	5
<是一种→衣服>[种类]	棉袄	4.4070	0.4225	9.0775	0.1667	0.1667	0.2051	0.8125	4.3718	0.5406	7	14
<有组成部分→棉>[部分]@[成分]	棉袄	1.7712	0.3286	7.5672	0.1667	0.1364	0.0769	0.7778	0.2890	0.2688	6	4
<有数量→两个轮子>[实体数]	摩托车	20.9966	0.6361	26.0449	1.0000	1.0000	0.5128	0.8342	4.9543	0.8949	1	6
<常共同出现→汽油>[共现]@[人为配用物]	摩托车	17.4420	0.5176	17.6045	0.5000	0.6667	0.5128	0.5224	13.9419	0.7149	2	25
<有数量→两轮>[实体数]	摩托车	6.2990	0.3805	15.5810	1.0000	1.0000	0.1538	0.7731	3.9543	0.8738	1	5
<是用于→骑>[用途]	摩托车	5.2492	0.3383	13.8522	1.0000	1.0000	0.1282	0.6600	7.9346	0.7630	1	12
<是一种→交通工具>[种类]	摩托车	9.2996	0.6030	12.1506	0.1667	0.2195	0.4615	0.8412	5.7148	0.5785	8	16
<含百科知识→烧汽油>[百科知识]@[事件关系]	摩托车	4.3605	0.3454	11.7476	0.5000	0.8333	0.1282	0.6886	10.1863	0.7772	2	15
<有同类概念→汽车>[并列]	摩托车	3.1495	0.2756	11.2827	1.0000	1.0000	0.0769	0.5556	2.9543	0.8423	1	4
<是一种→机动车>[种类]	摩托车	2.6163	0.3060	10.4088	0.5000	0.7500	0.0769	0.6667	9.1863	0.7613	2	14
<含百科知识→汽油>[百科知识]@[联想关系]	摩托车	2.3044	0.3438	10.3000	0.3333	0.6000	0.0769	0.9048	11.1863	0.7911	3	16
<是用于→载人>[用途]	摩托车	5.7344	0.3972	9.8706	0.2000	0.2045	0.2308	0.6326	3.0464	0.4737	5	13
<含百科知识→行驶>[百科知识]@[事件关系]	摩托车	2.5486	0.3231	8.0277	0.2000	0.0976	0.1026	0.6667	4.1289	0.5630	5	12

续表

注型义征	持征概念	示意度	可达度	语义显著度	简化范畴独有度	范畴线索度	单提名优势度	单提名秩率	单交联度	单关联度	属概量	属概配征量
<常共同出现→油>[共现]@[人为配用物]	摩托车	1.9115	0.3033	7.5373	0.2500	0.3333	0.0769	0.6556	10.2622	0.6358	5	24
<有客观特质→速度快>[客观特质]	摩托车	3.3014	0.3566	5.7386	0.2000	0.1818	0.2051	0.5570	1.8554	0.4271	12	9
<由谁用→人>[用者]	摩托车	2.0507	0.4228	3.0737	0.1667	0.1618	0.2821	0.6115	1.0557	0.3016	29	11
<常共同出现→牛奶>[共现]@[自然同在物]	奶牛	36.8491	0.8263	33.8315	1.0000	1.0000	0.9000	0.7756	12.1043	0.9054	1	14
<是用于→产牛奶>[用途]	奶牛	25.5897	0.6974	28.5526	1.0000	1.0000	0.6250	0.7937	5.9648	0.9003	1	7
<是一种→牛>[种类]	奶牛	11.2594	0.4554	18.6438	1.0000	1.0000	0.2750	0.7399	7.9648	0.9225	1	9
<是用于→挤牛奶>[用途]	奶牛	8.1887	0.4265	17.4629	1.0000	1.0000	0.2000	0.8667	4.9648	0.8837	1	6
<眼观可知→斑点>[视觉]@[纹理]	奶牛	5.1179	0.3207	13.1295	1.0000	1.0000	0.1250	0.6033	3.9648	0.8604	1	5
<是一种→食草动物>[种类]	奶牛	4.2515	0.3361	11.4311	0.5000	0.8333	0.1250	0.6595	6.9648	0.9128	2	8
<常共同出现→农场>[共现]@[人为配用物]	奶牛	3.0708	0.2704	11.0715	1.0000	1.0000	0.0750	0.5429	11.1043	0.8981	1	13
<眼观可知→黑白色的>[视觉]@[颜色]	奶牛	4.4936	0.3306	9.9048	1.0000	1.0000	0.1500	0.5833	2.6141	0.6688	3	5
<眼观可知→黑白相间>[视觉]@[颜色]	奶牛	2.9957	0.3150	9.4371	1.0000	1.0000	0.1000	0.6417	2.1675	0.8031	3	3
<常共同出现→草原>[共现]@[自然同在物]	奶牛	2.9957	0.2885	8.6423	0.3333	0.6667	0.1000	0.5500	13.1043	0.9117	3	15
<含百科知识→在草原上>[百科知识]@[空间关系]	奶牛	2.9957	0.2885	8.6423	0.3333	0.6667	0.1000	0.5500	9.1043	0.8796	3	11
<有子类→雌性>[子类]	奶牛	2.0310	0.2979	8.0660	0.5000	0.3750	0.0750	0.6389	0.5451	0.4092	4	3
<是一种→动物>[种类]	奶牛	4.9705	0.5059	7.7370	0.1667	0.1912	0.3250	0.8192	1.8846	0.3746	13	13

续表

注型义征	持征概念	示意度	可达度	语义显著度	简化范畴独有度	范畴线索度	单提名优势度	单提名秩率	单交联度	单关联度	属概量	属概配征量
<眼观可知→红色的>[视觉]@[颜色]	苹果	12.0886	0.6032	13.8890	0.5000	0.9130	0.5250	0.7012	2.5678	0.7047	6	5
<是一种→水果>[种类]	苹果	11.5857	0.6825	13.7526	0.1667	0.2323	0.5750	0.8553	3.5696	0.5545	8	11
<含百科知识→长在树上>[百科知识]@[来源关系]	苹果	6.2123	0.3945	9.8021	0.2500	0.4348	0.2500	0.5867	5.2176	0.5308	5	17
<品尝可知→酸的>[味觉]	苹果	3.7447	0.3146	9.4236	0.3333	0.1923	0.1250	0.5829	3.1705	0.5455	3	9
<品尝可知→酸甜的>[味觉]	苹果	2.2468	0.3087	9.2466	0.3333	0.2143	0.0750	0.6833	2.7139	0.4588	3	11
<含百科知识→在树上>[百科知识]@[空间关系]	苹果	6.3321	0.3961	9.1196	0.2500	0.4400	0.2750	0.5485	6.1945	0.5564	6	18
<品尝可知→甜的>[味觉]	苹果	5.0373	0.4003	8.0649	0.1667	0.0980	0.2500	0.6039	4.2481	0.5913	8	11
<常共同出现→树>[共现]@[自然同在物]	苹果	5.2171	0.3961	7.5137	0.2500	0.4400	0.2750	0.5485	2.9554	0.3877	9	18
<有组成部分→果肉>[部分]@[内部组件]	苹果	1.7269	0.2942	6.7747	0.2000	0.1111	0.0750	0.6250	1.1183	0.4957	6	4
<内省量→圆圆的>[内省量]	苹果	1.7269	0.2905	6.6884	0.3333	0.3750	0.0750	0.6111	5.5054	0.5758	6	14
<是用于→食用>[用途]	苹果	4.9438	0.5540	6.0864	0.1667	0.2022	0.4500	0.6913	2.0339	0.3799	20	13
<眼观可知→青色的>[视觉]@[颜色]	苹果	1.8971	0.3196	6.0639	0.2500	0.4000	0.1000	0.6597	2.0537	0.5293	9	6
<眼观可知→圆形的>[视觉]@[形状]	苹果	2.9106	0.3649	5.3102	0.2500	0.1818	0.2000	0.5917	1.0436	0.4415	14	5
<眼观可知→黄色的>[视觉]@[颜色]	苹果	1.6094	0.3048	4.9051	0.3333	0.0833	0.1000	0.6042	0.8347	0.3812	12	5

续表

注型义征	持征概念	示意度	可达度	语义显著度	简化范畴独有度	范畴线索度	单提名优势度	单提名秩率	单交联度	单关联度	属概量	属概配征量
<眼观可知→紫色的>[视觉]@[颜色]	葡萄	17.3943	0.7411	18.4152	0.5000	0.9032	0.7000	0.7901	0.5777	0.4072	5	3
<品尝可知→酸的>[味觉]	葡萄	12.7319	0.5090	15.2490	0.3333	0.6538	0.4250	0.6108	5.2029	0.6466	3	11
<是一种→水果>[种类]	葡萄	6.5484	0.5137	10.3509	0.1667	0.1313	0.3250	0.8684	3.2636	0.4731	8	13
<品尝可知→甜的>[味觉]	葡萄	7.0522	0.4391	8.8466	0.1667	0.1373	0.3500	0.5452	4.5936	0.5427	8	14
<内省量→圆圆的>[内省量]	葡萄	1.7269	0.3316	7.6361	0.3333	0.3750	0.0750	0.8056	5.6170	0.5808	6	14
<眼观可知→圆形的>[视觉]@[形状]	葡萄	5.0935	0.5153	7.4984	0.2500	0.3182	0.3500	0.7821	1.9926	0.4622	14	9
<眼观可知→青色的>[视觉]@[颜色]	葡萄	1.8971	0.3395	6.4409	0.2500	0.4000	0.1000	0.7500	2.2445	0.5161	9	7
<含百科知识→会成熟>[百科知识]@[事件关系]	葡萄	2.5186	0.3127	6.3001	0.2000	0.4545	0.1250	0.5767	6.1907	0.6463	8	13
<有组成部分→皮>[部分]@[外部组件]	葡萄	2.3131	0.3684	4.8697	0.1667	0.0707	0.1750	0.6577	1.2401	0.5538	16	4
<常共同出现→河>[共现]@[人为配用物]	桥梁	11.9042	0.5311	18.0653	1.0000	1.0000	0.3500	0.8690	11.0689	0.7698	2	17
<含百科知识→架在河上>[百科知识]@[事件关系]	桥梁	4.0943	0.3609	14.7757	1.0000	1.0000	0.1000	0.9167	9.7968	0.7631	1	15
<有数量→两岸>[实体数]	桥梁	6.1415	0.3544	14.5102	1.0000	1.0000	0.1500	0.6667	4.0618	0.8096	1	6
<含百科知识→架在水面上>[百科知识]@[事件关系]	桥梁	5.1179	0.3504	14.3456	1.0000	1.0000	0.1250	0.7200	8.7968	0.7461	1	14
<含百科知识→架在水面上>[百科知识]@[空间关系]	桥梁	5.1179	0.3504	14.3456	1.0000	1.0000	0.1250	0.7200	8.7968	0.7461	1	14

续表

注型义征	持征概念	示意度	可达度	语义显著度	简化范畴独有度	范畴线索度	单提名优势度	单提名秩率	单交联度	单关联度	属概量	属概配征量
<有子类→拱桥>[子类]	桥梁	3.0708	0.3392	13.8866	1.0000	1.0000	0.0750	0.8667	3.0618	0.7715	1	5
<含百科知识→在河上>[百科知识]@[空间关系]	桥梁	5.1018	0.3977	13.5258	1.0000	1.0000	0.1500	0.9444	7.7968	0.7266	2	13
<有组成部分→钢筋>[部分]@[成分]	桥梁	5.9521	0.3851	13.0974	0.5000	0.5385	0.1750	0.7250	2.7951	0.8131	2	4
<是用于→通车>[用途]	桥梁	7.6527	0.3617	12.3007	0.5000	0.4737	0.2250	0.5370	2.8730	0.5560	2	9
<含百科知识→在水上>[百科知识]@[空间关系]	桥梁	3.4012	0.3319	11.2893	1.0000	1.0000	0.1000	0.7125	2.0892	0.4198	2	10
<含百科知识→在水面上>[百科知识]@[空间关系]	桥梁	3.4012	0.3310	11.2586	1.0000	1.0000	0.1000	0.7083	6.7968	0.7038	2	12
<眼观可知→拱形的>[视觉]@[形状]	桥梁	6.0931	0.4117	11.1500	1.0000	1.0000	0.2250	0.6975	5.0618	0.8368	4	7
<常共同出现→水>[共现]@[人为配用物]	桥梁	5.4161	0.3872	10.4849	0.5000	0.8000	0.2000	0.6667	3.9266	0.4508	4	16
<常共同出现→水>[共现]@[自然同在物]	桥梁	5.4161	0.3872	10.4849	0.5000	0.8000	0.2000	0.6667	3.9266	0.4508	4	16
<有组成部分→钢铁>[部分]@[成分]	桥梁	1.8637	0.2810	6.9828	0.5000	0.7500	0.0750	0.5778	0.9670	0.5556	5	3
<内省量→很长>[内省量]	桥梁	1.6113	0.3159	6.7876	0.5000	0.3000	0.0750	0.7167	1.3350	0.4226	7	6
<眼观可知→短>[视觉]@[尺度]	桥梁	1.2723	0.2905	4.9277	0.5000	0.7500	0.0750	0.6111	0.2672	0.2585	11	4
<是一种→蔬菜>[种类]	茄子	8.6347	0.5294	12.1888	0.1667	0.1705	0.3750	0.7711	1.8728	0.4736	6	7
<带来评判→拍照时说>[评判]@[声称]	茄子	3.0708	0.2565	10.5014	1.0000	1.0000	0.0750	0.5000	2.2355	0.6181	1	5

续表

注型义征	持征概念	示意度	可达度	语义显著度	简化范畴独有度	范畴线索度	单提名优势度	单提名秩率	单交联度	单关联度	属概量	属概配征量
<常共同出现→蒸>[共现]@[所在事件]	茄子	2.2468	0.3027	9.0691	0.3333	0.5000	0.0750	0.6583	3.3409	0.6307	3	7
<常共同出现→烤>[共现]@[所在事件]	茄子	2.5509	0.2565	8.7236	0.5000	0.7500	0.0750	0.5000	4.3409	0.6769	2	8
<是一种→食物>[种类]	茄子	4.2685	0.4481	8.5009	0.1667	0.3333	0.2250	0.9074	1.4993	0.4118	9	8
<是用于→食用>[用途]	茄子	5.4931	0.5618	6.1716	0.1667	0.1695	0.5000	0.6338	1.4881	0.3647	20	10
<常共同出现→土地>[共现]@[自然同在物]	茄子	1.6113	0.2674	5.7449	0.2000	0.0612	0.0750	0.5333	5.5112	0.6531	7	12
<常共同出现→土地>[共现]@[人为配用物]	茄子	1.6113	0.2674	5.7449	0.2000	0.0612	0.0750	0.5333	5.5112	0.6531	7	12
<有组成部分→皮>[部分]@[外部组件]	茄子	1.3218	0.3508	4.6371	0.3333	0.2105	0.1000	0.8188	0.8519	0.5307	16	3
<是用于→扫地>[用途]	扫帚	27.6368	0.7235	29.6234	1.0000	1.0000	0.6750	0.7826	3.2481	0.7773	1	5
<是一种→打扫工具>[种类]	扫帚	6.1415	0.3797	15.5479	1.0000	1.0000	0.1500	0.7833	6.2481	0.8608	1	8
<是一种→清洁工具>[种类]	扫帚	6.1415	0.3544	14.5102	1.0000	1.0000	0.1500	0.6667	5.2481	0.8409	1	7
<是用于→打扫卫生>[用途]	扫帚	4.0943	0.3499	14.3277	1.0000	1.0000	0.1000	0.8125	4.2481	0.8144	1	6
<常共同出现→簸箕>[共现]@[人为配用物]	扫帚	5.1179	0.3229	13.2226	1.0000	1.0000	0.1250	0.6112	12.4495	0.8612	1	16
<常共同出现→搭配簸箕>[共现]@[所在事件]	扫帚	4.0943	0.3058	12.5199	1.0000	1.0000	0.1000	0.6077	11.4495	0.8519	1	15
<含百科知识→扫把星>[百科知识]@[联想关系]	扫帚	3.0708	0.2826	11.5719	1.0000	1.0000	0.0750	0.5833	7.6030	0.8482	1	10
<眼观可知→长柄>[视觉]@[尺度]	扫帚	3.7447	0.3507	10.5055	0.3333	0.6250	0.1250	0.7214	2.2481	0.7216	3	4

续表

注型义征	持征概念	示意度	可达度	语义显著度	简化范畴独有度	范畴线索度	单提名优势度	单提名秩率	单交联度	单关联度	属概量	属概配征量
<含百科知识→电影>[百科知识]@[联想关系]	扫帚	2.2468	0.3087	9.2466	1.0000	1.0000	0.0750	0.6833	9.6030	0.8735	3	12
<有组成部分→柄>[部分]@[外部组件]	扫帚	3.7274	0.3589	8.9183	0.2500	0.3158	0.1500	0.6845	2.0155	0.6084	5	5
<有组成部分→把>[部分]@[外部组件]	扫帚	2.0310	0.3048	8.2529	0.3333	0.6000	0.0750	0.6667	1.2481	0.6288	4	3
<常共同出现→居所>[共现]@[人为配用物]	扫帚	3.6212	0.3736	6.0125	0.3333	0.6429	0.2250	0.5708	5.9117	0.5262	12	19
<常共同出现→人>[共现]@[人为配用物]	扫帚	1.3438	0.3324	5.9563	0.5000	0.7500	0.0750	0.8111	5.1680	0.6152	10	13
<含百科知识→在家里>[百科知识]@[空间关系]	扫帚	3.6212	0.3566	5.7387	0.3333	0.6429	0.2250	0.5231	3.6267	0.5050	12	13
<常共同出现→客厅>[共现]@[人为配用物]	沙发	14.8257	0.5131	17.4505	0.5000	0.9444	0.4359	0.6050	10.2766	0.8234	2	14
<含百科知识→在客厅里>[百科知识]@[空间关系]	沙发	14.8257	0.5131	17.4505	0.5000	0.9444	0.4359	0.6050	4.7973	0.7265	2	8
<内省量→很软>[内省量]	沙发	6.1047	0.3667	12.4706	1.0000	1.0000	0.1795	0.6408	3.7973	0.6875	2	7
<常共同出现→看电视>[共现]@[所在事件]	沙发	3.1495	0.2686	10.9980	1.0000	1.0000	0.0769	0.5333	11.2766	0.8352	1	15
<是一种→家具>[种类]	沙发	6.4945	0.4756	10.9516	0.2000	0.4400	0.2821	0.8143	2.4807	0.6141	6	6
<内省量→软软的>[内省量]	沙发	3.0725	0.3551	10.6378	1.0000	1.0000	0.1026	0.8375	2.1094	0.5600	3	6
<触摸可知→软的>[触觉]	沙发	9.0789	0.6370	10.2514	0.5000	0.9565	0.5641	0.7287	6.9854	0.7147	12	12
<带来评判→舒适>[评判]@[声称]	沙发	3.4884	0.2874	9.7767	1.0000	1.0000	0.1026	0.5417	5.7973	0.7569	2	9

续表

注型义征	持征概念	示意度	可达度	语义显著度	简化范畴独有度	范畴线索度	单提名优势度	单提名秩率	单交联度	单关联度	属概量	属概配征量
<是用于→休息>[用途]	沙发	3.0725	0.3251	9.7387	0.5000	0.2500	0.1026	0.6750	1.2325	0.5674	3	3
<带来评判→舒服>[评判]@[声称]	沙发	6.6106	0.4525	9.7210	0.5000	0.9231	0.3077	0.6532	6.7973	0.7812	7	10
<触摸可知→柔软的>[触觉]	沙发	2.3616	0.3413	7.8577	1.0000	1.0000	0.1026	0.7500	5.3731	0.6781	6	11
<有客观特质→凶猛的>[客观特质]	狮子	19.3041	0.6150	20.9162	0.5000	0.5385	0.5676	0.6691	4.2600	0.5884	2	11
<含百科知识→森林之王>[百科知识]@[联想关系]	狮子	6.4347	0.3951	13.4378	0.5000	0.5385	0.1892	0.7272	11.8577	0.6793	2	23
<含百科知识→草原之王>[百科知识]@[联想关系]	狮子	4.4263	0.3225	13.2049	1.0000	1.0000	0.1081	0.6500	11.4785	0.7255	1	20
<含百科知识→百兽之王>[百科知识]@[联想关系]	狮子	2.7577	0.3502	11.9119	0.5000	0.3333	0.0811	1.0000	12.8893	0.6009	2	30
<有子类→雄狮>[子类]	狮子	3.3197	0.2872	11.7607	1.0000	1.0000	0.0811	0.5857	2.6154	0.7767	1	4
<内省量→很凶猛>[内省量]	狮子	3.6770	0.3267	11.1128	0.5000	0.4444	0.1081	0.6667	10.2155	0.6600	2	21
<含百科知识→动画片>[百科知识]@[联想关系]	狮子	2.4290	0.3476	10.4120	0.5000	0.5000	0.0811	0.9167	5.4037	0.5109	3	19
<眼观可知→棕黄色的>[视觉]@[颜色]	狮子	2.7577	0.2765	9.4042	1.0000	1.0000	0.0811	0.5500	6.5524	0.8332	2	9
<有子类→雌性>[子类]	狮子	3.6595	0.3000	8.1242	0.5000	0.6250	0.1351	0.5183	2.3779	0.5220	4	8
<是一种→动物>[种类]	狮子	5.3736	0.5276	8.0694	0.1667	0.1912	0.3514	0.8402	3.2358	0.4073	13	18
<有数量→四条腿>[实体数]	狮子	2.3226	0.3260	7.0037	0.2500	0.2500	0.1081	0.6637	1.1553	0.4875	7	4
<是一种→哺乳动物>[种类]	狮子	2.3226	0.3027	6.5024	0.1667	0.2353	0.1081	0.5792	5.9558	0.5129	7	21
<有组成部分→毛>[部分]@[外部组件]	狮子	4.4310	0.4816	6.0736	0.2000	0.2826	0.3514	0.6583	0.9188	0.4766	17	4

续表

注型义征	持征概念	示意度	可达度	语义显著度	简化范畴独有度	范畴线索度	单提名优势度	单提名秩率	单交联度	单关联度	属概量	属概配征量
<常共同出现→动物园>[共现]@[人为配用物]	狮子	1.7420	0.2647	5.6867	0.2500	0.1429	0.0811	0.5132	6.5243	0.4836	7	25
<含百科知识→在动物园里>[百科知识]@[空间关系]	狮子	1.7420	0.2647	5.6867	0.2500	0.1429	0.0811	0.5132	4.5124	0.4664	7	19
<眼观可知→有纹路>[视觉]@[纹理]	手掌	11.5482	0.4488	18.3765	1.0000	1.0000	0.2821	0.6965	5.6126	0.7233	1	9
<有数量→五个手指>[实体数]	手掌	7.3488	0.3925	16.0698	1.0000	1.0000	0.1795	0.7452	3.3853	0.7693	1	5
<有数量→五根手指>[实体数]	手掌	8.3987	0.3623	14.8336	1.0000	1.0000	0.2051	0.5740	2.3853	0.7117	1	4
<归属于→手>[总体]@[整体]	手掌	3.1495	0.3238	13.2563	1.0000	1.0000	0.0769	0.7500	9.6126	0.8084	1	13
<是用于→拿东西>[用途]	手掌	3.1495	0.3060	12.5300	1.0000	1.0000	0.0769	0.6667	7.6126	0.7736	1	11
<是用于→写字>[用途]	手掌	3.1495	0.2977	12.1879	1.0000	1.0000	0.0769	0.6333	6.6126	0.7510	1	10
<有数量→一部分>[实体数]	手掌	3.8562	0.4176	8.9722	0.2000	0.1707	0.1795	0.9286	1.3269	0.5241	7	4
<带来评判→温暖>[评判]@[声称]	手掌	2.3044	0.2977	8.9176	0.5000	0.6000	0.0769	0.6333	10.7916	0.7562	3	16
<有数量→两只>[实体数]	手掌	1.9115	0.3330	8.2738	0.5000	0.3333	0.0769	0.8056	0.6200	0.3305	5	5
<归属于→人体>[总体]@[整体]	手掌	1.7712	0.3473	7.9966	0.1667	0.1500	0.0769	1.0000	3.8044	0.4014	6	22
<归属于→人>[总体]@[整体]	手掌	2.9520	0.3400	7.8293	0.1667	0.1163	0.1282	0.6667	4.3930	0.3961	6	23
<有数量→两个>[实体数]	手掌	2.3616	0.2888	6.6495	0.2500	0.2353	0.1026	0.5458	2.2332	0.4800	6	9
<常共同出现→书>[共现]@[人为配用物]	书架	39.8660	0.9389	38.4433	1.0000	1.0000	0.9737	0.9178	10.6821	0.8765	1	13
<是用于→放书>[用途]	书架	32.3238	0.8408	34.4258	1.0000	1.0000	0.7895	0.9203	1.5558	0.6797	1	3
<是用于→摆放书>[用途]	书架	3.2324	0.3487	14.2777	1.0000	1.0000	0.0789	1.0000	2.5558	0.7598	1	4
<内省量→很多层>[内省量]	书架	4.3098	0.2752	11.2693	1.0000	1.0000	0.1053	0.5000	5.6821	0.7993	1	8
<内省量→图书馆中常见>[内省量]	书架	3.2324	0.2589	10.6019	1.0000	1.0000	0.0789	0.5000	4.6821	0.7706	1	7

续表

注型义征	持征概念	示意度	可达度	语义显著度	简化范畴独有度	范畴线索度	单提名优势度	单提名秩率	单交联度	单关联度	属概量	属概配征量
<含百科知识→和尚>[百科知识]@[联想关系]	寺庙	13.2790	0.5154	21.1024	1.0000	1.0000	0.3243	0.8854	8.8901	0.8688	1	11
<由谁用→和尚>[用者]	寺庙	12.1724	0.4835	19.7964	1.0000	1.0000	0.2973	0.8006	3.0000	1.0000	1	3
<含百科知识→佛教>[百科知识]@[联想关系]	寺庙	4.4263	0.3645	14.9223	1.0000	1.0000	0.1081	0.8889	10.8901	0.8890	1	13
<常共同出现→菩萨>[共现]@[人为配用物]	寺庙	3.3197	0.3476	14.2303	1.0000	1.0000	0.0811	0.9167	13.8901	0.9098	1	16
<常共同出现→佛像>[共现]@[人为配用物]	寺庙	4.4263	0.3358	13.7494	1.0000	1.0000	0.1081	0.7054	14.8901	0.9151	1	17
<是用于→居住>[用途]	寺庙	8.0510	0.5002	13.5467	0.2500	0.1897	0.2973	0.9243	1.7997	0.4077	4	9
<常共同出现→上香>[共现]@[所在事件]	寺庙	4.4263	0.3296	13.4963	1.0000	1.0000	0.1081	0.6786	12.8901	0.9038	1	15
<含百科知识→祈福>[百科知识]@[联想关系]	寺庙	5.5329	0.3259	13.3426	1.0000	1.0000	0.1351	0.5989	7.8901	0.8557	1	10
<含百科知识→烧香>[百科知识]@[联想关系]	寺庙	3.3197	0.3088	12.6432	1.0000	1.0000	0.0811	0.6667	6.8901	0.8396	1	9
<特例→少林寺>[特例]	寺庙	3.3197	0.3019	12.3590	1.0000	1.0000	0.0811	0.6389	4.0000	1.0000	1	4
<是一种→场所>[种类]	寺庙	4.7012	0.3467	8.6158	0.2000	0.4118	0.1892	0.5571	3.5795	0.6062	5	9
<是一种→建筑>[种类]	寺庙	2.4893	0.3517	8.0978	0.1667	0.2353	0.1081	0.7875	3.5297	0.5560	6	11
<常共同出现→火车>[共现]@[人为配用物]	隧道	9.2123	0.4183	17.1265	1.0000	1.0000	0.2250	0.7241	9.6098	0.8761	1	12
<眼观可知→黑暗>[视觉]@[颜色]	隧道	8.1887	0.4028	16.4911	1.0000	1.0000	0.2000	0.7292	1.5965	0.6971	1	3
<是用于→火车通行>[用途]	隧道	7.1651	0.3933	16.1028	1.0000	1.0000	0.1750	0.7643	3.1414	0.7659	1	5

续表

注型义征	持征概念	示意度	可达度	语义显著度	简化范畴独有度	范畴线索度	单提名优势度	单提名秩率	单交联度	单关联度	属概量	属概配征量
<是用于→通车>[用途]	隧道	8.5030	0.4567	15.5344	0.5000	0.5263	0.2500	0.8333	2.3031	0.5558	2	7
<常共同出现→车>[共现]@[人为配用物]	隧道	9.3533	0.4484	15.2514	0.5000	0.5238	0.2750	0.7121	7.6340	0.6467	2	17
<含百科知识→在地下>[百科知识]@[空间关系]	隧道	4.0943	0.3395	13.9006	1.0000	1.0000	0.1000	0.7500	8.6098	0.8649	1	11
<内省量→很黑>[内省量]	隧道	7.1651	0.3294	13.4851	1.0000	1.0000	0.1750	0.5321	4.6098	0.7877	1	7
<含百科知识→在山里面>[百科知识]@[空间关系]	隧道	5.1179	0.3229	13.2217	1.0000	1.0000	0.1250	0.6111	6.6098	0.8349	1	9
<含百科知识→在山里>[百科知识]@[空间关系]	隧道	3.0708	0.3048	12.4776	1.0000	1.0000	0.0750	0.6667	7.6098	0.8514	1	10
<含百科知识→在山中>[百科知识]@[空间关系]	隧道	2.5509	0.3433	11.6755	0.5000	0.7500	0.0750	0.9167	5.6098	0.8142	2	8
<内省量→很长>[内省量]	隧道	3.7598	0.4049	8.6980	0.5000	0.7000	0.1750	0.8333	2.6471	0.5900	7	7
<是用于→做薯片>[用途]	土豆	5.1179	0.3362	13.7657	1.0000	1.0000	0.1250	0.6600	7.2053	0.8475	1	9
<眼观可知→土黄色的>[视觉]@[颜色]	土豆	3.0708	0.3021	12.3670	1.0000	1.0000	0.0750	0.6556	4.0615	0.8496	1	5
<含百科知识→土豆泥>[百科知识]@[联想关系]	土豆	3.0708	0.2964	12.1362	1.0000	1.0000	0.0750	0.6333	12.9846	0.7485	1	20
<含百科知识→薯条>[百科知识]@[联想关系]	土豆	3.0708	0.2874	11.7668	1.0000	1.0000	0.0750	0.6000	13.9846	0.7605	1	21
<常共同出现→土地>[共现]@[自然同在物]	土豆	8.5937	0.5319	11.4265	0.2000	0.3265	0.4000	0.7201	12.2249	0.6482	7	28

续表

注型义征	持征概念	示意度	可达度	语义显著度	简化范畴独有度	范畴线索度	单提名优势度	单提名秩率	单交联度	单关联度	属概量	属概配征量
<常共同出现→土地>[共现]@[人为配用物]	土豆	8.5937	0.5319	11.4265	0.2000	0.3265	0.4000	0.7201	12.2249	0.6482	7	28
<含百科知识→在土里>[百科知识]@[空间关系]	土豆	4.0621	0.3735	10.1146	0.2500	0.3750	0.1500	0.7500	6.5684	0.6241	4	16
<是一种→蔬菜>[种类]	土豆	6.3321	0.4384	10.0949	0.1667	0.1250	0.2750	0.6758	1.8677	0.3663	6	11
<含百科知识→在土地里>[百科知识]@[空间关系]	土豆	2.2468	0.3254	9.7492	0.3333	0.6000	0.0750	0.7667	11.7188	0.7475	3	18
<含百科知识→长在土里>[百科知识]@[来源关系]	土豆	3.7447	0.3197	9.5773	0.3333	0.4545	0.1250	0.6000	5.2851	0.5664	3	15
<常共同出现→切>[共现]@[所在事件]	土豆	2.7081	0.3310	8.9642	0.3333	0.6667	0.1000	0.7083	20.4405	0.7878	4	29
<常共同出现→煮>[共现]@[所在事件]	土豆	2.4849	0.3259	8.0987	0.2500	0.5000	0.1000	0.6857	19.0463	0.7859	5	27
<眼观可知→皮薄>[视觉]@[尺度]	土豆	2.0310	0.2910	7.8798	1.0000	1.0000	0.0750	0.6130	5.0615	0.8747	4	6
<含百科知识→在地里>[百科知识]@[空间关系]	土豆	2.8782	0.3322	7.6481	0.2000	0.2632	0.1250	0.6444	6.7752	0.5768	6	19
<常共同出现→炒>[共现]@[所在事件]	土豆	2.3026	0.3319	7.6418	0.1667	0.2353	0.1000	0.7123	9.3185	0.5432	6	31
<眼观可知→黄色的>[视觉]@[颜色]	土豆	5.6330	0.4647	7.4784	0.2500	0.8235	0.3500	0.6118	2.4900	0.4451	12	11
<含百科知识→长在地里>[百科知识]@[来源关系]	土豆	1.7269	0.2917	6.7174	0.2000	0.2727	0.0750	0.6157	4.9167	0.5660	6	15
<是一种→食物>[种类]	土豆	1.8971	0.3499	6.6388	0.1667	0.1481	0.1000	0.8125	1.8345	0.3299	9	15

续表

注型义征	持征概念	示意度	可达度	语义显著度	简化范畴独有度	范畴线索度	单提名优势度	单提名秩率	单交联度	单关联度	属概量	属概配征量
<眼观可知→椭圆形的>[视觉]@[形状]	土豆	1.5112	0.2989	6.0219	0.2500	0.4286	0.0750	0.6429	3.0615	0.8120	8	4
<眼观可知→圆形的>[视觉]@[形状]	土豆	2.9106	0.4099	5.9654	0.3333	0.7273	0.2000	0.7625	0.4041	0.3032	14	4
<是一种→植物>[种类]	土豆	1.2723	0.3412	5.7887	0.1667	0.1667	0.0750	0.8889	1.4086	0.3920	11	9
<是用于→食用>[用途]	土豆	3.5705	0.4523	4.9688	0.1667	0.1102	0.3250	0.6200	0.9343	0.3680	20	6
<眼观可知→红眼睛>[视觉]@[颜色]	兔子	17.8563	0.6244	21.2385	1.0000	1.0000	0.5250	0.7624	11.7270	0.8069	2	16
<有组成部分→耳朵>[部分]@[外部组件]	兔子	15.3538	0.4582	18.7615	1.0000	1.0000	0.3750	0.5568	2.4035	0.6151	1	5
<常共同出现→萝卜>[共现]@[自然同在物]	兔子	13.3066	0.4545	18.6073	1.0000	1.0000	0.3250	0.6264	26.6653	0.8586	1	33
<含百科知识→吃萝卜>[百科知识]@[事件关系]	兔子	13.3066	0.4545	18.6073	1.0000	1.0000	0.3250	0.6264	23.6653	0.8444	1	30
<常共同出现→胡萝卜>[共现]@[自然同在物]	兔子	11.2594	0.3917	16.0366	1.0000	1.0000	0.2750	0.5369	27.6653	0.8627	1	34
<含百科知识→吃胡萝卜>[百科知识]@[事件关系]	兔子	11.2594	0.3917	16.0366	1.0000	1.0000	0.2750	0.5369	24.6653	0.8494	1	31
<眼观可知→耳朵长>[视觉]@[尺度]	兔子	7.1651	0.3607	14.7677	1.0000	1.0000	0.1750	0.6301	13.7270	0.8284	1	18
<眼观可知→眼睛是红色的>[视觉]@[颜色]	兔子	5.1179	0.3548	14.5254	1.0000	1.0000	0.1250	0.7411	9.4576	0.7994	1	13

续表

注型义征	持征概念	示意度	可达度	语义显著度	简化范畴独有度	范畴线索度	单提名优势度	单提名秩率	单交联度	单关联度	属概量	属概配征量
<有客观特质→喜欢吃萝卜>[客观特质]	兔子	6.1415	0.3439	14.0787	1.0000	1.0000	0.1500	0.6278	5.4035	0.7595	1	8
<眼观可知→红色的眼睛>[视觉]@[颜色]	兔子	4.0943	0.3435	14.0657	1.0000	1.0000	0.1000	0.7722	12.7270	0.8183	1	17
<常共同出现→青菜>[共现]@[自然同在物]	兔子	5.1179	0.3404	13.9368	1.0000	1.0000	0.1250	0.6767	25.6653	0.8542	1	32
<含百科知识→吃青菜>[百科知识]@[事件关系]	兔子	5.1179	0.3404	13.9368	1.0000	1.0000	0.1250	0.6767	22.6653	0.8391	1	29
<有客观特质→喜欢吃胡萝卜>[客观特质]	兔子	7.1651	0.3354	13.7310	1.0000	1.0000	0.1750	0.5496	6.4035	0.7862	1	9
<有客观特质→喜欢吃青菜>[客观特质]	兔子	3.0708	0.3204	13.1169	1.0000	1.0000	0.0750	0.7389	4.4035	0.7251	1	7
<眼观可知→长耳朵>[视觉]@[尺度]	兔子	5.1179	0.3181	13.0222	1.0000	1.0000	0.1250	0.5944	8.4576	0.7827	1	12
<有数量→三瓣嘴>[实体数]	兔子	5.1179	0.3156	12.9209	1.0000	1.0000	0.1250	0.5862	3.4035	0.6793	1	6
<眼观可知→大耳朵>[视觉]@[尺度]	兔子	5.1179	0.2954	12.0959	1.0000	1.0000	0.1250	0.5233	14.7270	0.8374	1	19
<有客观特质→可爱的>[客观特质]	兔子	7.4471	0.4048	10.9615	0.5000	0.7857	0.2750	0.5723	7.1552	0.7570	4	11
<含百科知识→会奔跑>[百科知识]@[事件关系]	兔子	5.4161	0.3453	9.3513	0.2500	0.5000	0.2000	0.5339	17.6814	0.7400	4	29
<内省量→很可爱>[内省量]	兔子	2.9957	0.3098	9.2820	0.5000	0.6667	0.1000	0.6223	17.8679	0.8100	3	24
<眼观可知→灰色的>[视觉]@[颜色]	兔子	4.0295	0.3809	8.7716	0.3333	0.5000	0.1750	0.7070	3.9222	0.4831	6	16

续表

注型义征	持征概念	示意度	可达度	语义显著度	简化范畴独有度	范畴线索度	单提名优势度	单提名秩率	单交联度	单关联度	属概量	属概配征量
<眼观可知→白色的>[视觉]@[颜色]	兔子	5.3598	0.5740	7.2385	0.2500	0.7083	0.4250	0.8201	1.5726	0.2946	17	18
<是一种→动物>[种类]	兔子	3.4411	0.4452	6.8092	0.1667	0.1324	0.2250	0.8778	2.3072	0.2944	13	23
<有组成部分→毛>[部分]@[外部组件]	兔子	3.1528	0.4376	5.5187	0.2000	0.2174	0.2500	0.7352	0.5304	0.3612	17	4
<常共同出现→脚>[共现]@[人为配用物]	袜子	27.6368	0.7213	29.5336	1.0000	1.0000	0.6750	0.7771	8.4517	0.7640	1	13
<含百科知识→在脚上>[百科知识]@[空间关系]	袜子	18.7066	0.6552	22.2840	1.0000	1.0000	0.5500	0.8121	6.3325	0.7137	2	11
<是用于→穿戴>[用途]	袜子	14.9668	0.7246	16.6856	0.1667	0.2281	0.6500	0.8293	3.2468	0.5314	6	11
<是用于→保护脚>[用途]	袜子	5.1179	0.3207	13.1295	1.0000	1.0000	0.1250	0.6033	4.9785	0.6934	1	9
<是用于→装圣诞礼物>[用途]	袜子	3.0708	0.2826	11.5719	1.0000	1.0000	0.0750	0.5833	3.7207	0.6761	1	7
<鼻嗅可知→臭的>[嗅觉]	袜子	4.3486	0.3904	9.7021	1.0000	1.0000	0.1750	0.7500	7.8622	0.7503	5	13
<有数量→两只>[实体数]	袜子	3.1061	0.3803	9.4494	1.0000	1.0000	0.1250	0.9500	0.7009	0.4773	5	3
<是用于→保暖>[用途]	袜子	6.2123	0.3729	9.2659	0.2000	0.1205	0.2500	0.5267	2.3377	0.5114	5	8
<是一种→衣服>[种类]	袜子	2.6855	0.3653	7.8488	0.1667	0.1042	0.1250	0.8000	2.7729	0.5045	7	10
<眼观可知→短>[视觉]@[尺度]	袜子	1.2723	0.2777	4.7112	0.3333	0.2000	0.0750	0.5667	1.4176	0.4854	11	5
<含百科知识→在脖子上>[百科知识]@[空间关系]	围巾	21.0250	0.6039	24.7268	1.0000	1.0000	0.5135	0.7224	4.5947	0.6595	1	9
<常共同出现→围在脖子上>[共现]@[所在事件]	围巾	15.4921	0.5320	21.7804	1.0000	1.0000	0.3784	0.7726	6.0862	0.6942	1	11
<常共同出现→脖子>[共现]@[人为配用物]	围巾	18.3849	0.6214	21.1356	1.0000	1.0000	0.5405	0.7251	6.8625	0.7223	2	12

续表

注型义征	持征概念	示意度	可达度	语义显著度	简化范畴独有度	范畴线索度	单提名优势度	单提名秩率	单交联度	单关联度	属概量	属概配征量
<常共同出现→脖子>[共现]@[自然同在物]	围巾	18.3849	0.6214	21.1356	1.0000	1.0000	0.5405	0.7251	6.8625	0.7223	2	12
<是用于→保暖>[用途]	围巾	15.4467	0.6962	17.2995	0.2000	0.2771	0.6216	0.7964	3.1753	0.5284	5	10
<常共同出现→织>[共现]@[所在事件]	围巾	14.5738	0.5527	16.5574	0.3333	0.4865	0.4865	0.6306	6.8124	0.6301	3	16
<常共同出现→冬季>[共现]@[所在事件]	围巾	3.2386	0.3257	9.7569	0.3333	0.6667	0.1081	0.6625	7.0862	0.7197	3	12
<是用于→装饰>[用途]	围巾	4.7012	0.3907	9.7076	0.3333	0.7778	0.1892	0.7082	0.9221	0.5190	5	3
<是用于→御寒>[用途]	围巾	2.4290	0.3152	9.4439	0.3333	0.3000	0.0811	0.6944	1.6214	0.5072	3	6
<常共同出现→冬季穿戴>[共现]@[所在事件]	围巾	2.1957	0.3358	9.0947	0.2500	0.0789	0.0811	0.8056	6.6873	0.6736	4	14
<常共同出现→编织>[共现]@[所在事件]	围巾	2.4290	0.2865	8.5843	0.5000	0.2727	0.0811	0.5833	8.7252	0.5972	3	21
<是用于→穿戴>[用途]	围巾	3.1116	0.3494	8.0456	0.1667	0.0439	0.1351	0.6861	2.3780	0.5361	6	8
<是一种→服饰>[种类]	围巾	2.1957	0.2816	7.6259	0.2500	0.4286	0.0811	0.5667	3.5027	0.6618	4	7
<内省量→长长的>[内省量]	围巾	1.5382	0.2913	5.5270	1.0000	1.0000	0.0811	0.6000	0.8979	0.4026	9	5
<眼观可知→红瓤>[视觉]@[颜色]	西瓜	10.2359	0.4133	16.9203	1.0000	1.0000	0.2500	0.6450	9.7874	0.7715	1	15
<眼观可知→绿皮>[视觉]@[颜色]	西瓜	9.3533	0.4570	15.5425	1.0000	1.0000	0.2750	0.7468	7.7874	0.7363	2	13
<眼观可知→黑籽>[视觉]@[颜色]	西瓜	7.1651	0.3550	14.5330	1.0000	1.0000	0.1750	0.6107	10.7874	0.7858	1	16
<眼观可知→红色果肉>[视觉]@[颜色]	西瓜	4.0943	0.3533	14.4659	1.0000	1.0000	0.1000	0.8375	8.7874	0.7552	1	14
<含百科知识→夏季>[百科知识]@[联想关系]	西瓜	3.0708	0.3459	14.1634	1.0000	1.0000	0.0750	1.0000	15.0045	0.7453	1	24

续表

注型义征	持征概念	示意度	可达度	语义显著度	简化范畴独有度	范畴线索度	单提名优势度	单提名秩率	单交联度	单关联度	属概量	属概配征量
<含百科知识→夏季>[百科知识]@[事件关系]	西瓜	3.0708	0.3459	14.1634	1.0000	1.0000	0.0750	1.0000	15.0045	0.7453	1	24
<眼观可知→果肉是红色的>[视觉]@[颜色]	西瓜	5.1179	0.3261	13.3508	1.0000	1.0000	0.1250	0.6222	12.7874	0.8096	1	18
<有客观特质→解暑>[客观特质]	西瓜	6.1415	0.3076	12.5947	1.0000	1.0000	0.1500	0.5139	4.9961	0.7628	1	8
<有组成部分→瓤>[部分]@[外部组件]	西瓜	7.4893	0.4133	12.3802	0.5000	0.9091	0.2500	0.6450	3.0454	0.7539	3	5
<品尝可知→甜的>[味觉]	西瓜	11.0820	0.5323	10.7255	0.1667	0.2157	0.5500	0.5153	6.7473	0.5492	8	21
<有组成部分→果肉>[部分]@[内部组件]	西瓜	6.9078	0.4570	10.5229	0.2000	0.4444	0.3000	0.6843	3.9270	0.7309	6	7
<是一种→水果>[种类]	西瓜	6.5484	0.4862	9.7962	0.1667	0.1313	0.3250	0.7310	3.4757	0.3870	8	20
<眼观可知→有条纹>[视觉]@[纹理]	西瓜	2.5509	0.2777	9.4455	1.0000	1.0000	0.0750	0.5667	0.6320	0.3235	2	6
<有组成部分→皮>[部分]@[外部组件]	西瓜	7.6001	0.6240	8.2473	0.1667	0.2323	0.5750	0.6803	1.8349	0.5501	16	6
<内省量→多汁>[内省量]	西瓜	2.0310	0.2715	7.3519	0.2500	0.3333	0.0750	0.5463	8.7259	0.5972	4	23
<眼观可知→圆形的>[视觉]@[形状]	西瓜	4.7297	0.4934	7.1800	0.2500	0.2955	0.3250	0.7598	2.1326	0.4546	14	10
<内省量→很甜>[内省量]	西瓜	1.7269	0.2602	5.9911	0.1667	0.2308	0.0750	0.5111	8.5946	0.6203	6	21
<带来评判→好吃>[评判]@[声称]	西瓜	1.4553	0.2840	4.1336	0.1667	0.1667	0.1000	0.5361	4.5712	0.3614	14	30
<是一种→水果>[种类]	香蕉	12.5931	0.7069	14.2437	0.1667	0.2525	0.6250	0.8234	4.4421	0.5461	8	14
<眼观可知→月牙形的>[视觉]@[形状]	香蕉	3.0708	0.3205	13.1231	1.0000	1.0000	0.0750	0.7397	2.4811	0.5532	1	6

续表

注型义征	持征概念	示意度	可达度	语义显著度	简化范畴独有度	范畴线索度	单提名优势度	单提名秩率	单交联度	单关联度	属概量	属概配征量
<眼观可知→黄色的>[视觉]@[颜色]	香蕉	10.4613	0.7333	11.8015	0.3333	0.5417	0.6500	0.8593	3.8184	0.6290	12	9
<眼观可知→黄色的皮>[视觉]@[颜色]	香蕉	2.5509	0.3425	11.6480	1.0000	1.0000	0.0750	0.9048	5.4218	0.6988	2	9
<眼观可知→弯的>[视觉]@[形状]	香蕉	8.1242	0.4008	10.8531	1.0000	1.0000	0.3000	0.5224	3.2767	0.5973	4	7
<眼观可知→皮是黄色的>[视觉]@[颜色]	香蕉	2.5509	0.2863	9.7392	1.0000	1.0000	0.0750	0.5963	4.4218	0.6612	2	8
<常共同出现→剥皮>[共现]@[所在事件]	香蕉	4.0621	0.3387	9.1712	0.3333	0.5455	0.1500	0.6098	10.7560	0.6318	4	24
<内省量→软软的>[内省量]	香蕉	2.2468	0.2643	7.9190	1.0000	1.0000	0.0750	0.5238	2.8823	0.5279	3	10
<品尝可知→甜的>[味觉]	香蕉	4.5335	0.3792	7.6414	0.1667	0.0882	0.2250	0.5876	2.6423	0.4744	8	10
<是一种→食物>[种类]	香蕉	1.8971	0.3395	6.4409	0.5000	0.5714	0.1000	0.7500	1.3693	0.3364	9	11
<是用于→食用>[用途]	香蕉	4.6691	0.5200	5.7133	0.1667	0.1910	0.4250	0.6393	1.7828	0.3343	20	14
<是用于→咀嚼>[用途]	牙齿	19.9468	0.5452	22.3217	1.0000	1.0000	0.4872	0.6118	5.0321	0.8878	1	6
<含百科知识→在嘴里>[百科知识]@[空间关系]	牙齿	8.3987	0.4026	16.4844	1.0000	1.0000	0.2051	0.7138	8.0321	0.9252	1	9
<是用于→咬>[用途]	牙齿	5.2492	0.3340	13.6732	1.0000	1.0000	0.1282	0.6433	4.0321	0.8653	1	5
<常共同出现→嘴>[共现]@[自然同在物]	牙齿	8.4495	0.4549	13.6265	0.5000	0.6875	0.2821	0.7191	12.7131	0.7928	3	19
<是用于→吃东西>[用途]	牙齿	5.2326	0.3949	13.4305	1.0000	1.0000	0.1538	0.8720	6.0321	0.9038	2	7
<常共同出现→刷牙>[共现]@[所在事件]	牙齿	4.1993	0.2752	11.2679	1.0000	1.0000	0.1026	0.5048	14.9831	0.8839	1	18

续表

注型义征	持征概念	示意度	可达度	语义显著度	简化范畴独有度	范畴线索度	单提名优势度	单提名秩率	单交联度	单关联度	属概量	属概配征量
<常共同出现→食物>[共现]@[人为配用物]	牙齿	7.6459	0.4460	11.0819	1.0000	1.0000	0.3077	0.6331	3.0779	0.4382	5	16
<触摸可知→坚硬的>[触觉]	牙齿	6.2493	0.3829	10.3698	0.5000	0.9000	0.2308	0.5879	13.1565	0.8751	4	16
<内省量→很硬>[内省量]	牙齿	3.8407	0.3351	10.0385	1.0000	1.0000	0.1282	0.6476	7.0321	0.9158	3	8
<有客观特质→坚固>[客观特质]	牙齿	2.3044	0.3290	9.8549	1.0000	1.0000	0.0769	0.7798	2.8820	0.9797	3	3
<归属于→人>[总体]@[整体]	牙齿	3.5424	0.3617	8.3294	0.1667	0.1395	0.1538	0.6857	3.5198	0.4170	6	17
<归属于→人体>[总体]@[整体]	牙齿	2.3616	0.3496	8.0506	0.1667	0.2000	0.1026	0.7986	3.6028	0.4710	6	16
<眼观可知→白色的>[视觉]@[颜色]	牙齿	7.1141	0.6183	7.7982	0.5000	0.9565	0.5641	0.6817	0.5721	0.3778	17	4
<触摸可知→硬的>[触觉]	牙齿	4.7058	0.4393	6.7193	0.3333	0.7059	0.3077	0.6135	9.9990	0.7872	13	15
<是用于→刷牙>[用途]	牙刷	27.2096	0.8228	27.9838	1.0000	1.0000	0.8000	0.8489	9.6703	0.8660	2	12
<是用于→清洁牙齿>[用途]	牙刷	4.0943	0.3468	14.1982	1.0000	1.0000	0.1000	0.7917	10.7532	0.8801	1	13
<含百科知识→软毛>[百科知识]@[联想关系]	牙刷	3.0708	0.3402	13.9306	1.0000	1.0000	0.0750	0.8778	14.7532	0.9083	1	17
<含百科知识→牙膏>[百科知识]@[联想关系]	牙刷	5.1179	0.3259	13.3417	1.0000	1.0000	0.1250	0.6214	13.7532	0.9026	1	16
<有组成部分→软毛>[部分]@[外部组件]	牙刷	5.9521	0.3389	11.5274	0.5000	0.8750	0.1750	0.5602	3.2363	0.8715	2	4
<有组成部分→毛刷>[部分]@[外部组件]	牙刷	2.5509	0.3048	10.3653	0.5000	0.7500	0.0750	0.6667	4.2363	0.8972	2	5
<有组成部分→柄>[部分]@[外部组件]	牙刷	4.3486	0.4027	10.0059	0.2500	0.3684	0.1750	0.8184	2.8201	0.6836	5	6

续表

注型义征	持征概念	示意度	可达度	语义显著度	简化范畴独有度	范畴线索度	单提名优势度	单提名秩率	单交联度	单关联度	属概量	属概配征量
<有组成部分→手柄>[部分]@[外部组件]	牙刷	2.2468	0.2889	8.6559	0.3333	0.5000	0.0750	0.6056	2.2363	0.8287	3	3
<有组成部分→毛>[部分]@[外部组件]	牙刷	2.5223	0.3940	4.9687	0.5000	0.8000	0.2000	0.6926	0.4460	0.2987	17	5
<是一种→鸟类>[种类]	燕子	13.3308	0.6659	15.3328	0.1667	0.1719	0.5789	0.7856	2.6625	0.4815	6	10
<含百科知识→会飞行>[百科知识]@[事件关系]	燕子	11.8729	0.6336	13.6116	0.1667	0.2188	0.5526	0.7384	2.7997	0.4548	7	12
<含百科知识→春季>[百科知识]@[事件关系]	燕子	4.4753	0.3503	11.9152	0.5000	0.8333	0.1316	0.7000	7.1223	0.7261	2	12
<常共同出现→窝>[共现]@[自然同在物]	燕子	4.4753	0.3249	11.0507	0.5000	0.8333	0.1316	0.6033	9.4719	0.7536	2	15
<眼观可知→黑色羽毛>[视觉]@[颜色]	燕子	3.5802	0.3248	11.0487	1.0000	1.0000	0.1053	0.6667	1.8077	0.7460	2	3
<含百科知识→会做窝>[百科知识]@[事件关系]	燕子	2.6852	0.3005	10.2189	0.5000	0.7500	0.0789	0.6389	4.9602	0.7012	2	9
<眼观可知→黑色的>[视觉]@[颜色]	燕子	8.0158	0.5254	9.4141	0.3333	0.7727	0.4474	0.6191	1.7897	0.6559	10	4
<有组成部分→翅膀>[部分]@[外部组件]	燕子	3.9235	0.3763	9.3503	0.2000	0.2400	0.1579	0.7375	0.6466	0.4249	5	3
<眼观可知→黑白色的>[视觉]@[颜色]	燕子	2.3651	0.3074	9.2082	0.5000	0.7500	0.0789	0.6667	0.5722	0.3731	3	4
<常共同出现→虫>[共现]@[自然同在物]	燕子	2.4238	0.2944	6.7798	0.1667	0.2857	0.1053	0.5583	5.4556	0.5607	6	16

续表

注型义征	持征概念	示意度	可达度	语义显著度	简化范畴独有度	范畴线索度	单提名优势度	单提名秩率	单交联度	单关联度	属概量	属概配征量
<是一种→哺乳动物>[种类]	燕子	2.2615	0.3070	6.5953	1.0000	1.0000	0.1053	0.6000	2.2157	0.5184	7	8
<是一种→动物>[种类]	燕子	1.6099	0.3487	5.3329	0.1667	0.1111	0.1053	0.7813	1.8415	0.4014	13	10
<耳听可知→说话声>[听觉]	鹦鹉	32.7548	0.7545	30.8925	1.0000	1.0000	0.8000	0.7162	8.0222	0.8144	1	11
<含百科知识→会学人说话>[百科知识]@[事件关系]	鹦鹉	17.4010	0.5301	21.7035	1.0000	1.0000	0.4250	0.6668	6.0222	0.7732	1	9
<含百科知识→会说话>[百科知识]@[事件关系]	鹦鹉	11.2594	0.4784	19.5856	1.0000	1.0000	0.2750	0.8636	7.0222	0.7959	1	10
<是一种→鸟类>[种类]	鹦鹉	16.1181	0.7538	17.3563	0.1667	0.2188	0.7000	0.8232	2.1870	0.4961	6	8
<眼观可知→彩色的羽毛>[视觉]@[颜色]	鹦鹉	3.0708	0.3392	13.8866	1.0000	1.0000	0.0750	0.8667	2.7563	0.6886	1	5
<含百科知识→会学舌>[百科知识]@[事件关系]	鹦鹉	7.1651	0.3331	13.6368	1.0000	1.0000	0.1750	0.5429	5.0222	0.7448	1	8
<有客观特质→聪明的>[客观特质]	鹦鹉	4.2515	0.3714	12.6315	1.0000	1.0000	0.1250	0.8429	1.3019	0.5985	2	3
<有组成部分→羽毛>[部分]@[外部组件]	鹦鹉	9.7860	0.5043	11.6122	0.1667	0.2429	0.4250	0.5990	0.6687	0.4585	6	3
<常共同出现→花鸟市场>[共现]@[人为配用物]	鹦鹉	3.0708	0.2826	11.5719	1.0000	1.0000	0.0750	0.5833	10.1682	0.8101	1	14
<含百科知识→在花鸟市场里>[百科知识]@[空间关系]	鹦鹉	3.0708	0.2826	11.5719	1.0000	1.0000	0.0750	0.5833	4.0222	0.7084	1	7
<含百科知识→会飞行>[百科知识]@[事件关系]	鹦鹉	5.3711	0.3735	8.0247	0.1667	0.1042	0.2500	0.5283	1.7986	0.4218	7	9
<常共同出现→动物园>[共现]@[人为配用物]	鹦鹉	1.6113	0.3354	7.2057	0.3333	0.1364	0.0750	0.8333	3.5684	0.4950	7	12

续表

注型义征	持征概念	示意度	可达度	语义显著度	简化范畴独有度	范畴线索度	单提名优势度	单提名秩率	单交联度	单关联度	属概量	属概配征量
<含百科知识→在动物园里>[百科知识]@[空间关系]	鹦鹉	1.6113	0.3354	7.2057	0.3333	0.1364	0.0750	0.8333	1.7548	0.4105	7	9
<带来评判→漂亮>[评判]@[声称]	鹦鹉	2.0149	0.3111	6.2675	0.3333	0.3333	0.1000	0.6268	2.5077	0.4315	8	13
<是一种→动物>[种类]	鹦鹉	2.2941	0.3735	5.7123	0.1667	0.1667	0.1500	0.7500	1.7315	0.4297	13	8
<是用于→挡雨>[用途]	雨伞	17.0060	0.6241	21.2269	1.0000	1.0000	0.5000	0.8194	5.3375	0.8305	2	7
<是用于→遮阳>[用途]	雨伞	14.3302	0.4701	19.2485	1.0000	1.0000	0.3500	0.6271	3.3375	0.7628	1	5
<常共同出现→下雨天用>[共现]@[所在事件]	雨伞	4.0943	0.3621	14.8244	1.0000	1.0000	0.1000	0.9375	10.3375	0.9012	1	12
<常共同出现→下雨用>[共现]@[所在事件]	雨伞	3.0708	0.3433	14.0550	1.0000	1.0000	0.0750	0.9167	9.3375	0.8922	1	11
<常共同出现→雨天用>[共现]@[所在事件]	雨伞	3.0708	0.3391	13.8842	1.0000	1.0000	0.0750	0.8661	8.3375	0.8814	1	10
<常共同出现→晴天用>[共现]@[所在事件]	雨伞	3.0708	0.3374	13.8136	1.0000	1.0000	0.0750	0.8500	11.3375	0.9088	1	13
<带来评判→像蘑菇>[评判]@[声称]	雨伞	3.0708	0.3007	12.3105	1.0000	1.0000	0.0750	0.6500	6.3375	0.8517	1	8
<是用于→防水>[用途]	雨伞	3.0708	0.2565	10.5014	1.0000	1.0000	0.0750	0.5000	4.3375	0.8023	1	6
<有组成部分→柄>[部分]@[外部组件]	雨伞	3.1061	0.3197	7.9442	0.2500	0.2632	0.1250	0.6000	1.1358	0.4967	5	4
<是一种→飞机>[种类]	直升机	8.8526	0.4424	18.1115	1.0000	1.0000	0.2162	0.9127	3.3718	0.6752	1	6
<含百科知识→会飞行>[百科知识]@[事件关系]	直升机	12.7745	0.6663	14.3148	1.0000	1.0000	0.5946	0.7584	1.6869	0.3868	7	11

续表

注型义征	持征概念	示意度	可达度	语义显著度	简化范畴独有度	范畴线索度	单提名优势度	单提名秩率	单交联度	单关联度	属概量	属概配征量
<常共同出现→天空>[共现]@[自然同在物]	直升机	5.5155	0.3330	11.3263	1.0000	1.0000	0.1622	0.5667	9.5514	0.8058	2	13
<常共同出现→天空>[共现]@[人为配用物]	直升机	5.5155	0.3330	11.3263	1.0000	1.0000	0.1622	0.5667	9.5514	0.8058	2	13
<含百科知识→在空中>[百科知识]@[空间关系]	直升机	3.6770	0.3317	11.2833	1.0000	1.0000	0.1081	0.6875	5.3718	0.7564	2	8
<含百科知识→垂直起降>[百科知识]@[事件关系]	直升机	3.3197	0.2724	11.1538	1.0000	1.0000	0.0811	0.5370	8.5514	0.7896	1	12
<含百科知识→降落>[百科知识]@[事件关系]	直升机	3.3197	0.2724	11.1538	1.0000	1.0000	0.0811	0.5370	7.3718	0.8051	1	10
<是一种→交通工具>[种类]	直升机	6.5348	0.5107	10.2901	0.1667	0.1463	0.3243	0.8507	2.9052	0.5498	8	8
<是用于→载人>[用途]	直升机	4.7012	0.3532	8.7763	0.2000	0.1591	0.1892	0.5765	1.1889	0.4610	5	5
<是用于→乘坐>[用途]	直升机	1.5382	0.2913	5.5270	0.1667	0.1765	0.0811	0.6000	2.2552	0.5141	9	8

附录三：义征网络参数简表

下表显示了征联网络各顶点的网络参数。所有指标均以Pajek计算获取（版本号64 4.01a），按照拉普拉斯度从大到小排列。如正文对方法论依据的论证所述，点度、介数、接近度和拉普拉斯度，反映的是语义特征在网络中的关键性，而云集系数反映的是语义特征的核心性。

序号	含示义征	点度	加权点度	介数（$\times 10^{-4}$）	接近度	拉普拉斯度	云集系数
1	有组成部分→毛	69	15.0207	356.8689	0.2456	8826	0.3303
2	眼观可知→灰色的	64	16.4193	189.7805	0.2324	7576	0.3294
3	是一种→哺乳动物	58	16.3804	264.6223	0.2428	6410	0.2960
4	是一种→建筑	60	14.9839	489.7296	0.2063	6102	0.2491
5	是一种→交通工具	53	14.2909	124.8850	0.2184	5320	0.2776
6	是用于→乘坐	55	13.7614	263.0025	0.2225	5266	0.2244
7	有组成部分→嘴	51	13.6618	548.1676	0.2565	5084	0.2794
8	是用于→载人	51	13.2349	120.3203	0.2183	5024	0.2713
9	内省量→很大	51	13.8052	400.1920	0.2141	5006	0.2371
10	含百科知识→会奔跑	43	24.3417	251.8678	0.2416	4600	0.3354
11	有子类→雌性	47	12.6836	329.3729	0.2317	4458	0.2262
12	有组成部分→皮	47	13.1895	185.4279	0.2418	4428	0.2621
13	是一种→衣服	47	12.9305	86.9068	0.1909	4284	0.2634
14	是用于→穿戴	46	13.8240	284.5056	0.2019	4266	0.2802
15	含百科知识→在地里	46	16.8511	95.9860	0.2164	4264	0.3027
16	常共同出现→动物园	41	15.2446	137.5619	0.2395	4202	0.3029
17	含百科知识→在动物园里	41	15.2446	137.5619	0.2395	4202	0.3029
18	有数量→两个	47	14.0064	438.5878	0.2272	4172	0.2306
19	含百科知识→长在地里	45	16.1960	87.6286	0.2163	4126	0.3004
20	常共同出现→肉	39	21.0984	95.8134	0.2544	4076	0.3760
21	含百科知识→吃肉	39	21.0984	95.8134	0.2544	4076	0.3760
22	内省量→很凶猛	39	21.0984	95.8134	0.2544	4076	0.3760
23	是一种→食肉动物	39	21.1980	95.8134	0.2544	4076	0.3760

续表

序号	含示义征	点度	加权点度	介数（$\times 10^{-4}$）	接近度	拉普拉斯度	云集系数
24	有组成部分→牙齿	39	21.1980	95.8134	0.2544	4076	0.3760
25	有组成部分→轮子	43	15.3106	129.7517	0.2164	3874	0.2622
26	含百科知识→行驶	42	13.7098	54.1366	0.2178	3858	0.2616
27	带来评判→漂亮	44	14.0407	647.6420	0.2311	3854	0.2204
28	品尝可知→甜的	43	12.8977	272.4369	0.2423	3810	0.2395
29	含百科知识→森林之王	37	19.7508	69.4472	0.2456	3786	0.3663
30	有客观特质→凶猛的	37	19.7508	69.4472	0.2456	3786	0.3663
31	含百科知识→百兽之王	37	21.1471	57.7937	0.2531	3780	0.3712
32	是一种→猫科动物	37	21.1471	57.7937	0.2531	3780	0.3712
33	是一种→肉食性动物	37	21.1471	57.7937	0.2531	3780	0.3712
34	有组成部分→布	44	11.7762	623.2469	0.2119	3754	0.2339
35	常共同出现→嘴	41	16.9530	364.3477	0.2090	3702	0.3014
36	含百科知识→动画片	38	16.0320	193.4233	0.2192	3640	0.2711
37	归属于→五官	40	19.1441	224.4644	0.2212	3628	0.3025
38	是一种→器官	40	20.2897	66.0538	0.2024	3622	0.3047
39	含百科知识→在土里	40	18.1302	68.5878	0.2114	3622	0.3233
40	常共同出现→土地	40	17.1993	82.2113	0.2160	3616	0.3166
41	有组成部分→肉	43	14.2558	127.2947	0.2072	3542	0.2443
42	归属于→人体	40	12.1834	429.4532	0.2228	3526	0.2430
43	有客观特质→危险的	37	15.2434	463.4910	0.2328	3452	0.2625
44	常共同出现→人	37	14.5838	775.1467	0.2512	3422	0.2729
45	含百科知识→长在土里	38	18.4909	45.4588	0.2055	3376	0.3212
46	有组成部分→羽毛	41	11.6914	203.0964	0.2399	3336	0.2007
47	是一种→水果	39	12.6537	180.1037	0.2406	3250	0.2090
48	含百科知识→会叫	37	12.9632	92.0218	0.2246	3238	0.2826
49	眼观可知→圆形的	39	9.5809	477.2728	0.2415	3220	0.2098
50	有组成部分→柄	42	14.5394	293.4837	0.1952	3198	0.2142
51	是用于→运输	37	13.7241	111.9543	0.2126	3144	0.2424
52	有客观特质→可爱的	31	25.7472	6.7296	0.2325	3068	0.4174
53	归属于→人	33	13.5157	108.9200	0.2107	3068	0.3125
54	有组成部分→尾巴	35	10.2386	119.9565	0.2211	3032	0.2353
55	是一种→衣物	35	15.4474	42.8181	0.1917	3028	0.3043
56	由谁用→人	33	6.7616	172.4059	0.2091	3026	0.1966
57	眼观可知→分层	38	12.2349	484.4067	0.2137	2980	0.2193
58	有组成部分→木头	42	8.4793	1003.2783	0.2645	2964	0.1449

续表

序号	含示义征	点度	加权点度	介数（$\times 10^{-4}$）	接近度	拉普拉斯度	云集系数
59	常共同出现→胡萝卜	30	27.3362	2.1935	0.2325	2946	0.4308
60	常共同出现→萝卜	30	27.3362	2.1935	0.2325	2946	0.4308
61	常共同出现→青菜	30	27.3362	2.1935	0.2325	2946	0.4308
62	含百科知识→吃胡萝卜	30	27.3362	2.1935	0.2325	2946	0.4308
63	含百科知识→吃萝卜	30	27.3362	2.1935	0.2325	2946	0.4308
64	含百科知识→吃青菜	30	27.3362	2.1935	0.2325	2946	0.4308
65	含百科知识→会蹦跳	30	27.3362	2.1935	0.2325	2946	0.4308
66	含百科知识→会跳跃	30	27.3362	2.1935	0.2325	2946	0.4308
67	内省量→蹦蹦跳跳	30	27.3362	2.1935	0.2325	2946	0.4308
68	内省量→很可爱	30	27.3362	2.1935	0.2325	2946	0.4308
69	内省量→跑得很快	30	27.3362	2.1935	0.2325	2946	0.4308
70	是一种→宠物	30	27.3362	2.1935	0.2325	2946	0.4308
71	眼观可知→大耳朵	30	27.3362	2.1935	0.2325	2946	0.4308
72	眼观可知→耳朵长	30	27.3362	2.1935	0.2325	2946	0.4308
73	眼观可知→红色的眼睛	30	27.3362	2.1935	0.2325	2946	0.4308
74	眼观可知→红眼睛	30	27.3362	2.1935	0.2325	2946	0.4308
75	眼观可知→尾巴短	30	27.3362	2.1935	0.2325	2946	0.4308
76	眼观可知→眼睛是红色的	30	27.3362	2.1935	0.2325	2946	0.4308
77	眼观可知→长耳朵	30	27.3362	2.1935	0.2325	2946	0.4308
78	有客观特质→喜欢吃胡萝卜	30	27.3362	2.1935	0.2325	2946	0.4308
79	有客观特质→喜欢吃萝卜	30	27.3362	2.1935	0.2325	2946	0.4308
80	有客观特质→喜欢吃青菜	30	27.3362	2.1935	0.2325	2946	0.4308
81	有数量→三瓣嘴	30	27.3362	2.1935	0.2325	2946	0.4308
82	有组成部分→耳朵	30	27.3362	2.1935	0.2325	2946	0.4308
83	有组成部分→眼睛	30	27.3362	2.1935	0.2325	2946	0.4308
84	有组成部分→长耳朵	30	27.3362	2.1935	0.2325	2946	0.4308
85	含百科知识→会飞行	38	9.8709	288.3024	0.2432	2924	0.1684
86	常共同出现→商场	34	16.2941	39.1179	0.1917	2912	0.3013
87	含百科知识→在商场	34	16.2941	39.1179	0.1917	2912	0.3013
88	有组成部分→爪子	33	13.2043	275.5898	0.2426	2864	0.2428
89	常共同出现→炒	34	10.3706	127.3279	0.2058	2842	0.2828
90	是一种→动物	31	8.7602	97.5809	0.2410	2826	0.2222
91	眼观可知→小	34	13.6653	10.4324	0.2080	2824	0.2899
92	常共同出现→油	33	15.1321	60.2935	0.2180	2768	0.2781
93	有组成部分→汁	34	12.8916	159.0595	0.2403	2750	0.2644

续表

序号	含示义征	点度	加权点度	介数（$\times 10^{-4}$）	接近度	拉普拉斯度	云集系数
94	有数量→两只	37	10.6572	1059.5179	0.2319	2734	0.1763
95	有组成部分→洞	33	20.1561	186.8053	0.1937	2732	0.2971
96	有同类概念→自行车	32	16.0084	43.5824	0.2150	2644	0.2777
97	常共同出现→王字	27	18.0320	13.6993	0.2434	2634	0.3601
98	常共同出现→野外	27	18.0320	13.6993	0.2434	2634	0.3601
99	含百科知识→会捕猎	27	18.0320	13.6993	0.2434	2634	0.3601
100	含百科知识→头上有王字	27	18.0320	13.6993	0.2434	2634	0.3601
101	眼观可知→有花纹	27	18.0320	13.6993	0.2434	2634	0.3601
102	眼观可知→有条纹	27	15.7852	13.6993	0.2434	2634	0.3601
103	有客观特质→牙齿尖利	27	18.0320	13.6993	0.2434	2634	0.3601
104	有客观特质→爪子锋利	27	18.0320	13.6993	0.2434	2634	0.3601
105	有组成部分→额头	27	18.0320	13.6993	0.2434	2634	0.3601
106	有组成部分→皮毛	27	18.0320	13.6993	0.2434	2634	0.3601
107	有客观特质→速度慢	31	13.5536	81.4925	0.2126	2612	0.2541
108	有组成部分→房间	32	14.6566	52.6201	0.2165	2612	0.2702
109	是一种→鸟类	35	9.1946	73.7365	0.2314	2608	0.1748
110	归属于→身体	33	14.9802	125.9624	0.2220	2590	0.2717
111	有数量→一部分	33	14.1651	125.9624	0.2220	2590	0.2717
112	眼观可知→白色的	36	6.2577	1518.3076	0.2578	2572	0.1565
113	有组成部分→塑料	34	13.5164	467.0845	0.2387	2544	0.2495
114	是用于→保暖	34	11.6835	137.1621	0.1898	2528	0.2213
115	含百科知识→在树上	33	9.5590	93.8700	0.2315	2516	0.1975
116	有组成部分→头	26	13.3756	9.3166	0.2391	2496	0.3606
117	内省量→各种颜色	31	14.9184	44.2512	0.1923	2466	0.2783
118	眼观可知→各种颜色	31	14.9184	44.2512	0.1923	2466	0.2783
119	是用于→居住	31	13.2666	10.5790	0.2051	2462	0.2638
120	内省量→很甜	31	13.3429	214.9210	0.2420	2460	0.2744
121	常共同出现→食物	34	16.9964	432.4927	0.1931	2460	0.2398
122	有数量→两层	30	15.6931	34.3581	0.2155	2430	0.2739
123	有客观特质→速度快	29	8.9873	210.0349	0.2297	2400	0.2329
124	内省量→很贵	30	13.9423	63.0435	0.2069	2382	0.2229
125	内省量→多汁	30	12.1559	61.3006	0.2348	2378	0.2549
126	有组成部分→果肉	28	14.4714	83.1997	0.2384	2354	0.2673
127	眼观可知→大	30	7.7605	30.1214	0.1939	2340	0.2049
128	眼观可知→皮厚	31	13.1385	411.0565	0.2235	2340	0.2232

续表

序号	含示义征	点度	加权点度	介数（$\times 10^{-4}$）	接近度	拉普拉斯度	云集系数
129	常共同出现→脸	27	23.0898	7.9677	0.2012	2302	0.3645
130	是一种→身体部位	31	14.7487	64.1906	0.2044	2290	0.2522
131	带来评判→好吃	30	7.3598	252.8471	0.2347	2264	0.1359
132	常共同出现→汽油	29	16.0141	17.8272	0.2114	2260	0.2723
133	常共同出现→水	28	12.2554	23.5358	0.1953	2238	0.2233
134	含百科知识→在水上	28	12.2701	23.5358	0.1953	2238	0.2233
135	是一种→场所	32	15.6352	4.2703	0.1722	2228	0.2384
136	有组成部分→翅膀	29	10.8281	379.7091	0.2563	2174	0.1925
137	有组成部分→种子	28	12.0758	31.9435	0.2330	2172	0.2555
138	鼻嗅可知→气味	26	23.4321	4.6235	0.2003	2170	0.3745
139	常共同出现→鼻屎	26	23.4321	4.6235	0.2003	2170	0.3745
140	常共同出现→鼻涕	26	23.4321	4.6235	0.2003	2170	0.3745
141	常共同出现→感冒	26	23.4321	4.6235	0.2003	2170	0.3745
142	常共同出现→黑头	26	23.4321	4.6235	0.2003	2170	0.3745
143	常共同出现→流鼻涕	26	23.4321	4.6235	0.2003	2170	0.3745
144	常共同出现→眼睛	26	23.4321	4.6235	0.2003	2170	0.3745
145	含百科知识→在脸部	26	23.4321	4.6235	0.2003	2170	0.3745
146	含百科知识→在脸上	26	23.4321	4.6235	0.2003	2170	0.3745
147	内省量→每个人都有	26	23.4321	4.6235	0.2003	2170	0.3745
148	是用于→呼吸	26	23.4321	4.6235	0.2003	2170	0.3745
149	是用于→嗅	26	23.4321	4.6235	0.2003	2170	0.3745
150	有数量→两个鼻孔	26	23.4321	4.6235	0.2003	2170	0.3745
151	有数量→两个洞	26	23.4321	4.6235	0.2003	2170	0.3745
152	有数量→两个孔	26	23.4321	4.6235	0.2003	2170	0.3745
153	有数量→两孔	26	23.4321	4.6235	0.2003	2170	0.3745
154	有同类概念→眼睛	26	23.4321	4.6235	0.2003	2170	0.3745
155	有组成部分→鼻孔	26	23.4321	4.6235	0.2003	2170	0.3745
156	有组成部分→鼻梁	26	23.4321	4.6235	0.2003	2170	0.3745
157	有组成部分→鼻毛	26	23.4321	4.6235	0.2003	2170	0.3745
158	有组成部分→孔	26	23.4321	4.6235	0.2003	2170	0.3745
159	含百科知识→长在树上	28	9.0463	77.5352	0.2312	2122	0.2018
160	有组成部分→水分	28	12.3087	54.4223	0.2341	2108	0.2491
161	有组成部分→脖子	29	13.1136	256.0463	0.2508	2102	0.1977
162	有客观特质→有营养	27	8.4268	127.6591	0.2218	2084	0.1984
163	是用于→装载货物	27	11.8576	10.0611	0.2012	2072	0.2219

续表

序号	含示义征	点度	加权点度	介数（$\times 10^{-4}$）	接近度	拉普拉斯度	云集系数
164	常共同出现→洞	25	21.4104	0.4113	0.2063	2066	0.3539
165	常共同出现→粮食	25	21.4104	0.4113	0.2063	2066	0.3539
166	常共同出现→猫	25	21.4104	0.4113	0.2063	2066	0.3539
167	带来评判→有害	25	21.4104	0.4113	0.2063	2066	0.3539
168	耳听可知→吱吱声	25	21.4104	0.4113	0.2063	2066	0.3539
169	关于情绪→讨厌	25	21.4104	0.4113	0.2063	2066	0.3539
170	含百科知识→吃粮食	25	21.4104	0.4113	0.2063	2066	0.3539
171	含百科知识→会传播疾病	25	21.4104	0.4113	0.2063	2066	0.3539
172	含百科知识→会打洞	25	21.4104	0.4113	0.2063	2066	0.3539
173	含百科知识→会躲藏	25	21.4104	0.4113	0.2063	2066	0.3539
174	含百科知识→会繁殖	25	21.4104	0.4113	0.2063	2066	0.3539
175	含百科知识→会偷吃	25	21.4104	0.4113	0.2063	2066	0.3539
176	含百科知识→会偷东西	25	21.4104	0.4113	0.2063	2066	0.3539
177	含百科知识→磨牙	25	21.4104	0.4113	0.2063	2066	0.3539
178	含百科知识→怕猫	25	21.4104	0.4113	0.2063	2066	0.3539
179	含百科知识→晚上活动	25	21.4104	0.4113	0.2063	2066	0.3539
180	是一种→啮齿类动物	25	21.4104	0.4113	0.2063	2066	0.3539
181	是用于→做实验	25	21.4104	0.4113	0.2063	2066	0.3539
182	眼观可知→尾巴长	25	21.4104	0.4113	0.2063	2066	0.3539
183	有客观特质→繁殖力强	25	21.4104	0.4113	0.2063	2066	0.3539
184	有同类概念→猫	25	21.4104	0.4113	0.2063	2066	0.3539
185	有组成部分→水泥	28	12.0399	165.1940	0.2203	2056	0.2147
186	有客观特质→食肉	22	14.7985	0.2429	0.2181	2046	0.2926
187	是用于→御寒	30	12.1620	41.9598	0.1816	2038	0.2069
188	常共同出现→驾驶	27	11.9716	7.3910	0.2029	2036	0.2185
189	常共同出现→生吃	28	10.9218	103.8247	0.2196	2036	0.2093
190	常共同出现→切	24	20.1462	0.0000	0.1832	1950	0.3478
191	常共同出现→煮	24	20.1462	0.0000	0.1832	1950	0.3478
192	带来评判→大小不一	24	20.1462	0.0000	0.1832	1950	0.3478
193	带来评判→长芽的不可食用	24	20.1462	0.0000	0.1832	1950	0.3478
194	带来评判→长芽有毒	24	20.1462	0.0000	0.1832	1950	0.3478
195	含百科知识→薯片	24	20.1462	0.0000	0.1832	1950	0.3478
196	含百科知识→薯条	24	20.1462	0.0000	0.1832	1950	0.3478
197	含百科知识→土豆泥	24	20.1462	0.0000	0.1832	1950	0.3478
198	含百科知识→在土地里	24	20.1462	0.0000	0.1832	1950	0.3478

续表

序号	含示义征	点度	加权点度	介数（×10^{-4}）	接近度	拉普拉斯度	云集系数
199	含百科知识→长芽	24	20.1462	0.0000	0.1832	1950	0.3478
200	内省量→淀粉含量较高	24	20.1462	0.0000	0.1832	1950	0.3478
201	是用于→做薯片	24	20.1462	0.0000	0.1832	1950	0.3478
202	是用于→做薯条	24	20.1462	0.0000	0.1832	1950	0.3478
203	眼观可知→皮薄	24	20.1462	0.0000	0.1832	1950	0.3478
204	眼观可知→土黄色的	24	20.1462	0.0000	0.1832	1950	0.3478
205	眼观可知→椭圆形的	24	20.1462	0.0000	0.1832	1950	0.3478
206	有同义词→马铃薯	24	20.1462	0.0000	0.1832	1950	0.3478
207	有组成部分→淀粉	24	20.1462	0.0000	0.1832	1950	0.3478
208	有组成部分→土豆丝	24	20.1462	0.0000	0.1832	1950	0.3478
209	含百科知识→草原之王	21	11.9084	0.2131	0.2180	1942	0.2928
210	含百科知识→动物园	21	11.9084	0.2131	0.2180	1942	0.2928
211	眼观可知→棕黄色的	21	11.9084	0.2131	0.2180	1942	0.2928
212	有客观特质→群居	21	11.9084	0.2131	0.2180	1942	0.2928
213	有子类→雄狮	21	11.9084	0.2131	0.2180	1942	0.2928
214	有组成部分→毛发	21	11.9084	0.2131	0.2180	1942	0.2928
215	有组成部分→鬃毛	21	11.9084	0.2131	0.2180	1942	0.2928
216	耳听可知→叫声	27	11.1569	174.0183	0.2442	1932	0.1795
217	是一种→食物	26	7.7119	59.9289	0.2076	1886	0.1728
218	常共同出现→虫	26	11.3304	32.1397	0.2321	1878	0.2075
219	含百科知识→吃虫	26	11.3498	32.1397	0.2321	1878	0.2075
220	内省量→软软的	28	12.5261	334.7900	0.2367	1878	0.1954
221	常共同出现→冬季穿戴	26	12.8439	17.9200	0.1814	1870	0.2412
222	带来评判→暖和	26	12.5190	17.9200	0.1814	1870	0.2412
223	是用于→吃饭	28	11.9657	279.4105	0.2518	1866	0.1954
224	有组成部分→竹子	28	13.4331	530.5081	0.2445	1860	0.1986
225	有组成部分→钢铁	26	11.9503	25.0028	0.2089	1842	0.2029
226	鼻嗅可知→臭的	28	10.0360	389.4941	0.2029	1832	0.1879
227	眼观可知→黄色的	26	10.4193	41.3116	0.2195	1816	0.2145
228	眼观可知→短	23	15.8305	1.9442	0.1892	1804	0.3109
229	常共同出现→郊区	22	16.2032	10.7127	0.2094	1770	0.2981
230	带来评判→贵	22	14.5966	10.7127	0.2094	1770	0.2981
231	带来评判→环境好	22	16.2032	10.7127	0.2094	1770	0.2981
232	含百科知识→花园	22	16.2032	10.7127	0.2094	1770	0.2981
233	含百科知识→土豪	22	16.2032	10.7127	0.2094	1770	0.2981

续表

序号	含示义征	点度	加权点度	介数（$\times 10^{-4}$）	接近度	拉普拉斯度	云集系数
234	含百科知识→在郊区	22	16.2032	10.7127	0.2094	1770	0.2981
235	是一种→房子	22	16.2032	10.7127	0.2094	1770	0.2981
236	是一种→建筑物	22	16.2032	10.7127	0.2094	1770	0.2981
237	是一种→住宅	22	16.2032	10.7127	0.2094	1770	0.2981
238	眼观可知→宽敞	22	16.2032	10.7127	0.2094	1770	0.2981
239	眼观可知→面积大	22	16.2032	10.7127	0.2094	1770	0.2981
240	由谁用→有钱人	22	16.2032	10.7127	0.2094	1770	0.2981
241	有客观特质→豪华	22	16.2032	10.7127	0.2094	1770	0.2981
242	有组成部分→花园	22	16.2032	10.7127	0.2094	1770	0.2981
243	含百科知识→在热带	25	11.9103	56.1563	0.2268	1740	0.2041
244	眼观可知→红色的	24	8.1317	66.1371	0.2140	1732	0.1752
245	常共同出现→织	25	10.8372	161.5191	0.1984	1732	0.2186
246	有组成部分→毛线	25	11.0141	161.5191	0.1984	1732	0.2186
247	常共同出现→售卖	22	17.3269	0.0000	0.1831	1728	0.3188
248	常共同出现→腿	22	17.3269	0.0000	0.1831	1728	0.3188
249	常共同出现→系腰带	22	17.3269	0.0000	0.1831	1728	0.3188
250	常共同出现→腰带	22	17.3269	0.0000	0.1831	1728	0.3188
251	含百科知识→在腿上	22	17.3269	0.0000	0.1831	1728	0.3188
252	内省量→款式多样	22	17.3269	0.0000	0.1831	1728	0.3188
253	是用于→遮羞	22	17.3269	0.0000	0.1831	1728	0.3188
254	有数量→两个裤管	22	17.3269	0.0000	0.1831	1728	0.3188
255	有数量→两条裤腿	22	17.3269	0.0000	0.1831	1728	0.3188
256	有数量→两条腿	22	17.3269	0.0000	0.1831	1728	0.3188
257	有子类→牛仔裤	22	17.3269	0.0000	0.1831	1728	0.3188
258	有组成部分→口袋	22	17.3269	0.0000	0.1831	1728	0.3188
259	有组成部分→裤管	22	17.3269	0.0000	0.1831	1728	0.3188
260	有组成部分→裤腿	22	17.3269	0.0000	0.1831	1728	0.3188
261	是一种→工具	28	13.1897	294.7268	0.2281	1728	0.1986
262	常共同出现→夏季吃	22	15.7425	2.4789	0.2270	1712	0.3078
263	含百科知识→夏季	22	15.7425	2.4789	0.2270	1712	0.3078
264	眼观可知→果肉是红色的	22	15.7425	2.4789	0.2270	1712	0.3078
265	眼观可知→黑色的籽	22	15.7425	2.4789	0.2270	1712	0.3078
266	眼观可知→黑籽	22	15.7425	2.4789	0.2270	1712	0.3078
267	眼观可知→红瓤	22	15.7425	2.4789	0.2270	1712	0.3078
268	眼观可知→红色果肉	22	15.7425	2.4789	0.2270	1712	0.3078

续表

序号	含示义征	点度	加权点度	介数（×10^{-4}）	接近度	拉普拉斯度	云集系数
269	眼观可知→绿皮	22	15.7425	2.4789	0.2270	1712	0.3078
270	有客观特质→解渴	22	15.7425	2.4789	0.2270	1712	0.3078
271	有客观特质→解暑	22	15.7425	2.4789	0.2270	1712	0.3078
272	有组成部分→瓤	22	15.7425	2.4789	0.2270	1712	0.3078
273	有组成部分→水	22	15.7425	2.4789	0.2270	1712	0.3078
274	有组成部分→籽	22	15.6477	2.4789	0.2270	1712	0.3078
275	常共同出现→剥皮	25	12.2732	15.8357	0.2179	1710	0.2198
276	有组成部分→叶子	24	9.8913	578.8029	0.2345	1696	0.1979
277	常共同出现→大海	20	11.9634	2.2046	0.1955	1684	0.2563
278	含百科知识→航行	20	11.9634	2.2046	0.1955	1684	0.2563
279	含百科知识→在海上	20	11.9634	2.2046	0.1955	1684	0.2563
280	含百科知识→在水里	20	11.9634	2.2046	0.1955	1684	0.2563
281	含百科知识→在水中	20	11.9634	2.2046	0.1955	1684	0.2563
282	内省量→速度较慢	20	11.9634	2.2046	0.1955	1684	0.2563
283	是一种→水上交通工具	20	11.9634	2.2046	0.1955	1684	0.2563
284	特例→泰坦尼克号	20	11.9634	2.2046	0.1955	1684	0.2563
285	内省量→长长的	28	7.7021	531.5708	0.2403	1648	0.1310
286	常共同出现→清洗	24	12.0615	14.4770	0.1813	1636	0.2256
287	触摸可知→柔软的	26	11.9041	239.9298	0.2340	1622	0.1809
288	常共同出现→居所	26	9.9480	151.4593	0.2426	1616	0.1832
289	含百科知识→在家里	26	9.9480	151.4593	0.2426	1616	0.1832
290	常共同出现→车	26	11.6044	184.7872	0.2351	1616	0.1936
291	是用于→通车	26	11.5990	184.7872	0.2351	1616	0.1936
292	是用于→食用	19	5.5689	191.5754	0.2375	1586	0.1208
293	有数量→四条腿	20	5.9576	527.8308	0.2605	1550	0.1144
294	常共同出现→胳膊	21	17.0724	0.4144	0.2049	1546	0.3014
295	常共同出现→重物	21	17.0724	0.4144	0.2049	1546	0.3014
296	归属于→男性	21	17.0724	0.4144	0.2049	1546	0.3014
297	归属于→女性	21	17.0724	0.4144	0.2049	1546	0.3014
298	含百科知识→和胳膊连在一起	21	17.0724	0.4144	0.2049	1546	0.3014
299	含百科知识→依靠	21	17.0724	0.4144	0.2049	1546	0.3014
300	含百科知识→在脖子两边	21	17.0724	0.4144	0.2049	1546	0.3014
301	是用于→背东西	21	17.0724	0.4144	0.2049	1546	0.3014
302	是用于→扛东西	21	17.0724	0.4144	0.2049	1546	0.3014

续表

序号	含示义征	点度	加权点度	介数（$\times 10^{-4}$）	接近度	拉普拉斯度	云集系数
303	是用于→靠	21	17.0724	0.4144	0.2049	1546	0.3014
304	是用于→依靠	21	17.0724	0.4144	0.2049	1546	0.3014
305	眼观可知→宽	21	17.0724	0.4144	0.2049	1546	0.3014
306	有同类概念→脖子	21	17.0724	0.4144	0.2049	1546	0.3014
307	有同类概念→胳膊	21	17.0724	0.4144	0.2049	1546	0.3014
308	有同类概念→手臂	21	17.0724	0.4144	0.2049	1546	0.3014
309	有组成部分→肌肉	21	17.0724	0.4144	0.2049	1546	0.3014
310	含百科知识→耗油	19	11.6292	1.1205	0.2024	1530	0.2512
311	内省量→很快	19	11.6292	1.1205	0.2024	1530	0.2512
312	是一种→代步工具	19	11.6292	1.1205	0.2024	1530	0.2512
313	眼观可知→流线型	19	11.6292	1.1205	0.2024	1530	0.2512
314	有客观特质→速度比自行车快	19	11.6292	1.1205	0.2024	1530	0.2512
315	有数量→四轮	19	11.6292	1.1205	0.2024	1530	0.2512
316	有组成部分→发动机	19	11.6292	1.1205	0.2024	1530	0.2512
317	有组成部分→方向盘	19	11.6292	1.1205	0.2024	1530	0.2512
318	有组成部分→钢筋	24	11.5671	23.8483	0.2053	1530	0.1966
319	有组成部分→混凝土	24	11.6199	23.8483	0.2053	1530	0.1966
320	常共同出现→树	23	10.8511	404.4455	0.2232	1518	0.1858
321	眼观可知→分节	23	9.8859	661.8552	0.2428	1488	0.1594
322	是一种→蔬菜	22	7.3054	66.5385	0.2190	1474	0.1353
323	有数量→四个轮子	18	10.9690	0.9934	0.2024	1392	0.2404
324	常共同出现→戴头盔	19	15.1781	3.4006	0.2085	1392	0.2721
325	常共同出现→加油	19	15.1781	3.4006	0.2085	1392	0.2721
326	常共同出现→头盔	19	15.1781	3.4006	0.2085	1392	0.2721
327	含百科知识→汽油	19	15.1781	3.4006	0.2085	1392	0.2721
328	含百科知识→烧汽油	19	15.1781	3.4006	0.2085	1392	0.2721
329	是一种→机动车	19	15.1781	3.4006	0.2085	1392	0.2721
330	是用于→骑	19	15.1781	3.4006	0.2085	1392	0.2721
331	有客观特质→比自行车快	19	15.1781	3.4006	0.2085	1392	0.2721
332	有数量→两个轮子	19	15.1781	3.4006	0.2085	1392	0.2721
333	有数量→两轮	19	15.1781	3.4006	0.2085	1392	0.2721
334	有同类概念→汽车	19	15.1781	3.4006	0.2085	1392	0.2721
335	有组成部分→刹车	19	15.1781	3.4006	0.2085	1392	0.2721
336	有组成部分→扶手	19	15.1781	3.4006	0.2085	1392	0.2721

续表

序号	含示义征	点度	加权点度	介数（$\times 10^{-4}$）	接近度	拉普拉斯度	云集系数
337	鼻嗅可知→香的	23	9.5316	48.9486	0.2130	1384	0.1686
338	眼观可知→黑色的	23	8.8475	302.1442	0.2358	1378	0.1581
339	眼观可知→长	23	6.4655	417.1967	0.2349	1364	0.1607
340	有组成部分→车厢	18	10.5216	80.6318	0.2333	1336	0.2114
341	常共同出现→编织	18	10.4251	0.7481	0.1811	1330	0.2489
342	常共同出现→秋季穿戴	18	10.3803	0.7481	0.1811	1330	0.2489
343	常共同出现→身体	18	10.3803	0.7481	0.1811	1330	0.2489
344	内省量→很保暖	18	10.3803	0.7481	0.1811	1330	0.2489
345	是用于→御寒保暖	18	10.3803	0.7481	0.1811	1330	0.2489
346	有组成部分→线	18	10.3803	0.7481	0.1811	1330	0.2489
347	有组成部分→羊毛	18	10.3803	0.7481	0.1811	1330	0.2489
348	品尝可知→酸甜的	21	8.1398	12.3330	0.2209	1318	0.1536
349	常共同出现→香蕉	19	16.3064	17.5775	0.2211	1312	0.2705
350	带来评判→像人	19	16.3064	17.5775	0.2211	1312	0.2705
351	含百科知识→吃香蕉	19	16.3064	17.5775	0.2211	1312	0.2705
352	含百科知识→花果山	19	16.3064	17.5775	0.2211	1312	0.2705
353	含百科知识→会爬树	19	16.3064	17.5775	0.2211	1312	0.2705
354	含百科知识→孙悟空	19	16.3064	17.5775	0.2211	1312	0.2705
355	内省量→很聪明	19	16.3064	17.5775	0.2211	1312	0.2705
356	是一种→灵长类动物	19	16.3064	17.5775	0.2211	1312	0.2705
357	眼观可知→红屁股	19	16.3064	17.5775	0.2211	1312	0.2705
358	眼观可知→长尾巴	19	16.3064	17.5775	0.2211	1312	0.2705
359	有客观特质→聪明的	19	15.0291	17.5775	0.2211	1312	0.2705
360	有客观特质→灵活	19	16.3064	17.5775	0.2211	1312	0.2705
361	有客观特质→喜欢吃香蕉	19	16.3064	17.5775	0.2211	1312	0.2705
362	有客观特质→喜欢爬树	19	16.3064	17.5775	0.2211	1312	0.2705
363	有同类概念→人类	19	16.3064	17.5775	0.2211	1312	0.2705
364	有组成部分→屁股	19	16.3064	17.5775	0.2211	1312	0.2705
365	常共同出现→拔萝卜	18	12.1662	0.9321	0.2045	1306	0.2489
366	含百科知识→萝卜干	18	12.1662	0.9321	0.2045	1306	0.2489
367	含百科知识→兔子吃	18	12.1662	0.9321	0.2045	1306	0.2489
368	内省量→富含维生素 C	18	12.1662	0.9321	0.2045	1306	0.2489
369	眼观可知→橙色的	18	12.1662	0.9321	0.2045	1306	0.2489
370	由谁用→兔子	18	12.1662	0.9321	0.2045	1306	0.2489
371	有子类→白萝卜	18	12.1662	0.9321	0.2045	1306	0.2489

续表

序号	含示义征	点度	加权点度	介数（$\times 10^{-4}$）	接近度	拉普拉斯度	云集系数
372	有子类→红萝卜	18	12.1662	0.9321	0.2045	1306	0.2489
373	有组成部分→维生素 C	18	12.1662	0.9321	0.2045	1306	0.2489
374	眼观可知→弯的	19	12.2147	25.5962	0.2191	1304	0.2351
375	是用于→运输货物	18	10.5873	15.9664	0.2148	1280	0.1705
376	是一种→植物	21	6.9136	155.2831	0.2176	1278	0.1275
377	常共同出现→轨道	17	10.3181	62.2299	0.2332	1266	0.2174
378	常共同出现→铁轨	17	10.3181	62.2299	0.2332	1266	0.2174
379	耳听可知→噪音大	17	10.3181	62.2299	0.2332	1266	0.2174
380	含百科知识→运行	17	10.3181	62.2299	0.2332	1266	0.2174
381	含百科知识→在轨道上	17	10.3181	62.2299	0.2332	1266	0.2174
382	含百科知识→在铁轨上	17	10.3181	62.2299	0.2332	1266	0.2174
383	内省量→很多车厢	17	10.3181	62.2299	0.2332	1266	0.2174
384	内省量→一节一节的车厢	17	10.3181	62.2299	0.2332	1266	0.2174
385	有同类概念→嘴	19	14.1028	38.7559	0.2079	1258	0.2254
386	内省量→很长	22	9.0622	26.4679	0.2227	1244	0.1546
387	眼观可知→长条形的	24	7.5249	551.8829	0.2164	1232	0.1147
388	带来评判→猴子喜欢吃	18	12.7651	3.7971	0.2166	1216	0.2472
389	含百科知识→猴子吃	18	12.7651	3.7971	0.2166	1216	0.2472
390	内省量→很香	18	12.7651	3.7971	0.2166	1216	0.2472
391	品尝可知→软的	18	12.7651	3.7971	0.2166	1216	0.2472
392	眼观可知→黄色的皮	18	12.7651	3.7971	0.2166	1216	0.2472
393	眼观可知→皮是黄色的	18	12.7651	3.7971	0.2166	1216	0.2472
394	眼观可知→月牙形的	18	12.7651	3.7971	0.2166	1216	0.2472
395	由谁用→猴子	18	12.7651	3.7971	0.2166	1216	0.2472
396	有客观特质→通便	18	12.7651	3.7971	0.2166	1216	0.2472
397	常共同出现→货物	17	10.4901	6.3737	0.2002	1210	0.1739
398	眼观可知→黑白色的	22	12.6762	60.0210	0.1902	1182	0.1643
399	常共同出现→搭配牙膏	19	17.6640	0.0000	0.1941	1178	0.2754
400	常共同出现→更换	19	17.6640	0.0000	0.1941	1178	0.2754
401	常共同出现→牙膏	19	17.6640	0.0000	0.1941	1178	0.2754
402	含百科知识→软毛	19	17.6640	0.0000	0.1941	1178	0.2754
403	含百科知识→牙膏	19	17.6640	0.0000	0.1941	1178	0.2754
404	内省量→要定期更换	19	17.6640	0.0000	0.1941	1178	0.2754
405	是一种→生活用品	19	17.6640	0.0000	0.1941	1178	0.2754
406	是用于→清洁牙齿	19	17.6640	0.0000	0.1941	1178	0.2754

续表

序号	含示义征	点度	加权点度	介数（$\times 10^{-4}$）	接近度	拉普拉斯度	云集系数
407	是用于→刷牙	19	17.5144	0.0000	0.1941	1178	0.2754
408	由谁用→大人	19	17.6640	0.0000	0.1941	1178	0.2754
409	由谁用→儿童	19	17.6640	0.0000	0.1941	1178	0.2754
410	有子类→电动的	19	17.6640	0.0000	0.1941	1178	0.2754
411	有组成部分→把手	19	17.6640	0.0000	0.1941	1178	0.2754
412	有组成部分→毛刷	19	17.6640	0.0000	0.1941	1178	0.2754
413	有组成部分→软毛	19	17.6640	0.0000	0.1941	1178	0.2754
414	有组成部分→手柄	19	17.6640	0.0000	0.1941	1178	0.2754
415	有组成部分→刷毛	19	17.6640	0.0000	0.1941	1178	0.2754
416	有组成部分→硬毛	19	17.6640	0.0000	0.1941	1178	0.2754
417	带来评判→不会飞	17	13.7729	3.9272	0.2223	1166	0.2428
418	带来评判→开屏时漂亮	17	13.7729	3.9272	0.2223	1166	0.2428
419	带来评判→羽毛漂亮	17	13.7729	3.9272	0.2223	1166	0.2428
420	含百科知识→会开屏	17	13.7729	3.9272	0.2223	1166	0.2428
421	含百科知识→雄性会开屏	17	13.7729	3.9272	0.2223	1166	0.2428
422	含百科知识→雄性求偶时会开屏	17	13.7729	3.9272	0.2223	1166	0.2428
423	内省量→很漂亮	17	13.7729	3.9272	0.2223	1166	0.2428
424	内省量→羽毛很漂亮	17	13.7729	3.9272	0.2223	1166	0.2428
425	眼观可知→脖子长	17	13.7729	3.9272	0.2223	1166	0.2428
426	眼观可知→头小	17	13.7729	3.9272	0.2223	1166	0.2428
427	有客观特质→高贵	17	13.7729	3.9272	0.2223	1166	0.2428
428	有子类→雄性	17	13.7729	3.9272	0.2223	1166	0.2428
429	常共同出现→电影	18	15.6702	1.8426	0.1822	1164	0.2558
430	常共同出现→话剧	18	15.6702	1.8426	0.1822	1164	0.2558
431	常共同出现→门票	18	15.6702	1.8426	0.1822	1164	0.2558
432	常共同出现→戏剧	18	15.6702	1.8426	0.1822	1164	0.2558
433	含百科知识→表演	18	15.6702	1.8426	0.1822	1164	0.2558
434	含百科知识→唱歌	18	15.6702	1.8426	0.1822	1164	0.2558
435	含百科知识→歌剧	18	15.6702	1.8426	0.1822	1164	0.2558
436	含百科知识→舞台	18	15.6702	1.8426	0.1822	1164	0.2558
437	内省量→很多人	18	15.6702	1.8426	0.1822	1164	0.2558
438	内省量→座位多	18	15.6702	1.8426	0.1822	1164	0.2558
439	是用于→表演	18	15.6702	1.8426	0.1822	1164	0.2558
440	是用于→看电影	18	15.6702	1.8426	0.1822	1164	0.2558

续表

序号	含示义征	点度	加权点度	介数（$\times 10^{-4}$）	接近度	拉普拉斯度	云集系数
441	是用于→看戏	18	15.6702	1.8426	0.1822	1164	0.2558
442	由谁用→观众	18	15.6702	1.8426	0.1822	1164	0.2558
443	有组成部分→舞台	18	15.6702	1.8426	0.1822	1164	0.2558
444	常共同出现→刷牙	18	15.0907	71.8383	0.2294	1148	0.2506
445	触摸可知→坚硬的	18	15.0907	71.8383	0.2294	1148	0.2506
446	含百科知识→会脱落	18	15.0907	71.8383	0.2294	1148	0.2506
447	含百科知识→会蛀牙	18	15.0907	71.8383	0.2294	1148	0.2506
448	含百科知识→上下两排	18	15.0907	71.8383	0.2294	1148	0.2506
449	含百科知识→在嘴里	18	15.0907	71.8383	0.2294	1148	0.2506
450	内省量→很硬	18	15.0907	71.8383	0.2294	1148	0.2506
451	是用于→吃东西	18	15.0907	71.8383	0.2294	1148	0.2506
452	是用于→咀嚼	18	15.0907	71.8383	0.2294	1148	0.2506
453	是用于→咬	18	15.0907	71.8383	0.2294	1148	0.2506
454	有客观特质→坚固	18	15.0907	71.8383	0.2294	1148	0.2506
455	有数量→两排	18	15.0907	71.8383	0.2294	1148	0.2506
456	有组成部分→钙	18	15.0907	71.8383	0.2294	1148	0.2506
457	内省量→圆圆的	18	7.9419	17.9043	0.2202	1136	0.1620
458	眼观可知→青色的	18	7.9419	17.9043	0.2202	1136	0.1620
459	品尝可知→脆的	19	6.2293	31.2037	0.2119	1124	0.1304
460	常共同出现→砌	16	10.7488	3.0308	0.2038	1096	0.2126
461	带来评判→昂贵	16	10.7488	3.0308	0.2038	1096	0.2126
462	内省量→很高	16	10.7488	3.0308	0.2038	1096	0.2126
463	眼观可知→高	16	10.6244	3.0308	0.2038	1096	0.2126
464	有组成部分→窗户	16	10.7488	3.0308	0.2038	1096	0.2126
465	有组成部分→楼层	16	10.7488	3.0308	0.2038	1096	0.2126
466	有组成部分→楼梯	16	10.7488	3.0308	0.2038	1096	0.2126
467	有组成部分→砖	16	10.7488	3.0308	0.2038	1096	0.2126
468	有组成部分→棉	16	8.8994	173.1762	0.2072	1096	0.1488
469	常共同出现→窝	16	9.8520	17.9765	0.2315	1080	0.1952
470	带来评判→尾巴像剪刀	16	9.8520	17.9765	0.2315	1080	0.1952
471	含百科知识→春季	16	9.8520	17.9765	0.2315	1080	0.1952
472	含百科知识→会筑巢	16	9.8520	17.9765	0.2315	1080	0.1952
473	含百科知识→会做窝	16	9.8520	17.9765	0.2315	1080	0.1952
474	是一种→候鸟	16	9.8520	17.9765	0.2315	1080	0.1952
475	眼观可知→黑色羽毛	16	9.8520	17.9765	0.2315	1080	0.1952

续表

序号	含示义征	点度	加权点度	介数（$\times 10^{-4}$）	接近度	拉普拉斯度	云集系数
476	眼观可知→剪刀尾	16	9.8520	17.9765	0.2315	1080	0.1952
477	有组成部分→核	17	7.4841	49.3637	0.2225	1058	0.1540
478	是用于→坐	20	7.2829	575.9024	0.2586	1046	0.1449
479	触摸可知→硬的	17	12.2083	3.5083	0.2041	1042	0.2446
480	带来评判→要合用	17	14.2555	37.0936	0.2479	1040	0.2391
481	是一种→餐具	17	14.2555	37.0936	0.2479	1040	0.2391
482	是用于→夹菜	17	14.2555	37.0936	0.2479	1040	0.2391
483	是用于→夹东西	17	14.2555	37.0936	0.2479	1040	0.2391
484	是用于→夹取食物	17	14.2555	37.0936	0.2479	1040	0.2391
485	眼观可知→细	17	14.2555	37.0936	0.2479	1040	0.2391
486	眼观可知→细长	17	14.2555	37.0936	0.2479	1040	0.2391
487	由谁用→中国人	17	14.2555	37.0936	0.2479	1040	0.2391
488	有数量→成对	17	14.2555	37.0936	0.2479	1040	0.2391
489	有数量→两根	17	14.2555	37.0936	0.2479	1040	0.2391
490	有数量→两支	17	14.2555	37.0936	0.2479	1040	0.2391
491	有数量→一双	17	14.2555	37.0936	0.2479	1040	0.2391
492	有组成部分→象牙	17	14.2555	37.0936	0.2479	1040	0.2391
493	眼观可知→绿色的	20	7.9676	34.3135	0.2164	1032	0.1312
494	触摸可知→冰的	18	17.7732	0.0000	0.1624	1022	0.2609
495	含百科知识→耗电	18	17.7732	0.0000	0.1624	1022	0.2609
496	含百科知识→冷	18	17.7732	0.0000	0.1624	1022	0.2609
497	含百科知识→用电	18	17.7732	0.0000	0.1624	1022	0.2609
498	是一种→电器	18	17.7732	0.0000	0.1624	1022	0.2609
499	是一种→家用电器	18	17.7732	0.0000	0.1624	1022	0.2609
500	是用于→保存食物	18	17.7732	0.0000	0.1624	1022	0.2609
501	是用于→保鲜	18	17.7732	0.0000	0.1624	1022	0.2609
502	是用于→储存食物	18	17.7732	0.0000	0.1624	1022	0.2609
503	是用于→存放食物	18	17.7732	0.0000	0.1624	1022	0.2609
504	是用于→冷藏	18	17.7732	0.0000	0.1624	1022	0.2609
505	是用于→冷藏食物	18	17.7732	0.0000	0.1624	1022	0.2609
506	是用于→冷冻	18	17.7732	0.0000	0.1624	1022	0.2609
507	是用于→制冷	18	17.7732	0.0000	0.1624	1022	0.2609
508	眼观可知→长方体形的	18	17.7732	0.0000	0.1624	1022	0.2609
509	有组成部分→冷藏室	18	17.7732	0.0000	0.1624	1022	0.2609
510	有组成部分→冷冻室	18	17.7732	0.0000	0.1624	1022	0.2609

续表

序号	含示义征	点度	加权点度	介数（$\times 10^{-4}$）	接近度	拉普拉斯度	云集系数
511	有组成部分→门	18	17.7732	0.0000	0.1624	1022	0.2609
512	有组成部分→脚	19	8.9899	451.8393	0.2604	1012	0.1385
513	有组成部分→腿	19	5.4623	135.4302	0.2552	986	0.1353
514	常共同出现→嚼	15	9.9557	16.8688	0.2333	984	0.1925
515	触摸可知→皮是硬的	15	9.9557	16.8688	0.2333	984	0.1925
516	内省量→一节一节的	15	9.9557	16.8688	0.2333	984	0.1925
517	内省量→汁多	15	9.9557	16.8688	0.2333	984	0.1925
518	品尝可知→甘甜的	15	9.9557	16.8688	0.2333	984	0.1925
519	是用于→榨汁	15	9.9557	16.8688	0.2333	984	0.1925
520	是用于→制糖	15	9.9557	16.8688	0.2333	984	0.1925
521	常共同出现→簸箕	16	12.4495	44.6308	0.2375	978	0.2184
522	常共同出现→搭配簸箕	16	12.4495	44.6308	0.2375	978	0.2184
523	含百科知识→电影	16	12.4495	44.6308	0.2375	978	0.2184
524	含百科知识→哈利·波特	16	12.4495	44.6308	0.2375	978	0.2184
525	含百科知识→扫把星	16	12.4495	44.6308	0.2375	978	0.2184
526	是一种→打扫工具	16	12.4495	44.6308	0.2375	978	0.2184
527	是一种→清洁工具	16	12.4495	44.6308	0.2375	978	0.2184
528	是用于→打扫卫生	16	12.4495	44.6308	0.2375	978	0.2184
529	是用于→扫地	16	12.4495	44.6308	0.2375	978	0.2184
530	眼观可知→长柄	16	12.4495	44.6308	0.2375	978	0.2184
531	有组成部分→把	16	12.4495	44.6308	0.2375	978	0.2184
532	常共同出现→河	16	11.3583	1.0192	0.2025	948	0.2126
533	含百科知识→架在河上	16	11.2243	1.0192	0.2025	948	0.2126
534	含百科知识→架在水面上	16	11.2243	1.0192	0.2025	948	0.2126
535	含百科知识→在河上	16	11.2243	1.0192	0.2025	948	0.2126
536	含百科知识→在水面上	16	11.2243	1.0192	0.2025	948	0.2126
537	眼观可知→拱形的	16	11.2243	1.0192	0.2025	948	0.2126
538	有数量→两岸	16	11.2243	1.0192	0.2025	948	0.2126
539	有子类→拱桥	16	11.2243	1.0192	0.2025	948	0.2126
540	有组成部分→石头	16	11.2243	1.0192	0.2025	948	0.2126
541	常共同出现→打耳洞	15	12.1680	2.8382	0.2125	920	0.2112
542	常共同出现→耳洞	15	12.1680	2.8382	0.2125	920	0.2112
543	耳听可知→声音	15	12.1680	2.8382	0.2125	920	0.2112
544	归属于→头	15	12.1680	2.8382	0.2125	920	0.2112
545	含百科知识→对称	15	12.1680	2.8382	0.2125	920	0.2112

续表

序号	含示义征	点度	加权点度	介数（$\times 10^{-4}$）	接近度	拉普拉斯度	云集系数
546	含百科知识→软骨	15	12.1680	2.8382	0.2125	920	0.2112
547	含百科知识→在脸的两侧	15	12.1680	2.8382	0.2125	920	0.2112
548	含百科知识→在头的两侧	15	12.1680	2.8382	0.2125	920	0.2112
549	是一种→人体器官	15	12.1680	2.8382	0.2125	920	0.2112
550	是用于→听	15	12.1680	2.8382	0.2125	920	0.2112
551	有数量→一对	15	12.1680	2.8382	0.2125	920	0.2112
552	常共同出现→米	14	10.4997	0.0374	0.2066	904	0.1984
553	耳听可知→叽叽喳喳声	14	10.4997	0.0374	0.2066	904	0.1984
554	含百科知识→吃米	14	10.4997	0.0374	0.2066	904	0.1984
555	含百科知识→麻雀虽小五脏俱全	14	10.4997	0.0374	0.2066	904	0.1984
556	含百科知识→五脏俱全	14	10.4997	0.0374	0.2066	904	0.1984
557	内省量→很小	14	10.4997	0.0374	0.2066	904	0.1984
558	眼观可知→褐色的	14	10.4997	0.0374	0.2066	904	0.1984
559	有客观特质→杂食性	14	10.4997	0.0374	0.2066	904	0.1984
560	常共同出现→佛像	16	14.8003	0.0000	0.1716	904	0.2319
561	常共同出现→菩萨	16	14.8003	0.0000	0.1716	904	0.2319
562	常共同出现→上香	16	14.8003	0.0000	0.1716	904	0.2319
563	常共同出现→烧香	16	14.8003	0.0000	0.1716	904	0.2319
564	含百科知识→佛教	16	14.8003	0.0000	0.1716	904	0.2319
565	含百科知识→佛像	16	14.8003	0.0000	0.1716	904	0.2319
566	含百科知识→和尚	16	14.8003	0.0000	0.1716	904	0.2319
567	含百科知识→祈福	16	14.8003	0.0000	0.1716	904	0.2319
568	含百科知识→烧香	16	14.8003	0.0000	0.1716	904	0.2319
569	是一种→清净之地	16	14.8003	0.0000	0.1716	904	0.2319
570	特例→少林寺	16	14.8003	0.0000	0.1716	904	0.2319
571	由谁用→和尚	16	14.8003	0.0000	0.1716	904	0.2319
572	由谁用→僧人	16	14.8003	0.0000	0.1716	904	0.2319
573	有客观特质→古老	16	14.8003	0.0000	0.1716	904	0.2319
574	有客观特质→神圣	16	14.8003	0.0000	0.1716	904	0.2319
575	常共同出现→蛋	15	11.8617	29.9589	0.2453	894	0.2091
576	常共同出现→广场	15	11.8617	29.9589	0.2453	894	0.2091
577	常共同出现→信	15	11.8617	29.9589	0.2453	894	0.2091
578	含百科知识→会下蛋	15	11.8617	29.9589	0.2453	894	0.2091
579	含百科知识→在广场上	15	11.8617	29.9589	0.2453	894	0.2091

续表

序号	含示义征	点度	加权点度	介数（$\times 10^{-4}$）	接近度	拉普拉斯度	云集系数
580	是用于→传信	15	11.8617	29.9589	0.2453	894	0.2091
581	是用于→送信	15	11.8617	29.9589	0.2453	894	0.2091
582	眼观可知→白色羽毛	15	11.8617	29.9589	0.2453	894	0.2091
583	有客观特质→代表和平	15	11.8617	29.9589	0.2453	894	0.2091
584	有客观特质→和平的象征	15	11.8617	29.9589	0.2453	894	0.2091
585	有客观特质→象征和平	15	11.8617	29.9589	0.2453	894	0.2091
586	有组成部分→座位	16	13.3242	0.0000	0.1550	876	0.2319
587	是一种→家具	16	9.1169	108.9400	0.2492	850	0.1778
588	眼观可知→厚	14	10.3441	5.7868	0.1693	844	0.1717
589	常共同出现→电视	15	12.1856	63.1796	0.2463	806	0.2029
590	常共同出现→看电视	15	12.1856	63.1796	0.2463	806	0.2029
591	常共同出现→客厅	15	12.1856	63.1796	0.2463	806	0.2029
592	常共同出现→躺	15	12.1856	63.1796	0.2463	806	0.2029
593	带来评判→舒服	15	12.1856	63.1796	0.2463	806	0.2029
594	带来评判→舒适	15	12.1856	63.1796	0.2463	806	0.2029
595	含百科知识→在客厅里	15	12.1856	63.1796	0.2463	806	0.2029
596	内省量→很软	15	12.1856	63.1796	0.2463	806	0.2029
597	是用于→睡觉	15	12.1856	63.1796	0.2463	806	0.2029
598	有同类概念→电视	15	12.1856	63.1796	0.2463	806	0.2029
599	常共同出现→小腿	14	11.2545	3.9355	0.1985	804	0.2007
600	归属于→脚	14	11.2545	3.9355	0.1985	804	0.2007
601	含百科知识→在脚后部	14	11.2545	3.9355	0.1985	804	0.2007
602	是一种→着力点	14	11.2545	3.9355	0.1985	804	0.2007
603	是用于→承重	14	11.2545	3.9355	0.1985	804	0.2007
604	是用于→支撑身体	14	11.2545	3.9355	0.1985	804	0.2007
605	是用于→支撑站立	14	11.2545	3.9355	0.1985	804	0.2007
606	是用于→走路	14	11.2545	3.9355	0.1985	804	0.2007
607	有数量→一个部位	14	11.2545	3.9355	0.1985	804	0.2007
608	有同类概念→小腿	14	11.2545	3.9355	0.1985	804	0.2007
609	品尝可知→酸的	13	7.1933	3.9470	0.2204	788	0.1449
610	常共同出现→柴油	13	9.4596	0.0468	0.1951	786	0.1836
611	带来评判→重	13	9.4596	0.0468	0.1951	786	0.1836
612	眼观可知→比轿车大	13	9.4596	0.0468	0.1951	786	0.1836
613	有同类概念→轿车	13	9.4596	0.0468	0.1951	786	0.1836
614	有组成部分→车轮	13	9.4596	0.0468	0.1951	786	0.1836

续表

序号	含示义征	点度	加权点度	介数（$\times 10^{-4}$）	接近度	拉普拉斯度	云集系数
615	有组成部分→车身	13	9.4596	0.0468	0.1951	786	0.1836
616	有组成部分→车头	13	9.4596	0.0468	0.1951	786	0.1836
617	常共同出现→脚	13	9.2278	27.7269	0.2022	782	0.1691
618	常共同出现→礼物	13	9.2278	27.7269	0.2022	782	0.1691
619	含百科知识→在脚上	13	9.0575	27.7269	0.2022	782	0.1691
620	是用于→保护脚	13	9.2278	27.7269	0.2022	782	0.1691
621	是用于→装圣诞礼物	13	9.2278	27.7269	0.2022	782	0.1691
622	由谁用→圣诞老人	13	9.2278	27.7269	0.2022	782	0.1691
623	有数量→一个洞	13	9.2278	27.7269	0.2022	782	0.1691
624	常共同出现→草	15	13.9648	0.3009	0.1915	768	0.2153
625	常共同出现→草原	15	13.9648	0.3009	0.1915	768	0.2153
626	常共同出现→牛奶	15	13.9648	0.3009	0.1915	768	0.2153
627	常共同出现→农场	15	13.9648	0.3009	0.1915	768	0.2153
628	含百科知识→会吃草	15	13.9648	0.3009	0.1915	768	0.2153
629	含百科知识→在草原上	15	13.9648	0.3009	0.1915	768	0.2153
630	是一种→牛	15	13.9648	0.3009	0.1915	768	0.2153
631	是一种→食草动物	15	13.9648	0.3009	0.1915	768	0.2153
632	是用于→产牛奶	15	13.9648	0.3009	0.1915	768	0.2153
633	是用于→挤牛奶	15	13.9648	0.3009	0.1915	768	0.2153
634	眼观可知→斑点	15	13.9648	0.3009	0.1915	768	0.2153
635	眼观可知→黑白相间	15	13.9648	0.3009	0.1915	768	0.2153
636	眼观可知→有斑纹	15	13.9648	0.3009	0.1915	768	0.2153
637	有组成部分→身体	15	13.9648	0.3009	0.1915	768	0.2153
638	常共同出现→花鸟市场	13	10.0879	10.4921	0.2281	758	0.1836
639	常共同出现→饲养	13	10.0879	10.4921	0.2281	758	0.1836
640	耳听可知→说话声	13	10.0879	10.4921	0.2281	758	0.1836
641	含百科知识→会说话	13	10.0879	10.4921	0.2281	758	0.1836
642	含百科知识→会学人说话	13	10.0879	10.4921	0.2281	758	0.1836
643	含百科知识→会学舌	13	10.0879	10.4921	0.2281	758	0.1836
644	含百科知识→在花鸟市场里	13	10.0879	10.4921	0.2281	758	0.1836
645	眼观可知→彩色的羽毛	13	10.0879	10.4921	0.2281	758	0.1836
646	眼观可知→尖嘴	13	10.0879	10.4921	0.2281	758	0.1836
647	有组成部分→嘴巴	13	10.0879	10.4921	0.2281	758	0.1836
648	眼观可知→紫色的	15	5.2950	40.4417	0.2002	742	0.1014
649	常共同出现→厕所	15	14.1449	0.0000	0.1692	716	0.2174

续表

序号	含示义征	点度	加权点度	介数（$\times 10^{-4}$）	接近度	拉普拉斯度	云集系数
650	常共同出现→冲水	15	14.1449	0.0000	0.1692	716	0.2174
651	常共同出现→卫生间	15	14.1449	0.0000	0.1692	716	0.2174
652	常共同出现→坐	15	14.1449	0.0000	0.1692	716	0.2174
653	含百科知识→抽水	15	14.1449	0.0000	0.1692	716	0.2174
654	含百科知识→陶瓷	15	14.1449	0.0000	0.1692	716	0.2174
655	含百科知识→威猛先生	15	14.1449	0.0000	0.1692	716	0.2174
656	含百科知识→在厕所里	15	14.1449	0.0000	0.1692	716	0.2174
657	含百科知识→在卫生间	15	14.1449	0.0000	0.1692	716	0.2174
658	含百科知识→坐在上面	15	14.1449	0.0000	0.1692	716	0.2174
659	是用于→大便	15	14.1449	0.0000	0.1692	716	0.2174
660	是用于→大小便	15	14.1449	0.0000	0.1692	716	0.2174
661	是用于→上厕所	15	14.1449	0.0000	0.1692	716	0.2174
662	有同义词→坐便器	15	14.1449	0.0000	0.1692	716	0.2174
663	有组成部分→盖子	15	14.1449	0.0000	0.1692	716	0.2174
664	常共同出现→鱼	13	10.1169	21.1138	0.2512	714	0.1787
665	内省量→体型较大	13	10.1169	21.1138	0.2512	714	0.1787
666	内省量→腿很长	13	10.1169	21.1138	0.2512	714	0.1787
667	是一种→保护动物	13	10.1169	21.1138	0.2512	714	0.1787
668	是用于→观赏	13	10.1169	21.1138	0.2512	714	0.1787
669	眼观可知→脚长	13	10.1169	21.1138	0.2512	714	0.1787
670	眼观可知→腿长	13	10.1169	21.1138	0.2512	714	0.1787
671	眼观可知→嘴尖	13	10.1169	21.1138	0.2512	714	0.1787
672	由谁用→仙人	13	10.1169	21.1138	0.2512	714	0.1787
673	内省量→好多瓣	12	6.7715	0.2817	0.2117	706	0.1528
674	内省量→一瓣一瓣	12	6.7715	0.2817	0.2117	706	0.1528
675	眼观可知→瓣状	12	6.7715	0.2817	0.2117	706	0.1528
676	眼观可知→橙黄色的	12	6.7715	0.2817	0.2117	706	0.1528
677	有数量→一瓣	12	6.7715	0.2817	0.2117	706	0.1528
678	有同义词→橘子	12	6.7715	0.2817	0.2117	706	0.1528
679	触摸可知→软的	14	10.5765	4.8158	0.2400	690	0.1984
680	有子类→红富士	11	5.3940	10.3416	0.2124	684	0.1449
681	常共同出现→菜	13	9.9370	23.2254	0.2397	666	0.1787
682	常共同出现→餐厅	13	9.9370	23.2254	0.2397	666	0.1787
683	含百科知识→在餐厅里	13	9.9370	23.2254	0.2397	666	0.1787
684	内省量→家中必备	13	9.9370	23.2254	0.2397	666	0.1787

续表

序号	含示义征	点度	加权点度	介数（$\times 10^{-4}$）	接近度	拉普拉斯度	云集系数
685	是一种→桌子	13	9.9370	23.2254	0.2397	666	0.1787
686	眼观可知→方形的	13	9.9370	23.2254	0.2397	666	0.1787
687	眼观可知→长方形的	13	9.9370	23.2254	0.2397	666	0.1787
688	有子类→圆桌	13	9.9370	23.2254	0.2397	666	0.1787
689	有组成部分→玻璃	13	9.9370	23.2254	0.2397	666	0.1787
690	常共同出现→火车	13	10.1497	9.6796	0.2282	630	0.1836
691	含百科知识→在地下	13	10.1497	9.6796	0.2282	630	0.1836
692	含百科知识→在山里	13	10.1497	9.6796	0.2282	630	0.1836
693	含百科知识→在山里面	13	10.1497	9.6796	0.2282	630	0.1836
694	含百科知识→在山中	13	10.1497	9.6796	0.2282	630	0.1836
695	内省量→很黑	13	10.1497	9.6796	0.2282	630	0.1836
696	是用于→火车通行	13	10.1497	9.6796	0.2282	630	0.1836
697	眼观可知→黑暗	13	10.1497	9.6796	0.2282	630	0.1836
698	有组成部分→灯	13	10.1497	9.6796	0.2282	630	0.1836
699	含百科知识→冬季	12	9.2992	0.0000	0.1599	608	0.1739
700	含百科知识→冬天	12	9.2992	0.0000	0.1599	608	0.1739
701	含百科知识→棉花	12	9.2992	0.0000	0.1599	608	0.1739
702	内省量→很厚实	12	9.2992	0.0000	0.1599	608	0.1739
703	眼观可知→厚实	12	9.2992	0.0000	0.1599	608	0.1739
704	有组成部分→棉布	12	9.2992	0.0000	0.1599	608	0.1739
705	有组成部分→棉花	12	9.2992	0.0000	0.1599	608	0.1739
706	含百科知识→会成熟	11	6.0341	3.8894	0.2191	586	0.1333
707	是用于→酿葡萄酒	11	6.0341	3.8894	0.2191	586	0.1333
708	有数量→一串	11	6.0341	3.8894	0.2191	586	0.1333
709	常共同出现→领带	12	10.6690	0.0000	0.1763	578	0.1739
710	常共同出现→夏季穿戴	12	10.6690	0.0000	0.1763	578	0.1739
711	是一种→上衣	12	10.6690	0.0000	0.1763	578	0.1739
712	是一种→正装	12	10.6690	0.0000	0.1763	578	0.1739
713	有客观特质→正式	12	10.6690	0.0000	0.1763	578	0.1739
714	有子类→短袖	12	10.6690	0.0000	0.1763	578	0.1739
715	有子类→长袖	12	10.6690	0.0000	0.1763	578	0.1739
716	有组成部分→扣子	12	10.6690	0.0000	0.1763	578	0.1739
717	有组成部分→领子	12	10.6690	0.0000	0.1763	578	0.1739
718	有组成部分→纽扣	12	10.6690	0.0000	0.1763	578	0.1739
719	有组成部分→袖子	12	10.6690	0.0000	0.1763	578	0.1739

续表

序号	含示义征	点度	加权点度	介数（$\times 10^{-4}$）	接近度	拉普拉斯度	云集系数
720	带来评判→温暖	12	10.4453	0.0000	0.1861	576	0.1739
721	归属于→手	12	10.4453	0.0000	0.1861	576	0.1739
722	是用于→鼓掌	12	10.4453	0.0000	0.1861	576	0.1739
723	是用于→拿东西	12	10.4453	0.0000	0.1861	576	0.1739
724	是用于→写字	12	10.4453	0.0000	0.1861	576	0.1739
725	眼观可知→有纹路	12	10.4453	0.0000	0.1861	576	0.1739
726	眼观可知→有掌纹	12	10.4453	0.0000	0.1861	576	0.1739
727	有数量→五个手指	12	10.4453	0.0000	0.1861	576	0.1739
728	有数量→五根手指	12	10.4453	0.0000	0.1861	576	0.1739
729	有同类概念→手指	12	10.4453	0.0000	0.1861	576	0.1739
730	有组成部分→手指	12	10.4453	0.0000	0.1861	576	0.1739
731	常共同出现→书	12	10.5558	38.9438	0.2256	556	0.1713
732	常共同出现→书房	12	10.5558	38.9438	0.2256	556	0.1713
733	常共同出现→图书馆	12	10.5558	38.9438	0.2256	556	0.1713
734	含百科知识→在书房里	12	10.5558	38.9438	0.2256	556	0.1713
735	含百科知识→在图书馆里	12	10.5558	38.9438	0.2256	556	0.1713
736	内省量→很多层	12	10.5558	38.9438	0.2256	556	0.1713
737	内省量→图书馆中常见	12	10.5558	38.9438	0.2256	556	0.1713
738	内省量→一般放在书房	12	10.5558	38.9438	0.2256	556	0.1713
739	是用于→摆放书	12	10.5558	38.9438	0.2256	556	0.1713
740	是用于→放书	12	10.5558	38.9438	0.2256	556	0.1713
741	有组成部分→格子	12	10.5558	38.9438	0.2256	556	0.1713
742	常共同出现→脖子	11	6.7892	8.9800	0.1924	540	0.1536
743	常共同出现→冬季	11	7.7948	8.9800	0.1924	540	0.1536
744	常共同出现→围在脖子上	11	7.7948	8.9800	0.1924	540	0.1536
745	含百科知识→在脖子上	11	7.7948	8.9800	0.1924	540	0.1536
746	是一种→服饰	11	7.7948	8.9800	0.1924	540	0.1536
747	是一种→装饰品	11	7.7948	8.9800	0.1924	540	0.1536
748	是用于→装饰	11	7.7948	8.9800	0.1924	540	0.1536
749	常共同出现→天空	11	9.3387	10.9466	0.2173	516	0.1565
750	含百科知识→垂直起降	11	9.3387	10.9466	0.2173	516	0.1565
751	含百科知识→降落	11	9.3387	10.9466	0.2173	516	0.1565
752	含百科知识→起飞	11	9.3387	10.9466	0.2173	516	0.1565
753	含百科知识→在空中	11	9.3387	10.9466	0.2173	516	0.1565
754	含百科知识→在天上	11	9.3387	10.9466	0.2173	516	0.1565

续表

序号	含示义征	点度	加权点度	介数（$\times 10^{-4}$）	接近度	拉普拉斯度	云集系数
755	是一种→飞机	11	9.3387	10.9466	0.2173	516	0.1565
756	有子类→军用的	11	9.3387	10.9466	0.2173	516	0.1565
757	有子类→民用的	11	9.3387	10.9466	0.2173	516	0.1565
758	有组成部分→螺旋桨	11	9.3387	10.9466	0.2173	516	0.1565
759	常共同出现→晴天用	12	11.2148	0.0000	0.1637	504	0.1739
760	常共同出现→下雨天用	12	11.2148	0.0000	0.1637	504	0.1739
761	常共同出现→下雨用	12	11.2148	0.0000	0.1637	504	0.1739
762	常共同出现→雨天用	12	11.2148	0.0000	0.1637	504	0.1739
763	常共同出现→折叠	12	11.2148	0.0000	0.1637	504	0.1739
764	带来评判→像蘑菇	12	11.2148	0.0000	0.1637	504	0.1739
765	是用于→挡雨	12	11.2148	0.0000	0.1637	504	0.1739
766	是用于→防水	12	11.2148	0.0000	0.1637	504	0.1739
767	是用于→遮阳	12	11.2148	0.0000	0.1637	504	0.1739
768	有子类→天堂伞	12	11.2148	0.0000	0.1637	504	0.1739
769	有组成部分→防水布	12	11.2148	0.0000	0.1637	504	0.1739
770	有组成部分→骨架	12	11.2148	0.0000	0.1637	504	0.1739
771	带来评判→便宜	9	5.6961	3.3021	0.2053	478	0.1268
772	含百科知识→北方	9	5.6961	3.3021	0.2053	478	0.1268
773	是用于→制作泡菜	9	5.6961	3.3021	0.2053	478	0.1268
774	有组成部分→根	9	5.6961	3.3021	0.2053	478	0.1268
775	有组成部分→叶	9	5.6961	3.3021	0.2053	478	0.1268
776	常共同出现→剪纸	12	11.3302	0.0000	0.1862	476	0.1739
777	常共同出现→纸	12	11.3302	0.0000	0.1862	476	0.1739
778	内省量→比较锋利	12	11.3302	0.0000	0.1862	476	0.1739
779	内省量→很锋利	12	11.3302	0.0000	0.1862	476	0.1739
780	是用于→裁	12	11.3302	0.0000	0.1862	476	0.1739
781	是用于→剪	12	11.3302	0.0000	0.1862	476	0.1739
782	眼观可知→X 形的	12	11.3302	0.0000	0.1862	476	0.1739
783	眼观可知→尖头	12	11.3302	0.0000	0.1862	476	0.1739
784	眼观可知→银色的	12	11.3302	0.0000	0.1862	476	0.1739
785	有客观特质→锋利的	12	11.3302	0.0000	0.1862	476	0.1739
786	有组成部分→刀片	12	11.3302	0.0000	0.1862	476	0.1739
787	有组成部分→铁	12	10.5999	0.0000	0.1862	476	0.1739
788	常共同出现→凉拌	10	6.6490	14.7460	0.2187	448	0.1288
789	触摸可知→粗糙的	10	6.6490	14.7460	0.2187	448	0.1288

续表

序号	含示义征	点度	加权点度	介数（$\times 10^{-4}$）	接近度	拉普拉斯度	云集系数
790	品尝可知→爽口的	10	6.6490	14.7460	0.2187	448	0.1288
791	是用于→减肥	10	6.6490	14.7460	0.2187	448	0.1288
792	是用于→美容	10	6.6490	14.7460	0.2187	448	0.1288
793	有组成部分→刺	10	6.6490	14.7460	0.2187	448	0.1288
794	常共同出现→包饺子	10	6.7900	4.2116	0.2063	446	0.1385
795	常共同出现→鸡蛋	10	6.7900	4.2116	0.2063	446	0.1385
796	常共同出现→饺子	10	6.7900	4.2116	0.2063	446	0.1385
797	含百科知识→会塞牙	10	6.7900	4.2116	0.2063	446	0.1385
798	含百科知识→生长	10	6.7900	4.2116	0.2063	446	0.1385
799	品尝可知→有味道	10	6.7900	4.2116	0.2063	446	0.1385
800	是用于→休息	9	5.3840	19.9246	0.2532	410	0.1051
801	含百科知识→老人	10	8.4349	9.5348	0.2304	410	0.1417
802	是用于→辅助步行	10	8.4349	9.5348	0.2304	410	0.1417
803	是用于→辅助行走	10	8.4349	9.5348	0.2304	410	0.1417
804	是用于→支撑	10	8.4349	9.5348	0.2304	410	0.1417
805	由谁用→残疾人	10	8.4349	9.5348	0.2304	410	0.1417
806	由谁用→行走不便者	10	8.4349	9.5348	0.2304	410	0.1417
807	由谁用→老年人	10	8.4349	9.5348	0.2304	410	0.1417
808	由谁用→老人	10	8.4349	9.5348	0.2304	410	0.1417
809	有组成部分→金属	10	8.4349	9.5348	0.2304	410	0.1417
810	眼观可知→矮	8	5.2032	12.3944	0.2441	362	0.1118
811	有数量→四个脚	8	5.2032	12.3944	0.2441	362	0.1118
812	有同类概念→桌子	8	5.2032	12.3944	0.2441	362	0.1118
813	常共同出现→烤	7	4.5657	0.1167	0.1887	292	0.0966
814	常共同出现→蒸	7	4.5657	0.1167	0.1887	292	0.0966
815	带来评判→拍照时说	7	4.5657	0.1167	0.1887	292	0.0966
816	含百科知识→油焖茄子	7	4.5657	0.1167	0.1887	292	0.0966